## 作者简介

  **李新庚** 教授，男，1962年6月出生，江西省吉安市吉水县人。1985年兰州大学哲学系本科毕业，2003年中共中央党校现代管理哲学专业博士研究生毕业。2004年获教授职称，2008年获国家首批24名高级信用管理师资格证书之一，研究生导师。

  1985年兰州大学毕业后在湖南经济管理干部学院任教，1997年任湖南经济管理干部学院行政管理系副主任，2001年任中共中央党校研究生院第三届研究生会主席，2003年任湖南经济管理干部学院党委委员兼工商管理系主任，2006年任中南林业科技大学校长助理兼公共管理学院院长，2010年入选《湖南党建90年》人物篇。2011年以来任广东白云学院管理学院院长、社会与公共管理学院院长、工商管理学院院长、广州市白云区天星社会工作服务中心理事长等。

  社团兼职有：2006年以来历任中国市场学会信用工作委员会学术委员、湖南省诚信建设促进会副会长、湖南省行政管理学会副会长、湖南省哲学学会常务理事、湖南省教育学会经济与管理学科分会秘书长、湖南省省情与对策研究中心研究员、湖南省信用管理师职业资格鉴定委员会副主任（兼考评专家）、长沙克瑞迪信用管理咨询有限公司首席顾问。2011年后任广东省营销学会副会长、广东省工贸发展促进会副会长、广东省物流与供应链协会副会长、广州市白云区物流协会副会长、广州市白云区电子商务协会副会长、广东省高校教师资格评审委员会成员、广州市白云区科技专家库成员、广州大学兼职教授、广东省企业科技特派员等。

当代人文经典书库

# 社会信用体系运行机制研究

李新庚 ◎ 著

中国社会出版社
国家一级出版社 全国百佳图书出版单位

图书在版编目（CIP）数据

社会信用体系运行机制研究 / 李新庚著. -- 北京：中国社会出版社，2017.7

ISBN 978-7-5087-5702-5

Ⅰ.①社… Ⅱ.①李… Ⅲ.①信用制度—研究 Ⅳ.①F830.5

中国版本图书馆 CIP 数据核字（2017）第 146796 号

| | |
|---|---|
| 书　　名： | 社会信用体系运行机制研究 |
| 著　　者： | 李新庚 |
| 出 版 人： | 浦善新 |
| 终 审 人： | 张铁纲 |
| 责任编辑： | 陈贵红　　　　责任校对：路　广 |
| 出版发行： | 中国社会出版社　　邮政编码：100032 |
| 通联方法： | 北京市西城区二龙路甲 33 号 |
| 电　　话： | 编辑部：（010）58124828 |
| | 邮购部：（010）58124848 |
| | 销售部：（010）58124845 |
| | 传　真：（010）58124856 |
| 网　　址： | www.shcbs.com.cm |
| | shcbs.mca.gov.cn |
| 经　　销： | 各地新华书店 |
| 印刷装订： | 三河市华东印刷有限公司 |
| 开　　本： | 170mm×240mm　1/16 |
| 印　　张： | 23 |
| 字　　数： | 405 千字 |
| 版　　次： | 2017 年 7 月第 1 版 |
| 印　　次： | 2017 年 7 月第 1 次印刷 |
| 定　　价： | 78.00 元 |

中国社会出版社天猫旗舰店

中国社会出版社微信公众号

# 成果简介

本研究项目的负责人李新庚,所在单位中南林业科技大学/广东白云学院,为教授/博士。

本项目批准号为07BZZ013,项目类别为一般项目,学科分类为政治学,项目名称为《"市场发育与政府培育"有机结合——构建面向市场经济的社会信用体系运行机制》。

本项目最终成果形式为著作,名称为《社会信用体系运行机制研究》。

## 一、本项目研究的目的和意义

关于社会信用体系建设,究竟采用什么方式,各国并没有统一的模式,而是根据自己的实际情况和特点,采取相应的做法。例如,美国实行完全市场化运作模式,德国实行政府监管与市场运作相结合模式,日本实行会员制模式等。

我国在发展市场经济过程中,大约在20世纪末启动了社会信用体系建设机制,其基本做法是"政府推动、市场化运作",运行至今取得了一定的成效。主要表现在:政府高度重视社会信用体系建设,许多相关的政府职能部门出台了政策和条例,建立了基本的信用信息数据库,采取了一系列市场监管措施来规范市场信用的发展。

## 二、本研究成果的主要内容和重要观点

在社会信用体系建设过程中,建立征信和评信制度是核心,培养全民的信用意识是基础,健全信用中介服务机构是桥梁,完善信用法律和监管体系是保障。本课题组提出"市场发育与政府培育"有机结合,建设符合市场经济发展特点的社会信用体系运行机制。主要有以下观点和内容。

我们认为,必须科学设计社会信用体系的基本框架。社会信用体系是与全社会信用信息的征集、评价、披露、使用有关的一系列法律法规、制度、规范、组织机

构、监管体制、技术手段、交易工具的总和。建设社会信用体系目的,旨在建立一个适应信用交易发展的市场环境,保证国家的市场经济向信用经济方向转变,即从以原始支付手段为主流的市场交易方式向以信用交易为主流的市场交易方式的健康转变。社会信用体系运行机制建设的核心,是建立起一套覆盖全社会的有效的信用信息的记录、传播、评价、使用等机制,把失信行为个体间的矛盾转化成失信者与全社会的矛盾,依靠市场经济内生的力量,实现社会对失信者的社会联防惩戒,从而加大失信者的失信成本,形成良好的市场经济环境和社会生活氛围。

一是要加强信用立法。任何社会制度都要依靠法律的支持,社会信用体系所代表的市场新规则、所维系的社会信用制度,需要相应的法律制度体系给予保障。根据市场经济发达国家的经验,要建立和健全社会信用体系,必须有强大而有效的信用法律法规,以此约束市场主体的行为,使之诚实守信;加强对征信机构的监管,规范其征信活动,使之真实、完整地征集、整理和披露企业和个人的信用信息,并为社会提供信用信息服务;对失信行为给予惩戒,以维护信用主体的合法权益。

二是要建立守信激励与失信惩戒机制。这是一种能让社会经济活动中的守信者得到褒奖、享受各种便利和优惠,使之"事事守信、路路畅通",失信者受到惩罚和警戒,使之"一处失信、处处受制"的内在自调节力。守信激励与失信惩戒机制是社会信用体系运行机制中最重要的"部件"之一。它是社会信用体系中打击各类经济失信行为的主力军。它的主要功能是维护诚实守信者的利益,并在有条件的情况下对诚实守信者进行物质性奖励;对所有失信者实施经济性打击和市场不准入限制,使其不敢轻易违约。

三是要做好信用信息系统的建设,构建覆盖全社会的统一的征信平台。信用信息系统以全社会的企业和个人征信为主要内容,整合各部门、各行业、各方面的信用信息资源,应用现代化的计算机和通信技术,采用先进的业务处理模式,建立综合性的信用信息数据库,形成信用信息资源共享机制,并向社会提供信用信息产品和服务的综合性服务平台系统。信用信息系统的基本要素至少应该包括:以全社会的企业信用信息数据库和个人信用信息数据库为基本内容的信用信息数据库,行业的同业征信与政府的联合征信相结合的联合征信平台,信用信息共享和信息服务机制。

四是要做好信用评估机制的建设,它是对评估对象各类债务能否如约还本付息的能力和可信任程度的综合评价。信用评估是市场经济的产物,是社会信用体系建设的重要组成部分,同时,评估也是融资机制不可缺少的重要条件,是企业和个人等经济主体打开市场大门的钥匙。信用评估应该是由合格的信用评估机构,运用科学严谨的分析方法,对受评对象的基本素质、经营能力、偿债能力、获利能力、履约情况、发展前景等方面进行综合评价，最终以最简单的信用级别标识符号告知评估对象。

五是做好企业授信管理机制的建设。授信与受信，二者共同构成信用交易的双方。授信就是金融机构(主要指银行)对客户授予的一种信用额度，在这个额度内客户向银行借款可减少烦琐的贷款检查。授信管理是对企业的授信决策和整个授信活动进行科学的管理，是指企业通过制定相应的信用政策，指导和协调与信用销售有关的部门，来完成对授信客户的信息收集和信用风险评估、信用额度的授予、信用保障的落实、信用收回等各环节的管理。在授信的过程中，可以参考外部信用评级的结论及其风险揭示，以便于更好地把握授信风险和控制授信额度，避免信用风险。

六是做好信用销售(赊销)机制建设。建设好赊销制度，使用好赊销合同，扩大企业销售份额。赊销是信用经济的重要特征，是企业扩大销售、应对竞争的一种必然选择。赊销合同是按照信用条款，先提供商品或服务，后期进行付款的合同总称。赊销合同是对双方所共同确认的各项交易条件的文字确认，它是企业信用交易的重要载体。同时，赊销合同也是信用管理人员对于信用交易进行管理的重要文件，对购买方既规定了还款日期也规定了违约责任，因此赊销合同也是信用管理工作的重要依据，企业赊销合同管理是企业信用管理的重要组成部分。企业在批准客户的信用申请以后，就要着手签订与客户的赊销合同。如何把握赊销合同的具体条款，理顺合同管理机制，是企业赊销合同管理过程中的重要环节。

七是建设企业受信融资管理的良性机制。企业作为信用交易主体，既可以授予他人以信用，即授信，也可以接受他人的信用，即受信。企业受信实际上就是融资，只不过受信是从信用交易的角度来说的，而融资是从资金融通的角度来说的。在企业扩大再生产过程中，随着生产规模的扩大，需要不断补充资金，当自身资金不足时，就需要进行融资，接受他人的信用。因此，企业必须塑造良好信用形象，为受信融资奠定基础；同时，企业也要根据自身实际合理选择受信融资方式，有效控制受信融资风险。

八是搞好个人信用管理。在我国个人征信服务刚刚起步的时候，绝大多数中国公民是没有任何信用记录的，即没有好的信用记录，也没有坏的信用记录。中国公民没有信用记录的主要原因是没有个人征信机构为他们建立信用档案，也有许多人从来没有自己独立的付费账户，也从不向金融机构借钱。随着我国市场经济的不断发展，加快个人信用体系建设已成为我国经济发展的迫切需要。个人信用不仅是一个国家市场伦理和道德文化建设的基础，更是一个国家经济发展的巨大资源。开发并利用这种资源，能有效推动消费，优化资源配置，促进经济发展。

因此，一方面要加快社会信用体系建设步伐，完善信用信息的征集、披露和使用机制，另一方面要建立健全信用宣传教育机制，强化公民的信用意识，自觉维护自身的信用记录。市场经济越发展，个人信用所发挥的功能越重要，个人信用体系的完善与否已成为市场经济是否成熟的显著标志之一。

九是搞好企业信用管理。企业信用管理是指企业通过制订信用政策，指导和协调与信用销售有关的部门，在信用销售各个环节中开展的客户信息收集和评估、信用额度的授予、债权保障、回收账款等一系列管理活动。企业信用管理是有效防范和控制信用风险发生及发生程度的一种管理机制。当企业运用赊销方式后，就要做好客户的选择，交易规模的控制和账款的追收等工作。同时，企业面临的交易风险也更大。怎样在扩大销售的同时降低风险，是企业必须予以有效解决的问题。没有信用管理程序的设计和企业管理职能的重新分配，也就没有科学的企业管理，企业的赊销很可能会被与之俱来的更大风险给抵消，或者加大赊销成本，造成总体利润的降低。

十是加强政府信用建设。政府信用是指国家行政机关的公信力，是社会组织、民众对政府行政能力和行政信誉的主观评价或价值判断。政府信用也是政府的行政行为所产生的影响和后果在社会组织和民众中所形成的一种心理和舆论反映。它既包括民众对政府整体形象的认识、情感、态度、情绪、兴趣、期望和信念等，也可以体现为民众是否自愿地配合政府行政行为，减少政府的公共管理成本，以提高公共行政效率。政府信用是整个社会信用的基石，对社会信用体系建设起着核心与支柱的作用。加强政府信用建设，对建立健全社会信用制度起着重要的作用。要以强化政府信用意识为基础，以转变政府职能、加强依法行政为重点，以建立和完善政府信用制度和工作机制为突破口，全面树立公正公平、公开透明、廉洁高效的政府信用形象。

### 三、本研究成果的学术价值以及社会影响和效益

本研究的主要学术价值，是根据市场经济的发展规律和社会信用体系建设的内在要求，按照社会信用体系建设的目的和手段，对相关的概念、内容进行分析和阐述，力求言之成理。本研究综合运用了哲学、法学、政治学、经济学、管理学、社会学、金融学、统计学等学科基础和科学方法，对社会信用体系建设所涉及的主要领域和模块，包括基本理论、基本框架、基本方法、实施办法、运作要求等进行了比较详细的论述。本研究对信用的内涵、社会信用体系的基本框架、信用信息系统、信用评估、授信管理、赊销合同管理、受信融资管理、个人信用管理、企业信用管理、政府信用建设等方面，均具有或不乏独到的见解和阐述，理论创新有一定

深度。

  本研究对于推动我国社会信用体系建设具有积极作用，为政府和社会更快更好地构建面向市场经济的社会信用体系运行机制，加快建立有中国特色并与国际接轨的社会信用体系，建立长效管理机制，提供了理论依据和实践参照。因此，我们期望本研究能促进全社会形成统一、开放、竞争、有序的市场体系；提高全民族的诚信意识和道德水准，营造和谐信任的社会环境；依托良好的信用基础和市场秩序，促进资本的流动和重组，建立现代产权制度；优化我国的投资和贸易环境，降低社会交易成本，有效防范包括金融风险在内的各类交易风险，扩大对外开放和信用交易规模，进而推动国民经济的持续健康发展和文明进步。

# 前 言

## 一

在现代市场经济社会,信用是一个非常复杂的概念,包含多方面的内容。信用概念既可以指作为思想观念形态的道德、规范;也可以指作为社会行为准则的法律、规章;还可以指作为管理制度的方法、技术等。由此而使现代信用形式逐渐演化为一个复杂的社会信用体系。因此,现代信用体系是一系列观念、规范、法律、准则、方法、技术的总和。其中,尤以社会信用体系运行机制具有巨大的社会管理作用。社会信用体系是各类经济主体相互之间长期交往基础上形成的一种相对稳定的行为规则和制度的总和。这些行为规则和制度在市场交易中通过不断强化和完善,其中的一些往往内化为市场交易的准则和秩序,另一些外化和上升为法律规范。一般来说,在小范围、重复式、人情化或小额度的交易中,人们的信用行为常借助于无强制力的交易秩序得以维持;而在非人情化、非重复式或涉及较大经济利益的情况下,信用行为多诉诸契约等法律制度来保障。

社会信用体系是现代信用观念、信用法规、信用管理技术的产物,一经产生,则对人们的信用行为进行规范和制约,使这个社会系统处于信用管理的调控之中。社会信用体系是社会系统对人与人之间利益关系的制度安排。从现代社会实际的经济和社会结构来看,按照信用规则办事,不仅仅只是一种心理要求和伦理行为,也不只是一种交易规则或行为方式,而是已经上升为现代经济活动的"制度"体系。

现代信用体系运行机制作为一种制度安排,包括了现代社会的信用法律制度、守信激励与失信惩戒制度、个人信用管理制度、企业信用管理制度、政府信用管理制度、各种征信制度、信用评估制度、受信融资管理制度、信用风险转移方法等诸多方面的体系构造和制度规范,它们贯穿于整个社会经济生活中,是各种经济活动赖以存在的制度环境。由此,信用制度构成了现代社会人们进行经济活动所必需的社会"信任"机制。

在市场经济条件下,人们的日常经济生活中,经济交往主体常常是陌生的,但他们借助于成熟的社会信用体系运行机制而可以相互对对方寄予很大的信任。比如,人们将货币交给陌生的银行出纳员保存,而并不担心今后取不回钱款;又如人们向住房销售商预付房款,而这些住房可能还在设计或建造阶段,但人们并不担心对所购住房的预期权利会受到损失。这些行为表明,通过建设和健全社会信用体系运行机制,可以保证人们在经济行为中能够得到等值的服务和等价的商品。社会信用体系的运行机制状况如何,是社会文明程度的标志,是社会形象和社会道德好坏的重要标准。良好的社会信用体系运行机制,对经济发展和社会进步起着巨大的保障和推动作用。

## 二

关于社会信用体系运行机制建设究竟采用什么方式方法,各国并没有统一的模式,而是根据自己的实际情况和特点,采取相应的做法。例如,美国实行完全市场化运作模式,德国实行政府监管与市场运作相结合模式,日本实行会员制模式等。

近代以来,特别是第二次世界大战以后,随着资本主义市场经济的蓬勃发展,西方发达国家的学术界以及各具体管理部门和企业,对信用理论、信用与经济、社会的关系,政府信用制度、企业信用制度、个人信用制度建设等方面的研究状况,已经进入到比较高级和成熟的程度。并且,从社会信用体系建设的实际情况来看,一些发达资本主义国家的信用体系和信用制度建设,也表现出非常成熟和发达的特征。例如,这些发达国家有关管理信用的观点、著述、制度和立法成果、实际经验等都相当丰富;普遍建立了完善的征信制度和征信系统、信用评估制度和评估体系,信用风险防范和转移体系;可以用电子信息系统对企业信用资料和个人信用资料进行管理和监控,随时向社会提供有关的信用信息服务。这对于我国的信用体系建设和信用理论研究,都有一定的借鉴作用。特别是西方实际的信用体系建设和信用管理经验,里面有很多东西可以作为我们的参考,我国可以从西方发达国家吸取有益的经验。

我国在发展市场经济过程中,大约在20世纪末期启动了社会信用体系建设工程,其基本做法是"政府推动、市场化运作",运行至今取得了一定的成效。主要表现在:政府高度重视社会信用体系建设,许多相关的政府职能部门出台了政策和条例,建立了基本的信用信息数据库,采取了一系列市场监管措施来规范市场信用的发展。但是,这种做法也导致了许多弊端。其一,过分倚重政府力量来建设社会信用体系,但政府推动与市场化运作相结合的关联度不高,还不能形成社会信用体系的运行机制,社会层面的响应不甚热烈,收效甚微。其二,没有很好地启动社会和市场的力量来参与社会信用体系建设,使得与信用相关的中介服务机构发育缓慢,没有形成重要的信用建设力量。其三,社会信用体系建设中的重要制衡机制——守信激励和失信惩罚机制,没有很好地建设起来和发挥积极作用,需要在今后的建设过程中,大力加强这一制度建设,尤其是对中小企业的守信激励和失信惩罚机制建设。

实际上,综观世界各国社会信用体系建设,绝大多数都是在发展市场经济的过程中自发地产生和形成的,中国也不能例外,没有市场信用的自我发育和成长,仅仅靠政府的强力推进,只能是欲速则不达。因为,根据价值规律的等价交换原则,信用是由人们的社会交往和商品交换而逐渐建立起来的重要行为规则,具有强烈的市场自我衍生特征。当前我国发展社会主义市场经济,急需解决经济秩序混乱和信用不足的问题,要求所有经济主体都必须具有良好的信用意识,能够恪守信用规则进行生产和经营活动,以此规范和促进市场经济的发展。

因此,如何构建面向市场经济的社会信用体系,需要有新的思维和符合我国实际情况的运行机制。本研究课题提出"市场发育与政府培育"有机结合的研究思路。对社会信用体系建设中的若干重要领域的信用运行机制和方法进行了比较详细的论述。本研究的意义在于:通过研究符合我国实际情况和市场经济发展特点的社会信用体系运行机制,找准社会信用体系建设的定位,为我国进一步搞好社会信用体系建设提供科学决策依据和可行之路。

# 目 录
## CONTENTS

**第一章　信用概述** ………………………………………………………… 1

第一节　信用的重要意义和丰富内涵　1

一、信用是发展市场经济的基础和生命线　1

二、信用的多种内涵　4

三、信用与诚信、信任、信誉的联系与区别　4

四、信用在市场经济中的作用　6

第二节　信用的要素和分类　8

一、信用的要素　8

二、信用的分类　11

第三节　信用交易与信用风险　13

一、信用交易　13

二、信用风险　14

三、经济信用化与区域经济发展　14

四、信用风险主要源于信息不对称　16

五、影响信用风险的其他因素　17

第四节　经济发展状况与信用制度建设　18

一、国民收入水平与信用经济　19

二、社会阶层结构与个人信用制度建设　20

第五节　信用关系与信用运行机制　25

一、信用关系和信用行为　25

二、信用制度及其作用　26

三、信用运行机制及其作用　27

第六节　大力发展信用经济　28
　　一、大力发展银行卡产业　28
　　二、积极发展电子商务　32

第七节　本研究的主要观点及创新之处　37
　　一、本课题国内外研究现状述评及研究意义　37
　　二、本研究的主要内容、基本思路、主要创新点　38
　　三、本研究课题的主要创新之处　42

# 第二章　社会信用体系的基本框架 …… 43

第一节　信用法律制度体系　43
　　一、信用法律制度体系的作用　43
　　二、信用法律制度体系的内容　44

第二节　信用信息系统　46
　　一、信用信息系统的概念　46
　　二、信用信息系统的功能　47
　　三、信用信息系统的作用　47
　　四、信用信息系统的标准化　48
　　五、我国征信模式的选择　48

第三节　信用服务中介体系　51
　　一、信用服务中介机构的作用　51
　　二、信用服务中介行业的分类　52
　　三、我国信用服务中介体系的现状与问题　55

第四节　守信激励与失信惩戒机制　57
　　一、守信激励与失信惩戒机制的含义　57
　　二、守信激励与失信惩戒机制的特征　58
　　三、守信激励与失信惩戒机制的内容　59
　　四、惩戒机制的工作原理　59
　　五、建立健全守信激励与失信惩戒机制必须具备的其他条件　60
　　六、建立企业失信惩戒机制　60

第五节　社会信用体系的主要功能　67
　　一、减少信用风险　67
　　二、降低交易成本　67
　　三、制裁失信行为　68

四、提升融资能力　69
　　五、促进社会和谐　70

## 第三章　信用信息的采集与管理　72
### 第一节　信用信息及其来源　72
　　一、信用信息的概念和种类　72
　　二、信用信息的来源　75
　　三、信用信息来源渠道的优化　79
### 第二节　信用信息的采集　82
　　一、采集信用信息的基本法律规范　82
　　二、信用信息采集方案　86
　　三、信用信息采集的成本控制　88
　　四、信用信息的核实　90
　　五、信用信息的处理和加工　92
### 第三节　信用信息的报告和使用　94
　　一、信用信息质量及其评价　94
　　二、信用报告　95
　　三、信用信息的使用　97
　　四、第三方征信数据库的利用　98
### 第四节　客户信用档案管理　103
　　一、客户信用档案设计　103
　　二、客户信用档案库建设　106
　　三、客户失信记录及其处理　108
　　四、利用信用档案进行客户分类管理　111

## 第四章　信用评估　114
### 第一节　信用评估概述　114
　　一、信用评估的概念与特点　114
　　二、信用评估的意义与作用　115
　　三、信用评估的对象与分类　116
　　四、信用评分介绍　119
　　五、信用评估与其他中介服务的区别与联系　121
　　六、信用评估机构　122

七、国际信用评估行业概况 125

八、我国信用评估行业发展现状 126

### 第二节 信用评估的要素与流程 128

一、信用评估的原则 128

二、信用评估的基本要素 129

三、信用等级的划分与标识 133

四、信用评估的工作程序 139

### 第三节 信用评估体系 142

一、信用评估体系概述 142

二、信用评估指标体系 142

### 第四节 信用评估分析方法 145

一、信用评估分析框架 145

二、定量分析与定性分析 147

三、信用评估的要素分析 148

四、信用评估报告范本 153

### 第五节 企业内部信用评估 156

一、客户信用评估概述 156

二、内部评估的客户信息收集 157

三、内部信用评估的内容和指标 158

## 第五章 授信管理 ················ 160

### 第一节 授信管理与信用政策 160

一、授信管理的概念 160

二、企业信用政策 161

### 第二节 客户信用申请 170

一、设计企业和个人信用申请表 170

二、核准客户的信用申请 172

三、受理客户的申诉 173

四、信用决策 175

### 第三节 客户信用风险评估 175

一、信用风险产生的原因 175

二、信用风险评估与度量 176

### 第四节 授信额度管理 184

一、了解企业总体授信额度的限制　184

　　二、确定赊销客户群体的规模　185

　　三、动态调控消费者的授信额度　186

　　四、动态分析客户企业的信用价值　186

　　五、设计客户授信的工作流程　187

## 第六章　信用赊销合同及管理 …………………………………… 188

### 第一节　赊销合同内容　188

　　一、赊销合同基本条款及注意事项　188

　　二、赊销合同中的信用条件　191

　　三、信用控制走好关键的三步棋　196

### 第二节　赊销合同的设计　197

　　一、赊销合同条款设计　197

　　二、赊销符号及标准表述方式　198

　　三、赊销合同文本建立　200

　　四、赊销合同审查　201

　　五、客户赊购凭证设计　203

### 第三节　赊销合同的执行　206

　　一、赊销合同签订授权　206

　　二、跟踪赊销合同执行　207

　　三、确定赊销合同执行方式　209

## 第七章　企业受信融资管理 …………………………………… 213

### 第一节　企业信用形象的塑造　213

　　一、企业信用形象的树立　213

　　二、企业信用形象的展示　214

　　三、企业信用增级　216

### 第二节　受信融资方式　218

　　一、企业受信融资的基本要素　218

　　二、受信融资方式的分类　218

　　三、企业主要融资方式简介　220

### 第三节　负债筹资风险控制　233

　　一、负债筹资的利弊分析　234

二、负债筹资风险的来源　235
　　三、负债筹资风险的防范　236

## 第八章　个人信用管理 …………………………………………… 240
### 第一节　信用是个人的第二身份证　240
### 第二节　个人信用建设概况　242
　　一、我国个人信用制度建设的基本历程　242
　　二、个人信用体系建设的探索　244
　　三、个人信用制度建设中存在的问题　247
### 第三节　个人信用管理的主要内容　252
　　一、选择合适的信用消费形式　252
　　二、选择合适的信用消费品种　254
　　三、避免滥用信用　255
### 第四节　个人信用记录的主要形式及维护　256
　　一、个人信用报告　256
　　二、个人信用评估　257
　　三、个人信用记录的维护和使用　271
### 第五节　消费信用的发展现状与前景　274
　　一、我国消费信用的发展现状　274
　　二、我国消费信用的发展方向　275
　　三、消费信用发展的相关保障措施　276

## 第九章　企业信用管理 …………………………………………… 279
### 第一节　企业信用管理的内容　279
　　一、企业信用管理概述　279
　　二、企业信用管理的主要内容　282
　　三、企业信用管理的功能　287
### 第二节　企业信用管理流程　289
　　一、企业信用管理流程的内容　289
　　二、企业信用管理流程的三个阶段　290
　　三、企业信用管理流程的操作方法　291
### 第三节　企业信用管理部门　292
　　一、企业设立信用管理部门的必要性　292

二、企业信用管理部门的主要任务　294

三、企业信用管理部门的职能　295

四、信用管理部门的工作内容　296

五、信用管理部门人员的素质要求　297

第四节　信用管理部门的组织结构和岗位设置　298

一、信用管理部门的组织结构　298

二、信用管理部门与其他部门的关系　299

三、信用管理岗位设置　302

四、信用管理部门人员的培训和考核　306

五、信用管理的职业化　308

第五节　信用管理从业人员职业道德建设　309

一、信用管理职业道德建设的意义　309

二、加强信用管理职业道德建设的措施　310

三、信用管理从业人员的执业道德　312

# 第十章　政府信用与政府信用建设 ……… 315

第一节　政府信用的含义　315

一、政府信用在市场经济中的双重作用　315

二、政府信用的基本内涵　316

三、政府信用的地位与作用　318

四、政府信用与其他信用形式的显著区别　320

第二节　当前我国政府信用存在的问题　322

一、随意行政现象影响政府信用　322

二、政府权力寻租活动导致信用下降　323

三、政府行为不规范是导致失信的根源　324

第三节　加强政府信用建设　327

一、政府信用建设的意义　327

二、政府信用建设的目标和基本原则　328

三、政府信用建设应正确处理四大关系　329

第四节　政府信用建设应实现政府职能的三个转变　330

一、从"无限"政府转变为"有限"政府　330

二、从"管制型"政府转变为"服务型"政府　331

三、从"暗箱"政府转变为"阳光"政府　331

第五节　政府信用体系的构建　332
　　一、政府信用体系的构成因素　332
　　二、政府信用体系的构建　333
　　三、加强政府信用建设的主要措施　338

**主要参考文献** ……………………………………………………… 341

# 第一章

# 信用概述

信用是人与人之间最普遍、最基本的行为规范之一,也是与商品交换和市场经济紧密联系的伦理和经济范畴,它是商品生产和商品交换的产物,并以商品生产、货币流通、市场贸易等经济活动作为存在的基础。人与人之间的信用关系是在商品交换的基础上产生的,信用关系既反映了不同商品生产者之间的经济利益关系,同时也体现了人们在共同社会生活中应该普遍遵守的伦理和行为准则。在市场经济条件下,信用具有特别重要的意义和作用。

## 第一节 信用的重要意义和丰富内涵

### 一、信用是发展市场经济的基础和生命线

(一)恪守信用和破坏信用的冲突是市场经济发展中存在的普遍性问题

综观人类发展史,自从产生了商品交换,就存在着恪守信用和破坏信用的矛盾冲突。在大多数生产经营者遵守市场交换准则,恪守市场信用的同时,总有少数利欲熏心的人从事欺诈行为,谋取不义之财。尤其在市场经济发展初期,破坏市场信用的行为更为突出。因此,恪守信用与破坏信用的冲突总是在进行着顽强的较量。近年来,随着我国市场经济建设的不断深入发展,社会经济生活领域也出现了许多恪守信用与破坏信用的矛盾:一方面,经济的发展迫切要求人们普遍维护经济秩序,恪守市场信用;另一方面,在经济的发展过程中利益驱动下滋生了大量的违反市场秩序、破坏信用规则现象。这种奇怪的二律背反现象,恰恰验证了对立统一规律的真理,揭示出市场经济一定要在恪守信用与破坏信用的冲突中才能得到发展。

恪守信用和破坏信用的冲突是市场经济发展过程中的普遍性问题。事实正是如此,自从有了商品经济,特别是近代以来,市场经济体制成为一种基本的经济

形态以后,一直到现在,在全世界范围内,从政府到企业,从企业家到研究者,从社会各界人士到普通市民,都在寻找信用失范的根源,都在探求治理信用问题的良策。欧美国家大约经过了一百多年的时间,付出了巨大的代价,市场经济秩序才逐渐趋于完善,社会信用制度才真正建立和完善起来。但即便如此,欧美国家当前也经常发生破坏信用的事件。可见,与破坏市场信用规则的斗争将是长期的、持续的过程。

市场经济越发达,就越普遍地要求人们诚实守信,社会一旦失去信用,也就毁坏了市场经济的道义和法律基础,从而葬送市场经济本身。正常的市场经济秩序恰恰就是在恪守信用与破坏信用的冲突中逐步建立和完善起来的。在市场经济逐步发育成熟的历史进程中,诚实守信行为必然逐步遏制、削弱各种违反信用行为,不断规范市场经济健康发展的道路,最终确立信用规则在市场经济中的主导地位。这就是说,信用已经成为现代市场经济的基本规则,是现代文明的重要基础和标志。从理论深层分析,这是由于人类道德本性、社会法制力量和市场经济规律会综合形成一种强大的正义力量,它能够促使恪守信用行为与破坏信用行为进行不断的优胜劣汰,从而铸造了信用规则的生命力。

(二)恪守信用是经济和社会发展的内在需要

信用是人类社会生活十分重要的伦理规则和交往准则。因为人类的社会生活,是建立在人与人的劳动合作和相互交往的基础之上的,所以人们普遍把诚实信用基础之上的自我规范和相互合作,视为社会生活的共同准则。综观古今中外,无论哪个时期或哪种社会,人们在共同的劳动生产和社会生活中,无不根据自己所处社会形态的共同生活特点而建立和发展出相应的信用观念、信用规范乃至信用制度。数千年来,不论是中国还是西方,关于恪守信用的思想观念从来都不绝于世。

在中国历史上,信用与诚实常常是一对具有同等意义的概念,人们常以信用与诚实互训,故在一般意义上把信用称为"诚信"。中国历来就有"君子爱财,取之有道"的说法。这个"道",不单单是指客观的经济规律,同样也包含恪守信用的经济伦理之道。《左传》一书中称"信"为"国之宝"。孔子也主张,一个国家统治者可以去食、去兵,但不能去信,"自古皆有死,民无信不立"。中国传统道德提倡人与人之间以信义相交,坦诚相待,实现人与人之间的相互尊重、相互理解、相互信任,反对相互欺骗、相互猜疑,反对言行不一、表里不一、钩心斗角。因而,恪守信用被中国传统道德提升为立人与立国之本。

在西方历史上,从古希腊开始,许多思想家都提出过在社会生活、经济活动、利益追求中必须恪守信用的问题。这些问题主要包括:日常生活中的信用问题,商品生产和交换、财富分配、债务清偿、物质消费中的信用问题。在人们看来,恪守信用是人与人的社会交往和商品交换所体现出来的人格上的至高品质,它是一种比金钱、生命更宝贵的道德资源。这种人格上的高尚行为不仅仅靠法律的约束,而且更重要的是靠理性的道德自觉来实现。近代以来,随着市场经济的发展,人们对信用的认识也不断深化,对于恪守信用的要求,已逐渐从单纯的个人交往行为发展到企业、政府等一切社会组织的群体行为。到了20世纪中叶以后,西方很多国家纷纷着手建立社会信用体系和信用制度。目前,欧美一些发达国家的社会信用制度已经达到了比较完备的程度。

在现代市场经济高度发达的社会,信用不但是维系社会正常运转的最起码条件,而且也是市场经济的基础和生命线。从社会经济运行的角度而言,现代社会所有具有行为能力的正常人的社会行为,都应该是一种基于信用的约定。人们就是根据这种约定来决定自己的行为并期望他人的行为。对所有行为人而言,恪守信用都意味着对契约的正常履行。只有这样,才能保证社会秩序的正常运行,促进社会的发展。例如,从商品交换的规则来看,恪守信用是商品经济社会中普遍存在的道德和法律规范,它表现为:一是买卖公平、童叟无欺的道德精神;二是重诺言、重信用、守时、守约的商业素质;三是公正合理地处理商品交换关系的道德和法律规范。

由此可见,恪守信用是古往今来人们必须遵循的基本准则,是经济和社会发展的内在需要。社会越是向前发展,越要求人们具有良好的信用意识,越要运用信用规范和信用制度来规范和约束人们的行为,使社会生活秩序处于正常和有序的状态之中。

在现代市场经济社会,信用是一个非常复杂的概念,包含多方面的内容。信用概念既可以指作为思想观念形态的道德、规范;也可以指作为社会行为准则的法律、规章;还可以指作为管理制度的方法、技术等。由此而使现代信用形式逐渐演化为一个复杂的社会信用体系。因此,现代信用是一系列观念、规范、法律、准则、方法、技术的总和。其中,尤以社会信用制度发挥了巨大的社会管理作用。社会信用制度是现代信用观念、信用法规、信用管理技术的产物,一经产生,则对人们的信用行为进行规范和制约,使这个社会系统处于信用管理的调控之中。运用各种信用制度来规范政府行为、企业行为以及公民的个人行为,就形成了政府信用制度、企业信用制度和个人信用制度。社会信用制度的状况如何,是社会文明程度的标志,是社会形象和社会道德好坏的重要标准。良好的社会信用制度,对经济发展和社会进步起着巨大的保障和推动作用。

## 二、信用的多种内涵

信用主要有以下 3 个层次的含义。

（一）道德层面的信用，即诚信。是指参与经济活动的当事人之间建立起来的以诚实守信为基础的践约能力，即我们通常所说的"讲信用""守信誉""一诺千金"。

（二）经济层面的信用，是指经济活动中的资金借贷行为和商品赊销行为，属于经济学范畴。也可以理解为能力，即一种建立在信任基础上的，不用立即付款就可获取资金、物资、服务的能力；或是一种受信方向授信方在特定时间内所做的付款或还款承诺的兑现能力（也包括对各类经济合同的履约能力）。

（三）信贷层面的信用，专指信贷。如《中国大百科全书》将信用解释为：借贷活动，以偿还为条件的价值活动的特殊形式。在商品交换和货币流通存在的条件下，债权人以有条件让渡形式贷出货币或赊销商品，债务人则按约定的日期偿还借贷或偿还货款，并支付利息。通常，货币银行学将信用解释为借贷行为，这种经济行为的特点是以收回为条件的付出，或以归还为义务的取得；而且贷者之所以贷出，是因为有权取得利息，后者之所以可能借入，是因为承担了支付利息的义务。

本书大多数情况下主要使用经济层面的信用概念。

## 三、信用与诚信、信任、信誉的联系与区别

（一）信用与诚信

诚信与信用这两个概念，既有内在联系，又有明显区别。

诚信即诚实守信，属于道德层面的概念，是自律性的主观意识。它用之于人的行为，是道德规范；见之于人的修养，是道德品质。诚信的信，意为人的内在善意和良心，即孟子所说的"有诸己之谓信"；按照北宋思想家张载的解释，就是"诚善于心之谓信"。

而信用，如前所述，是一种建立在信任基础上的，不用立即付款就可获取资金、物资、服务的能力。它反映的是一种经济关系，是他律性的客观存在。

经济活动的交易双方通过契约形成信用关系不等于就有了道德的诚信，因为这种关系只是在利益驱动和契约强制下形成的，并不是签约双方内心就必然诚实守信。人们可以看到，从古至今，在经济交往中，有德之人才会有可靠的、稳定的"良心"，但不能保证所有的人都是这样。正因为如此，我们说诚实者一定守信，但守信者不一定诚实。

这是它们的区别。但二者之间又有密切的联系。

第一，诚信是一切信用形式的共同基础。企业与企业之间应用诚信原则，对货物进行生产加工或销售，然后再结账，就是商业信用。这是信用交易最早、最普遍的形式；在消费活动中应用诚信原则，商店允许消费者先拿走商品去消费，日后再结账付款，就是消费信用，是现代经济中重要的信用交易形式之一；银行以诚信为基础，经营货币资金，就是银行信用，它是典型的信用形式。可见，信用是对诚信原则的应用。没有诚信，就不可能有信用交易。

第二，信用的发展可以促进社会诚信水平的提高。任何信用行为都是有规则的，一旦违背它，就要受到惩罚，付出代价。无论个人还是企业，守信就会赢得良好的发展机会，失信就会失掉商机，受到惩罚。双赢来自信用。稳定发展的信用关系稳定了人们的心理预期，从而强化人们诚信受益、失信受损的心理，提高社会的诚信水平。

总而言之，诚必守信，信而自诚。诚信是信用的基础和外部环境，信用则是诚信的表现。没有诚信的道德基础，信用关系不可能发展。而没有他律、没有对不守信用者的惩罚，或是惩罚不力，诚信的道德自律将是软弱的。社会信用体系是诚信的道德自律与信用的契约及法规他律的统一。

(二) 信用与信任

信任即经济交易的一方当事人对对方能兑现所承诺义务的预期信心。它是经济交易尤其是信用交易发生的必要条件。没有信任，即使是最简单的商品交换和一手交钱一手交货的现金交易也难以进行。市场的本质是交换，是两个商品的所有者用自己所有的东西去换取自己所没有的东西，这就存在买卖双方相互信任的问题。没有信任就没有交易，更没有信用，信用是基于信任而发生的经济关系。信任和信用有着不可分割的联系。但它们之间的区别也是明显的。

第一，信任是一种心理状态，而信用则是一种活动或能力。

第二，信任意味着承担经济交易的对方当事人兑现承诺的风险，而信用则力图通过协议、契约等化解或减少交易风险。

(三) 信用与信誉

信誉指的是经济交易的当事人给予对方兑现所承诺义务的隐含保证。信誉与信用均具有商业价值。在市场经济中，信誉是无形资产，信用是一种交换手段。信誉和信用的确立大都需要通过媒介体。比如通过信用评估机构、征信机构确立信誉，通过金融机构建立信用关系。这是二者的相同之处。

它们的区别在于：其一，信誉是外生的，取决于社会的评价；而信用是互生的，既有授信方，又有受信方。其二，信誉不会形成链条，也不应当形成链条，不存在某一个人信誉高,与他相关联的另一个人也就信誉高;信用关系能形成链条,相互传递,如"三角债"。

### 四、信用在市场经济中的作用

信用之所以受到人们的高度重视,是因为它在市场经济中发挥着重要的作用。

**(一)筹措发展资金**

这是信用的主要功能。政府通过发行国债或建设债券弥补财政赤字,筹措建设资金,这就是政府信用。企业通过股票市场发行股票,将分散在社会上的资本筹措起来,在建设大型项目时申请发行企业债券以解决资金困难,这就是证券投资信用。企业在生产经营活动中还经常需要从金融机构取得资金支持,这又产生了银行信用。此外,一些企业可能因一时现金周转困难需要向协作单位赊购原材料,另一些生产厂家可能出于扩大销售、打开市场和吸引客户的目的愿意赊销产品,这样企业之间又会发生商业信用。

**(二)加速资本集中**

信用是资本集中的有力杠杆,借助于信用可以不断扩大资本积聚的规模。企业借助证券投资信用,将社会资金转为长期投资,使零星资本合并为一个规模庞大的资本,个别资本合并其他资本增加资本规模。很多企业就是用股份制的方式创立的,很多兼并收购活动也是利用信用方式来进行并完成资本集中的。银行利用信用将零散的小额资金积聚为集中的巨额资金,用于支持大工业的发展,促进了生产社会化程度的提高,推动经济增长。

**(三)节约流通费用**

利用各种信用形式能节约大量的流通费用,增加生产资金投入。这是因为:第一,利用信用工具代替现金结算,节省了与现金流通有关的费用;第二,在发达的信用制度下,资金集中于银行和其他金融机构,可以减少整个社会的现金保管、现金出纳以及簿记登录等流通费用;第三,信用能加速商品销售,从而减少了商品储存和保管费用的支出;第四,采用非现金结算方式,缩短了流通时间,增加了资金在生产领域发挥作用的时间,有利于扩大生产和增加利润。

**(四)提高资金利用效率**

一方面,金融机构借助信用把闲置的资金和社会分散的货币集中起来,转化为借贷资本,在市场规律的作用下,使资金得到充分利用。另一方面,由于那些具有发展和增长潜力的产业总是最容易获得信用的支持,通过竞争机制,信用将使资金从利润率较低的部门向利润率较高的部门转移,在促使各部门实现利润平均化的过程中,也提高了整个国民经济的资金效率。

(五)调节宏观经济

一方面,由于信用的发展,出现了多种银行和信用机构,并在此基础上产生了中央银行。国家通过中央银行制定各项金融政策和金融法规控制信用的规模及其运动趋势,在出现通货膨胀时收紧银根,抑制社会需求;当出现经济衰退和通货紧缩时,刺激有效需求,从而调节宏观经济。并根据社会经济发展规划,引导资金的流向,调整经济结构,使国民经济结构更合理,经济发展更具持续性。另一方面,由于信用的发展,出现了多种信用工具和信用工具流通、转让的金融市场,这又为中央银行调节经济提供了手段和场所。

(六)促进社会稳定

使用消费信用,可以帮助暂无支付能力的消费者购买价格昂贵的商品房、汽车、家用电器等耐用消费品,而不必等到积攒了足够现金的时候购买。在发达国家,消费者只要有稳定的工作或者其他固定的收入,就可以利用自身的信用可靠性来取得信贷消费,提前购买所需的物品,立即提高当前的生活水平。家境贫寒的学子可以借助助学贷款完成学业,有志创业却又缺少本钱的创业者可以向银行申请贷款获得启动资金,等等。

此外,在现实生活中每个人都可能遇到急需用钱的突发事件,事情的发生往往是不可以预见的。消费者持有信用工具,可以帮助他们应付由于突发事件而产生的支付问题。当面临重大的紧急事件和危机的时候,如重病、受伤、出现重大财产损失而影响正常生活且需要立即支付大量账单的时候,采取信用工具或信用安排,就可以提供一种应付紧急开支的手段,很多突发事件都可以迎刃而解。正是从这个方面来说,信用在一定程度上减少收入差距,缩小贫富悬殊,化解社会矛盾,促进社会稳定。

(七)创造理财效益

消费者信用最基本的功能是用商业银行的钱,实现自己未来的消费,但其作用并不仅仅限于此。在现实生活中,有些人即使手头有足够的钱,完全有能力立即支付所购买大件消费品的费用,实现即期的大宗消费,但从理财的角度考虑,仍然选择消费信用方式,举债消费。因为这样,消费者可以把富余出来的自有资金投向收益更高的领域和其他必须用现金支付的消费领域,如证券、期货、外汇、黄金、收藏等。还有一些消费者,即使不将手头持有的现金做投资考虑,但如果有未到期的存款和国库券等有价证券,也不盲目变现,而是考虑质押担保进行消费信贷,因为这样既可以实现当时的消费,也可以保持有价证券的高利息收入。

当然,信用也有负面作用。以个人为例。如果不能有计划地使用消费者信用,滥用信用和信用支付工具进行交易,很容易债台高筑。因为信用支付工具的特征是消费者不必立即支付现金,就像在赌场中使用筹码而不是现金,输掉筹码不如输掉等额现金有切肤之痛。比如很多消费者十分喜欢使用分期付款这种赊购方式,但总会有一些消费者不认真记账,因此常常无节制地购物。一旦消费者所负债务超过自身能够承受的程度,不但消费者自身"破产",天天忙于应付催账电话和各种催账函件,而且用于抵押担保的居所和所购的商品也会被收回或强行拍卖。因此,消费者若不恰当地使用信用卡和消费信贷,就会陷入过度消费险境。另外,使用信用支付工具不是没有代价的,它的利息和其他收费也是比较高的。

## 第二节 信用的要素和分类

### 一、信用的要素

由上述信用的定义,不难看出,任何一次信用活动必定包括三个基本要素:信用主体、付(还)款期限和信用工具。

(一)信用主体

包括政府、企业、个人。在市场经济条件下,金融机构也是企业,但由于它在经济活动中的特殊性,一般把它单列出来,这样就形成了四类信用主体,即政府、金融机构、企业、个人。它们既可以作为授信方,授予"他人"信用;也可以作为受信方,接受"他人"授予的信用。

(二)付(还)款期限

指交易双方约定的、由受信人付给或偿还授信人款项的时间间隔。也指交易双方约定的、受信人在收取授信人的预付款之后向授信人提供产品或服务的时间间隔。

这表明信用包括的两个重要环节——承诺与兑现,不是同时发生的,而是要经过一个约定的时间周期才能完成,即先承诺后兑现,二者之间存在着时间上的间隔,授信方先向受信方提供资金、产品或服务,经过一个约定的时间周期,受信方再兑现承诺。信用的时间间隔性使得信用活动具有天然的、与生俱来的风险。由此而衍生出资信调查、信用评估、信用风险预测等一类新兴行业。

(三)信用工具

信用工具是表明某种权利义务关系的信用契约,是不同类型信用的主要表现形式,它具有3个特征:

1. 收益性。信用工具的收益可分为两种：一种为固定收益。即投资者按事先规定的利息所获得的收入，到期领取约定利息获取固定收益。另一种叫即期收益，又叫当期收益。即按市场价格出卖时所获得的收益，如股票出卖价格之差即为一种即期收益。

2. 风险性。信用工具的风险是指投入的本金和利息收入遭到损失的可能性。任何信用工具都有风险，只是程度不同而已。信用风险主要有违约风险、市场风险、政治风险和流动性风险等。

3. 流动性。信用工具可以买卖交易，可以换得货币，这就是信用的变现力或流通性。在短期内不遭受损失的情况下，能够迅速卖出并换回货币，称为流动性强，反之则称为流动性差。

信用工具可以从不同的角度进行划分：按形式可以分为商业信用工具、银行信用工具和国家信用工具；按期限可以划分为长期、短期和不定期信用工具。按所运用的市场交易范围可以分为货币市场类工具、资本市场类工具、衍生金融类工具和其他类信用工具。

一是货币市场类信用工具。货币市场类信用工具是指资金的借贷期限在1年以内(含1年)的信用工具，包括票据、国库券、大额可转让存单、回购协议、同业拆借、银行短期信贷等。

票据是指具有一定格式并载明金额和日期，到期由付款人对持票人或指定人无条件支付一定款项的信用凭证。按票据的性质划分，主要有汇票、本票和支票等几类。

国库券是指国家为了弥补年度内先支后收或短期收支不平衡，由财政部发行的以国家为债务人的信用凭证。国库券由中央银行具体办理发行和还本付息事宜。

大额可转让存单是指商业银行为吸收资金而开出的一种票据，即具有可转让性质的定期存款证，注明存款期限和利率，到期时持有人可向银行提取本息。到期前，持有人如需现金，可转让。这种存单的主要特点是面额大、期限固定、比较安全、不记名、可自动转让。

回购协议是指在金融市场出售某种债券时，出售者与购买者之间达成的一项协议，由出售者在一定时间内重新买回债券。出售者在出售债券时借入资金，并在一定时间内偿还，实际上是以证券为担保的借款。回购协议通常为隔夜的短期交易，也可以是1个月或更长。

同业拆借是指银行之间发生的短期借贷行为。同业拆借市场实际上已成为商业银行稳定的筹措资金的场所。银行同业拆借的期限较短，大多为1—7个营业日。

银行短期信贷是指借款期限在1年以内的贷款。按照贷款对象的不同，商业银行的贷款可分为：工商贷款、不动产贷款、消费信贷、证券购买和周转贷款、贴现、国际信贷等。

二是资本市场类信用工具。资本市场是中长期资本融通的场所，通常将期限在1年以上的中长期资本借贷和股票、债券发行及交易的市场称为资本市场。资本市场包括两大类：一类是银行中长期信贷市场；另一类是证券市场。

银行中长期信贷是银行为长期资本需求者提供的中长期贷款，期限在1年以上，有的甚至长达几十年。中长期信贷的借款人有银行、公司企业、政府机构、国际机构等。由于中长期信贷期限长、金额大、风险大，借贷双方要签订严格的贷款协议，同时还需要有第三人提供担保。

债券主要是指期限在1年以上的公司债券、政府债券和市政债券。按照期限划分，债券有短期债券、中期债券和长期债券；按照有无担保划分，债券有信用债券和担保债券。

股票是股东投资入股并索取股息或红利的所有权证书，它是工商企业和商业银行筹集自有资本的一种主要形式。股票持有者是股份公司的所有者，有管理监督权，同时也承担公司的风险和责任，股东有权定期收取股息或红利，但一般不能退股或撤资。

三是衍生金融类工具。衍生金融类工具包括金融远期、金融期货、金融期权、金融互换等。

金融远期是指合约双方同意在未来日期按照固定价格交接金融资产的合约。金融远期合约规定了将来交换的资产、日期、价格和数量。远期市场是一个交易商市场，交易在场外通过协商达成。金融远期合约主要有远期利率协议、远期外汇合约、远期股票合约。

金融期货是指买卖双方在交易所内以公开竞价的形式达成的，在将来某一特定时间交割标准数量特定金融工具的协议。相对于金融远期来说，期货交易的最大特点是期货合约是一种标准化、可转让的延期交割合同。期货合同的标准是交易所具体规定的。金融期货主要包括：外汇期货、利率期货和股票指数期货。

金融期权是指合约双方按约定的价格，在约定的日期内就是否买卖某种金融产品达成的契约，包括现货期权和期货期权两大类，每类又可以分为很多种类。

金融互换是指两个或两个以上当事人按照共同商定的条件，在约定时间内，交换一定支付款项的金融交易，主要有货币互换和利率互换两类。

金融远期合约是其他3种衍生工具的始祖，其他衍生工具均可认为是金融远期合同的延伸或变形。在这4种衍生工具的基础上，又衍生出了其他一些更为复杂的金融衍生工具,如由期权和互换合成的互换期权;由远期和互换合成的远期互换等。

四是其他信用工具。例如,企业在信用销售过程中形成的代表债权债务关系的凭证;民间借贷行为中形成的各种借贷凭证等。

## 二、信用的分类

信用的种类很多,根据发出信用的主体和表现形式不同可分为:商业信用、银行信用、政府信用、消费信用等。

### (一)商业信用

商业信用是指企业之间以赊销商品和预付货款等形式提供的信用。这种信用的具体表现形式很多,如赊销商品、委托代销、分期付款、预付定金、按工程进度预付工程款、延期付款等等。

商业信用具有以下主要特点:一是它是在以营利为目的的经营者之间进行的,是经营者互相以商品形式提供的直接信用。二是规模和数量有一定限制,它是经营者之间对现有的商品和资本进行再分配,不是获得新的补充资本。商业信用的最高界限不超过全社会经营者现有的资本总额。三是有较严格的方向性。往往是生产生产资料的部门向需要这种生产资料的部门提供,决不能相反。例如,总是按面粉生产商—面包商—批发商—零售商提供商业信用,而不是相反。它严格遵循社会生产销售程序,遵循社会总生产的循环。因此,商业信用能力有局限性,一般只在贸易伙伴之间发生。四是容易形成社会债务链。在经营者有方向地互相提供信用的过程中,形成了连环套的债务关系,其中一环出现问题,很容易影响整个链条,出现类似"三角债"的问题,严重的可引起社会经济危机。五是商业信用具有一定的分散性,且期限较短。经营者根据自己的经营情况随时可以发生信用关系,信用行为零散。

### (二)银行信用

银行信用,就是银行和各类金融机构以货币形式向社会各界提供的信用。银行信用是在商业信用发展到一定程度以后产生的。它的产生对商品经济的发展起着巨大的推动作用,标志着信用制度更加完善。

银行信用具有以下主要特点:一是银行信用是以货币形态提供的间接信用,调动了社会各界闲置资金,并为社会各界提供信用。不受方向制约,不受数量限制,范围广,规模大,期限长。二是信用性强,具有广泛的接受性。一般说来银行是信誉最好的信用机构,它的很多债务凭证具有最广泛的接受性,被视为货币充当流通手段和支付手段。三是信用的发生集中统一,可控性强。社会资金以银行为中心集散,易于统计、控制和管理;以银行为中介,中断债务链,在促进经济活动的同时,稳定经济发展。因此,银行信用受到世界各国的重视及商业活动的推崇,成为当今世界最主要的信用形式之一。

(三) 政府信用

政府信用是指政府以债务人身份,借助于债券等信用工具向社会各界筹集资金的一种信用方式。政府信用的主要表现形式是发行公债,如国库券。

政府信用具有以下主要特点:一是目的单一,旨在借款,是调剂政府收支不平衡的手段,是弥补财政赤字的重要渠道。一般来说,政府支大于收可通过3条途径解决,即增税、举债和货币发行。增税立法程序复杂,易引起社会不满;增发货币易导致通货膨胀。以发行公债的形式举债是较好的方法。二是用途单一,旨在公益事业建设,如修筑道路、水利,发展科教事业等,为发展经济创造良好的社会环境与条件。取之于民,用之于民。三是信用性强,信用风险小,安全性高。四是日益成为调节经济的重要手段。很多国家和地区,通过在金融市场上买进和卖出政府发行的各种证券工具即公开市场业务,调节货币供应,影响金融市场资金供求关系,从而调节社会经济活动。目前,世界各国政府信用有增无减,日益庞大。

(四) 消费信用

消费信用是指经营者或金融机构以生活资料为对象,向社会消费者提供的信用。一般表现为赊购、赊销、分期付款、延期付款、消费贷款等。

消费信用的主要特点:一是扩大需求,提高消费,刺激经济发展,缓解消费者有限的购买力与不断提高的生活需求的矛盾。二是它是有效的促销手段,有利于开拓销售市场,促进商品生产和流通。三是其负面作用是增加了经济的不稳定性,容易造成需求膨胀。在经济繁荣时,消费信用扩大,商品销量增加;萧条时,消费信用萎缩,商品销售更加困难,经济更加恶化。

一个国家和地区消费信用是否存在,是否广泛以及规模大小应由客观情况来决定,不应由政府用行政手段指令,主要取决于社会公众的消费习惯、消费心理、消费行为和消费能力。

除上述4种信用形式之外,还存在其他一些信用形式,它们不能归到这4种信用形式中。这些信用形式主要包括:

民间信用,指社会公众之间以货币形式提供的信用。它的主要存在形式有:直接货币借贷;通过中介人进行的货币借贷;以实物作抵押取得借款的"典当"等。民间信用的主要特点:一是信用的目的既为生产,又为生活;二是期限较短,规模有限;三是自发性和分散性较强;四是风险性较大;五是利率较高。民间信用存在的基础是商品经济的发展和社会贫富不均,以及金融市场与其他信用形式不发达。民间信用是商业信用与银行信用的补充。

租赁信用,是经营者之间以营利为目的,出租设备和工具,收取租金的一种信用形式。租赁信用的表现形式是融资租赁、经营租赁和综合租赁。租赁信用有利于加速设备更新,减少一次性资金投入,扩大再生产规模,促进科学技术尽快转化为生产力,正被越来越多的企业运用。租赁业因此被称为"未来产业",得到迅速发展。

国际信用,即国际信贷,是指国际的借贷关系,是信用的各种形式在地域上的发展和扩大。主要表现形式:国际商业信用、国际银行与国际金融机构信用、政府间信用。国际信用的方式与特点即各种信用表现形式的方式与特点,与上面所述一致。随着世界经济一体化发展,国际信用关系无论在深度和广度上都将进一步发展,形式也将日益多样化。

证券投资信用,是指经营者以发行证券的形式,向社会筹集资金的一种信用方式。这种信用的主要表现形式是:生产销售性企业或公司、商业金融机构向社会发行债券、股票和股票配股。从信用实质上看,证券投资信用与政府信用相同,只是发出信用者不同,前者是企业,后者是政府,但参与者都是社会公众。证券投资信用的广泛开展要求金融市场的建立和发展。随着现代金融市场的进一步发展,证券投资信用将会越来越受到人们的重视。

## 第三节 信用交易与信用风险

### 一、信用交易

信用交易是与现金交易相对应的一个概念。所谓现金交易,指的是"一手交钱、一手交货"的交易方式,其特点是钱、货即时两清,交易双方不形成债权债务关系。

信用交易则是一种存在时间间隔的交易方式。其特点是,交易时钱、货不是即时结清,而是交易一方先承诺在一定的期限内向对方付款或还款,在取得资金、商品、服务之后的一段时间后再履约兑现,交易双方之间形成债权债务关系。例如,金融机构给企业或个人贷款,企业、个人之间的赊销、赊购,房产开发商给购房者的分期付款购房,等等。

由于信用交易存在一定的时间间隔,交易发生时取得资金、商品、服务的一方(受信方)不需要向付出的交易一方(授信方)立即支付对价,付出与偿还之间存在一个时间间隔,授信方能否获得受信方按约定的回报就变得不确定。因此它在大大地方便、促进和丰富了经济交易活动的同时,也带来了风险。这就是信用风险。

### 二、信用风险

所谓信用风险,是指交易一方(受信方)不履行承诺而给交易另一方(授信方)带来损失的风险。

信用风险的大小取决于交易中受信方的履约意愿与履约能力的组合情况。如果受信方既有履约意愿又有履约能力,此时信用风险最小;反之,如果受信方既无履约意愿又无履约能力,此时的信用风险最大;如果受信方虽有履约意愿却无履约能力,或者虽无履约意愿却有履约能力,此时信用风险的大小将介于前面两种情形之间。因为受信方没有履约意愿产生的信用风险,被称之为主观性信用风险;因为受信方没有履约能力产生的信用风险,被称之为客观性信用风险。

在现实经济生活中,受信方承诺以后可能由于发生不利事件使财务状况恶化而无力兑现承诺、履行合约,也可能因为不愿兑现承诺而采取机会主义行为逃避债务,等等。只要存在信用交易,就存在着信用风险。

### 三、经济信用化与区域经济发展

经济信用化,主要指信用活动日益增加,经济交易中可以用信用来衡量的部分的比重越来越大,经济活动中的生产、分配、交换和消费等一系列过程逐步摆脱对经济主体自身积累的依赖,转而依赖外部资金来源的融资。

经济信用化程度,可以用信用消费和信用交易为标志的信用经济成分在国民经济中的比重来表示。

当一国的市场交易形态从现金交易为主导转变为以信用交易为主导时,也就是50%以上的交易是以信用交易方式完成时,这个国家的市场就进入了信用经济阶段,或被称为"信用经济时代"。信用经济阶段是经济学家的一种提法。是市场经济向成熟发展的更高阶段。市场经济发展到一定程度必然进入信用经济阶段,这是不以人的意志为转移的。根据经济发展的历史经验,当一国的人均GDP超过2000美元时,该国的经济就开始迈进信用经济阶段的门槛。

人们通常用信用总规模来度量信用经济的发展水平。一个国家或一个地区的信用总规模是指该国或该地区完成的信用交易的数量。它应涵盖能够计量的全部信用交易。具体而言,可以是该国家或该地区内各类主体包括政府部门、金融机构、企业、个人完成的信用交易量总和,也可以是各类信用工具包括债券、贷款、商业票据、商业赊销款、现金、各项存款等的合计。

由于信用交易最终都会形成一定的债权债务关系，从而在交易主体资产负债表中的资产或负债上体现出来，因此在数量上我们可以通过加总参与交易的所有市场主体的负债计算出一个国家或地区的信用总规模。

研究表明，大多数国家的信用活动和信用总规模均与 GDP 同方向变化，且相关性极强。在 GDP 水平低时，信用总规模和各类信用交易活动规模通常都比较低；当 GDP 水平高时，后者也比较高。信用活动使经济活动与交易日益信用化。现代市场经济条件下，信用活动与信用交易规模不断扩大，且快于 GDP 增长，这表明经济的信用化程度越来越高，说明信用活动在经济活动中普及迅速，对经济的作用与影响在不断扩大。

信用资源是金融发展的基础性条件，没有信用就没有金融的存在，所以，信用是现代经济增长与发展的关键性约束条件。虽然从理论上讲，经济发达程度是信用发展的基础，但信用对经济发展的能动作用显而易见，尤其在经济起飞阶段，信用甚至是第一推动力。一国不同区域发展之所以会呈现较大差异，虽然有其历史和自然的原因，但在区域经济规划发展的进程中，信用推动力的差异是一个重要因素。

信用在经济发展中的作用不仅表现在资本形成中信用有其特殊的聚合功能，从而发挥第一推动力之作用，还在于信用金融与经济有显著的结构调整功能，并通过这种调整产生经济结构重组的结构动力。西方信用理论中的信用媒介论、信用创造论、信用调节论都强调这一作用。长期以来的经济学家分析信用调整的着眼点往往是经济信用化程度高的现代化经济，认为市场经济的全面发展使社会经济的信用化程度不断提高，政府、企业与居民等经济单位都在广度与深度上全面介入信用市场，使得信用工具的促进或约束作用不断创新和丰富，只有在这种条件下，信用对经济的调整才显得有意义。

固然，经济的货币化，使得全社会的信用化程度越来越高，货币信用对经济的可调整程度更增强，但对于经济处于发展中的区域而言，其货币化和信用化的形成过程本身就提出了金融调整的要求，而且不同地区货币化与信用化程度的差异为信用调整效果的有效发挥提供了机会。发达地区凭借其良好的经济环境、充分调动信用资源而得以迅速发展，而欠发达地区、不发达地区信用资源的利用效率都很低，潜在的经济发展要素无法启动使其始终难以找到经济发展的突破口。因此，怎样从国民经济发展的全局出发发挥信用在区域经济发展中的调整作用，以促进区域经济协调发展，是发展中大国所面临的难题。

从宏观经济结构看，国民经济结构具有明显的层次性，国民经济层次性作为国家生产力的大系统的子系统具有分化和存在的客观性。生产力的分流除了在产业、部门等重要方向外，也体现在经济区域结构上，区域也是社会分工过程中形成的一个经济系统，是国民经济总量的最基本的分解方式之一。区域结构的形成和其他经济结构一样，都有其自然的、历史的和经济的过程。与国民经济沿着部门方向分解形成产业结构相对应，国民经济沿着区域方向分解形成资源在区域间的配置，即区域结构，因而区域结构是一个与产业结构同样重要的经济结构分支。区域间资源配置的结构中，资金要素是其中最主要方面之一，尤其在现代经济发展中信用核心作用的凸显，区域信用结构是否合理将直接影响着区域经济协调发展的效果。

### 四、信用风险主要源于信息不对称

所谓信息不对称，是指在市场交易中，一方拥有另一方所不拥有的信息，交易双方拥有的信息不对等。典型的信息不对称模型是二手车市场。在二手车市场中，对卖车人来说，他是知道他所卖车子的真实状况和原因的，他可能是因为工作调整了或者收入水平提高了等原因想把车子卖掉，也可能是这辆车非常不好，与其花费大量的时间和金钱来维修，不如把它卖掉。但买车的人并不知道这车子背后的种种真实情况。这就产生了信息不对称的问题。

类似的问题在市场经济中普遍存在。正是这种信息不对称使信用经济中信用风险的产生成为可能。

我们先来看主观性信用风险。导致发生主观性信用风险的原因是交易中受信方不愿意履约，也就是说，即使他有这个能力偿还债务，他也不偿还，这是一种主观行为，集中地反映了信用风险的"内源性"特点。有很多因素可能影响到这种行为的发生，其中一个重要因素就是信息不对称。因为"不愿意偿还债务"是一种主观性行为，如果交易双方关于对方的任何私有信息都是对称的，那么交易一方必然会知道该交易对手即使在能够偿还债务的条件下也不会偿还债务的事实，那么他们肯定不会发生这个交易，主观性信用风险自然也就不会发生。

对客观性信用风险也是一样。如果交易双方关于对方的任何私有信息都是对称的，那么交易一方必然会知道该交易对手的真实财务状况，在明知他不具备偿还债务的能力的条件下，他们肯定也不会发生这个交易，因为企业不是慈善机构。因此客观性信用风险也就不会发生。所以，交易双方之间的信息不对称是发生信用风险的必要条件。

**五、影响信用风险的其他因素**

只要交易双方之间存在信息不对称,就有可能发生信用风险。至于这种可能性是否成为现实,则还要取决于以下一些因素:

(一)是一次性交易还是多次交易

用博弈论的话说就是一次性博弈还是重复博弈,一次性博弈的信用风险要大于重复博弈。因为在一次性博弈中不存在信誉问题,经济人追求利益的最大化是理性的选择。如果是重复博弈,即使存在信息不对称,交易者从以后的交易着想,将仍然恪守诺言,这样,信用风险不会发生。

(二)是否存在一个信用信息的记录系统

如果存在这样的信用信息详细记录系统,而且能够即时连接、覆盖全国,那么即使某个市场主体在某地只进行一次性交易,在这个信用信息网的笼罩之下,无论以后他到哪个地方,人们都知道他以前的交易信用状况,即使换了地方,也不再是一次性博弈而是重复博弈,他不再可能通过一次性博弈、用不讲信用的手段来谋取不正当的利益。因此在存在信用信息系统的情况下,信用风险产生的机会将大大减少。如果没有这样一个系统,交易主体将选择"打一枪换一个地方"的办法去追求自身利益的最大化,这在中国这样一个地域辽阔、市场极大、交易机会很多的国家里是不难做到的。这也在一定程度上解释了一些劣迹斑斑的失信者何以能够左右逢源,如鱼得水。由此可见,这个信息记录系统不仅是一个信息不对称的矫正工具,同时还是促使企业进行重复博弈的一个重要手段。

(三)市场主体对未来利益是否有稳定的预期

只有人们有着追求长期利益的稳定预期,又处在重复博弈的规则之中,他们才可能讲信誉。而要使人们有追求长期利益的稳定预期,一是要产权清晰、所有者到位。明晰的产权是追求长期利益的动力,只有追求长期利益的人才会讲求信誉;只有产权清晰、所有者到位,才有为追求长期利益而恪守信誉、为维护自己的权益而惩罚对方欺骗行为的机制。如果产权主体不明晰,那就会失去为了维护产权权益而坚守诚信的主体。如果某人能够利用别人的产权发生信用关系,并在破坏这一信用关系中获利而又得不到惩罚,那么失信行为就会蔓延。我们周围所出现的许多问题都与产权主体不到位相关。私人产权明晰,但是产权保护程度不足,短期行为屡屡发生;集体产权模糊,国有产权归属清楚,但是企业内所有者缺位,使得一些经营者热衷于短期行为,不讲信誉。产权不清,人们就无须对自己的行为承担责任,也不可能从企业的信誉中获利,自然就没有必要讲信誉。信誉就像一棵苹果树,没有主的苹果树是长不大的。二是法制健全,执法严明。一个清正廉洁、严明自律的司法、执法系统是经济主体拥有一个长期预期的稳定器。假如缺了这个保障，人们很难有一个稳定的长期预期。我国目前一方面法律不健全，尤其是私法立法滞后，对私有财产保护不力，影响了人们对自己未来财产拥有权的长期预期；另一方面在司法和执法方面的种种问题，更是令很多人对长期的好的预期的坚强保证产生了巨大的怀疑。

（四）社会的道德水准

道德底线是防止信用风险蔓延的最好武器，"欺骗止于仁者"，假如社会上大多数人都有一个较高的道德底线的话，那么即使存在信息不对称，也不会发生骗局，产生大面积的信用风险。

正是因为道德、产权、法律对于信用风险的产生，起着至关重要的影响作用。所以中共中央十六届三中全会通过的《关于完善社会主义市场经济体制若干问题的决定》提出，建立健全社会信用体系要以道德为支撑、产权为基础、法律为保障。

（五）市场主体是否建立了基本的信用风险控制机制和信用管理制度

我国目前很少有企业设立专门的内部风险管理部门、机构和人员，因而经常发生因授信不当导致合约不能履行，受信企业对履行契约计划缺乏管理而违约等现象。因对合作客户的信用状况缺乏了解，也使许多企业经常上当受骗，造成大量经济纠纷和交易损失，形成信用风险。企业内部信用管理这一重要管理环节的普遍缺失，必然导致企业信用风险大量发生。

因此，信息不对称只是经济活动中信用风险产生的必要条件，其重要条件是不完全的信用制度及由此产生的不完全契约。要实现信用风险最小化，就必须建立与之相适应的市场秩序和环境。

鉴于信用风险已经成为制约经济持续健康发展的主要问题，构建完备的社会信用体系已经成为当前迫切需要和十分紧迫的任务。

## 第四节 经济发展状况与信用制度建设

经济发展状况是信用制度建设的首要制约因素。从历史的角度看，信用制度是在商品经济充分发展的基础上产生的，换言之，经济发展状况为信用制度建设奠定了物质技术基础。而经济发展状况又可以分为质和量两个方面。一方面，国民收入水平成为衡量经济是否充分发展的量的尺度；另一方面，社会阶层结构和个体生命周期的现状在某种程度上代表了与信用制度密切相关的经济发展状况的质的水平。

## 一、国民收入水平与信用经济

### （一）人均 GDP 与信用经济的关系分析

经济发展是经济增长和经济结构变化的综合过程,而经济结构又是多元化的,包括产业结构、就业结构、消费结构等各个方面。经济发展状况通常取决于:经济增长及人均 GDP 水平;要素投入的构成及质量;产出结构;就业结构;最终需求结构;收入分配结构;人口城市化水平和国民受教育水平;贸易结构等因素。其中,作为经济增长的标志,人均 GDP 指标在很大程度上反映了经济发展的阶段和程度。

信用经济是经济充分发展的产物。按照 19 世纪德国经济学家布鲁诺·希尔布兰德的观点,社会经济发展可分为三个阶段:一是以物易物的自然经济时期;二是货币充当媒介的货币经济时期;三是信用交易占主导的信用经济时期。此后,英国经济学家魏克塞尔全面借鉴了希尔布兰德的信用经济概念,进一步提出了纯现金经济、简单的信用经济、有组织的信用经济和纯信用经济等四个概念,指出在信用经济中,影响价格和经济周期的不再是货币,而是信用。尽管希尔布兰德和魏克塞尔的经济阶段划分未必精确,但揭示了经济充分发展与社会信用程度的内在联系。

与希尔布兰德和魏克塞尔的信用经济理论相一致,国际经验表明,世界上多数国家进入信用经济时代都依赖于一定的物质基础,比如年人均 GDP 超过 2000 美元[①]。这一研究结果表明,经济发展有其内在的客观规律。由于人均 GDP 是经济发展各项指标的集中反映,其数值的高低应对应经济增长的不同模式。当人均 GDP 低于某一数值时,往往对应以物易物的自然经济或货币经济时期,人们着重解决温饱问题,信用经济很难得到充分发展。只有经济发展到一定程度（如人均 GDP 指标超过 2000 美元）,各种信用工具才能有效发挥作用,因为随着社会中产阶层的增加,企业实力的增强,资本市场的规范发展,经济人有建立信誉的内在动力,社会产生了建立信用制度的需求,使信用经济空前发展起来。

### （二）中国人均 GDP 的现实考察

2013 年 3 月 22 日,国家统计局公布了《2012 年国民经济和社会发展统计公报》。公报显示,2012 年中国国内生产总值（GDP）为 519322 亿元,人均 GDP 为 38354 元,约合 6100 美元。

---

① 林钧跃:《"社会信用体系"建设有关的几个问题》,载《中国市场经济论坛·文稿》2001,第 26 页。

据统计,我国人均GDP年增长率自2008年以来稳居世界前十,人均GDP世界排名不断上升。2011年,我国人均GDP位居世界第87位,低于世界平均水平(63位)。2012年,我国人均GDP达到6100美元,但仍低于2011年世界平均水平。照此趋势,我国人均GDP达到世界平均水平还需要一段时间。

我国在人均GDP方面逐年增长。从人均GDP世界排名来看,2009年,我国位居世界107位;2010年提升至95名,进入了前100的行列;2011年又得以提升,排在了全球87名。以此趋势来看,2011年,我国排名仍有提升的可能。但和世界平均水平相比较,我国人均GDP始终处于追赶状态。2011年,世界人均GDP为10035美元,高于我国2012年6100美元的水平。

(三)中国GDP高速增长的困惑

目前,中国GDP的持续高速增长主要有三个方面的问题。一是过于片面追求发展速度,忽视经济质量的提高,因为GDP主要反映经济增长,对于社会成本考虑较少,如没有反映环境污染所带来的负的外部性问题。二是单纯追求总量的增加,忽视区域经济的平衡增长,导致社会贫富差距拉大,影响社会安定团结。三是各地官员为追求政绩,在一定程度上掺杂水分,人为调高上报数字,使GDP增长的实际情况反映失真。因此,党中央明确地提出了要树立科学的发展观,这意味着要客观地、辩证地看待GDP的增长,同时表明片面追求GDP高速增长的时代已历史性地结束了。

国家统计局前局长李德水曾说过,GDP不是万能的。这在于:一是GDP不能反映社会成本;二是GDP不能反映经济增长的方式和为此付出的代价;三是GDP不能反映经济增长的效率、效益和质量;四是GDP不能反映社会财富的总积累;五是GDP不能衡量社会分配和社会公正。如果只注重经济总量和速度的增长,而不顾资源浪费、环境污染、生态破坏,就可能造成经济增长了而人民生活质量却下降了的局面,而且经济本身也不可能持续增长。

**二、社会阶层结构与个人信用制度建设**

近年来,较少有人关注社会阶层结构与个人信用制度的关系问题。事实上,如果从经济发展状况的约束条件来看,很难回避社会阶层结构或者中等收入者所占的比重、中产阶层所占的比重对信用制度的影响问题。橄榄形的社会结构,对于个人信用制度的最终建立具有重要的促进作用。

(一)社会阶层的划分

对于社会阶层的分析,在西方主要有功能论范式和冲突论范式两种主要的分析框架,前者以涂尔干、戴维斯和摩尔、帕森斯等经济学家为代表,后者以马克思、韦伯、达伦道夫为代表。功能论认为,阶层是满足社会需要的必然存在,强调阶层反映社会的共享价值观,提高社会与个人的功能;经济结构不是社会中的主要结构,权力在社会中是合法分配的,工作与报酬是合理分配的。冲突论则认为,阶层虽然是普遍存在的,但并非不可避免;竞争、冲突和征服产生社会阶层,并因此阻碍社会和个人功能的发挥;经济结构是社会结构中的主要结构,权力被社会中的少部分人所控制,工作与报酬的分配是不合理的[①]。

在冲突论中,马克思的阶级分析法和韦伯的多元分层理论颇为著名。在马克思看来,社会上由于生产资料占有的不同,存在相互对立的资产阶级和无产阶级,资产阶级无偿地占有无产阶级的剩余劳动,革命是解决阶级矛盾的唯一方式。而韦伯认为,应该通过阶级、地位和党派(或者权力)等多元维度划分社会阶层,这是人类社会中划分个人和群体等级的重要标准。当然,它们在人类社会历史上的不同时期不是同等重要的。在资本主义早期阶段,阶级维度受到格外的重视;在种姓(Caste)社会中,地位维度是至高无上的,而在现代社会中,党派或权力维度的重要性大增。此外,韦伯还指出,三个维度之间通常有很大程度的交叠。

借鉴韦伯的多元分层理论,国内不少经济学家近来开始注重对中产阶层或中产阶级的分析,实际上已将中国的现有社会阶层划分为上层、中层和下层三大社会阶层。多数学者认为,中国中产阶层的人数尚不足总人数的18%,具有广阔的成长空间。按照国际经验,社会阶层结构通常会从农业社会的金字塔形转为工业社会的橄榄形,比如美国目前的中产阶层是指年薪在5万—10万美元的广大阶层,比重高达60%,中产阶层已成为"大众"的代名词。

西方社会学分层理论中,最早提出社会分层理论的是德国的社会学家韦伯。韦伯提出划分社会层次结构的三重标准,即财富——经济标准,威望——社会标准,权力——政治标准。以上三条标准既是互相联系的,又可以独立作为划分社会层次的标准。

此后,西方社会学家对社会分层的研究大多继承了韦伯的上述观点,并在此基础上提出了各种分层模式和理论,归纳起来有:一是把社会划分成几个大的阶级。比较有代表性的是:三个阶级理论、林德的两个阶级模式、米尔斯的阶级模

---

[①] 侯钧生、韩克庆:《西方社会分层研究中的两种理论范式状况》,中国农村研究网,2003-05-03,第19页。

式。二是把社会成员划分成若干个层次。比较有代表性的是：W. L. 沃纳等人依据多重标准曾提出6个层次的划分方法。三是续谱排列。根据人们在职业分工、工资收入与身份声望等方面的具体而细致的差别，把社会成员划分成连续排列的多个小层，即续谱。我们认为，可以对三个阶层的构成大致做如下的描述：

上层主要由拥有充分的组织资源的国家与社会高层管理者、拥有充分的文化资源或组织资源的大型企业经理人员、拥有充分的文化资源的高级专业人员、拥有充分的经济资源的大私营企业主构成。

中层主要由拥有相当的或一定的组织资源、经济资源、文化资源的国家与社会管理者、经理人员、私营企业主、专业技术人员、个体工商户构成。

下层主要由仅仅拥有很少量的或基本没有三种资源的商业服务业员工、产业工人、农业劳动者以及城乡无业、失业、半失业者构成。

（二）对特殊背景下履约主体履约倾向差异性的补充说明

对于上述的结论，不少人表现出了异议：由于穷人的还款能力差，根本不是金融机构的放贷对象，也谈不上不讲信用了。相反，目前的现实是大量存在掌握资源的富人的违约失信行为及金融腐败现金，而非穷人所能为。

应当指出的是，前面的分析是站在纯经济学角度的抽象分析，是基于信用制度比较完善、市场经济发展比较充分的背景来展开分析的。比如美国等市场经济国家，违约的成本高昂，意识培养中也教育人们要守约。这是事实证明了的。

但这并不否认在有特殊背景的环境下结论有所不同。比如我国等发展中国家，由于正处于市场经济发展过程中，会有自身的一些特点。特别是我国，在转轨过程中会存在一些特殊性。因此，有必要对上述结论进行讨论，对现实中存在的几个问题进行分析。

第一，不可否认穷人的守信。守信也是在特定环境、特定背景下表现出来的。既不能因穷人的守信的案例就推断所有的穷人也都是守信的，也不能推断穷人以外的人就是不守信的。

2006年度诺贝尔和平奖得主，孟加拉国乡村银行创始人穆罕默德·尤努斯博士创造的小额信贷业务在全球帮助了数百万人口脱贫。孟加拉国乡村银行模式是一种非政府组织从事小额信贷的模式，创建于1974年，20世纪80年代在政府支持下转化为一个独立的银行。孟加拉国乡村银行是以小组为基础的农户组织，要求同一社区内社会经济地位相近的贫困人口在自愿的基础上组成贷款小组，相互帮助选择项目，相互监督项目实施，相互承担还贷责任。银行根据借款人的需求发放无抵押的短期小额信贷，但要求农户每星期分期还款。孟加拉国乡村银行在放贷的同时要求客户开设储蓄账户，存款金额达到一定程度的时候必须购买孟加拉国乡村银行的股份,从而成为银行的股东。从第一笔生意向42名农妇贷款27美元,到今天向大约660万贫困人口贷款超过57亿美元,其中97%的借款人是妇女,已还款50亿美元,还款率近90%。这样的组织类似于一个互助合作组织。在这个组织内部,由于有一个广泛的监督机制(农户间相互监督),违约成本高昂。其成本体现在:一是农业人口由于特定的历史背景和自然环境,都是聚集在一起居住和生活的,一旦不能遵守大家默认的潜规则,则将背井离乡,甚至失去目前赖以生存的唯一资源——土地;二是由于采取了互相承担还款责任的办法,也就使得担保人在进行担保前已经进行了一次信用筛选;担保后,担保人会尽力为借款人实施项目提供帮助,并且会主动监督其还款。另一方面,由于孟加拉国乡村经济非常不发达,人们更多是靠潜规则即意识形态来约束自己的行为。同时,由于贷款投向的项目都是有选择而实施的农业项目,风险比较小,能够保持稳定的盈利,因此,还款有保证,穷人也非常守约。

第二,特殊背景下,确实存在富人不讲信用的事实。但大部分富人还是守法守信的,因此,不能因为部分暴发的富人违了约,就认为富人都不守约,也不能就此推断穷人就一定守约。

不可否认,在特殊的经济转轨过程中,确实存在违约的成本小而收益大的情况。有人说:不是经常社会上见到一些富人借了银行钱不还,欺骗消费者,无赖至极吗?笔者也承认,确实存在这种情况。但这也是一些特例,而且是具有中国特色的特例。由于我国处于转轨时期,经济体制存在一些缺陷,使得某些不讲信用者在特定的环境下获得了生意上的成功,暴发成了富人。就中国目前的现实来说,不可否认其中不乏靠投机倒把起家的,有靠诈骗起家的,特别是在政府管制色彩浓厚的行业,有的人利用行政权力寻租。正是这样特殊的转轨背景的不完善,给了部分人可乘之机,而这些掌握特权和大量财富的富人更有机会去以财生财或以权生财,给人们造成一种富人没有穷人守信的错觉。其实,除了少部分的人确实靠钻政策空子发了财,大部分的公民都是靠白手起家,辛勤奋斗积累财富而获得成功的。由此得出穷人比富人更守信的结论或许就显得片面了。

第三,在某些传统文化还占据主导地位的地区,人们信用表现的方式还停留在主要靠潜规则而非法律进行调整的方式上。但不能由于主要依靠潜规则的软约束维持了良好的信用,就说穷人比富人更讲信用。

制度经济学中有两种合约:一种是正式合约,表现为书面的契约文件;另一种是非正式合约,表现为口头承诺。对这些合约的履行存在三种方式:一是各自实施,即双方各自信守自己的承诺;二是相互实施,即互相监督,如果某一方不信守合约,另一方可实施报复,比如要违约者付出代价或实施赔偿等;三是由第三者保证实施,即由第三者如政府、社会中介组织等出面监督合约的执行,付诸法律裁定是由第三者保证实施的集中体现。选择什么方式来实施,除了与双方信任度有关,还与整个社会环境有关。

比如卢周来先生在《穷人与富人的经济学》①一书中,举了两个例子来论证穷人比富人更讲信用:他的一个乡下表叔需要6000元钱给儿子交学费,找乡亲借钱,不用写借据,大家不担心他不还钱;另一个例子是在农村很多戏班演戏都是君子口头协定,但没有发生因口头协定而反悔约定的现象。笔者承认卢周来先生所描述的这一现象在很多农村是存在的。在中国传统社会中以及一些比较闭塞的农村中,人们的经济活动主要依靠潜规则——道德及其他特定的团体规则来调整,而非法律。由于这些地区人们生活的圈子比较集中(有些甚至就是一个大规模的族群),这些道德和特定的团体规则影响着生活在这个圈子里的每个人。每个人都必须守信才能获得圈子的肯定、容纳,否则会遭到排斥、隔离,这个人就无法继续在圈子里工作、生活。这个人在圈子里的违约成本非常高,因此就会选择守约。在这些地方,不仅穷人是这样,富人也是这样。这是一种守信环境所造成的特殊案例。

不能说按照传统的潜规则约束就一定是讲信用的表现。其实,随着经济的进步,人们的法制观念增强,大量的经济活动开始不再通过口头的君子协议来约束,而是通过订立正式的合同来约束,这绝非不讲信誉的表现,而是人们法律意识增强的表现,是人们履行承诺的常规做法。

第四,有必要澄清富人与穷人的概念。笔者在前文所提及的中产阶级、社会上层、社会中层与社会下层,并不是简单对应着富人与穷人的。因此,也不能简单地对应着富人或穷人就更讲信誉。

通过上述的分析,可以认为,从纯经济学的角度分析,在市场经济充分发达的阶段,社会上层和中层由于具有一定的经济地位,更侧重自我实现、尊重、社交等需要。而社会下层由于经济支付能力有限,从安全和生理需要出发,履约能力差。因此,社会上层和中层守约的倾向高于社会下层。这是一个普遍性和抽象性的分析和研究。但这不意味着就否认存在一些特殊情况。由于履约守信还受到了社会环境、文化、制度背景等诸多因素的影响,因此,在一些特殊的背景下(比如经济转轨时期、传统农业经济时期等)会有一些不同。在不同的背景下,履约主体的履约倾向性是有所不同的。本书是从一般意义上进行分析,重点不是研究履约主体在不同经济形势和文化背景下履约倾向的差异性。

---

① 卢周来:《穷人与富人的经济学》,海南出版社,2002年版,第89页。

## 第五节　信用关系与信用运行机制

一个人对自己而言,不存在"恪守信用"与"违反信用"问题,一个人的信用是对他人而言的。可见,信用反映的是人与人的关系问题。信用关系是通过信用行为以及信用制度的保障来实现的,它们三者紧密结合,共同构成社会的信用机制。

**一、信用关系和信用行为**

信用关系是由两个或两个以上经济主体通过经济交往行为而发生和结成的经济关系。在经济活动中,经济主体之间发生信用往来而结成的关系,就是信用关系。信用关系表达两层意思,一是指经过契约、合同等方式认定且已经发生了的信用关系,是结果性的行为存在;另一是指交易行为发生过程中所包含的信用指向,可称为"拟信用关系"或"潜信用关系",即指信用行为还未实施,信用关系还未现实发生,而是交易关系背后拟发生的信用关系,是信用的一种过程性存在。

信用行为是人们在具体的经济交往中按信用原则、要求和规范所表现出来的行为活动。信用行为包含着人们对权利的享有和义务的承诺与履行,包括诚实交易、按约履行等行事方式和具体行为活动。就是说,当"信用"作为行为规范要求时,其本身还是抽象的;但"信用"一旦付诸实践,产生信用行为,信用就化为具体行动了。因此,信用在现实社会中的发生实际上是信用关系和信用行为的发生。在这个意义上,可以把信用的发生理解为信用行为的发生。例如,说某某人"恪守信用"或"违反信用",指的就是某某人一种具体的信用行为。在现实经济生活中,信用和信用行为两个概念常被通用,人们对信用的指称,很大程度上是对信用行为的指称。

由于人与人的关系是通过物与物的关系得到表现和实现的,所以,信用关系与信用行为二者间犹如"毛"与"皮"的依存关系。信用关系表现在人们之间的商品、货币、交换关系中,体现为一种经济利益关系与经济运行关系,也属于生产关系的一个方面。在现实的经济交往活动中,不能仅仅把信用行为理解为"讲信用""遵守信用"的积极行为。还要看到,由于利益驱动的缘故,与"讲信用""遵守信用"的积极信用行为相反,在市场经济中经常存在着失信和违信两种行为。"失信"侧重于说明失信当事人在客观上无偿付能力;而"违信"主要趋向于说明违信当事人主观意愿上的不讲道德、有意违反约定或进行欺骗等。在实际生活中,无论失信还是违信都是对承诺的违背,都没有履行偿付义务与责任,都给交易对方带来实际利益的损害。因此,可以把二者统称为"反信用"行为。对反信用行为的遏制和矫正,需要依靠信用制度和信用机制的积极作用。

**二、信用制度及其作用**

当人与人的信用关系趋向普遍化和经常化,就上升为一种交易规则或秩序,使信用关系制度化。信用制度是指对信用关系、信用行为的制度安排。信用关系的制度化,有利于规范人们的经济行为,促进市场交易秩序的形成,从而有利于商品经济的发展。而商品经济的发展反过来又要求扩大信用活动范围和确立更高标准的信用活动准则。从经济发展史看,信用关系在初始时是依赖于一定的道德力量,表现为利益选择和追求中必须接受的道德约束。随着商品经济的发展和市场经济的确立,信用关系越来越依赖于制度和法律的保障。换言之,信用制度对信用关系和信用行为起着重要的保障作用。

信用制度的作用表现为,规范和约束人们按照一定的关系和行为规则进行信用活动。信用制度可以是正式的,也可以是非正式的。前者如契约法、信用管理制度等;后者如信用观念、信用习惯等。信用制度的一个主要功能在于减少经济活动和联系中的不确定性,帮助人们形成稳定、可靠的秩序。一项信用制度是"好"还是"不好",即对它的价值判断如何,要看它能否提高经济效益,带来经济增长,以及最大限度地实现社会公平。

在这里要特别强调正式的信用制度的作用,它已经超越了一般道德要求对信用行为的约束,而是上升到按照一定的制度、法律原则对信用关系、信用行为进行规范和调整。现代许多成熟的市场经济国家,都建立了比较完善的信用制度。例如,美国有关信用制度的立法已经达到16种之多,使其绝大多数信用活动都可以纳入法律制度的范围。我国当前也在一些领域着手信用制度的建设。

一种社会制度的形成总是多数人活动的结果。信用制度同样如此,大多数的信用制度是在商品交换的发展中形成的,这些信用制度内在地包含伦理要求与契约精神,二者分别适用于不同层次的经济关系及其信用活动的需要。如果没有大多数人在商品交换过程中产生信用关系以及对信用关系和信用行为固定化和普遍化的要求,不仅没有制度化的可能,也没有制度化的必要。因为少数或个别人之间的信用关系完全能由信用关系双方协商确立,用不着借助一种制度来规范和安排。可见,信用制度作为一种交易规则,对市场经济的发展起着推动作用。[①]

---

[①] 参见李新庚:《中国信用制度建设干部培训读本》,中共中央党校出版社,2002年版,第13页。

### 三、信用运行机制及其作用

信用关系、信用行为和信用制度三者之间的内在有机联系,构成了市场经济中的信用运行机制。在长期的市场经济发展过程中,人们从商品交换中产生了信用要求,这些信用意识具体化为各种信用行为,信用行为的发生必然产生信用关系,信用关系形成又进一步推动信用交易和信用行为的发生,并要求产生一系列信用制度来保障信用行为的正常进行,由此而构成了社会的信用运行机制。

信用运行机制反映了市场经济的内在要求。社会一旦建立了适应于商品交换和市场经济发展需要的信用运行机制,则信用运行机制就转化为市场经济得以正常、稳定和顺利运行的制度保障,从而使信用运行机制反过来成为对各类经济主体的外在约束。所以,信用运行机制不能简单地理解为信用关系、信用行为和信用制度的相加,而是市场经济社会业已形成的一个可以自我循环的信用约束和规范系统,是一个具有"互动性"意义的系统概念。信用运行机制及相配套的法律、制度和机构设置就构成了社会的信用体系,按不同的经济主体来划分,它包括个人信用体系、企业信用体系和政府信用体系等。

信用运行机制的作用就是通过一系列强有力的制度性约束和制度性保障,使人们在信用关系中所产生的预期利益得到实现。一般而言,在社会信用正常条件下,市场经济的等价交换原则会从内部提供必要的信用执行机制,使信用好的人比无信用者会获得更多交易和盈利机会,并促使人们尽量地维持信用。因此,市场交易的正常发展需要人人具有良好的信用自觉,也会建立良好的信用运行机制。

但是,在一个没有良好的信用自觉和良好的信用运行机制市场中,在坑、蒙、拐、骗大行其道的反信用行为和无经济秩序环境中,无信用者往往存在发财的机会空间,而诚实守信者却往往要为之付出失利的代价。诺贝尔经济学奖得主布坎南等人发现,在市场经济条件下,经常会发生各种不符合市场规则并影响市场调节的反信用行为,其中最为典型的是现实市场交易中存在的机会主义行为以及与此相关的反信用行为。这样,对于机会主义可能带来的反信用行为必须有一个强化的信用运行机制。就是说,信用运行机制必须能够通过强化信用约束乃至信用管制的方式,对违信者施以严厉惩罚,保障守信者的合法权益。

可见,信用运行机制的作用,主要还是表现在限制和防止在经济交往活动中可能出现的逃避履行义务、违背信用承诺等方面的反信用行为,使不守信用者为之付出代价。在一些特殊情况下,要使某项特殊的信用行为具有可信赖性,还可能需要通过社会的力量,用专门立法、严格执法和加强管理的方式,从市场的外部提供一种比一般的信用运行机制更严厉的强制性规则或模式,以促使人们强化信用意识和严格实施信用行为,保证人们能够可靠而稳定地实现对信用的预期利益。这种情况说明,从市场的外部提供强制性的信用运行机制来强化对市场的信用控制是非常必要的。

总之,信用关系及其运行机制作为人与人之间最普遍、最基本的行为规范,作为与商品交换和市场经济紧密联系的伦理和经济范畴,它体现了人们共同社会经济生活中应该普遍遵守的行为准则,是维系人们共同的社会经济生活的行为规范。信用关系既然表现了不同商品生产者之间的经济利益关系,就要求所有信用主体都必须具有良好的信用意识,在经济生活中自觉守信,杜绝违信,不断同各种违反信用的行为进行斗争,以不断提高信用的生命力。只有这样,才能不断实现人们的经济利益,才能促进市场经济的顺利发展。

## 第六节　大力发展信用经济

当前,信用经济的主要表现形式是银行卡产业和电子商务的蓬勃开展,根据社会经济发展的需要,必须大力发展以银行卡产业和电子商务为显著特征的信用经济。

**一、大力发展银行卡产业**

(一)银行卡的概念

银行卡是指由商业银行或非银行机构向社会公开发行的具有消费信用、转账结算、存取现金等全部或部分功能,作为结算支付工具的各类卡片的统称,它是商业银行签发的允许信用良好者据以赊购商品和劳务的身份证明卡。银行卡通常用塑料磁性卡片制成,卡上印有持卡人的姓名、号码、有效期等信息。

银行卡包括信用卡和借记卡。

1. 信用卡。是由商业银行或非银行机构签发给那些资信状况良好的用户,用于在指定商户购物和消费,或在指定银行机构存取现金的特制卡片,是一种特殊的信用凭证,也是持卡人信誉的标志。信用卡按是否向发卡银行交存备用金,又分为贷记卡和准贷记卡。

贷记卡是指发卡银行给予持卡人一定的信用额度,持卡人可在信用额度内先消费后还款的信用卡。具有一定的免息还款期。持卡人无须预先存入资金,银行不对卡内余额支付利息。

准贷记卡是指持卡人须预先按发卡银行要求交存一定金额的备用金,当备用金不足支付时,可在发卡银行规定的信用额度内透支的信用卡。

2. 借记卡。是由发卡银行向社会发行的,具有转账结算、存取现金、购物消费等功能的支付结算工具。借记卡不具备透支功能,持卡人须预先存入资金,卡内存款按相应存期支付存款利息。借记卡按功能不同分为转账卡、专用卡、储值卡。

除上述分类外,银行卡按发行对象不同分为单位卡(商务卡、公务卡)和个人卡;按币种不同分为人民币卡、外币卡和双币卡;按持卡人的从属关系可分为主卡和从属卡;按卡片信息的存储方式区分为磁条卡、IC 卡和金融复合卡。

目前,我国已有 100 多家金融机构发行各类银行卡,并且各有其基本固定的徽标形象和命名,如:中国工商银行发行有牡丹系列卡,中国农业银行发行有金穗卡,中国银行发行有长城系列卡,中国建设银行发行有龙卡,交通银行发行有太平洋卡等。

(二)银行卡的功能

1. 基础服务功能。银行卡的基础服务功能包括存款、取款、转账结算(代收、代付)和消费等。

2. 增值功能。随着信息社会的到来和社会经济生活的丰富,银行卡功能向社会生活的各个领域渗透并不断创新丰富。持卡人不仅可以用卡存款、取款和消费,还可以实现拨打 IP 电话、投保理赔、移动支付、网上支付等功能,更能炒金、炒股、炒汇,成为居民理财的首选工具。

3. 特色功能。一些金融机构致力于对银行卡细分市场的挖掘,根据某类持卡人群体的定位,开发出更贴近该群体的特色金融服务,即特色功能。如华夏银行推出的"华夏丽人卡",将该卡持有人群体定位于中高收入的时尚女性。该卡除具备一般银行卡的传统功能外,还可以在白领女性经常光顾的名牌服装专卖店、美容健身中心、珠宝首饰店、化妆品专卖店等特约商户享受到折扣优惠,参加不定期举办的有关知识讲座或论坛,建立网上"丽人社区"等。

4. 附加功能。随着 IT 业的迅速发展,IC 卡已经成为银行卡发展的方向。利用 IC 卡技术的先进性和信息存储量大的特点,开发多种附加功能,如顾客诚信项目、数字身份证、电子票、电子购物券、个人数据存储等,达到一卡多用,成为现代社会居民生活的必备工具。

(三)加快银行卡产业发展的重要意义

1. 促进社会经济增长。银行卡支付的现金替代作用和消费信贷功能,能把人们潜在或随机性的消费需求变成实际的支付能力,增加消费支出,促进商贸、旅游、酒店、电子商务等第三产业的发展。对全球 50 个银行卡产业比较发达国家的研究表明,银行卡支付在消费中的比重每增加10%,就能给国民经济带来0.5%的增长。

2. 规范市场秩序。银行卡支付具有强制产生交易记录的作用,能够有效提高经济交易的透明度,加强税控、增加税收收入、控制非法收入、预防和遏制腐败。

3. 优化金融生态环境。推广使用银行卡可以减少因使用现金所产生的造币、运输、保管等各环节的费用开支,降低社会交易成本,提高经济运行效率。银行卡具有方便快捷、安全卫生的特点,有利于培养公众良好的支付习惯,提升城市形象。尤其是银行卡中的信用卡所特有的循环信用消费功能可以培养人们的诚实守信理念,推动社会信用体系建设。

(四)我国银行卡产业发展概况

与发达国家比,我国银行卡产业具有起步晚、发展快的明显特点。1985年,中国银行珠海分行发行了我国第一张银行卡——"中银卡",迈出了中国银行卡业务发展的第一步。30多年来,我国银行卡产业发展经历了起步、初步改善用卡环境、联合发展、国际化拓展与民族品牌创建等4个阶段,目前,已形成具有一定规模的银行卡产业体系。围绕银行卡业务,我国聚集了一大批的发卡银行、机具厂商和专业化服务机构,已形成较为完善的以银行卡为载体的电子支付网络和电子支付产业链。

(五)加快发展我国银行卡产业的对策

1. 科学制订银行卡产业发展规划。要结合目前我国银行卡业的发展现状,未来的宏观目标,以及国际竞争环境,科学制订发展规划。同时,支持与银行卡产业密切相关的各类通信、集成电路制造、软件开发、运营服务等高新技术产业的发展,认真落实有关产业政策,大力培育各类专业化服务机构,推动银行卡产业链的形成和发展。

2. 加大创新力度,提升银行卡专业化服务水平。银行卡功能不能仅仅局限在传统业务范围内。对于电子商务、网上银行、电话银行、自助终端等信息化的金融服务,以及个人消费信贷、分期付款、银证通等新兴金融服务,都要加大创新和科技投入力度,使银行卡能集各种金融服务于一身。

3. 强化服务意识,提高服务质量。银行卡业务的相关市场主体,要将维护持卡人合法权益作为银行卡服务的重要内容。发卡机构要建立满足市场和客户需要的服务标准、服务流程和服务规范,吸引商户受理银行卡和公众使用银行卡。要在现有基础上进一步完善服务功能,减少差错,扩大联网通用的范围和效果,努力扩大银行卡的受理市场规模,改善银行卡的受理市场布局和环境,大幅度地提高银行卡特约商户的比例。同时着力培育我国的银行卡品牌,以此来增强产业发展的竞争力。

4. 引导国民消费观念转变，积极倡导持卡消费。要充分利用电视、广播、报刊、网络等媒体，以多种形式向国民宣传普及银行卡的基本知识，倡导持卡消费。要出台优惠政策，在避免出现过度信用消费的前提下，鼓励国民用卡适度消费。

5. 创造银行卡产业发展的良好环境。一是要加快和健全企业、个人的信用征集，建立信用档案。二是要建立合理的信用评估体系，并采取相应的风险管理措施。三是要建立全国统一的企业及个人信用查询系统，使国内每一家发卡机构都可以查到相关的资信信息。四是要建立相关的法律法规，确保法律和舆论对企业和个人信用的监督力度，加大对失信行为的惩戒和打击力度，为银行卡产业发展提供良好的外部环境。

（六）积极推动在公务活动中使用银行卡

为促进银行卡产业快速健康发展，中国人民银行、国家发展改革委员会、财政部、商务部、公安部、工业和信息化部、税务总局、银监会和外汇局等九部门于2005年联合发布了《关于促进银行卡产业发展的若干意见》（以下简称《意见》），全面系统地提出了促进银行卡产业发展的政策措施，明确了银行卡发展的指导思想、原则、目标和工作重点。《意见》在工作重点的第二条第一款明确提出"鼓励推广公务卡"，要求"各级政府部门及所属预算单位积极带头使用银行卡，在行政经费、差旅费等公务支出中使用银行卡支付，提高预算资金支出的透明度，加强对公务支出的监控"。其政策意图旨在推动公务消费的公开化、透明化。

长期以来，政府及相关事业用卡单位人员的支出通常采用事前预支或事后凭发票报销的方式，在这种财务报销模式下，往往存在票据挂靠和凑票报销、多开或虚开报销发票的现象，公用资金因此而流入个人腰包。公务卡的推广对于政府财政部门、用卡单位和发卡机构，都有着积极的意义。

首先，对政府和财政部门来说，公务卡的推出有利于加强公务支出流程与数据的管理，加强财政资金支付使用全过程的监控，提高资金使用的安全性和规范性；增加预算执行信息的透明度，提高预算收支信息的完整性、准确性和及时性，为财政运行管理提供可靠的信息参数。

其次，对于用卡单位来说，采用公务卡进行消费，可以通过银行卡对日常支出和商务费用进行管理控制，对过程进行全面监控，堵塞漏洞，同时强化了资金管理，减少了私挪公款、贪污腐败现象的发生。大大简化了用卡单位的财务流程，免除了现金预支、开具支票等烦琐步骤，提高了用卡单位的财务管理效率。

最后，对于各发卡机构来说，公务卡的推出满足了公务开支的市场需求，完善了银行卡的品种和功能，拓展了银行卡支付空间，密切了发卡机构与政府部门及事业单位的良性互动关系,为发卡机构提供了更多拓展其他相关金融业务的机会。

**二、积极发展电子商务**

(一)电子商务的概念

电子商务就是通过电信网络进行的生产、营销、销售和流通等活动,它不仅指基于因特网上的交易,而且指所有利用电子信息技术来解决问题、降低成本、增加价值和创造商机的商务活动,包括通过网络实现原材料查询、采购、产品展示、订购、出品、储运及电子支付等一系列贸易活动,即利用电信网络进行的商务活动都属于电子商务的范畴。

(二)电子商务的特征

1. 普遍性。电子商务作为一种新型的交易方式,将生产企业、流通企业以及消费者和政府带入了一个网络经济、数字化生存的新天地。

2. 方便性。在电子商务环境中,人们不再受地域的限制,能以非常简捷的方式完成过去较为繁杂的商务活动。

3. 整体性。电子商务能够规范事务处理的工作流程,将人工操作和电子信息处理集成为一个不可分割的整体,大大提高了人力、物力的利用。

4. 协调性。商务活动本身是一种协调过程,它需要客户与公司内部、生产商、批发商、零售商间的协调,在电子商务环境中,它更要求银行、配送中心、通信部门、技术服务等多个部门的通力协作。

5. 安全性。电子商务要求网络能提供一种端到端的安全解决方案,如加密机制、签名机制、安全管理、存取控制、防火墙、防病毒保护等,这与传统的商务活动有着很大的不同。

(三)电子商务的功能

电子商务通过因特网可提供在网上交易和管理的全过程服务,具有以下7大功能:

1. 广告宣传。电子商务可使企业通过因特网宣传自身形象,发布各种商品信息;客户可用网络浏览器迅速找到所需的商品信息。

2. 咨询洽谈。在网上的咨询和洽谈能超越人们面对面洽谈的限制、提供多种方便的异地交谈形式。

3. 网上订购。电子商务的客户订购信息采用加密的方式使客户和商家的商业信息不会泄露。

4. 网上支付。客户和商家之间可采用信用卡、电子钱包、电子支票和电子现金等多种电子支付方式进行网上支付,这样可节省交易开销。

5. 服务传递。电子商务通过服务传递系统将客户订购的商品尽快地传递到已订货并付款的客户手中。

6. 意见征询。企业的电子商务系统可以采用网页上的"选择""填空"等及时收集客户对商品和销售服务的反馈意见,客户的反馈意见能提高网上交易售后服务的水平,使企业获得改进产品、发现市场的商业机会。

7. 交易管理。电子商务的交易管理系统可以完成对网上交易活动全过程中的人、财、物,客户及本企业内部的各方面进行协调和管理。

(四)发展电子商务的重要意义

我国的电子商务从1996年开始起步。近年来,随着信息技术的发展和普及,我国电子商务发展较快,应用初见成效,促进了国民经济信息化的发展,但与发达国家相比,还存在着应用范围不广、水平不高等问题,促进电子商务发展的政策环境急需完善。为了进一步加快发展我国电子商务,必须充分认识电子商务对于促进我国国民经济和社会发展的重要意义。

1. 推进电子商务是贯彻科学发展观的客观要求,有利于促进我国产业结构调整,推动经济增长方式由粗放型向集约型转变,提高国民经济运行质量和效率,形成国民经济发展的新动力,实现经济社会的全面协调可持续发展。

2. 加快电子商务发展是应对经济全球化挑战、把握发展主动权、提高国际竞争力的必然选择,有利于提高我国在全球范围内配置资源的能力,提升我国经济的国际地位。

3. 推广电子商务应用是完善我国社会主义市场经济体制的有效措施,将有力地促进商品和各种要素的流动,消除妨碍公平竞争的制约因素,降低交易成本,减少流通环节,增加贸易机会,推动全国统一市场的形成与完善,更好地实现市场对资源的基础性配置作用。

(五)加快电子商务发展的基本原则

1. 政府推动与企业主导相结合。完善管理体制,优化政策环境,加强基础设施建设,提高服务质量,充分发挥企业在开展电子商务应用中的主体作用,建立政府与企业的良性互动机制,促进电子商务与电子政务协调发展。

2. 营造环境与推广应用相结合。加强政策法规、信用服务、安全认证、标准规范、在线支付、现代物流等支撑体系建设,营造电子商务发展的良好环境,推广电子商务在国民经济各个领域的应用,以环境建设促进应用发展,以应用带动环境建设。

3. 网络经济与实体经济相结合。把电子商务作为网络经济与实体经济相结合的实现形式,以技术创新推动管理创新和体制创新,改造传统业务流程,促进生产经营方式由粗放型向集约型转变。

4. 重点推进与协调发展相结合。围绕电子商务发展的关键问题和关键环节,积极开展电子商务试点,推进国民经济重点领域的电子商务应用,探索多层次、多模式的中国特色电子商务发展道路,促进各类电子商务应用的协调发展。

5. 加快发展与加强管理相结合。抓住电子商务发展的战略机遇,在大力推进电子商务应用的同时,建立有利于电子商务健康发展的管理体制,加强网络环境下的市场监管,规范在线交易行为,保障信息安全,维护电子商务活动的正常秩序。

(六)加快发展电子商务的主要措施

1. 完善政策法规环境,规范电子商务发展

(1)加强统筹规划和协调配合。编制电子商务发展规划,明确电子商务发展的目标、任务和工作重点。建立健全相互协调、紧密配合的组织保障体系和工作机制。

(2)推动电子商务法律法规建设。认真贯彻实施《中华人民共和国电子签名法》,抓紧研究电子交易、信用管理、安全认证、在线支付、税收、市场准入、隐私权保护、信息资源管理等方面的法律法规问题,尽快提出制定相关法律法规的意见;根据电子商务健康有序发展的要求,抓紧研究并及时修订相关法律法规;加快制定在网上开展相关业务的管理办法;推动网络仲裁、网络公证等法律服务与保障体系建设;打击电子商务领域的非法经营以及危害国家安全、损害人民群众切身利益的违法犯罪活动,保障电子商务的正常秩序。

(3)研究制定鼓励电子商务发展的财税政策。加快研究制定电子商务税费优惠政策,加强电子商务税费管理;加大对电子商务基础性和关键性领域研究开发的支持力度;采取积极措施,支持企业面向国际市场在线销售和采购,鼓励企业参与国际市场竞争。政府采购要积极应用电子商务。

(4)完善电子商务投融资机制。建立健全适应电子商务发展的多元化、多渠道投融资机制,研究制定促进金融业与电子商务相关企业互相支持、协同发展的相关政策。加强政府投入对企业和社会投入的带动作用,进一步强化企业在电子商务投资中的主体地位。

2. 加快信用、认证、标准、支付和现代物流建设,形成有利于电子商务发展的软硬件支撑体系

(1)加快信用体系建设。加强政府监管、行业自律及部门间的协调与联合,鼓励企业积极参与,按照完善法规、特许经营、商业运作、专业服务的方向,建立科

学、合理、权威、公正的信用服务机构;建立健全相关部门间信用信息资源的共享机制,建设在线信用信息服务平台,实现信用数据的动态采集、处理、交换;严格信用监督和失信惩戒机制,逐步形成既符合我国国情又与国际接轨的信用服务体系。

(2)建立健全安全认证体系。按照有关法律规定,制定电子商务安全认证管理办法,进一步规范密钥、证书、认证机构的管理,注重责任体系建设,发展和采用具有自主知识产权的加密和认证技术;整合现有资源,完善安全认证基础设施,建立布局合理的安全认证体系,实现行业、地方等安全认证机构的交叉认证,为社会提供可靠的电子商务安全认证服务。

(3)建立并完善电子商务国家标准体系。提高标准化意识,充分调动各方面积极性,抓紧完善电子商务的国家标准体系;鼓励以企业为主体,联合高校和科研机构研究制定电子商务关键技术标准和规范,参与国际标准的制定和修正,积极推进电子商务标准化进程。

(4)推进在线支付体系建设。加紧制定在线支付业务规范和技术标准,研究风险防范措施,加强业务监督和风险控制;积极研究第三方支付服务的相关法规,引导有关机构建设安全、快捷、方便的在线支付平台,大力推广使用银行卡、网上银行等在线支付工具;进一步完善在线资金清算体系,推动在线支付业务规范化、标准化,并与国际接轨。

(5)发展现代物流体系。充分利用铁道、交通、民航、邮政、仓储、商业网点等现有物流资源,完善物流基础设施建设;广泛采用先进的物流技术与装备,优化业务流程,提升物流业信息化水平,提高现代物流基础设施与装备的使用效率和经济效益;发挥电子商务与现代物流的整合优势,大力发展第三方物流,有效支撑电子商务的广泛应用。

3. 发挥企业的主体作用,大力推进电子商务应用

(1)继续推进企业信息化建设。企业信息化是电子商务的基础,要不断提升企业信息化水平,促进业务流程和组织结构的重组与优化,实现资源的优化配置和高效应用,增强产、供、销协同运作能力,提高企业的市场反应能力、科学决策水平和经济效益。

(2)重点推进骨干企业电子商务应用。要充分发挥骨干企业在采购、销售等方面的带动作用,以产业链为基础,以供应链管理为重点,整合上下游关联企业相关资源,实现企业间业务流程的融合和信息系统的互联互通,推进企业间的电子商务,提高企业群体的市场反应能力和综合竞争力。

(3)推动行业电子商务应用。紧密结合行业特点,研究制定行业电子商务规

范,切实做好重点行业电子商务试点示范,推广具有行业特点的电子商务经验,探索行业电子商务发展模式;建立行业信息资源共享和交换机制,促进行业内有序竞争与合作,提高行业的信息化及电子商务应用水平。

(4)支持中小企业电子商务应用。提高中小企业对电子商务重要性的认识,扶持服务中小企业的第三方电子商务服务平台建设,解决中小企业在投资、人才等方面存在的问题,促进中小企业应用电子商务提高商务效率,降低交易成本,推进中小企业信息化。

(5)促进面向消费者的电子商务应用。发展面向消费者的新型电子商务模式,创新服务内容,建立并完善企业、消费者在线交易的信用机制,扩大企业与消费者、消费者与消费者之间电子商务的应用规模。高度重视并积极推进移动电子商务的应用与发展。

4. 提升电子商务技术和服务水平,推动相关产业发展

(1)发展电子商务相关技术装备和软件。积极引进、消化、吸收国外先进实用的电子商务应用技术,鼓励技术创新,加快具有自主知识产权的电子商务硬件和软件产业化进程,提高电子商务平台软件、应用软件、终端设备等关键产品的自主开发能力和装备能力。

(2)推动电子商务服务体系建设。充分利用现有资源,发挥中介机构的作用,加强网络化、系统化、社会化的服务体系建设,开展电子商务工程技术研究、成果转化、咨询服务、工程监理等服务工作,逐步建立和完善电子商务统计和评价体系,推动电子商务服务业健康发展。

5. 加强宣传教育工作,提高企业和公民的电子商务应用意识

(1)加大电子商务宣传力度。充分利用各种媒体,采用多种形式,加强电子商务的宣传、知识普及和安全教育工作,强化守法、诚信、自律观念的引导和宣传教育,提高社会各界对发展电子商务重要性的认识,增强企业和公民对电子商务的应用意识、信息安全意识。

(2)加强电子商务的教育培训和理论研究。进一步完善高等院校电子商务相关学科建设,培养适应电子商务发展需要的各类专业技术人才和复合型人才,加强电子商务理论研究;改造和完善现有教育培训机构,多渠道强化电子商务继续教育和在职培训,提高各行业不同层次人员的电子商务应用能力。

6. 加强交流合作,参与国际竞争

(1)加强国际交流与合作。积极参加有关电子商务的国际组织,参与国际电子商务重要规则、条约与示范法的研究和制定工作。密切跟踪研究国际电子商务发展的动态和趋势,加强技术合作,推动市场融合,不断提高我国电子商务的整体

水平。

（2）积极参与国际竞争。企业要强化国际竞争意识，积极应用电子商务开拓国际市场，提高国际竞争能力。有关部门要提高服务意识和服务水平，发挥信息资源优势，为企业走向国际市场提供及时准确的信息和优质的服务。

## 第七节  本研究的主要观点及创新之处

### 一、本课题国内外研究现状述评及研究意义

关于社会信用体系建设，究竟采用什么方式，各国并没有统一的模式，而是根据自己的实际情况和特点，采取相应的做法。例如，美国实行完全市场化运作模式，德国实行政府监管与市场运作相结合模式，日本实行会员制模式等。

我国在发展市场经济过程中，大约在20世纪末启动了社会信用体系建设机制，其基本做法是"政府推动、市场化运作"，运行至今取得了一定的成效。主要表现在：政府高度重视社会信用体系建设，许多相关的政府职能部门出台了政策和条例，建立了基本的信用信息数据库，采取了一系列市场监管措施来规范市场信用的发展。但是，这种做法也导致了许多弊端。

其一，过分倚重政府力量来建设社会信用体系，但政府推动与市场化运作相结合的关联度不高，还不能形成社会信用体系的运行机制，社会层面的响应不甚热烈，收效甚微。

其二，没有很好地启动社会和市场的力量来参与社会信用体系建设，使得与信用相关的中介服务机构发育缓慢，没有形成重要的信用建设力量。

其三，国家对信用知识的普及宣传教育主要停留在一般性的动员层面，还没有深入到全体社会成员自觉的守信和维信行为。

其四，多数人还没有深刻认识到，建设社会信用体系必须根据我国市场经济的发育特点和经济主体的行为特征来相应展开，而较多地是将国外比较成熟的社会信用体系建设经验照搬到我国，故其现实针对性不强。

其五，社会信用体系建设中的重要制衡机制——守信激励和失信惩罚机制，没有很好地建设起来和发挥积极作用，需要在今后的建设过程中，大力加强这一制度建设，尤其是对中小企业的守信激励和失信惩罚机制建设。

其六，各相关政府职能部门之间出于自身利益考虑，纷纷争夺社会信用体系建设当中的网络、数据库、平台等硬件资源，造成资源浪费、信用标准不统一等后

果,而且因其信用信息数据的有限性(主要是基础信息,而不是交易信息),无法全面、客观、准确、公正地反映各类信用主体的信用状况。

因此,如何构建面向市场经济的社会信用体系运行机制,需要有新的思维和符合我国实际情况的运行机制。本研究课题提出"市场发育与政府培育"有机结合,来建立社会信用体系运行机制的研究课题,其意义是:通过研究符合我国实际情况和市场经济发展特点的社会信用体系运行机制,找准社会信用体系建设的定位,为进一步搞好社会信用体系建设提供科学决策依据和可行之路。

### 二、本研究的主要内容、基本思路、主要创新点

众所周知,在社会信用体系建设过程中,建立征信和评信制度是核心,培养全民的信用意识是基础,健全信用中介服务机构是桥梁,完善信用法律和监管体系是保障。本课题组提出"市场发育与政府培育"有机结合,建设符合市场经济发展特点的社会信用体系运行机制。主要有以下观点。

（一）关于"市场发育"

综观世界各国社会信用体系建设,绝大多数都是在发展市场经济的过程中自发地产生和形成的,中国也不能例外,没有市场信用的自我发育和成长,仅仅靠政府的强力推进,只能是欲速则不达。因为,根据价值规律的等价交换原则,信用是由人们的社会交往和商品交换而逐渐建立起来的重要行为规则,具有强烈的市场自我衍生特征。当前我国发展社会主义市场经济,急需解决经济秩序混乱和信用不足的问题,要求所有经济主体都必须具有良好的信用意识,能够恪守信用规则进行生产和经营活动,以此规范和促进市场经济的发展,其必然表现是:

1. 市场交易行为能够激发各类经济主体的守信经营意识,也只能通过市场竞争,才能使公民真正感受并形成良好的信用意识。

2. 各类信用产品(特别是信用信息的征集和评级结果)必须在市场经济活动中自发形成,如此才能形成准确、真实、全面的信用数据和信用等级。

3. 信用管理的中介服务机构必须由市场竞争形成,其主要发展机制是优胜劣汰,除了少数的特许经营以外,不能由政府来指定专门的信用服务执业机构。

4. 市场经济中的守信激励和违信惩戒机制,应该主要通过市场交易行为来自发形成,这样才能建立强烈而持久的守信效应。

（二）关于"政府培育"

我们肯定,政府推动信用建设有后发而先至的优势,但我们并不主张"政府万能"。

1. 政府在社会信用体系建设中的角色主要是充当市场交易信用的监管者而

不是主导者,政府要着力在信用立法和创造良好的市场经济运行环境上起主导作用。

2. 政府应该主要致力于对社会信用体系相关知识和信用文化的普及、宣传,相应地对信用管理人才的培养教育起主导作用。

3. 政府要积极调动和支持社会、民间和市场的力量来推进社会信用体系建设,而不必用行政行为来主导,否则就会削弱乃至排斥社会、民间和市场的力量,这恰恰不适应市场经济的发展。

4. 政府可以对信用信息平台的建设、维护和整合起主导作用,在这个过程中,政府可以参照国际经验,结合国家实际情况,引导信用中介服务行业规范化发展,主持制定较为统一的各类信用标准,帮助全社会形成以市场评价为基础的社会信用运行体系。

(三)关于"市场发育与政府培育"有机结合的社会信用体系运行机制

我们主要提出以下创新观点并将进行专门的深度研究。我们认为,必须科学设计社会信用体系的基本框架。社会信用体系是与全社会信用信息的征集、评价、披露、使用有关的一系列法律法规、制度、规范、组织机构、监管体制、技术手段、交易工具的总和。建设社会信用体系的目的,旨在建立一个适应信用交易发展的市场环境,保证国家的市场经济向信用经济方向转变,即从以原始支付手段为主流的市场交易方式向以信用交易为主流的市场交易方式的健康转变。社会信用体系运行机制建设的核心,是建立起一套覆盖全社会的有效的信用信息的记录、传播、评价、使用等机制,把失信行为个体间的矛盾转化成失信者与全社会的矛盾,依靠市场经济内生的力量,实现社会对失信者的社会联防惩戒,从而加大失信者的失信成本,形成良好的市场经济环境和社会生活氛围。

一是要加强信用立法。任何社会制度都要依靠法律的支持,社会信用体系所代表的市场新规则、所维系的社会信用制度,需要相应的法律制度体系给予保障。根据市场经济发达国家的经验,要建立和健全社会信用体系,必须有强大而有效的信用法律法规,以此约束市场主体的行为,使之诚实守信;加强对征信机构的监管,规范其征信活动,使之真实、完整地征集、整理和披露企业和个人的信用信息,并为社会提供信用信息服务;对失信行为给予惩戒,以维护信用主体的合法权益。

二是要建立守信激励与失信惩戒机制。这是一种能让社会经济活动中的守信者得到褒奖、享受各种便利和优惠,使之"事事守信、路路畅通",失信者受到惩罚和警戒,使之"一处失信、处处受制"的内在自调节力。守信激励与失信惩戒机制是社会信用体系运行机制中最重要的"部件"之一。它是社会信用体系中打击各类经济失信行为的主力军。它的主要功能是维护诚实守信者的利益,并在有条件的情况下对诚实守信者进行物质性奖励;对所有失信者实施经济性打击和市场不准入限制,使其不敢轻易违约。

三是要做好信用信息系统的建设,构建覆盖全社会的统一的征信平台。信用信息系统以全社会的企业和个人征信为主要内容,整合各部门、各行业、各方面的信用信息资源,应用现代化的计算机和通信技术,采用先进的业务处理模式,建立综合性的信用信息数据库,形成信用信息资源共享机制,并向社会提供信用信息产品和服务的综合性服务平台系统。信用信息系统的基本要素至少应该包括:以全社会的企业信用信息数据库和个人信用信息数据库为基本内容的信用信息数据库,行业的同业征信与政府的联合征信相结合的联合征信平台,信用信息共享和信息服务机制。

四是要做好信用评估机制的建设,它是对评估对象各类债务能否如约还本付息的能力和可信任程度的综合评价。信用评估是市场经济的产物,是社会信用体系建设的重要组成部分,同时,评估也是融资机制不可缺少的重要条件,是企业和个人等经济主体打开市场大门的钥匙。信用评估应该是由合格的信用评估机构,运用科学严谨的分析方法,对受评对象的基本素质、经营能力、偿债能力、获利能力、履约情况、发展前景等方面进行综合评价,最终以最简单的信用级别标识符号告知评估对象。

五是做好企业授信管理机制的建设。授信与受信,二者共同构成信用交易的双方。授信就是金融机构(主要指银行)对客户授予的一种信用额度,在这个额度内客户向银行借款可减少烦琐的贷款检查。授信管理是对企业的授信决策和整个授信活动进行科学的管理,是指企业通过制定相应的信用政策,指导和协调与信用销售有关的部门,来完成对授信客户的信息收集和信用风险评估、信用额度的授予、信用保障的落实、信用收回等各环节的管理。在授信的过程中,可以参考外部信用评级的结论及其风险揭示,以便于更好地把握授信风险和控制授信额度,避免信用风险。

六是做好信用销售(赊销)机制建设。建设好赊销制度,使用好赊销合同,扩大企业销售份额。赊销是信用经济的重要特征,是企业扩大销售、应对竞争的一种必然选择。赊销合同是按照信用条款,先提供商品或服务,后期进行付款的合同总称。赊销合同是对双方所共同确认的各项交易条件的文字确认,它是企业信用交易的重要载体。同时,赊销合同也是信用管理人员对于信用交易进行管理的重要文件,对购买方既规定了还款日期也规定了违约责任,因此赊销合同也是信用管理工作的重要依据,企业赊销合同管理是企业信用管理的重要组成部分。企业在批准客户的信用申请以后,就要着手签订与客户的赊销合同。如何把握赊销合同的具体条款,理顺合同管理机制,是企业赊销合同管理过程中的重要环节。

七是构建企业受信融资管理的良性机制。企业作为信用交易主体,既可以授予他人以信用,即授信,也可以接受他人的信用,即受信。企业受信实际上就是融资,只不过受信是从信用交易的角度来说的,而融资是从资金融通的角度来说的。在企业扩大再生产过程中,随着生产规模的扩大,需要不断补充资金,当自身资金不足时,就需要进行融资,接受他人的信用。因此,企业必须塑造良好信用形象,为受信融资奠定基础;同时,企业也要根据自身实际合理选择受信融资方式,有效控制受信融资风险。

八是搞好个人信用管理。在我国个人征信服务刚刚起步的时候,绝大多数中国公民是没有任何信用记录的,既没有好的信用记录,也没有坏的信用记录。中国公民没有信用记录的主要原因是没有个人征信机构为他们建立信用档案,也有许多人从来没有自己独立的付费账户,也从不向金融机构借钱。随着我国市场经济的不断发展,加快个人信用体系建设已成为我国经济发展的迫切需要。个人信用不仅是一个国家市场伦理和道德文化建设的基础,更是一个国家经济发展的巨大资源。开发并利用这种资源,能有效推动消费,优化资源配置,促进经济发展。因此,一方面要加快社会信用体系建设步伐,完善信用信息的征集、披露和使用机制,另一方面要建立健全信用宣传教育机制,强化公民的信用意识,自觉维护自身的信用记录。市场经济越发展,个人信用所发挥的功能越重要,个人信用体系的完善与否已成为市场经济是否成熟的显著标志之一。

九是搞好企业信用管理。企业信用管理是指企业通过制定信用政策,指导和协调与信用销售有关的部门,在信用销售各个环节中开展的客户信息收集和评估、信用额度的授予、债权保障、回收账款等一系列管理活动。企业信用管理是有效防范和控制信用风险发生及发生程度的一种管理机制。当企业运用赊销方式后,就要做好客户的选择,交易规模的控制和账款的追收等工作。同时,企业面临的交易风险也更大。怎样在扩大销售的同时降低风险,是企业必须予以有效解决的问题。没有信用管理程序的设计和企业管理职能的重新分配,也就没有科学的企业管理,企业的赊销很可能会被与之俱来的更大风险给抵消,或者加大赊销成本,造成总体利润的降低。

十是加强政府信用建设。政府信用是指国家行政机关的公信力,是社会组织、民众对政府行政能力和行政信誉的主观评价或价值判断。政府信用也是政府的行政行为所产生的影响和后果在社会组织和民众中形成的一种心理和舆论反映。它既包括民众对政府整体形象的认识、情感、态度、情绪、兴趣、期望和信念等,也可以体现为民众是否自愿地配合政府行政行为,减少政府的公共管理成本,以提高公共行政效率。政府信用是整个社会信用的基石,对社会信用体系建设起着核心与支柱的作用。加强政府信用建设,对建立健全社会信用制度起着重要的作用。要以强化政府信用意识为基础,以转变政府职能、加强依法行政为重点,以建立和完善政府信用制度和工作机制为突破口,全面树立公正公平、公开透明、廉洁高效的政府信用形象。

### 三、本研究课题的主要创新之处

本研究的主要创新点,是根据市场经济的发展规律和社会信用体系建设的内在要求,按照社会信用体系建设的目的和手段,对相关的概念、内容进行分析和阐述,力求言之成理。本研究综合运用了哲学、法学、政治学、经济学、管理学、社会学、金融学、统计学等学科基础和科学方法,对社会信用体系建设所涉及的主要领域和模块,包括基本理论、基本框架、基本方法、实施办法、运作要求等进行了比较详细的论述。本研究对信用的内涵、社会信用体系的基本框架、信用信息系统、信用评估、授信管理、赊销合同管理、受信融资管理、个人信用管理、企业信用管理、政府信用建设等方面,均具有或不乏独到的见解和阐述,理论创新有一定深度。期望本研究对于推动我国社会信用体系建设发挥积极作用,助力政府和社会能够更好更快地构建面向市场经济的社会信用体系运行机制。

# 第二章

# 社会信用体系的基本框架

所谓社会信用体系,就是与信用信息的征集、披露、使用有关的一系列法律法规、制度、规范、组织机构、监管体制、技术手段、交易工具的总和。建设社会信用体系的目的,旨在建立一个适应信用交易发展的市场环境,保证一国的市场经济向信用经济方向转变,即从以原始支付手段为主流的市场交易方式向以信用交易为主流的市场交易方式的健康转变。

社会信用体系的核心是建立起一套有效的信用信息的记录和传播机制,把失信行为个体间的矛盾转化成失信者与全社会的矛盾,依靠市场经济内生的力量,实现社会对失信者的社会联防惩戒,从而加大失信者的失信成本,形成"一处失信、处处受制,事事守信、路路畅通"的社会氛围。

## 第一节 信用法律制度体系

**一、信用法律制度体系的作用**

所谓信用法律制度体系,就是由若干个与信用有关的法律、法规、规章组成的整体。信用法律制度体系在社会信用体系中的作用主要体现在以下3个方面:

(一)信用法律制度体系为社会信用体系建设提供制度保障

任何社会制度都要依靠法律的支持,社会信用体系所代表的市场新规则、所维系的社会信用制度也需要相应的法律制度体系给予保障。根据欧美发达国家的经验,一个国家要健全社会信用体系,就要制定信用法律法规约束市场主体的行为,使之诚实守信;加强对征信机构的监管,规范其征信活动,使之真实、完整地征集、整理和披露企业和个人的信用信息,并为社会提供信用信息服务;对失信行为给予惩戒,以维护信用主体的合法权益。可见,一个国家的信用管理和征信服务要得到全面发展,必须有信用法律为其提供制度保障。

**(二)信用法律制度体系为社会信用体系建设提供重要依据**

社会信用体系建设与其他制度建设一样,必须有法可依,以法的形式规范各种信用交易关系,使信用交易主体在信用法律制度体系范围内活动,规范市场经济秩序,以确保信用交易和社会信用体系的正常运行。欧美信用经济发达国家都有比较健全的信用法律制度体系。美国是信用经济最发达的国家,基本信用管理的相关法律共有17项,涉及信息采集、加工、传播、使用等各个主要环节,形成了完整的规范社会信用的法律体系,构成了美国国家信用管理体系正常运转的法律环境,使政府、企业、银行、各类中介服务机构都能依照法律进行定位和活动。

**(三)信用法律制度体系为社会信用体系建设奠定社会基础**

信用法律制度直接涉及人际关系的诚实守信问题。根据我国的传统观念,诚实守信是立身处世、从政爱民、社会交往的基本准则,是自我修养追求的理想境界,是人们重要的行为规范,也是维护社会秩序的行为规范。只有全社会的诚信意识增强了,政府、企事业单位和个人都把诚实守信作为基本行为准则,社会信用体系建设才有比较牢固的基础。在信用法律制度体系的强制规范下,诚实守信的道德自律约束力会越来越强,社会的外在他律会逐渐变成内在的道德自律,从而使诚信原则植根于人们心中,植根于市场经济之中,进而促进社会信用体系建设。

**二、信用法律制度体系的内容**

国内外的经验表明,一个比较完整的信用法律制度体系,至少应该包括以下几个方面的内容。

(一)关于征信活动的法律制度

这是信用法律制度体系中的主体,应该对这样一些内容作出规定:一是具体明确信用信息征集的目的和动机,保证全部征信活动都是在合法的目的和合理的动机之下进行的。二是明确界定信用信息采集的范围,并明确涉及个人隐私、商业秘密、国家安全等敏感信息的征集条件和方法。三是对所征集信用信息的存储作出规定,包括存储方式、安全措施,以及有关信用信息的保存时间等。四是对信用信息的披露方式、使用范围和使用方式作出规定。五是对有争议的信用信息和错误信用信息的纠正程序、费用负担、完成时间作出规定。六是对各种特殊情况下使用个人信用信息作出规定。

(二)关于征信机构的法律制度

这方面的法律制度应包括这样一些内容:一是征信机构的准入条件。包括最低资本金要求、高级管理人员任职资格条件要求、设备条件和安全要求。二是征信机构的经营范围。征信行业部类较多,有些需要庞大的数据库,有些需要专门的技术,有些是综合性的,有些是专业性的,因此应从立法上对各类征信机构的经营范围作出必要的规定。三是关于征信机构实行备案制度、重大事项报告制度、年度检查制度、日常检查制度、投诉举报制度等的规定。四是对行业自律的要求。征信行业本身有一个公信力的问题,它们的诚实守信对行业的生存发展尤为重要,法律制度应该对此作出规定。

(三)关于征信行业的法律监管制度

按照《中共中央关于建立和完善社会主义市场经济体制若干问题的决定》的要求,对征信行业实行特许经营,因此必须从立法上明确征信行业监管制度。包括明确行业监管的内容、部门、职责和法律责任。

在2015年3月举行的十二届全国人大三次会议期间,邵志清等30位代表、史贵禄等30位代表、王利平等30位代表、刘卫星等30位代表分别提出4件议案认为,社会信用体系是社会主义市场经济体制和社会治理体制的重要组成部分,我国目前缺少专门立法,导致政府、企业、个人在信用体系中的法律地位和权利义务无法明确,信息采集、保存、查询调查、评估评级缺乏规范,信用信息、个人隐私和商业秘密的法律界限亟须界定,失信的法律标准和侵权的救济措施有待规定,建议制定社会信用法,从而加强对于征信行业的法律监管制度。

(四)关于政府部门信用信息公开的法律制度

这实际上是关于信用信息披露制度和渠道的制度。在我国,90%以上的信用信息资源是由行政机关、司法机关、具有行政管理职能的社会团体所掌握,所以有必要按照"政务信息公开为原则、不公开为例外"的要求,对政务信息公开专门立法。近年来,国务院先后出台了《政府信息公开条例》《征信业管理条例》《企业信息公示暂行条例》,推动了信用制度建设。国家发展和改革委员会提出,该委将会同有关部门继续支持各地、各部门先以规范性文件形式推进信用法制建设,对信息标识标准、信息分类及数据格式编码标准和安全保密标准等作出规定,以规范征信业的有序发展,为社会信用立法工作积累经验。中国人民银行认为,《征信管理条例》和《征信机构管理办法》具体规定了征信业基本规范,较大程度上解决了无法可依的问题,为在时机成熟时出台统一的社会信用法打下坚实基础。

(五)关于信用信息资源共享的法律制度

包括对政务信息资源与其他信用信息资源的互联互通、公共征信机构的信用信息与商业征信机构的信用信息之间的互联互通、企业信用信息与个人信用信息的互联互通,以及信用信息的传输等作出规定。

(六)关于保护被征信人权益的法律制度

相对于征信机构来说,被征信人在征信活动中处于弱势地位,而被征信人的信用信息涉及个人隐私和商业秘密,尤其是当他们的信用信息被公开传播,并以此为依据进行评价,供信用交易时的授信方作为决定授信额度的根据时,他们的合法权益需要得到法律的保护。因此,国内外的信用法律制度都对此作出了严格的规定。

（七）关于信用立法的标准化建设

加快信用立法,关键是界定和处理好3个关系:一是界定和处理好政府政务信息公开与保护国家经济安全的关系;二是界定和处理好保护商业秘密与公开信用信息的关系;三是界定和处理好保护消费者个人隐私与公开信用信息的关系。从实际情况考虑,我国的信用立法工作很难在短期内完成,但建立完善的社会信用体系客观上又需要较为完备的法律体系作为保障。

在这几种情况下,应主要从两方面推进信用立法工作:一方面充分借鉴发达国家在信用管理方面的法律法规,先以行政法规或指导意见等形式颁布一些相关规定,执行一段时间后总结经验,提出立法草案,条件成熟后形成法律。另一方面对于急需的法律法规,要抓紧研究、率先出台,以促进现代信用市场规范健康发展。在国家立法一时难以出台的情况下,各地可以先行一步。

要进行信用立法的标准化建设,还应当抓紧修改会计法、统计法、商业银行法、商标法、合同法、知识产权保护条例和储蓄存款管理条例等法律法规中的有关条款。完善我国民法及有关法律中关于债权保护的法律规定,以确保信用关系中债权人的权益不受侵犯,并强制债务人履行其偿债义务,制裁逃废债务的行为。要完善刑法中对欺诈和非法侵占等恶意背信行为的有关规定,依法惩治此类犯罪。在所有涉及债权人利益的债务重组中,应当坚持债权人主导的原则,以利于保护债权人利益。要建立完善企业和个人的破产制度,破产企业或个人必须在依法豁免债务的同时要付出一定的代价。

## 第二节　信用信息系统

**一、信用信息系统的概念**

信用信息系统是以企业和个人征信为主要内容,整合各部门、各行业、各方面的信用信息资源,应用现代化的计算机和通信技术,采用先进的业务处理模式,立足于信用市场,建立综合性的信用信息数据库,形成信用信息资源共享机制,并向社会提供信用信息产品和服务的综合性服务平台系统。其基本要素包括:

（一）信用信息数据库。信用信息数据库是信用信息系统的核心，是硬件基础，可分为企业信用信息数据库和个人信用信息数据库。建立完善的信用信息数据库，有助于形成社会守信激励机制和失信惩戒机制。

（二）联合征信平台。负责采集信用信息数据，并分别转发到相应的数据库，起到数据交换和备份的作用。

（三）信息共享和信息服务机制。

（四）指标体系。描述信用信息数据库中所有数据项的名称、数据类型、类别、长度、来源部门、更新频率、使用部门、使用权限、存放的数据库等。

（五）接口规范。规定数据采集的格式，用于数据报送机构和联合征信平台以及信用信息数据库的数据交换。

（六）安全性要求。包括网络平台纵、横向连接的安全要求、防病毒的安全要求、被保护数据的安全要求、保护重要资源的安全要求、保护门户网站的安全要求等。

**二、信用信息系统的功能**

（一）信用信息的采集、处理和存储

即将分散在各数据报送机构的企业或个人信用信息，按照标准格式收集到信用信息数据库，并对其进行校验、归类、整理和存储。

（二）提供信用产品

分为3类：一是提供企业或消费者个人的信用报告。二是以信用评级和评分为主的信用服务。三是向政府部门或授权的征信机构提供批量的数据服务。

（三）统计分析

即信用信息系统的增值功能，一方面，可以利用系统数据集中的优势，提供特定的统计分析报告，为政府的行政和决策提供支持。另一方面，可以对数据进行深度分析，不断开发面向社会的深层次增值服务与产品，如风险预警、决策支持、市场分析报告等。

**三、信用信息系统的作用**

（一）识别和防范信用风险

信用信息系统的建立使信息共享成为可能，授信机构可以根据系统提供的信息，对交易对象的整体风险和价值特征有一个完整和全面的认识，从而识别和防范交易中的信用风险。

### （二）推动信用交易的发展

信用信息系统可在规范流通秩序和交易秩序的基础上消除信息不对称等因素，推动信用交易的进一步发展。

### （三）为守信激励和失信惩戒机制的形成奠定基础

对于守信的企业和个人给予较高的信用等级（评分），使其在进一步的业务拓展中保有良好的信用形象。相反，对不守信用、违约经营的企业和个人，可在法律许可的范围内披露其不良信用记录，从而促使企业和个人守信经营、诚实交易。

## 四、信用信息系统的标准化

标准化能促进信用信息系统间的信息共享和交换。美国征信行业主要由邓白氏公司、Equifax、Trans Union等大征信公司组成，这几大公司的内部标准也逐步成为美国征信行业的标准，比如在企业标识编码方面，美国邓白氏公司的企业标识编码已成为事实上的工业标准；在个人身份标识方面，美国目前使用的是社会安全号码（SNN），作为每一个人唯一的、终生不变的身份标识。当前征信发达国家基本上遵循国际上的主流信息技术标准、信息分类标准、企业和个人标识标准、代码标准、信息交换格式标准以及信用评估业务标准。

我国在信息技术标准化和信息分类标准化等领域已开展了长期的工作，积累了丰富的经验。在信息技术标准化和分类标准化方面，先后发布了一大批数据元、信息分类代码标准，GB11714－1997《全国组织机构代码编制规则》和GB11643－1999《公民身份证号码》成为唯一标示我国企业和个人的编码规则。但是，与信用信息系统的建设需求还存在较大差距，今后，应从3个方面加强信息标准化建设：

### （一）信息标识标准

企业主要以全国组织机构代码为身份标识代码，个人主要以身份证号码为标识代码，以保证不同系统间信息主体的唯一性，便于信息的整合和信息共享。

### （二）信息分类及编码标准

在征信行业内部，最大限度地避免出现信息命名、定义、分类和编码的混乱现象，提高信息共享效率。

### （三）网络通信标准

包括网络通信中的链路层和网络层应采用的标准。

## 五、我国征信模式的选择

### （一）公共征信与私营征信的比较

公共征信一般带有公益性质，而私营征信则是指完全商业性的，以营利为主要目的。在数据采集和使用方面，公共征信主要参与者是银行和其他类型金融机构等，这些机构向公共征信机构定期报送有关企业、个人的金融交易数据，数据报送是强制性的,且必须报送全部借款人的信息,不论是其消费者客户还是商业客户,数据范围不仅包括负面信息,同时也包括正面信息,信息提供方面数据报送机构享受的权利是免费使用征信机构的数据,对非成员则往往保密;而私营征信的信息来源则更为宽广,不限于各类金融机构,采集信息的方式也不是强制性的,而是通过合同、协议的方式采集,且是"根据需求依法全面采集数据",而不是只采集信贷信用信息,信贷信用信息基本上也没有金额限制,其信息的对外提供则完全是商业性的以营利为目的,没有服务对象上的限制。

关于公共征信与私营征信,"关键的问题是有没有政府的支持,而不是公营还是私营的问题。""中国香港、新加坡、印度和墨西哥等国家和地区都是很好的例子,它们均为私营征信公司运作较为成功的典范。""成功之处在于政府在背后的作用是非常大的","香港金融监管当局对征信业及征信数据库建设的大力支持使香港很多私营征信数据库解决了很多问题,得到了快速发展。""印度通过行政命令的方式在全国范围内以很短的时间建立了一个全国集中统一的数据库,最近,征信数据库已经建成并推入商业化运作阶段。"①由此,正如许多专家与有识之士所指出的,公共征信和私营征信不是相互替代的关系,而是相互补充与促进的关系,也是相互借鉴的关系。

(二)政府培育与市场发育相结合——我国征信模式的现实选择

在充分学习、考察世界各国征信做法与经验以及正确认识征信体系建设的中国国情的基础上,中国征信模式选择的基本思路可以是——第三种模式"政府培育与市场发育相结合,实行政府推动、市场化运作",即以公营的方式建立与拥有征信数据库的所有权,同时以民营的方式进行市场化商业运作。② 这样一方面可以保护数据的安全性(政府或国家作为征信数据库的所有者有权允许民营征信企业使用或不使用其数据,或数据的使用范围);另一方面可以减少政府或国家的负担。

这一模式的执行情况是,第一,要求建立全国集中统一的征信数据库;第二,遵循公共征信的国际惯例,要求(如果是以信贷征信起步)以行政命令的方式强制境内所有从事信贷业务的金融机构向这一全国集中统一的征信数据库报送所有信贷业务信息,并且鉴于信贷合同履约信息的特殊商业秘密性,禁止金融机构将

---

① 香港环联征信公司总裁袁嘉晖:《私营征信公司谈公共征信与私营征信的关系(二)》,载中国人民银行征信管理局编:《征信与中国经济国际研讨会文集》,中国金融出版社2004年9月第1版,第117~118页。

② 从当前中国的实践来看,在国务院的推动下,中国人民银行的征信实践采用了这一模式,这一模式将在中国人民银行的直接推动下逐步探索并得以印证。

信贷信息向未经信贷征信主管部门批准建立或变相建立的征信数据库,或未经许可的其他机构与组织提供;第三,既是全国集中统一的征信数据库,应该逐步采集被征信人全面的、完整的信用信息记录,以保证该数据库的信息完整性,追求该征信数据库的价值最大化;第四,要科学、完整设计、推动与实现该征信数据库的市场化商业运作。

(三)关于系统覆盖的信息提供人及信息采集范围与内容

较为理想的征信系统应包括所有提供信贷业务的金融机构,从而使系统中的信贷信用信息更为全面、完整,这样可使境内从事信贷业务的所有金融机构都得到信息共享带来的益处。另外,被征信人的信用活动、信用交易及信用记录范围广阔至其所有的经济活动与社会活动之中,涉及被征信人之间商业往来的信用交易与信用记录、与政府各类行政部门之间发生的被征信人遵纪守法、行政许可、资质评定、奖励评优及涉诉过程中的法律诉讼、司法判决等公开的其他信用信息,以及被征信人与电信企业、公用事业部门等之间发生的非银行负债信用信息。因而,从征信系统记录被征信人信用信息与信用记录的完整性以及选择第三种征信模式的要求来说,征信系统信息源应包括所有一切与被征信人发生信用交易的组织,包括被征信人发生信用活动、产生信用记录的所有环节的所有机构与组织。

同样,基于以上分析,理想的征信系统应该尽可能完整采集被征信人在社会、经济活动中发生的各类可能影响其未来信用行为的信用信息。银行等授信机构判定受信人信用状况,信用评级/评估机构对被评估对象进行专项信用评级可能并不需要知晓被评估人的所有信用记录,但一份关于受信人或被调查人的全面的信用报告对授信机构的授信决策及信用评级/评估机构对其的综合信用评级/评分的等级与分数定然会产生重要影响。

(四)充分利用企业和个人信用信息基础数据库,建设全国性集中、统一征信数据库

《国务院办公厅关于社会信用体系建设的若干意见》(国办发〔2007〕17号)指出,我国社会信用体系建设的基本原则是"统筹规划、分类指导,政府推动、培育市场,完善法规、严格监管,有序开放、维护安全"。目标是建立全国范围信贷征信机构与社会征信机构并存、服务各具特色的征信机构体系,最终形成体系完整、分工明确、运行高效、监管有力的社会信用体系基本框架和运行机制。

根据该意见,我国征信体系建设要以信贷征信体系建设为重点。然而,全球征信业发展的历史和各国的经验表明,当一个社会主体的信息处于一种分离的、割裂的状态时,它在任何一个数据库中的经济价值都是很难体现的,只有把它集中起来,信息作为一种生产资源的价值才会体现出来。比如信用评级/评分,实际

上就是一个排队,一个违约率、信用度的排队,当这个数据量小的时候,它的准确率很低;反之,数据量大而完备时,它的准确率就会相当高。因此,地方性的或部门性的数据库是满足不了社会需求的,因为从整个社会来看,其是相互孤立的;必须将各领域、各行业、各角落的有关被征信人的信用信息共享为全国集中、统一的征信数据库。而且,从市场经济乃至社会发展的实际需求来讲,也需要建立一个全国集中统一被征信人信用信息的企业和个人信用信息数据库,这样信用信息的经济与社会价值才能最大化。

(五)加快政务信息公开立法、推进政务信息公开

目前我国存在的问题是,金融系统的信贷信息的全国性集中统一势如破竹,而政府和社会公用事业部门的政务、执法等公共信息、公开信息的全国集中、统一共享却存在诸多障碍,解决的前提和当务之急是加快和完善政府信息公开立法,使政务信息公开有法可依,推动加快社会各领域信用数据开放进程。关于推动政务信息公开,我们认为:

第一,遵循国际惯例,政务信息以公开为原则、不公开为例外,科学界定公开信息与不公开信息标准、范围。

第二,要界定政府和公共部门开放和提供公共信息、执法信息的范围和程序,在确保不侵害国家、企业和个人正当权益的前提下,合法、充分开放相关信息。

第三,明确征信系统信息披露和使用范围,确立信息共享的类别、范围、方式和程度,突破信息共享瓶颈。

第四,加快信用服务行业国家标准化建设,形成完整、科学的信用标准体系,真正实现全国集中统一的企业和个人信用信息基础数据库的建立。

## 第三节 信用服务中介体系

### 一、信用服务中介机构的作用

信用服务中介机构是为信用交易全过程提供专业配套服务的社会中介组织,其主要作用在于帮助信用交易主体准确识别风险、科学管理风险,进而缩短信用交易周期、增加资金回收率,从整体上促进信用的发展,具体表现为:

(一)准确地识别风险

信用调查机构运用专门的技术对企业、个人、资产、行业、市场等交易主体关注的对象进行全面的资信调查,揭示各对象的信用历史、现状,帮助交易主体准确

预测交易对象的未来信用状况以及行业、市场的发展趋势,使各交易主体能够准确识别风险领域和风险程度。

（二）科学地管理风险

专业的信用管理机构具有长期、丰富的管理经验和精熟的执业人员,除可帮助客户制定合理的信用政策外,还可指导客户进行具体的风险管理操作,以科学、成熟的方法体系为客户提供高效、规范的风险管理服务,并可获取风险管理的规模收益。资信调查、评估等中介机构在服务的过程中,也会根据客户的特点提供可行的信用管理建议,辅助客户制定高效的信用管理政策。

（三）促进信用经济的发展

信用交易任何一个环节的缺失,都会造成交易链的断裂。信用担保、保理、信用保险等机构通过信用增值服务,促成了资信度较低的市场主体的信用交易活动;资信评级机构通过专业的等级评定和划分,促进了银行与企业、担保公司等社会主体的合作;商账追收机构则通过合法的途径帮助客户回收账款,加速信用交易流程,减少客户的坏账损失。由此可见,信用服务中介机构的出现,从整体上促进了信用经济的发展,提升了信用在社会生活中的地位。

## 二、信用服务中介行业的分类

信用服务中介机构可分为企业征信、个人征信、市场调查、资信评级、信用担保、商账追收、信用保险、保理、信用管理和资产评估等 10 个行业,其服务方式及其产品如下:

（一）企业征信

企业征信又称企业资信调查,是指专业机构在对企业、债券发行者、金融机构等市场参与主体的信用记录、经营水平、财务状况、所处外部环境等诸因素进行分析研究的基础上,对其信用能力(主要是偿债能力及其可偿债程度)所作出的综合评价。企业征信服务通常分为 4 类:

1. 简单征信报告。只反映被调查企业的工商注册信息、基本经营管理信息和财务资料概要,一般用于迅速建立客户和供应商档案、小额赊销决策或售前客户名单筛选。这类报告服务快捷且费用较少。

2. 标准征信报告。内容主要包括企业发展史简介、业务范围、员工人数、付款记录、公共记录、财务状况、进出口、主要经营者履历等信息。这类报告一般用于贸易往来过程中是否提供赊销或授予客户多大信用额度等决策的参考。

3. 深度征信报告。注重对资产、土地使用权、经济纠纷、人事变动、财务分析、供应商等方面进行详细调查并直接以事实反映。这类报告主要用于企业并购、法律诉讼、企业拍卖、抢夺大客户、重大项目合作等目的。

4. 专项调查报告。主要是针对客户的特殊需要,对客户感兴趣的一项或几项内容进行调查。通常包括市场进入性研究、行业研究、政策研究和诉讼调查等。这类报告一般用于客户的行动证据、法律证据、向主管单位汇报的依据等。

(二)个人征信

个人征信又称消费者个人信用调查,是指将分散在各商业银行和社会有关方面的个人信用信息加工汇集起来,形成个人信用档案,为银行和社会有关方面了解个人的信用和信誉状况提供服务。个人征信服务分为3类:

1. 个人信用报告。这是征信机构的核心服务,约占主营业务收入的50%以上。这类服务的产品通常包括标准信用调查报告和定制信用报告两类。前者是对个人的信用信息进行量化分析而制作的个人信用评分报告;后者是根据不同行业、不同业务的需求,向客户提供的专项个人信用调查报告,包括信用卡客户信用等级评分和信用调查报告,助学贷款、住房贷款、汽车贷款等个人消费信贷客户的信用等级评分和信用调查报告等。

2. 信用营销服务。这也是征信机构的核心服务,约占主营业务收入的40%。包括个人信用档案登记和信用信息查询两类服务。

3. 分析服务。包括个人信用风险预警、个人信用管理顾问服务、拖欠客户追踪与身份认证、信用风险模型开发与设计、成套数据处理技术服务等。该类业务是征信机构正在大力发展的新兴服务,约占主营业务收入的10%。

(三)市场调查

市场调查是基于资信调查报告的衍生服务,是指针对顾客所做的抽样问卷式和跟踪式调查。这类调查一般是以商品、消费品的个人或团体购买者为研究对象,探讨他们对所购商品、消费过程、品牌的意见和购买动机。调查结果主要对制造商的产品开发、营销方法改进、产品的市场定位等提供定量的决策依据。

调查对象的不同是市场调查区别于企业征信中专项调查的主要因素,前者以消费者为特定调查对象,后者以行业状况、竞争对手状况等为主要调查对象。二者在结果上都表现为根据客户特殊需要而出具的定制调查报告。

(四)资信评级

资信评级是指专业评估机构采用公正、科学、权威的资信考核标准,对被评对象的信用风险进行调查、分析和综合评定,并采用简洁、通用的符号直观地反映该对象偿还债务及履行各种经济契约的能力。按评级对象可分为工商企业资信评级、金融机构资信评级、金融工具及衍生金融产品资信评级、行业评级、地域评级和国家主权评级等几种类型;按照评级公司的业务来源则可分为委托评级和主动评级两类。

一个规范的资信评级流程至少包括签订协议、收集资料、尽职调查、编写报告、终审定级、公布结果、跟踪评级等7个环节,并且在评级过程中要注重定量指标与定性指标相结合、动态分析与静态分析相结合。评级结果表现形式不同,但一般都分为3等9级,与标准普尔、穆迪等国际知名评级公司的评级结果接轨。

(五)信用担保

信用担保是指信用担保机构与债权人(包括银行等金融机构)约定,当被担保人不履行或不能履行主合同约定的债务时,由担保机构承担约定的责任或履行被担保人的债务。根据担保对象的不同,信用担保可分为贷款担保、租赁担保、建筑工程履约担保、商品交易履约担保、个人消费信贷担保、商业票据担保等类型。

担保机构在向被担保人提供信用担保的同时,可采取保证金、抵质押和信用保证等反担保措施,以降低自身的代偿风险。担保到期,一旦被担保人未能履行约定义务,则担保机构必须按担保合同约定代为履行。之后,担保机构可以采取处理反担保物品、追偿等手段进行风险补偿。

(六)商账追收

商账追收是由专业的商账追收机构接受客户委托从事合法的催账和逾期应收账款的追收活动,并根据收回的款额收取一定比例手续费的信用中介服务。随着信用管理行业的不断发展,商账追收服务的内容也从单纯的追账扩大到受委托替客户从事合同管理、账龄管理、逾期应收账款管理等。

商账追收必须采用合法的追账手段,包括信用手段、法律手段和行之有效的应收账款管理方法。

1. 信用手段是采集个人或企业的失信行为记录,并将该记录保存在大规模的信用信息数据库中,使得世界各国都可以通过网络查询该记录,或者直接将这些记录列入"黑名单",使个人或企业为该失信行为付出重大的代价。

2. 法律手段是根据法律法规的规定,对失信违约的企业和个人进行经济处罚、行政制裁甚至刑事处罚,运用法律武器强制企业或个人偿还所欠账款。

3. 应收账款管理方法包括企业通常采用的账龄分析、坏账预提、催账收账技术等。这种方法是最简单、最常用的方法,但需要花费大量的时间和精力,实践中也存在着许多矛盾。目前,美国已专门制定了规范商账追收的法律,旨在保护消费者个人的正常生活和合法权益。

(七)信用保险

信用保险是以商品赊销和信用放贷中债务人的信用作为保险标的,在债务人未能如约清偿债务而使债权人招致损失时,由保险人向被保险人(即债权人)提供风险保障的一种保险。根据保险标的性质的不同,可以将信用保险分为以商品赊购方(买方)信用为标的的商业信用保险、以借款银行信用为标的的银行信用保险和以借款国信用为标的的国家信用保险;根据保险标的所处地理位置的不同,可以将信用保险分为国内信用保险和出口信用保险。

(八)保理

保理即保付代理,是指卖方(供应商)根据与保理商之间的契约,将基于其与买方(债务人)现在或将来订立的货物销售或服务合同所产生的应收账款转让给保理商,由保理商为其提供销售分户账管理、应收账款的催收、信用风险控制与坏账担保及贸易融资等一项或几项服务。其核心内容是通过收购债权的方式提供融资,实质内涵是"服务"。保理一般分为国际保理和国内保理两类。

(九)信用管理

信用管理有狭义和广义之分。广义的信用管理既包括企业、银行自身所进行的信用管理工作,也包括外部信用管理机构所提供的信用管理咨询或顾问服务。狭义的信用管理仅指后者,本节所论述的信用管理仅指狭义的信用管理咨询,这类服务既包括企业授信前的信用管理政策制定、内部信用管理人员培训等,也包括授信后的赊销合同管理、政策功能优化等,因此是贯穿信用交易全过程的一种信用中介服务,对于提升企业信用管理水平、加速社会资金流动比率、减少企业信用管理开支等具有重要意义。

(十)资产评估

这里所说的资产评估仅指服务于信用交易的资产评估业务,包括授信前对抵押、质押资产的评估,授信/赊销后债务/账款到期日对处置资产的评估或对抵债/抵账资产的评估等。资产评估业务只能由符合一定资质的专业评估机构,指定专业的评估人员,按照规定的评估程序进行。

**三、我国信用服务中介体系的现状与问题**

(一)我国信用服务中介体系的现状

经过20多年的发展,我国信用服务中介市场已初具规模,现共有90多家征信机构、近百家资信评级机构、3000多家信用担保机构以及若干家从事资产评估、信用管理等服务业务的中介机构,并且许多从事企业和个人资信调查的机构也同时经营信用管理咨询、资信评级、市场调查等业务,形成了多业经营的格局。

1. 企业征信类:我国国内企业征信公司大体上有3类:一类是中资的企业资信调查公司,目前有40多家,以新华信商业风险管理有限公司、华夏国际企业信用咨询有限公司和上海中商征信有限公司等为代表;第二类是外经贸系统、国家统计系统和国家工商管理系统以及各商业银行系统所属的专门提供企业资信调查服务的有关机构;第三类是已进入我国的外国征信公司,如邓白氏公司、ABC公司、TCM公司、香港城市顾问有限公司等。

2. 个人征信类:目前,我国主要从事个人信用征信的公司仅有上海资信有限公司、武汉信用风险管理公司、深圳鹏元资信评估有限公司等几家公司。

3. 资信评级类:资信评级业表现为上海远东、大公国际、中诚信、联合资信、上海新世纪5家全国性的评级公司与近100家地方性资信评估机构共存的格局。

4. 信用担保类:我国的信用担保业已从过去20多年的数量激增发展到现在的亟须规范阶段。目前,全国有大大小小的担保机构近3000家。这些担保公司在缓解中小企业融资困境、降低银行信贷风险方面发挥了不可估量的作用。

5. 信用保险与保理类:除中国出口信用保险公司外,国内尚无其他机构向企业提供进出口信用保险,国内信用保险业务也正处在蹒跚发展阶段。保理业务则仅见于中国银行、兴业银行等中资商业银行和少数外资银行提供的综合性服务业务中,全国尚无一家专业的保理公司。

6. 商账追收类:由于国家明令禁止成立商账追收机构和开展商账追收业务,目前国内没有专业的商账追收公司。有些公司采取了许多迂回做法,正在变相从事商账追收业务。

7. 其他类:相对于其他中介服务行业来讲,信用管理、资产评估、市场调查等中介服务业的发展相对成熟,但这些服务多属于一些综合性中介服务机构(如管理咨询公司、会计师事务所等)的分支业务,缺少独立的规模效应。

(二)我国信用服务中介体系存在的问题

1. 体系不完善。主要表现为机构类别不全和产品品种有限,企业征信机构占有大量比例,个人征信机构则屈指可数,许多专项征信服务还没有真正走入市场;资信评级业务长期局限于贷款企业的资信等级评定,对担保机构的信用评级则刚刚开始,金融机构评级、行业评级和国家主体评级的结果尚没有被社会所认可;信用担保多为贷款担保,履约、票据等担保业务较少,许多担保公司无业务可做,只能以投资等副业维持生存;全国仅有一家公司经营出口信用保险业务,进口信用保险业务仍处在摸索阶段;尚无专门的保理公司和商账追收公司。

2. 市场需求不足。基于担心泄露企业商业秘密和侵犯个人隐私,大部分企业和个人对征信业务存在抵触心理,造成了从被征信人本人处征集信息的困难。而从其他信息征集渠道来看,由于我国企业和个人的信用信息分散在工商、公安、税务、银行、海关、质监等多个部门,信息整合联网的难度大,加之各部门对外披露信息的法律法规限制,也严重阻碍了资信调查机构的信息征集。对于资信评级,受传统经营方式影响较深的现代企业仍然对评级结果的效力和效用存在疑虑,除央行和国家发改委在部分地区推动进行的贷款企业和部分担保机构评级外,自主评级市场需求还未形成。信用管理是否能真正大幅提升企业的经营效益,市场调查是否能为企业开拓新的市场份额或发现竞争对手的弱势,信用保险和保理能否有效规避风险,达到既促进贸易发展又取得合理收益的目的等,一系列问题都在严重困扰着广大企业尤其是中小企业,造成了信用服务市场需求的不足。

3. 运作不规范。行业的发展离不开制度的规范,但目前全国尚无一部有关征信的法律,地方征信立法又缺乏统一的运作标准和监管要求;地方对于资信评级的法律规定也不多见;有关信用担保的法律法规虽然较多,但担保财务制度规范却迟迟不见出台;针对其他信用服务中介行业的制度性规范也都存在严重不足。

4. 违法违规现象时有发生。征信机构存在数据库重复建设、数据采集标准不一、数据质量无从保证等问题,甚至出现了侵犯企业商业秘密和个人隐私的现象。资信评级机构缺乏市场经营的自主性,有的为了招揽业务,出现了"以价定级""以关系定级"等不合理现象,造成了评级结果的失真,评级双方合谋造假的事情也时有发生。担保机构虚设、非法集资、骗取银行信用的现象严重影响了金融机构、企业和监管部门对担保业的信赖度。信用管理咨询方案缺乏可行性、市场调查结果不实、资产评估严重偏离真实价值等问题也随处可见。因此,迫切需要有关部门采取有力措施,加强对信用中介行业的监管,规范信用中介机构的运行,以确保市场经济秩序的正常和稳定。

## 第四节 守信激励与失信惩戒机制

**一、守信激励与失信惩戒机制的含义**

机制一词原意指机器的构造和动作原理。机器都是由一定的零部件构成的,各个零部件根据机械和电器原理相互连接并按一定的方式运转。因此机制的本意是指机器运转过程中各个零部件之间的相互联系和运转方式。后来生物学和医学通过类比使用该词,如生物机制、病理机制,用以表示有机体内发生生理或病理变化时,有机体内的各个器官之间的相互联系、作用和调节方式。

机制的一个最大特点是,它一旦生成或形成,只要外部条件发生一定的变化,它就会按预定的方式做出相应的反应。如鸟和哺乳动物能在温度变化的环境中控制自身体内的温度,使之保持在某个水平,其原因就在于它们体内有一种生理机制在进行自动调节。人也有类似的调节机制,能使身体温度维持在37℃左右。

因此,我们可以把机制理解为一种能使组成机制的各个部分或要素在外部条件的变化达到一定程度时能自动按预定的规则和方式做出相应反应的内在自调节力。

由此观之,所谓守信激励与失信惩戒机制,就是一种能让社会经济活动中的守信者得到褒奖、享受各种便利和优惠,使之"事事守信、路路畅通",失信者受到惩罚和警戒,使之"一处失信、处处受制"的内在自调节力。

守信激励与失信惩戒机制是社会信用体系中最重要的"部件"之一。它是社会信用体系中打击各类经济失信行为的主力军。它的主要功能是维护诚实守信者的利益,并在有条件的情况下对诚实守信者进行物质性奖励;对所有失信者实施经济性打击,使其不敢轻易违约。

**二、守信激励与失信惩戒机制的特征**

(一)主动出击为主

守信激励与失信惩戒机制对失信行为的出击是主动的,它不给任何失信者打招呼,也不对失信者进行任何思想道德方面的教育,甚至在失信者尚不知情的情况下就开始对其实施处罚。征信机构的信用信息数据库记录了大多数企业和个人的信用信息,当这些企业或个人向金融机构申请贷款、与其他企业或个人发生经济往来时,对方(授信人)经常会到征信机构去了解这些企业或个人的信用状况,决定是否给予贷款或与之交易。以个人为例,如果甲某有了失信记录,那么在一段时间内,他将很难再申请信用卡、购物贷款或其他信贷,甚至在申请租房、安装电话、手机上网、银行开户时,也会遭到拒绝。

(二)警示震慑为主

守信激励与失信惩戒机制的第二个特征是,它以震慑作用为主,力求将失信的动机消灭在未然之中,对于已形成事实的失信行为,则主要是使失信者在相当长的受罚期内不能进入市场经济的主流,加大他们的经营成本,造成他们在社会经济生活中的不便。

(三)经济处罚为主

守信激励与失信惩戒机制的第三个特征是,它主要采用对失信者拒绝提供信用的社会联防的办法对失信者进行经济性质的处罚,其效果,一是失信者无法自在地、方便地生活在社会上,二是让失信者没有机会把生意做大。它不是一种对失信者进行类似司法处罚的国家机器,它设计的处罚尺度自然也主要不出于法律法规,司法机关也因此不是守信激励与失信惩戒机制中的执法机构。它的"执法机构"是"社会联防网",因此它能无孔不入地覆盖到全社会的各个领域。

### 三、守信激励与失信惩戒机制的内容

守信激励与失信惩戒机制主要有5个方面的内容:

一是由政府综合管理部门做出的行政性奖励与惩戒。如有关政府部门公布"黑名单""不良记录"等。

二是由政府专业监管部门做出的监管性奖励与惩戒。如采取记录、警告、处罚、取消市场准入、依法追究责任等行政管理手段,惩罚或制止违法违规或失信行为。

三是由金融、商业和社会服务机构做出的市场性惩戒。主要是对信用记录好的企业和个人,给予优惠和便利,对信用记录不好的企业和个人,给予严格限制。

四是通过信用信息广泛传播形成的社会性惩戒。主要是使失信者对对方的失信转化为对全社会的失信,让失信者一处失信,处处受制约。

五是由司法部门做出的司法性惩戒。主要是依法追究严重失信者的民事或刑事责任。要建立与失信惩戒要求相适应的司法配合体系。

### 四、惩戒机制的工作原理

失信惩戒机制是通过降低市场交易中的信息不对称程度来达到对潜在失信者进行防范的。对于已经发生的失信事件,失信惩戒机制以企业和个人征信数据库的记录为依据,动员所有授信机构、雇主、政府和公共服务机构共同建立起一种社会联防,以对付失信的责任人。

简言之,实践中,失信惩戒机制的工作原理是以征信数据库为纽带的市场联防。失信惩戒机制的原理如图1-1所示。

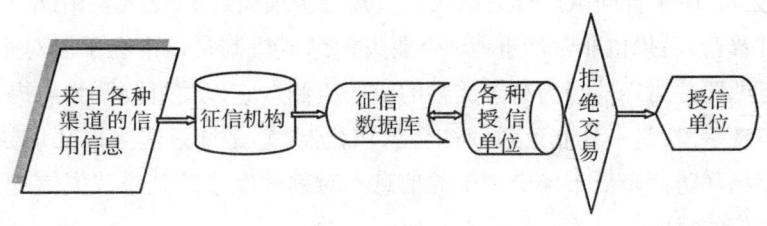

图2-1 失信惩戒机制的工作原理

失信惩戒机制的设计是本着"人之初,性本恶"的观点为出发点,认为人在本性上是贪婪的。人需要占有更多生活物资和享受高水平的物质生活,是受到本性

的驱使而去追求的。在对失信惩戒机制的设计时,考虑到一般人的社会行为必须受到制度的规范,处罚建筑在所设计的市场联防上,主要由反面事例的教育来产生震慑力,达到约束企业和消费大众的经济行为的目标。不论受到失信惩戒机制处罚的企业经营者和消费大众的思想道德水平是否得到提高,在效果上,要使他们表现出在行为上是遵守诚信道德伦理的。当然,辅之以信用教育和其他相关的正面宣传,可能会产生更好的效果。

**五、建立健全守信激励与失信惩戒机制必须具备的其他条件**

除了在法律上作出规定外,建立健全守信激励与失信惩戒机制还必须具备下列条件:

(一)全社会所有组织和个人的信用信息向征信机构和信用服务中介机构开放。

(二)形成了较为发达的信用服务中介行业。

(三)形成了政府倡导的,由具备监管职能的政府部门、各类授信机构、公用事业单位、雇主等组成的社会联防网络,从而使失信组织和个人不能取得任何信用方面的优惠和便利。

**六、建立企业失信惩戒机制**

(一)企业失信惩戒机制的特点

当前我国企业失信问题非常突出,为此要特别重视建立企业失信惩戒机制。根据国家工商行政管理局的一项统计,在我国市场上发生的交易中,约有30%的交易是以合同形式进行的。近年来,每年产生的经济合同约在40亿份左右,大约有20亿份合同能够按规定履行。我国每年因逃债而造成授信方的直接经济损失达1800亿元,由于合同欺诈行为造成的直接经济损失约55亿元。由此可见,违约行为非常普遍,后果也非常严重[①]。企业失信惩戒机制是以市场手段对企业失信行为进行惩罚并对守信行为给予奖励的市场机制。它以信息公开为前提,以市场调节为实现手段,是一种非正式的社会惩戒机制,它是通过建立以征信数据库为纽带的市场联防而降低市场交易中的信息不对称程度来达到防范失信、惩戒失信和激励守信的目的。

企业失信惩戒机制的建立应具备三个基本条件:一是征信数据对信用专业机

---

① 崔彩周:《我国企业失信惩罚机制科学化问题研究》,《南方经济》2005年第5期,第74页。

构开放;二是通过征信数据库合法公开信用调查结果;三是形成由全社会力量构成的市场联防机制。

企业失信惩戒机制有以下主要特点:

1. 依托征信数据库,以市场方式处罚失信企业。

2. 将交易双方的矛盾引致为失信企业方对全社会的矛盾,对市场上的企业失信行为进行实质性的打击。

3. 形成失信惩戒的社会震慑力,将市场企业的失信动机消灭在萌芽之中。对于已成为事实的失信行为,要在相当长的受罚期间内,使失信企业不能进入市场进行交易,从而加大企业失信的成本。

4. 在对市场上企业失信行为进行惩戒的同时,又具备对守信企业的奖励功能。

5. 惩戒的作用范围覆盖全社会。

6. 信用专业机构是法律法规约束下的企业失信惩戒主要执行者。

目前在我国,由于征信数据还没有开放,信用专业机构征集和传播信用信息还没有法律依据,全社会的联防机制还没有建立,因此,还没有形成有效的企业失信惩戒机制。

(二)企业失信惩戒机制的作用和效果

1. 失信惩戒机制的作用

失信惩戒机制的主要功能是对所有失信行为的法人或自然人实施实质性打击,使其不敢轻易对各类经济类合同或书面允诺违约。同时,失信惩戒机制也将有效地维护诚实守信者的利益,并在有条件的情况下对诚实守信者进行物质性奖励。失信惩戒机制在执行处罚任务的过程中,既要合法,还要合乎市场规则。

在市场经济活动中,大多不信守经济合同的违约行为属于道德范畴,但一般却没有明显触犯法律。依法律观点看,失信行为往往介于道德失范和诈骗犯罪之间。在大量的合同违约行为中,达到刑事犯罪程度并受到司法处罚的,毕竟只占其中很小比例。大量的违约和其他失信现象是不能够通过刑侦和依靠司法审判形式解决的,即使是司法审判,也存在相当比例的执行难问题。失信惩戒机制所要对付的违约失信行为就是属于这种类型的经济失信行为,即大量处罚额度非常小且不便使用公检法手段处理的经济类违约失信事件。因此,失信惩戒机制不是一种对失信企业进行类似刑事处罚的国家机器,失信惩戒机制中设计的处罚尺度自然也不出自刑法,公检法也因此不是失信惩戒机制中的执行机构。由于失信者并没有因其行为而受到拘留或冗长的司法程序,他们仍然生活在原社区,仍可以进行经济交易。所以,对失信现象的惩戒,要求"执法机构"采用信用联防,反应敏捷,"公告"范围广,而且"量刑"适度。

从作用上看,失信惩戒机制首先要起到对任何经济类型的失信行为进行惩戒的作用,惩戒是围绕着经济性质的处罚进行的,间接地对失信行为进行道德谴责。其次,失信惩戒机制具备奖励功能,奖励诚实守信的商户和消费者,而且是实惠的奖励,拉大市场对失信和守信的态度反差。从效果上看,失信惩戒机制以震慑作用为主,力求将失信的动机消灭在萌芽之中。对于形成事实的失信行为,其效果是要在相当长的受罚期间内,使失信企业不能进入市场经济的主流,加大失信企业的经营成本,造成失信的个人生活不便。在达到上述效果的同时,失信惩戒机制的工作成本还要非常低,任何作为交易对方的企业和个人都能够使用得起。因此,失信惩戒机制能够发挥对信用交易市场秩序的维护作用,并通过实质性打击和震慑方式减少市场上存在的各种失信行为,保障市场的公平竞争原则,有助于提高企业的信用交易的成功率。

2. 失信惩戒机制应达到的效果

企业信用体系的运转,要求失信惩戒机制至少使失信者名誉扫地,在相当长的期间内,没人再对失信者进行授信。原则是:以市场的方法,处罚市场上出现的失信行为。针对失信行为进行的惩罚,在实施方法和效果上与大众所熟悉的不同,它采用一套不同的规则。

失信惩戒机制对失信行为的出击是主动的,它不对任何企业和个人打招呼,也不对失信者进行任何思想道德方面的教育,甚至在有失信行为者不知情的情况下,就开始实施对其处罚。例如,上海市的专业资信公司为本地区的企业建立企业信用档案,将用于评价企业信用的信息成套记录下来,包括失信记录。在不通知当事人的情况下,有偿地提供给予当事人交易的授信人和其他各类交易对方。根据市场原则,法律一般会支持征信机构向当事人的交易对方、授信人、雇主和一些政府机构提供信用申请人的企业信用调查报告,而且能够方便且低价取得。授信人可以在相当全面地了解失信者的不良信用记录之后,决定是否与之交易或交往。目前,上海资信有限公司已开始制作上海企业的信用档案。

企业失信惩戒机制的作用范围应该能覆盖非常大的社区,例如企业资信调查服务要覆盖到全球200多个国家或地区的任何一个有限责任公司。失信惩戒机制的作用应该是"无孔不入"地在社会上全面渗透,不仅方便地让失信记录在全国范围内传播(甚至是全球传播),而且市场联防措施也是在对应范围内施行的。在社会信用制度健全的国家,如果一个企业有了经济失信记录,就不能再申请任何信贷。由于失信惩戒机制对失信记录的传播功能,征信数据库是形成社会联防的"纽带"。如果企业不按照失信惩戒机制制定的规则规范自己而有违约失信行为出现,失信企业会遭到提供服务的各类机构的抵制,不能取得贷款,供应商不对其赊销生产资料,甚至政府监管部门不允许营业执照年检通过。

可以预见,在不远的将来,信用经济的影响将渗透到中国社会的每一个层面,潜移默化地改变每一个企业,直至重建社会信任。也就是说,这种做法会潜移默化地改变包括企业文化和社会道德在内的社会文化。

失信惩戒机制的运作方式还会对守信者进行有效激励,征信数据库将企业的守信记录同时记录下来,并加以积累,体现在给予信用记录优良的企业以高的信用评分或资信评级,使守信者在不知不觉中获得一些无形资产。通过这种做法,使政府和金融机构在授信上给予有优良信用记录的企业以政策倾斜。征信中心会永久保留企业优良的信用记录。

(三)企业失信惩戒机制的设计与操作的科学化

1. 企业失信惩戒机制设计的科学化

科学的企业失信惩戒机制设计应做到征信数据采集充分可靠、处罚合理、失信防范措施得当。科学设计企业失信惩戒机制关键在于企业征信数据的采集工作。

首先,要确保政府和民间的征信数据对征信机构开放,这样征信机构才能取得全面的征信数据,为失信惩戒机制建立提供可靠的依据。国家应出台相关法规,规范政府相关资信部门对企业信用信息的提供,对银行与民间中介机构甚至个人要鼓励其向征信部门全面提供企业信用信息,对拒不提供信息的相关银行、民间中介组织甚至个人要给予一定的法律处罚。

其次,采用联合征信平台形式采集企业信用信息,建立健全联合征信数据库,以此作为企业失信惩戒机制科学、合理运转所依托的可靠信用基础。从国内的企业信用制度试点工作的经验来看,适用于企业失信惩戒机制的征信数据库的数据采集工作,最好是采用联合征信平台形式,而不仅是通过同业或同系统的征信采集数据,独立形成征信数据库,也就是说,凡有条件的地方,企业失信惩戒机制最好依托当地的联合征信数据平台开展工作,因为使用联合征信数据平台具有以下诸多优点。

(1)公正性。通过联合征信数据平台,可以大幅度提高征信数据的采集量,有助于对失信企业的信用价值的判断或量化,评级工作更加科学可靠。

(2)经济性。政府政策支持的联合征信形式会明显降低采集征信数据的成本,也从总体上减少设备投入。

(3)合理性。即从信息源角度看,可以有效地减小不同征信机构对企业信用价值进行评价所产生的差异。

(4)多功能性。对于一地的企业信用体系,联合征信平台不仅支持失信惩罚机制的运行,还可以具有支持企业征信系统、征信服务体系等多种功能。当然,采用联合征信形式也有缺点,例如政策障碍、数据供应垄断问题等等。如果地方政府有计划地建立当地的企业信用体系,采用联合征信平台形式就具备了基本条件,余下的就是制定一个合理的资源共享规则。

科学设计企业失信惩罚机制,也要求联合征信平台的操作者把所有企业的失信行为记录下来,按照时间顺序或额度进行排列、登录在各企业征信数据库中,并制作出"黑名单"(不守信的)、"灰名单"(信用度不足的)、"红名单"(守信的)。其中,黑名单和红名单会被登录在多种"公示牌"或专业网站上,易于传播和用户查询。凡运作黑名单系统的政府部门或征信机构,在其征信数据库中,也都应该科学地运行一个"灰名单"系统;灰名单系统的作用非常重要,它是征信数据库中的"预警系统",也是失信企业向黑名单和信用修复系统转化的过渡;灰名单系统将企业的失信记录进行分类和累计,在报警时对证据进行复核;如果建立一个数学模型处理灰名单上的记录,科学性和应用效果会更好;当然,红名单最好也通过一个数学模型进行解释。为了政府监管部门的执法方便,在执行失信惩罚机制任务的征信数据库中,还可以设立"绿色通道","绿色通道"概念通常被用于政府建立企业征信制度的工作中。对于在"绿色通道"内的守信企业,政府经常给予"免检放行"和"抽样检查"性质的处理,减少政府的工作量,减少处于"绿色通道"范围内企业的一些负担。

科学的企业失信惩戒机制设计还要体现对于市场上的企业失信行为所进行的打击必须是实质性的,绝不是轻描淡写的道德谴责。

在设计失信惩罚机制时,还要考虑到给失信企业以生存空间和改过的机会,要合理"量刑"。失信惩罚机制的"量刑"是基于对企业进行震慑作用和教育的效果而设计的,尝到因失信而受到惩罚的严重后果,足以达到教育失信企业的目的。因此,失信惩戒机制在设计上决不能做到一棒子将失信企业彻底打死,而要在失信者付出惨痛代价后,给予失信企业改过的机会。例如美国的《公平信用报告法》规定,在任何调查或报告机构的征信数据库中,企业失信记录与企业破产记录都有最高存在年限记录(一般规定不超过10年),而优良信用记录会被永久保留。

科学的企业失信惩罚机制设计的效果必须达到:将交易双方中失信一方企业与授信方二者之间的矛盾,引致为失信方企业对全社会的矛盾。法律允许的处罚有效期间,建立一个市场联防机制,让所有的政府监管部门、授信机构、雇主和公用事业单位都能参与对失信企业的经济类联合惩罚,以此缩减直至消灭失信企业生存的空间。

在对企业失信惩戒机制进行科学设计时,主要应由反面事例的教育来产生震慑力,达到约束企业经济行为的目标。不论受到失信惩戒机制处罚的企业经营者思想道德水平是否得到提高,在效果上,要使他们表现出在行为上是遵守诚信道德伦理。当然,辅之以诚信教育和其他相关的正面宣传,可能会产生更好的效果。

2. 企业失信惩戒机制操作的科学化

企业失信惩戒机制的科学性还要求必须要做到操作科学化,即企业失信惩戒机制运作的便利、规范、有效。其核心和关键是能够允许运营联合征信平台机构,采集失信企业不良记录,并通过各政府渠道和征信机构,合法地将其公示给有需要的授信机构。至于授信机构是否会且愿意利用征信数据库的信用记录,以及是否拒绝对程度"严重"的失信者进行交易,只能依靠市场规律行事,政府和征信机构的基本角色是倡导和教育,让各类授信机构和其他联防单位逐渐地成熟起来。当然,政府机关有时也要对企业信用行为施以必要的监管,以进一步推动企业失信惩戒机制的科学实施。

应做到对企业信用情况可以方便查询。既然失信惩戒机制所组织的联防会涉及在市场上活动的所有授信机构,在操作上必须简单易行,成本低廉,也就是说,市场要求制作"黑名单""灰名单""红名单"的征信机构,向所有授信机构提供多种渠道、方便、快捷、价格低廉的查询服务。

要求不论谁制作和运营联合征信平台,都应该取得有监管功能的政府部门的合作和指导。由相应的政府部门来"公示"黑名单比较妥当,这样做可以增强黑名单的权威性。任何征信机构都有权力制作黑名单,但原则是基于事实,最好只记录失信事件,不做任何分析和评价。

要求只要失信惩戒机制开始运转,不管征信数据库和黑名单系统是不是由当地政府运行,政府都要指定专门部门接受被处罚企业的申诉,要求征信机构配合,制订限期复核有争议的记录的制度。对于确实有失信行为的企业,申诉受理窗口也要起到教育功能,甚至辅导失信企业重建信用。要宣传教育失信企业,特别是让有失信动机企业明白:失信其实是一种害人害己的行为,在交易中,即使恶意失信的一方企业一时占了经济便宜,但这种行为也使失信企业道德沦丧,在恶化了市场的信用环境的同时,也破坏了失信企业的信用和名誉。

应建立、健全失信惩戒机制的启动和运转相关法规。当前,有许多地方政府提出建立本地区的小信用体系,必然涉及企业失信惩戒机制的启动和运转问题,为达到操作的科学化要求,应明晰专业征信机构的发展方向、规定统一政府行业管理部门和专业征信中介机构的法定职能等,为此,国家需要尽快建立、健全有关的法律法规,至少地方政府能够先出台相应的地方法规。

失信惩戒机制要求强化政府对企业的行政监督。主要是通过对契约责任的履行、市场制度的遵守以及行政法规的施行，对企业信用行为进行监督检查，保护守信者，打击失信者，为失信惩戒机制的实施提供一个坚实的平台。另外，政府监督还应改革政府监管的一些具体制度以及摒弃地方保护主义这种褊狭的制度安排。具体来说，改革工商部门对企业登记注册只是形式审查（书面审查）而非实质性审查（即只审查市场主体的合法性和材料的有效性）制度，代之以必要的实质性审查；政府监管的各招商单位要严格审查企业的真实身份，防止一些不具备条件的空壳企业进入市场，扰乱市场经济秩序，降低市场交易安全系数，有效打击、降低失信行为。政府还应对一些从事企业信用服务的会计师、审计师、评估事务所通过督促行业协会等形式进行有效监管，杜绝虚假信息滋生、蔓延，使失信企业无处遁形。各级政府机关领导班子都要有开放的胸襟，以及市场经济发展的整体意识，采取切实措施与行之有效的制度杜绝地方保护主义，对本地失信企业要同外地进驻本地的企业一样同等地给予应有的处罚。

（四）构建企业失信惩罚机制的措施

针对我国处理企业失信行为存在的不足，可从以下几方面着手建立和完善企业失信惩戒机制。

1. 建立经济惩罚制度，即增加失信者的经济成本，使其丧失经济利益。由于失信主要源于对经济利益的追求，因此加大经济惩罚，让失信者生活环境恶化，是对失信者最有效的惩罚。首先，借鉴在信用管理方面法律法规最健全的美国的经验，制定规范信用行为的基本法规，依法保障信用关系。该法应包括以下内容：明确界定可以向公众开放的征信数据，如企业登记注册情况、还贷情况、不良贷款、司法审判数据等，都必须依法由有关部门向征信机构公开，对提供不真实数据的征信机构明确惩罚，对征信机构取得数据的方式、数据处理和传播做出限制，规定企业对征信产品的申诉程序等。其次，加强执法力度，强化信用的法律保障，即"乱世用重典"，以惩罚性法律取代补偿性法律，特别是对那些以假冒伪劣产品欺骗消费者的企业，惩罚应该大到事前遏制企业生产假冒伪劣产品的动机，而不是事后补偿消费者的损失。此外，有违约失信行为的企业，依据违约失信的程度分别给以不同程度的限制，如贷款数额、期限、利率的限制，供应商赊销生产资料的数额和种类的限制，失信严重者政府监管部门甚至可以不允许营业执照得到年检通过。

2. 建立道德惩罚制度，即增大失信者的道德成本，使其丧失人格利益。信用从一般的社会伦理特定化为商业伦理，具有重要的道德上的人格利益。守信用者将凭这种品格受到尊重，并更易获得经济利益。因此，当前应配合《公民道德建设实施纲要》的实施,大力宣传和强化契约精神、诚实守信的价值观念和社会道德秩序,培育"市民社会"并形成社会性的信用文化,迫使失信者在承受自身道德意识谴责的同时还要承受强大的社会舆论批评的压力,进而失去发展的空间,失去人格的利益。建议建立和完善企业信用档案,其功能相当于中世纪的商人法律制度,通过储存、提供有关企业交易行为的信息而使得信誉机制更好地得到维持,它将企业的失信记录进行分类和累计,并进行报警。

3. 建立政治惩罚制度,即增大失信者的政治成本,使其丧失社会利益。对严重失信的企业领导人,除进行经济处罚外,还要在一定期限内,或者终身,不准在原企业或新企业继续担任主要领导职务,并通过媒体向社会公布。曾有美国人戏言,他宁愿抢银行,也不愿意破坏自己的信用记录,因为抢银行尚存侥幸不被抓获,可一旦有失信记录在案,在社会经济生活中就要寸步难行。

4. 建立多元执法体系,引入私法执法。除了公法执法之外,私法执法也是重要的执法形式,有时甚至是更为有效的形式。而在这两种形式之间,还有中间形式的执法,如行业协会的行规制度,或者执法机关与市场主体之间的合作式执法等。完善多元执法体系首先需要建立各类专业的民间行业组织和机构,如信用管理协会、追账协会、信用联盟,并完善行规。也可以企业自愿为原则建立小范围的信用承诺团体。对这些团体也进行信用等级评估并对社会公布结果。该做法能使团体内部企业相互制约、相互监督,形成一荣俱荣、一损俱损的关系,有助于信誉的维护。

## 第五节　社会信用体系的主要功能

### 一、减少信用风险

社会信用体系的一个重要"部件"是它的信用信息系统。这个系统详细地记录了它所覆盖的范围内的所有经济主体的信用信息,包括它们的身份信息和各种能够反映它们经济状况、履约能力、商业信誉等方面的数据和资料。依据一定的规则,履行一定的手续,信用交易中的经济主体就可以从中了解交易对方的信用状况,这就为有效地减少信用风险奠定了基础。

### 二、降低交易成本

社会信用体系的形成,有赖于信用服务中介机构的发展。信用服务中介机构是为信用交易全过程提供专业配套服务的社会中介组织,其业务活动主要包括信用评估、信用担保、信用保险、信用咨询、保理、商账催收等。

它们运用专门的技术对企业、个人、资产、行业、市场等交易主体关注的对象进行全面的资信调查,揭示各对象的信用历史、现状,帮助交易主体准确预测交易对象的未来信用状况以及行业、市场的发展趋势,使各交易主体能够准确识别风险领域和风险程度。这些专业机构具有长期、丰富的管理经验和精熟的执业人员,除可帮助客户制定合理的信用政策外,还可指导客户进行具体的风险管理操作,以科学、成熟的方法体系为客户提供高效、规范的风险管理服务,并可获取风险管理的规模收益。资信调查、评估等中介机构在服务的过程中,也会根据客户的特点提供可行的信用管理建议,辅助客户制定高效的信用管理政策。此外,信用担保、保理、信用保险等机构通过信用增值服务,促成了资信度较低的市场主体的信用交易活动;资信评级机构通过专业的等级评定和划分,促进了银行与企业、担保公司等社会主体的合作;商账追收机构则通过合法的途径帮助客户回收账款,加速信用交易流程,减少客户的坏账损失。

由此可见,信用服务中介机构的出现,可以帮助信用交易主体准确识别风险、科学管理风险,进而缩短信用交易周期、增加资金回收率、减少交易成本,从整体上促进信用经济的发展。

### 三、制裁失信行为

社会信用体系是正式制度安排和非正式制度安排的统一体,它依照一定的规则将信用信息系统记录的失信行为向社会披露,在社会中广泛传播,使失信者对交易对方的失信转变为对全社会的失信,引发全社会对失信者的愤怒和制裁。如:无人与其做生意,无人给其贷款,无人为其担保,无人聘其为雇员,也无人愿被其聘为雇员,就连购买各类保险的保费也要比他人高许多。这种制度安排,失信者不仅在道德上受到社会舆论的谴责,而且在经济上受到实实在在的损失,特别是损害了自身的长远利益。

由于它综合运用了道德的、法律的、经济的力量,往往比单一地依靠某一种手段,更能够有效地制裁失信行为。比如,我们都知道,社会经济生活中存在两类失信行为,即不法失信行为与不良失信行为。而"违法必定失信、失信不一定违法",是失信行为的一个重要的特征。经济欺诈、逃废债务、制假售假等是不法行为,属违法性质的失信行为,可以按照相应的法律条款对其制裁。但拖欠货款、延误交货日期、产品质量不合格等经济行为中,有相当一部分够不上触犯法律条款,如追究其失信原因,则更难判定其属违法行为,如第三方失信、经营决策失误、企业管理混乱、技术设备落后等,将这种失信行为移交给公安、司法部门后,往往因很难找到相应的违法条款和量刑标准而无法判决。但是,这些够不上犯法的失信行为,又必须禁止或惩处。特别在经济生活中有相当数量的失信行为属这类不触犯法律条款的不良行为,如若都由执法部门监督查处,工作量之大,执法部门能否承担是一个问题,执法成本之大也是必须考虑的。

对那些法律法规难以穷尽或无法覆盖的、属于不良的失信行为,可以动用社会信用体系的力量制裁失信者。与法律体系能够保护守法者、惩治违法者,威慑意欲犯法者一样,社会信用体系也同样具有保护守信者、惩治失信者、威慑意欲失信者的作用。所不同之处是:法律体系动用的是刑法、民法或行政法规的力量,执法机构是司法、公安或行政执法机关,执法的方式具有强制力,执法的结果是将违法者绳之以法。社会信用体系动用的是综合性的惩戒机制,"执法机构"是全社会(自然也包括司法机关和行政执法机构),监督由全社会负责,惩处也由全社会执行,"执法"方式既包括强制力,更多的是非强制力的"不交往"或"不信任",在全社会范围形成对失信者"不信任"的环境和氛围。动用法律的力量是将人关在监狱中,用有形的围墙、铁丝网限制人与社会的自由交往;而动用信用的力量虽未将人投入监狱,失信者仍在社会中生活,但无形的"信用围墙"却阻断了其与社会的自由交往。"不交往"或"不信任",虽不具有强制性,但却具有强大的制裁和威慑力量。

社会信用体系调动了全社会的积极性,由千万双社会成员的眼睛去监督,其监督是高效的,动用社会各方面的力量进行惩处,其惩处是有力的。从而使每个社会成员对失信都望而却步,由此市场行为得以规范,市场秩序得以维护,信用经济得以正常运行。

**四、提升融资能力**

在对外开放中,当前受到制约和影响最大的是信用关系紊乱带来的一系列问题。有的不按合同履约,有的侵权盗版,有的冒用商标和企业名称,有的商业欺诈,有的不讲商业道德窃取商业机密,有的在国际市场上互相拆台自相残杀。这些问题是一些外商对我国投资环境的最大意见,也是我国企业走向国际市场遇到的难题,严重影响了我国对外开放的正常发展,甚至影响到国家信誉和形象。

以引进外资为例。按照国际惯例,世界上所有国家和企业若要到国际资本市场融资,必须经两家以上的评级机构评定信用级别,信用等级的高低决定了融资成本和融资数量。如果某种债券信用级别低,按美国法律规定,部分养老基金和对冲基金就不能购买。巴塞尔委员会在1988年和1999年两次制定的《巴塞尔协议》中,就银行法定准备金数额作出了规定,特别是在《巴塞尔新资本协议》中,更把银行的信用等级和银行贷款的法定准备金挂起钩来,信用等级低的银行比信用等级高的银行准备金的比例要高得多。而且,在国际资本市场融资企业的信用等级,一般不能超过国家的主权信用级别。这就意味着,如果国家的主权信用等级低,那么在国际资本市场融资的所有本国企业都会加大融资成本。

例如穆迪公司对中国内地的评级是3B+(信用评定的最高等级是3A),标准普尔对中国内地的评级是3B,而对中国香港的评级是1A,对中国台湾的评级是2A。按照评级分类标准的内涵,中国台湾属于信用等级比较高的,香港次之,大陆再次之,故大陆企业的国际融资成本较香港和台湾地区的企业高。因此,没有一个比较完善的社会信用体系,就难以更好更多地利用外资,也难以在国际竞争中立足和发展,就会自己被自己打败而自食其果。只有建立与国际惯例接轨、适应现代市场经济发展的社会信用体系,才能创造良好的市场经济环境,促进对外开放的健康发展。

### 五、促进社会和谐

和谐社会是民主法制、公平正义、诚信友爱、充满活力、安定有序、人与自然和谐相处的社会。这6句话中有4句需要信用体系发挥作用。

第一,社会信用体系是实现诚信友爱的基础前提。和谐社会是一个诚信的社会,一个人人都能诚实守信的社会。而要实现全社会的诚实守信,一靠教育,二靠制度。这个制度就是社会信用体系。健全的社会信用体系依法依规采集、记录、整理、披露各种企业和个人的信用信息,使失信者未来的所有社会经济活动引起全社会的警觉,放大了失信者的成本,形成有效的守信激励与失信惩戒机制,使守信者得到奖励,失信者付出代价,营造"一处失信,处处制约;事事守信,路路畅通"的社会氛围。在这种氛围之中,即使仍有少数作奸犯科者,大多数人都能诚实守信,这就为实现全社会的诚信友爱奠定了坚实的基础。

第二,社会信用体系是保持社会充满活力的必要条件。和谐社会是一个充满活力的社会。而创新是社会活力的源泉。健全的社会信用体系通过对个人的信用评分和企业的资信评级来设置门槛,筛选出合格的信用工具和合格的信用使用者,使得金融机构有可能对一切有利于社会进步的创新活动给予融资、担保、结算等方面的全面支持,有利于创造性成果的推广;为社会各方架起通畅、便利、快捷的金融桥梁,激励金融机构为社会提供全面、优质、高效的金融服务,有利于促进市场的拓展和交易活跃。

第三,社会信用体系是保持社会安定有序的重要手段。和谐社会是一个安定有序的社会。但目前经济秩序十分混乱,一个重要原因就是社会信用缺失,失信者得不到严惩,守信者得不到鼓励,造成违规者多而法不责众,更使人们对无信获利行为趋之若鹜,市场经济秩序混乱现象愈演愈烈。因此,必须真正形成一个全社会的奖优惩劣机制,有效维护经济活动的正常秩序。这个机制就是社会信用体系。

第四,社会信用体系是实现公平正义的重要力量。健全的社会信用体系大大降低了信用交易双方的信息不对称,从而维护市场的公平竞争。借助社会信用体系,金融机构可以在承担较小风险的前提下,向家庭贫困的学生发放助学贷款,对缺乏抵押资产的中小企业给予资金支持,给遭遇天灾人祸或暂时失业而造成一时生活困难的人群发放生活贷款,为渴望提前享受现代文明的社会群体尤其是青年人提供购房、购车或其他大宗物品的贷款,从而间接地调节各社会阶层的分配格局,为实现社会的公平正义作出贡献。

第五,社会信用体系是防范社会风险的重要屏障。和谐社会是一个能有效防范社会风险的社会。社会风险是一个客观存在,任何社会都不可避免。当前我国最大的社会风险是金融风险,尤其是信用风险。这是一种全局性、系统性的风险。在社会信用体系健全的情况下,企业和消费者的交易行为、消费行为与自己的信用资格关联度越来越大,一切失信行为均记录在案,银行可以快速获得任何企业和消费者真实的资信背景调查报告,因而能对市场主体的经济失信行为进行事前提醒和跟踪监督,对信用交易中企业和个人等受信方的违约率、市场响应率、发展趋势、规避债务的技术性破产等进行预测,这就为有效控制金融风险进而防范社会风险创造了有利条件。

# 第三章

# 信用信息的采集与管理

## 第一节 信用信息及其来源

**一、信用信息的概念和种类**

（一）信用信息的概念

信用信息是指用于识别企业、个人身份，反映企业、个人经济状况、履约能力、商业信誉等信用状况的数据和资料。

（二）信用信息的分类

1. 企业信用信息和个人信用信息

根据信用主体的不同，信用信息可以分为企业信用信息和个人信用信息。企业信用信息的信用主体是法人单位，个人信用信息的信用主体是自然人，两者所包括信息的内容是不同的。

（1）企业信用信息。按照信息对企业影响程度的不同，可将企业信用信息的内容划分为：

①企业基础信息。如注册登记的基本情况，组织机构代码，在金融机构开立基本账户的情况，基本的财务指标，取得的行政许可，资质情况，行政机关依法进行专项或者周期性检查的结果，行政机关依法登记的其他有关企业身份的情况。

②企业良好信用信息。如被设区的市级以上行政机关、行业组织评定的守信企业的记录，商标被认定为"中国驰名商标"或者省级著名商标，通过国际质量标准认证或国家、省级行政机关、行业组织质量标准论证，或获得国家、省级质量管理奖，产品列入国家免检范围、被评为"中国名牌产品"或省级名牌产品，获得税务部门纳税信用等级B级以上的记录，按期偿还债务、履行合同的情况，法定代表人或主要负责人受到县级以上行政机关、设区的市级以上行业组织表彰的记录，法

律、法规、规章规定可以记入的其他良好信用信息。

③企业提示信用信息。如受到较大数额罚款、没收违法所得、没收非法财物或责令停产停业等行政处罚的记录，拖欠债务、税款的记录，拖欠工资、社会保险费的记录，法律、法规、规章规定可以记入的其他提示信用信息。

④企业警示信用信息。如未通过行政机关依法进行的专项或者定期检验的记录，因违法行为被行政机关撤销或者吊销许可证、营业执照的记录，因违反财经法律、法规、规章受到财政、审计机关处理并列入财政、审计公告的记录，3年内因同一类违法行为受到2次以上较大数额罚款、没收违法所得、没收非法财物或责令停产停业等行政处罚的记录，因逃废债务被银行业协会联合制裁的记录，或依法被认定骗税或偷逃税费的情况，被依法认定违法开展关联交易或者违规担保的记录，拒不执行司法机关有关债务等生效判决、裁定或仲裁机构仲裁裁决的情况，被追究刑事责任的记录，以及法律、法规、规章规定可以记入的其他警示信用信息。

企业法定代表人或主要负责人、董事、主要股东或者其他高级管理人员的下列信息记入企业警示信用信息：正在被执行刑罚的，因犯罪被判处刑罚，执行期未满5年的；担任因经营不善破产清算的企业法定代表人或主要负责人，并对该企业破产负个人责任的，自该企业破产清算完结之日起未满3年的；担任因违法被吊销营业执照的企业法定代表人或主要负责人，并负有个人责任的，自该企业被吊销营业执照之日起未满3年的；被处以行业禁入处罚，禁入期限届满后未满3年的；法律、法规、规章规定的其他情形。

(2) 个人信用信息。包括：

①身份信息。如姓名、公民身份证号码、住址、就业状况、学历、职称、从业资格、婚姻状况等。

②交易信息。如个人与金融机构发生信贷关系形成的履约记录；个人与其他机构或个人发生借贷关系形成的履约记录；个人与商业机构、公用事业单位发生赊购关系形成的履约记录。

③公共信息。如各种受表彰的记录以及欠缴依法应交税费的记录。

④特别信息。包括所有可能影响个人信用状况的刑事处罚、行政处罚、行政处分或民事赔偿的记录。

⑤法律、法规、规章规定可以记入的其他个人信用信息。

征信数据是对信用信息的专业化称谓，指反映或描述信用主体信用状况或信用水平的数据、信息或资料等，用于制作调查报告类征信产品。对应信用信息的分类方法，征信数据分企业征信数据和个人征信数据，有些国家或地区还单独划分出财产征信数据。企业征信数据用于生产各类企业资信调查报告,包括制作行业调查报告等。个人征信数据用于生产各类消费者信用调查报告。因此,征信数据可看作征信机构生产各类征信产品的原材料。

2. 企业内部信用信息和企业外部信用信息

按照企业采集信用信息的渠道不同,信用信息可以分为企业内部信用信息和企业外部信用信息。

企业内部信用信息是指企业在自己的经营活动中,在与客户进行交易的过程中采集以及通过实地信用调查采集的客户的信用信息,例如财务部门积累的客户应收账款记录、销售部门记录的销售台账、客户信息表等。

企业外部信用信息是指企业从独立于本企业及客户之外的第三方机构(或组织)处采集的各种信息,主要包括政府提供的信息、行业协会的信息、公共媒体的信息、征信公司提供的信息和委托其他第三方调查取得的信息等。

3. 政府掌握的信息和市场信用信息

企业外部信息中,根据信用信息来源性质的不同,信用信息可以分为政府掌握的信息和市场信息。

政府掌握的信息是指相关政府部门在执行公务和实施监管的工作过程中获取的、可以用于评价企业信用状况的信用信息。例如,政府部门在进行企业登记注册、统计、税收、定期年检的过程中,产生了一些信用信息。相关的政府部门主要包括工商行政管理局、中央银行、海关、统计局、法院、税务、房管部门等。

市场上的商业化信用信息是商业征信机构从市场上采集所得到的信用信息。

4. 原始信息和二级信息

按照信息是否经过加工处理,信用信息可以分为原始信息和二级信息。

原始信息就是企业通过各种信息来源采集到的没有经过信用管理人员加工的信息。原始信息由于来源渠道的不同,内容上可能会出现重复和矛盾,形式上不统一,需要加工整理。

信用管理人员对散乱无序的原始信息进行筛选、分类、比较、核实、更新等加工处理后形成的信息就是二级信息。筛选是将信用信息从其他客户信息中挑选出来。分类是将选出来的信用信息分成纯文字定性描述信息和量化信用。例如企业的办公设施、员工素质评价等信息就是纯文字信息,而企业的财务征信数据就是量化信息。另外,分类工作还要按照客户信用档案模板要求的信息栏目进行分类,将新的信息与原有的信息进行比较,要保证信息的可靠性,同时还要决定是否保存原始记录作为证据。更新是指及时采集客户新的信用信息,掌握客户的最新动态,这对及时监控客户信用风险非常重要。

5. 单项信息和成套信息

按照信用信息的结构,信用信息可以分为单项信息和成套信息。单项信息是指关于某一方面的信息,例如关于企业的股东信息。成套信息是指可以用于制作一种征信报告产品的完整的信用信息。成套的企业信用信息是确定企业信用的主要因素,其中经营管理信息重在理解企业的经营管理能力;财务信息重在偿还债务的能力及债权的确保;宏观信息则包括一切可能影响企业经营的外部因素,如经济政策和宏观经济走势。

6. 免费信息和收费信息

按照采集时是否需要付费,信用信息可以分为免费和收费信息。免费信息是指可以免费采集到的信息,例如一些政府网站、大型媒体网站上的信用信息就可以免费采集到。收费信息是指企业必须付款购买才能获得的信用信息。在发达国家,市场上大量的征信数据供应商,向企业信用管理部门和征信机构提供它们所需要的一些信息。征信数据供应商提供信用信息是需要收取费用的。我国市场上也已存在一些征信数据供应商,包括外国征信数据供应商在中国建立的分公司。其中有些征信数据供应商已可以向征信机构提供成套的征信数据。另外,一些拥有大型征信数据库的征信机构也提供信用信息,例如企业基本信息等。

**二、信用信息的来源**

信用信息的来源比较广泛。一般说来,信用信息主要可以从政府和市场两方面来获得。

(一)政府掌握的信用信息的来源

按照我国现行的体制,制作完整的企业资信调查报告所需的企业征信数据包括来自工商、税务、海关、司法、仲裁、技术监督、国有资产管理、统计、各类产权登记等政府部门掌握的企业信用信息,以及商业银行和供应商等非政府机构掌握的信用信息。根据一项粗略的统计,在成套的企业征信数据中,大约56%的征信数据掌握在相关政府部门和商业银行手中。至于个人征信数据,大约70%的征信数据掌握在相关政府部门和商业银行手中。

目前,相关政府部门的信用信息还没有全部对外开放,但《政府信息公开条例》已经颁布,于2008年5月1日起实施。这对我国政府部门所掌握的信用信息走向市场并充分发挥作用,是一个新的起点。

1. 工商行政管理局

在中国,首要的官方信息来源应是工商行政管理部门。首先,每一家注册的企业都要在工商行政管理局登记,这就形成了企业注册信息;其次,每年工商行政管理局要对工商企业进行年检,年检的内容包括企业的登记注册资料、年度财务报表等资料。在这些工作中,工商行政管理局积累了大量的企业信息。只是现阶段,工商行政管理局的信息是有条件的开放,其中企业注册信息全部对外开放,企业的财务信息不对外开放。目前国内有很多省、市、区已经开通对注册信息的免费网络查询,调研人员可以在搜索引擎中按照实际情况搜索。甚至可以通过电话联系当地工商局的注册科、档案室等部门获得信息。

2. 政府统计部门

各级政府的统计局定期形成的各种统计报表,对于掌握行业情况是很好的信息来源。但目前这些信息没有全部对外开放,从这个来源中无法得到单个企业的情况。

3. 海关

全国海关信息中心会定期形成各种进出口统计报表,包括分产品、分国别、分贸易方式等的月度、季度和年度进出口统计数据以及各种专业分析报告。目前这些数据可以通过海关统计资信网购买。

4. 人民银行(金融系统)

银行有储户存款和贷款的动态信息,这些信息对于企业有非常大的参考价值。中国人民银行已经建立了征信中心,其中包括企业征信系统和个人征信系统。企业征信系统是人民银行于1997年开始筹建,2002年建成地市、省市和总行三级征信数据库体系,实现以地市级征信数据库为基础的省内征信数据共享。2004年上半年起,人民银行开始对该系统进行升级改造,升级后的征信数据库为全国集中式征信数据库,升级系统已于2005年12月15日在上海、福建、浙江、天津四省市成功实现试运行。

2006年1月个人信用信息基础数据库(个人征信系统)正式运行。该系统收录的自然人数已达到3.4亿人,其中有信贷记录的人数约为3500万人,其余为开立结算账户信息。截至2005年底,收录个人信贷余额2.2万亿元,约占全国个人消费信贷余额的97.5%。

目前,企业和个人征信系统的信息来源主要是商业银行等金融机构,收录的信息包括企业和个人的基本信息、在金融机构的借款、担保等信贷信息,以及企业主要财务指标。

根据中国人民银行《个人信用信息基础数据库管理暂行办法》和《银行信贷登记咨询管理办法(试行)》的规定,商业银行等金融机构经企业授权和个人书面授权同意后,在审核信贷业务申请,以及对已发放信贷进行贷后风险管理的情况下,查询企业和个人的资信调查报告。金融监督管理机构,以及司法部门等其他政府机构也可根据相关规定,按规定的程序查询企业和个人资信调查报告。

另外,我国在企业和个人征信系统的使用方面充分考虑了个人隐私和企业商业秘密的保护问题。企业和个人对自己的资信调查报告享有充分的知情权,可以申请查询自身的资信报告,并根据自身意愿使用资信调查报告;如果个人认为本人资信调查报告存在错误,可以提出并经核实后修改;同时,个人还可以了解到哪些机构由于什么原因查询过自己的资信调查报告,对非法查询资信调查报告的行为可以向征信中心反映并依法处理。

5. 其他政府部门

现在,政府的各个部门一般都有本部门的信息中心,例如商务部信息中心、全国海关信息中心等。这些部门的信息中心提供的信息主要是本部门所辖行业的各类统计,例如产值、产量、从业人数、盈利状况、区域分布、企业排名等。国家各部委信息中心的信息来源比较权威,对于了解行业的整体发展状况具有较大的价值。

6. 其他公共机构

这些机构会定期公布提供诸如破产、抵押品置留权、动产抵押申请、民事诉讼等公共信息,这些信息在某些特殊情况下对企业尤其有帮助。很多资信调查公司或代理机构非常重视搜集并核查这一类信息。公共信息对信用核查很有帮助,在难于查到财务信息的情况下,它可以帮助提供财务方面的重要征信数据。

需要特别指出的是,尽管手中掌握大量的企业信用信息,但政府毕竟不是专业的信用信息供应商,政府办公信息也不是专门针对企业信用管理提供的。对于信用管理人员来说,政府的信息源中各类信息混杂在一起,需要从中剥离出有用的信息。对于已经开放的政府信息来源,其优点是获取难度低和成本固定。但是,政府采集信息的周期长,时效性差。由于政府部门只能被动采集企业上报的信息,经常无法对信息进行核查,使得信息的真实性受到影响。另外,即使是政府的信息中心,也不可能提供专业化的信息分析。

(二)从市场上获取信用信息的渠道

1. 征信机构提供的信息

与其他信息来源相比,征信机构提供的信息是最为丰富的,是获取客户信用信息的重要来源。征信机构在调查手段、征信数据分析技术、社会关系网络和现场能力等方面,远胜于单个企业的信用管理部门,在采集征信数据和调查数量方面能够产生规模效应,具备低成本调查的优势。在国内的征信市场上,企业可以通过征信机构的信息渠道获得成套的征信数据、客户资信调查报告、特殊的专业调查、事实核实和跟踪调查等。对于企业来说,使用征信机构提供的资信调查报告是一个简便易行的办法。如果考虑性能价格比,使用资信调查报告可以解决企业在信息采集成本方面的问题。另外,征信机构在企业资信调查报告中能提供客户的资信等级和风险指数,资信调查报告因它独特的地位而受到企业界的普遍欢迎。

2. 行业协会

许多行业有自己的行业协会,专门采集有关行业发展及从业人员变化的种种信息。这是反映行业实际情况和发展趋势的重要信用来源。一般情况下,企业要成为该协会的正式或非正式会员,才能获得这些信息。这种协会也会定期组织会议交流企业的资料。另外,很多行业协会每年都会定期出版行业年鉴,例如中国电子信息产业年鉴、中国金融年鉴、中国煤炭年鉴等,这些年鉴对过去一年中行业的总体运行情况、发展趋势、盈利水平、行业企业发展情况、技术水平等作了详细的说明,权威性强,准确性较高。

3. 公共媒体

在高度发达的信息社会里,网络、报纸、杂志、广播、电视等公众传媒在传导信息上的作用绝对不容忽视。在网络日益发达的今天,从各类网站获取所需的信用信息成为一条迅捷的渠道。政府部门的网站是本部门最权威的信息发布平台,相关行业政策、法规和行业总体运行情况都会在部门网站中得到及时反映。另外,许多网站设立财经频道,跟踪宏观、行业、企业的动态信息,特别是上市公司的信息。信用需求主体可以免费得到上市公司一系列资料,包括股票价格、股东情况、财务报表、各类公告、企业重大变更等信息。企业信用管理部门应该长期订阅权威性强、发行量大的报纸杂志,从中感知市场变化,最快地了解市场动态。如果企业的客户集中于某指定行业,企业应设法订阅有关该行业发展和现状的专业刊物,这些刊物可以提供有关某行业的产品生产、经营管理、未来发展趋势等方面的信息,专业性较强。此外,电视、广播也是重要的信息来源,特别是时效性强、覆盖面广的新闻、经济类节目,更不该被信用管理部门忽视。

从公共媒体得到的客户信息比客户自己提供的信息更客观,公正性也更好一些,但是它还是有可能存在一定的偏见,是不完整的信息,除非将某企业的公众媒介报道进行长期积累和特殊加工,并作非常有技巧的统计处理。但是若对公共媒体的信息进行长期采集和统计加工,其成本会相对高,远高于从征信机构定购来的客户资信调查报告。

4. 委托其他机构调查取得的信息

企业信用管理人员可以委托其他机构进行调查,例如委托律师事务所通过律师取证得到被调查对象的特殊信息,或者通过类似公安刑侦方式取得的信息。其优点是,此类信息属第一手信息,可靠性较高。其主要缺点是费用太高,经常是从征信机构购得同类信息所需成本的数倍乃至数十倍的价格。另外,此类行动容易让客户察觉,有时可能会严重伤害客户关系。

### 三、信用信息来源渠道的优化

优化信用信息来源渠道主要是要筛选市场信用信息源,即对各类信用信息(征信数据)供应商进行比较、评价和挑选。目前,国内征信市场正在稳步发展,能够提供成套信用信息的机构逐渐增加。在性质上,信用信息供应商可以分为两类,一是提供成套信用信息的征信数据供应商;二是征信机构。在我国主流征信机构有五六家,纯粹的征信数据供应商则集中在大城市,例如北京和广州等城市。

另外,各地政府在建立当地社会信用体系的过程中,纷纷成立了地方性的资信调查公司,例如上海资信有限公司和北京信用管理公司等,这些地方资信调查公司一般是政府推动,由各地政府牵头,工商、税务、银行、统计、公用事业机构、法院等部门联合成立区域或城市信用体系建设领导小组,从而获得政府部门的支持,有权采集一些当地的信用信息,包括政府部门拥有的部分信用信息。

由此可见,市场上的信用信息供应商形形色色,信用管理人员应该了解到信用信息供应商的情况,学会筛选合格的信用信息/征信数据供应商。鉴于企业信用管理部门不是专业的征信机构,通常不与仅能提供个别征信数据项的征信数据供应商打交道,可以按照以下操作步骤选取信用供应商。

(一)考察征信数据商的资质

企业在选择征信数据商时,首先要了解征信数据供应商是否有资质从事征信业务,是否得到了征信监督管理部门批准,企业信用管理人员可以要求征信数据供应商提供相关的企业注册资料以及征信监督管理部门审批文件,还可以去征信数据供应商的办公所在地进行参观调查,掌握征信数据供应商的成立时间、注册资本、规模、员工人数等信息,以确定征信数据供应商是否有足够的资质从事征信业务。

(二)考察征信数据供应商的实力

1. 征信数据供应的稳定性和持续性。企业需要不断更新信用信息,这就要求征信数据供应商及时提供高质量的后续报告。有些征信数据供应商规模较小,征信数据获得的渠道比较单一,导致征信数据更新较慢,不能满足企业对于信用信息不断更新的要求。企业可以通过了解征信数据供应商的征信数据来源渠道来判断未来征信数据供应的稳定性和持续性,例如有些小的征信数据供应商通过从其他大的征信数据供应商手中购买征信数据,本身没有自己的征信数据采集团队;企业还可以从征信数据供应商的现有客户那里了解到该征信数据供应商是否能够及时提供高质量的后续报告。

2. 征信数据的完整性。征信数据的完整性是指征信机构提供的信用信息覆盖面要全面,要满足成套信用信息的要求。这从征信机构的征信数据库储存数据的字段可以作出基本的判断。

3. 征信数据库存储的数据量。大型征信数据供应商一般会有大规模的征信数据库,例如北京新华信商业信息咨询公司的企业征信数据库,覆盖1000多万家企业的信息。征信数据库的存储量越大,说明征信机构的实力越雄厚。

4. 征信产品链。不同征信数据供应商的产品链是不同的,有些大型的征信数据供应商拥有完整的信用产品链,包括企业基本信息报告、普遍版本的资信调查报告、深度资信调查报告、市场调查报告、行业调查报告、信用管理咨询服务、商账催收服务等产品,提供一条龙式的信用管理解决方案,全方位提高企业的信用管理水平,降低企业信用风险。还有一些征信数据供应商产品链较窄,提供的征信产品较为单一,注重在征信产品深度上取得竞争优势。如果企业对于征信产品的需求比较广,需要从不同角度来加强信用管理,那么应该选择那些征信产品链较完全的征信数据供应商,以更好地整合这些产品和服务。信用管理人员要以从征信数据供应商提供的企业介绍资料、典型案例或客户分析等方式来获得关于征信数据供应商产品链的真实信息。

5. 征信业务覆盖区域。业务覆盖范围是企业信用管理人员选择合适的征信数据供应商的一个重要的考虑因素,国内大型征信数据供应商(含外资),如邓白氏国际信息(上海)有限公司、新华信商业信息咨询有限公司、华夏国际企业资信咨询有限公司,业务都是覆盖全国的。还有一些地方性的征信数据供应商,例如上海资信公司,其业务集中于某个区域。如果企业要调查的客户分布于全国各地,则选择全国性征信数据供应商比较经济;如果企业要调查的客户集中于某个区域,则可以考虑当地比较有实力的地方性征信数据供应商。

(三)考察资信调查报告的质量/价格比

1. 资信调查报告的质量。企业信用管理人员优选征信数据供应商时,资信调查报告的质量是首要的考虑因素。征信数据供应商提交的资信调查报告是否符合企业要求的质量,将直接影响到企业的信用决策。一般来讲,评价资信调查报告的质量要看资信报告包含的信用信息是否客观准确、逻辑上是否一致合理、涵盖的范围是否完整。另外对于一些深度资信报告,还要看其是否满足了企业的特殊调查要求。

2. 资信调查报告的价格。选择征信数据供应商时,价格是一个重要考虑因素。目前,资信调查报告是以会员制进行销售的,普通版的企业资信调查报告价格一般在 600—1200 元,消费者个人信用调查报告的价格在 30 元左右,征信机构会根据资信调查报告的数量给予不同价格,委托的资信调查报告数量越多,价格越低。资信调查报告的价格必须和质量联系起来综合考虑。

3. 资信调查报告的制作时间。企业购买资信调查报告是有时间要求的,除深度调查以外,正常的企业资信报告都在 2 至 15 个工作日内完成。企业征信机构不能立即打印出报告交给客户的原因是要遵守征信工作的"现地现认"原则。

"现地现认"是采集信用信息常用的方法,其含义是指调查人员对客户进行实地访问和信用调查。这是一种与客户直接接触的调查方式,从中可以得到很多真实的、有价值的信息,了解已掌握材料的背景或"幕后"情况,从而弥补不能从其他渠道获得的信息空白。

在服务的深度方面,体现在不同种类的调查报告上,调查可以是普通、深层次与专项的。

普通版企业资信调查报告可以提供企业授信决策所需的基本信息,是一种性能价格比最好的资信调查报告。这种报告的基本设计思想是,在足够低费用的条件下,尽可能地准确判断与一个被调查对象进行赊销的成功可能性,以及做多大额度的信用交易能够安全地回收贷款。这种报告的格式,也常被企业信用管理人员接纳为客户档案的格式。

国际流行的普通版本企业资信调查报告的主要内容包括:企业发展史、注册信息、当地经营状况、付款记录、银行往来记录、公共记录(经济纠纷、刑事处罚)、财务报表(资产负债表、损益表和现金流量表)、主要产品、进出口报关、主要经营者履历、对外信誉状况分析、现场核实信息等。

作为企业资信调查报告的组成部分,征信机构还要给出被调查企业的资信级别和风险指数,用于指导企业授信工作,确定客户的授信额度/信用限额。目前,没有通用的企业征信数据采集标准,各大企业征信机构都有自己的采集清单,采集自己所需要的征信数据。

## 第二节　信用信息的采集

**一、采集信用信息的基本法律规范**

（一）国外信息采集相关法律

国外对采集企业的信用信息，基本上没有什么限制，他们的法律主要是保护个人的。在他们看来，个人信用纪录是个人征信局（公司）的产品，是一种极其特殊的产品，如果不对个人征信局（公司）的业务操作进行严格规范，有可能造成被记录的当事人的伤害。因此发达国家都制定有相关的法律，规范个人征信机构的业务，保护个人隐私不因个人征信局（公司）的服务而受到侵犯，也保护每个人的经济行为不因不正当或错误的记录而受到伤害。

以信用管理相关法律比较健全的美国为例，该国的信用相关法律分信用投放相关的法律和信用管理相关的法律两部分。信用管理相关法律类别下，有专门规范个人征信机构业务操作的法律。研究各国的相关法律可以发现，各国规范个人征信机构业务的法律的名称不同，有关的法律大致有数据保护法、个人隐私法、信用报告法、个人破产法等。

在发达国家，信用管理相关的法律可以严格规定信用信息采集的范围、用户类型和传播目的，做到既保护消费者的隐私权不受侵犯，又使金融机构或赊销商取得对消费者授信的科学依据。对于征信机构，其业务操作必须有法可依，依法在一定范围内进行各类信用信息采集、查证调查、数据存储和调查结果的传播等业务操作，包括对电子数据的存储和安全保障措施。综观各征信国家的信用管理相关法律，即使不对信用信息采集设置严格的限制，也一定设有限制个人征信数据的使用范围和限制征信数据自由传播的条款。

信用管理相关的法律既规范个人征信机构的业务操作，又鼓励征信数据的开放。各国的数据保护法都不允许在地区范围内保护失信记录。作为个人信息档案中的负面信息的失信记录，不论是公众还是政府都不能容忍对其进行保护，保护企业和个人的经济失信记录是对公众利益的侵犯，是一种对社会的犯罪行为。所以，企业和个人信用记录中的失信记录是对征信机构开放的，负面信息的开放比正面信息开放更为社会所接受。

维护信用投放的市场公平竞争是信用相关法律立法要坚持的另一项大原则。为了维护市场公平交易原则，法律要求对征信机构全面开放企业和个人经济活动方面的信息，政府掌握的公共信息是根据其他法律规定向公众开放的，使个人征信机构能够使信用交易双方的信息基本保持对称，也保证了社会信用体系中失信惩戒机制的运转。信用管理相关法律要保证消费者平等地获得授信机会，维护个人在经济活动中成功的机会均等，需要规范个人征信机构的操作，使其发挥出应用的作用。

在欧洲，最注重信用相关法律建设的国家是德国、英国和奥地利，上述国家建立的信用相关法律多适用于规范个人征信机构的业务操作。欧洲各国都制定了与个人征信数据传播有关的法律，属于"数据保护法"类法律，这种法律的立法目的是：为了避免从事消费者信用调查服务的征信机构侵犯个人隐私权，同时又促进个人信用信息被合理利用。在欧洲，先后有瑞典、丹麦、挪威、卢森堡、冰岛、英国、荷兰、芬兰、爱尔兰、葡萄牙、西班牙、比利时、意大利制定了《个人数据保护法》。英国的《信息保护法》是在1984年颁布实施的，在1998年做过一次修改，它同时适用于公共征信机构和私营征信机构。

在1980年，国际经合组织（OECD）制定了《个人隐私保护及个人数据国际交流准则》。欧洲议会于1995年10月通过了《欧盟国家数据全面提高纲领》，适用于欧盟国家。《纲领》规定，为促进个人征信数据在同等征信数据开放水平的征信国家传播，完全开放欧盟国家的征信数据交换和商业化经营，但限制向征信水平落后的国家或地区传播征信数据。在欧洲国家中，奥地利、卢森堡和丹麦的《数据保护法》所指的征信数据不仅包括自然人个人的征信数据，也包括法人或合伙人的征信数据。

在1988年，日本颁布了《个人信息保护法》。该法律规定，由公共部门保存的个人信息在一定范围内受到法律保护，民间机构保存的个人信息要接受指定政府部门以通知的方式进行的行政指导。在1996年，日本行政改革委员会提出了《信息公开法草案》，对不能公开的个人信息做出了规定。总之，日本的信用相关法律对消费者信用信息进行保护主要体现为：限制个人信用信息采集和传播的范围；规范征信机构的业务操作；信用信息调查的当事人有知情权；当事人对自己的信用档案内容有知情权；对信用信息的存储和传播严格管理，防止泄露，侵害个人隐私；在出现个人信用信息泄露情况下，给予受到伤害的当事人民事救济；明确政府的监管责任。

美国的《公平信用报告法》是美国联邦法律，用于规范制作和传播个人信用信息/记录的个人征信机构的业务操作。美国国会于1970年通过了这部法律，1971年4月开始实施。该法的全称为《公平信用报告法——消费者信用保护法标题VI》，属于"消费者保护法系列"。

《公平信用报告法》规范的对象是消费者信用调查和报告机构以及消费者信用调查报告的使用者。该法是在市场上大量出现消费者信用调查/报告机构,而且相当比例的授信机构以个人征信局对消费者信用评分作为授信依据的历史条件下出台的。它首先定义了什么是消费者信用调查/报告机构,而且明确了三个政府部门负责解释法律和执法;主要规定了消费者个人对信用调查报告的权利,规范了消费者信用调查/报告机构对于报告的制作、传播、对违约记录的处理等事项,实际明确了消费者信用调查机构的经营方式。

鉴于公平交易和公正地对待消费者,法律要求金融机构和其他授信机构尽量避免成为消费者信用调查/报告机构。法律规定,作为一个消费者信用调查/报告机构,它必须同时具有下列5个基本特征:

(1)消费者信用调查和生产调查报告是其日常业务;

(2)专事采集消费者信用记录或评价消费者信用调查报告;

(3)从事有偿服务,以盈利为目标;

(4)服务的目的是向第三方提供消费者信用调查报告;

(5)向全国市场提供公开的服务,不仅仅向关系企业提供报告服务。

法律规定,消费者有权充分了解任何一家个人征信局对自己的信用状况的评分及依据,即消费者可以向个人征信局索取对自己的信用状况进行调查的报告,并取得个人征信局对负面信息来源的解释。消费者有对不实负面信息进行申诉的权利。对于消费者信用调查机构,最重要的规范是限制了参阅消费者信用调查报告的对象,即消费者信用调查报告使用和传播的范围。法律规定,当事人有权取得自身的信用调查报告和复本,其他合法使用消费者信用调查报告的机构或个人必须符合下列条件,否则即使取得当事人的同意,也属违法行为:

(1)信用交易的交易双方;

(2)以了解岗位应聘者为目的的雇主;

(3)承做保险的保险公司;

(4)负责颁发各类执照或发放社会福利的政府部门;

(5)奉法院的命令或联邦大陪审团的传票;

(6)依法催收债务的联邦政府有关部门;

(7)出于反间谍目的需要的联邦调查局(FBI);

(8)经当事人书面同意,并以书面形式委托的私人代表和机构。

在很长的一个时期内,法律只授予前五种情况所定义的合法用户取得消费者个人信用调查报告的使用权利。直到1996年6月,美国国会修改了《公平信用报告法》,并通过了《公平信用报告革新法》。此后,法律才允许属于后三种范围的用户可以合法地从个人征信局订阅消费者个人信用调查报告。

对于消费者信用调查报告中的负面信息,在法律规定保存的年限以后,消费者信用调查机构必须在调查报告上删除负面信用信息。例如,破产记录保存年限10年,偷漏税和刑事诉讼记录保存7年。法律还规定,凡以欺骗手段取得他人的个人资信调查报告的,将被处以一年以下徒刑,同时处以5000美元的罚款。该项法律条款的细节内容由联邦贸易委员会作出解释,该机构负有主要的执法责任。

关于消费者信用调查/报告机构应该如何处理争议,保持消费者信用记录的正确性,法律也作出了具体规定。另外,法律还对《普通版本的消费者信用调查报告》和《调查性的消费者信用调查报告》作出了明确的界定。调查性的消费者信用调查报告内容包括消费者人品和消费者信用评分的资料,而普通消费者报告仅涉及有事实根据的账户资料,属于事实记录。

(二)我国的信用信息采集相关法律法规建设

目前我国还没有制定采集信用信息的专门法。民法通则、刑法、民事诉讼法、公司法、合同法、担保法、票据法、商业银行法、企业破产法等法律,都涉及了信用问题,但对信用信息的开放,均没有明确的规定。审议中的民法通则修正案,增加了有关信用权的规定,其中涉及信用信息公开问题的有四条,一是征信机构可以搜集各方面的信用信息但要合法和合理使用,并且依法公开信用资料;二是司法、银行、工商等部门建立相应的档案并互相联通和共享;三是自然人和法人有权查阅、抄录、复制个人资料;四是在公开和充分利用信用信息的同时,要保护个人的隐私。民法通则修正案有望对信用信息的开放作出框架性规定,但其出台和实施还需要一段时间。

2002年3月,国务院建立了企业和个人征信体系专题小组,开始起草征信管理条例,条例的重点是明确征信数据的采集的应用、征信机构的市场准入和征信机构的操作规则等。该条例已经几易其稿,目前仍处于征求意见和修改之中。

2003年春,全国整顿和规范市场秩序小组办公室设立《全国社会信用体系法律框架》研究课题,由国务院发展研究中心承担该项研究工作。研究结论建议:国务院相关部门抓紧研究和制订信用相关法律立法的总体方案,并请全国人大常委会将信用相关法律的立法工作尽早列入立法规划。在信用相关法律发布之前,由国务院制定一批行政法规和规章,为现阶段的社会信用体系建设提供必要的法制保障。目前,《政府信息公开条例》已出台,对政府部门信用信息的公开和使用作了较为明确的规定,强调了"公开是原则,不公开是例外"的理念,并明确规定各级人民政府应当加强对信息公开工作的领导,各级人民政府及相关部门应当建立健全本行政机关的政府信息公开工作制度。以此条例为依据,再加之政府的电子政务系统也日趋完善,政府信息的价值将大幅提升。

为了推动区域性社会信用体系建设,不少省区已先行一步,制定了一系列地方性规章,对信用信息的界定、归集、记录归档和使用等作出了相应的规定。例如,《湖南省信用信息管理办法》于2005年11月11日经省政府第69次常务会议通过,从2006年1月1日起施行。

## 二、信用信息采集方案

企业的信用管理部门在正式采集信用信息前,需要制订详细的采集方案,以更好地计划信息采集工作,使信用信息采集更有效率。一个完整的信用信息采集方案包括:

(一)信用信息采集的内容需求

一套完整的企业的信用信息包括与被调查企业相关的宏观、中观和微观各层次的信息。对于不同客户,企业要采集的信息内容需求是不同的。对于新行业的新客户,需要采集详细的行业信息,包括行业发展概况、行业政策、行业内企业竞争情况、行业的技术趋势、行业的平均盈利水平和负债水平、行业集中度等,同时也要采集丰富的客户信息,包括客户的基本注册信息、股东结构、关联企业情况、市场信誉、市场竞争力、产品销售情况、采购情况、生产情况、内部管理水平、财务信息、人力资源情况、银行往来情况、法律诉讼情况等。对于老客户,信用信息更侧重于最近该客户的重大变化,例如股东变更、市场战略的改变、领导人变动、财务状况变化等。另外,企业如果对其客户进行了信用等级划分,那么不同信用等级的客户所需调查的客户信用信息是不同的,对于信用等级低的危险客户或列入黑名单中的客户要求调查的信息最详细,内容最多。

个人信用信息采集的内容一般比较固定,因为个人信用调查报告存在标准的报告格式,包括个人的基本信息、银行记录、公共记录、个人赊购和缴费信息和其他相关信息。

(二)信用信息采集的预算方案

不管利用哪种信息来源来采集信息,企业必须计算信用采集的成本,然后形成预算方案,报上级批准。预算方案要根据信用信息采集内容要求、时间紧急程度、征信数据供应商的报价来确定所需成本,另外根据本企业的实际资金情况,最终确定预算。

(三)信用信息采集的时间安排

信用信息采集有严格的时间控制,采集的信用信息要及时满足企业的信用管理要求,企业只有在及时准确的信息基础上才能作出符合企业实际情况的科学的信息决策。一般而言,信用信息采集的时间安排有两种,一种是定期采集。企业根据客户状况,以一定时间间隔来定期采集客户信用信息,这个时间间隔一般是年度,对于上市公司或者变化较快的企业,则以半年度或者季度为时间间隔来采集信用信息;另外一种是临时采集。这种情况的出现,通常是因为一些重大变化造成的,例如企业近期急于开拓新客户,目前客户的经营发生重大变动,客户、客户的订单出现异常情况等。临时采集对于时间的要求是非常严格的,因为及时掌握客户最新的信用信息对于防范客户信用风险非常重要,我国很多企业就是因为没有对最新的客户情况进行跟踪而错过了最佳的催收时机,从而造成了坏账。因此在制订信用信息采集方案时,一定要明确时间要求,制订信用信息采集方案的截止时间,尤其是对于临时采集,更要严格控制。

(四)信用信息采集渠道选择

在信用信息采集方案中,要明确信息采集的渠道,即要从哪个信息源采集信息。针对不同的信息源,信息采集所需使用的技巧也是不同的。

如果企业需要从政府部门采集信用信息,首先要看政府部门下面是否设有合法的征信数据销售部门或得到了法律允许,因此企业可以直接和征信数据销售部门或公司进行接洽,商谈购买事宜。其次,信用管理人员从政府部门采集信息时,政府部门提供的信息一般是基于统计目的,企业通常不能获得定制化的信用信息。另外,政府提供的信息通常时效性差,政府无法对信息进行核查,使得信息的真实性受到影响。政府提供的各类信息混杂在一起,信用管理人员需要从中剥离出有用的信用。

从征信数据供应商处采集信用信息时,首先要大致了解市场上满足企业信用信息需求的征信数据供应。列出备选征信数据供应商名单。其次,认真考察征信数据供应商的资质、实力、资信调查报告的质量和价格等因素,优选征信数据供应商,这部分内容在筛选市场信息源一节中有详细介绍。

对于从企业内部来源采集信用信息,首先要明确列出从哪些部门可以获得哪些信用信息,例如可以详细列出财务部门、销售部门可以提供的信用信息。其次,要制定不同部门之间的信用信息共享流程。这包括信息共享的时间要求、信息传输、权限、内容要求、关键控制点等内容。例如,信用管理部门和储运部门的信息共享流程可以规定,储运部门的仓库保管员需要每天下班时向信用管理部门提交产品库存数量,储运部经理每季度要向信用管理部门提供存货变化趋势分析,关键控制点是掌握一份储运部门的客户提货单据联,以更好地实施信用信息监控。第三,要制定不同部门信息共享时可能会出现的争端解决机制。例如,可以规定,当其他部门不配合向信用管理部门提供信息时,信用管理部门可以上报企业总裁或信用管理委员会协商解决。第四,为了取得各部门的积极配合,应该将信息共享纳入各部门绩效考核中,例如可以规定年末信用管理部门要对其他部门的信息提供的质量、及时性进行打分,此分值将纳入部门年终业绩考核。第五,要作出信息共享时的IT技术需求计划,例如权限管理、密级设置、硬件配置等内容。

(五)信用信息采集的人员安排

企业的信用管理部通常会设立专人来负责信用信息的采集,信用信息的采集是一项长期的连续的工作,必须明确责任人具体负责。在信用信息采集方案中,根据采集的信用信息数据,进行相应的岗位设置。

**三、信用信息采集的成本控制**

因为信用信息来源不同和采集的方法各异,信用信息采集的成本是不同的。企业信用管理人员需要学会有效控制信用信息采集的成本。信息采集成本控制是企业成本管理工作的重要环节,是落实信息采集成本目标、实现信息成本计划的有力保证。信息采集成本控制一般包括以下程序:

(一)制定成本标准

信息采集成本标准是对各类信用信息采集费用的数量界限,例如对普通版资信调查报告、企业概览报告、企业资信深度调查报告分别制定采集成本标准。成本标准是成本控制和成本考核的依据,没有这个标准,也就无法进行成本控制。

(二)执行标准

即对信息采集成本的形成过程进行计算和监督。根据成本指标,审核各项费用开支,例如信用信息核实费用、相关软件采购费用等,实施降低成本的技术组织措施,保证成本计划的实现。

(三)确定差异

核实实际花费脱离成本指标的差异,分析成本发生差异的程度和性质,确定造成差异的原因和责任归属。

(四)消除差异

提出降低成本的新措施或修订成本标准的建议。

(五)考核奖惩

考核成本指标执行的结果,把成本指标的考核纳入经济责任制并予以物质奖励。

对于最普遍使用的从征信公司采购信息,其采购成本计算是资信调查报告的单价乘以报告数量,对于不同的资信调查报告,应该有不同的成本控制要求。

企业概览报告提供企业的背景信息以工商注册信息为主。企业购买企业概览报告,主要目的在于核实客户的真实性或出于营销目的。国内有很多提供此类信息的征信数据供应商,并且由于信息来源一般都是工商部门,信息质量差异较小。因此对于企业概览报告企业成本控制应该最严格,对多家征信数据供应商进行询价,从中挑选价格最低的征信数据供应商。

对于最普遍的普通版资信调查报告,目前征信市场竞争比较激烈,提供普通版资信调查报告的征信数据供应商价格竞争比较激烈,普通版资信调查报告的价格一直在不断下降,现在价格在 600—1200 元,因此信用管理人员需要认真比较不同征信数据的资信调查报告的价格和质量,选择性价比较高的征信数据供应商,严格成本控制。

相对普通版企业资信调查报告,企业资信深度调查报告要求更深入地对调查对象进行调查,主要在较长历史阶段中政府对被调查对象的指示和授权、土地使用权、经济纠纷、人事变动、供应商调查、财务分析等方面进行详细调查,注重的是事实,并不增加许多数学方法的征信数据处理。深度调查报告主要用于企业并购、法律诉讼、企业拍卖、抢夺大客户、重大项目的合作等目的,对企业意义重大,因此深度调查报告的质量是放在首位的,企业一般会向实力雄厚的大型征信机构来购买深度调查报告,强调报告的高质量和及时性,成本控制放在次位。

信用管理部门批量购买和零星购买普通版资信调查报告的价格是不同的,征信数据供应商一般会对批量采购的企业给予一定的折扣。另外,合作关系也会影响资信调查报告的价格,征信数据供应商会对一些老客户给予价格优惠。

如果信用管理人员需要客户的财务报表,对于上市公司来说,通过诸如新浪网财经频道、金融界、和讯网等专业财经网站就可以免费得到。对于非上市公司,如果该公司是本企业的客户,则可以要求客户免费提供最新的财务报表,但是其准确性不能得到保证,另外很多客户会以财务保密为由拒绝提供财务报表。因此,信用管理人员最普通的做法是从征信数据供应商处购买调查对象的财务报表,大型征信数据供应商一般都会有成熟稳定的财务征信数据供应渠道,信息采购成本较低,所以信用管理人员从大型征信数据供应商购买财务报表价格最低,同时可靠性也比较高。

海关征信数据对于进出口贸易公司和有国际业务的企业来说是非常重要的。目前海关的进出口报关统计数据可以通过海关统计资讯网来购买。根据是否交纳费用,统计资讯网会员可以分为注册用户、交费会员两类,后者又分为普通会员和 VIP 会员。根据现行收费标准,会费为 1200 元/年。采取不同缴费方式的会员所获得的信息也有所不同。一次缴纳一年以上的会费的会员,可以看到前一年的历史数据和文章;而按半年交费的会员,只能看到半年前的历史数据和文章。

还有一些征信数据提供商的网站，提供会员年费制计费，同时辅以座席制。企业可根据需要订购座席数量，其信用信息采集的成本就是座席数据乘以会员年费。例如北京新华信商业信息咨询有限公司目前运营着全国最大的企业征信数据库，可以在线提供1000多万家企业及管理人员的信息，信用管理人员可以在网上来购买其信息产品。另外，虽然慧聪公司和康帕斯公司是产品数据的供应商，但它们的数据库也有可以利用的信用信息。

不过必须提醒的是，企业要有效控制信用信息采集的成本，必须同时考虑征信数据供应商提交的信用信息的质量和获取信用信息的便捷性，不能只注意成本的控制，而忽视对于信息质量的要求。

**四、信用信息的核实**

（一）信用信息核实的必要性

信用信息来源很多，采集方法各异，内容也异常丰富，这些都直接影响到信用信息质量的好坏，因此在采集完信用信息后，对信用信息的核实和整理就尤为重要。

企业信用管理人员关于客户的印象首先来自客户企业的销售部门，一般包括客户提供的"企业简介"、销售人员对客户进行的实地访问、知情人士的介绍等。这种信息一般是不完整的、非即期的，有些甚至是含有明显的夸张和欺骗成分，这一点在客户的企业简介资料和见面会上体现得尤为突出。这是因为任何企业都有出于宣传目的而掩饰不足的倾向，而销售人员又出于成交的考虑也想忽视企业的一些不良记录。如果说销售人员是用加法来衡量客户的话，经过训练的信用管理人员要学会用减法来衡量客户，也就是要对信用信息的偏差进行修正。

通常，官方采集的信息应用于宏观统计和宏观管理，不可能对企业信用管理部门提供针对客户的专业资信调查和分析。这就需要信用管理人员从中找出符合企业信用管理工作需要的信用信息，同时还要征信数据进行适当的处理以符合客户信用档案的要求。

从公共媒体得到的信息大多是有一定倾向的信息，因为媒体报道也有它的目的，或是宣传或是批驳。媒体报道比客户自己的简介要客观、公正一些，但它属于不完整的信息，仅靠一两条报道不能得出对客户全面的评价。如果针对某企业的媒体报道进行长期积累，信息的价值才会增值很多，但是这项工作的成本会比较高，对于一般企业来说难度也不小。

来自第三方的信息会更加杂乱，有些只有只言片语，但却可能是非常重要的信用信息，当然也有可能对客户特定的情况毫无意义。

基于以上分析,由于各种不同来源提供的信息都存在一定的局限,对于信用管理人员而言,信用信息的核实工作必不可少。

(二)信用信息核实的方法和途径

1. 电话核实。对于客户的基本概况和一些可以公开的信息,电话核实是最便捷、成本最低的方法。通过直接给客户打电话,可以核实企业的注册信息、领导者、大致的销售和采购情况等信息,通过给其供应商打电话,可以核实客户对其他供应商的付款情况。

2. 实地调查核实。对于一些比较重要或难于通过二手资料了解的信息,需要采用实地调查核实的方法。通过到客户所在地进行调查,可以核实:

(1)经营管理能力、领导者行事风格,将来的发展方向。

(2)目标公司办公环境,地理位置,外围设施、内部整洁及办公条件,厂区规划。

(3)设备状况,经营是否活跃,生产秩序效率、仓库产品是否积压、企业业务是否繁忙等。

(4)员工知识水平、士气、市场意识,其宣传资料真实程度等情况。

3. 利用公务信息开放政策和渠道核实信用信息。有些政府部门会开放一些企业的信息,企业要充分利用这些免费的公务信息开放政策和渠道核实信用信息。例如法院会公布一些企业的诉讼情况、担保抵押情况,这些情况对于评价企业的信用状况是非常重要的。目前有些地方政府建立了区域信用体系,在其信用网站上会公布一些信用良好的客户和信用差的客户,这对于核实信用信息有重要的参考价值。工商行政管理局的企业注册信息可以对外开放,企业可以查询核实客户的注册信息是否属实。

(三)对矛盾信息的处理

从不同信用信息源采集的信息可能存在着矛盾,这是信用信息核实中经常遇到的问题。矛盾信息的形成有两种情况。一种情况是两个信息渠道的信息都是真实可靠的,例如,供应商反映的客户付款情况,可能和银行反映的客户还款情形完全两样。从供应商处得到的信息可能反映的企业总是延迟付款,但从银行得到的信息可能反映出相反的情形。在这种情况下,处理的方法是全面综合分析信用信息。例如在上面的例子中,信用人员可以分析企业的财务报表,重点关注应付账款、经营性现金流、银行借款,发现原因可能在于企业资金支付能力并没有问题,但是故意拖延付款,同时为了获得银行的支持,不得已非常重视和银行的关系。

另一种情况是矛盾信息的一方存在虚假信息,这种情况下可以采用上面介绍的三种信息核实的方法和途径，对矛盾信息进行重点调查，从而达到去伪存真的目的。

**五、信用信息的处理和加工**

（一）信用信息的更新

客户信用信息必须动态更新，以便企业及时掌握客户最新的发展情况，从而有利于企业作出科学合理的决策。信用信息更新不仅指时间上的更新，从更新的内容上同样要做出详细的规定，例如某一时期内客户的经营战略发生了变化，则企业信用人员要着重从这方面更新该客户的信用信息。信用信息更新规则分定期更新和临时更新。

1. 定期更新。资信调查是一项持续不断的工作，只要继续与客户往来交易，就必须持之以恒地对客户作定期的资信调查，以了解客户的最新动态，切不可一曝十寒。企业的资信情况不是一成不变的，因为企业受经营环境不确定因素的影响，其动态信息必须及时更新，一般这个定期是指年度或者半年度，如果企业的客户变化很快，则需要季度更新。年度更新的内容是最广泛的，是全面的重新采集客户的全套信息，而季度更新可能侧重于那些容易变化的信息上，例如客户的产品销售和采购情况。

2. 临时更新。信用信息的临时更新是因为客户出现一些异常或突发情况，企业觉得有必要临时快速更新客户的信用信息，以防范信用风险。企业依据这些异常或突发情况会做出一个信用风险判断，由此决定信用更新的内容。这些异常或突发情况有：

（1）管理方面的异常或突发情况：一是频繁的管理变动；二是组织形式发生变化，如进行租赁、承包、联营、并购、重组等；三是高级管理层之间出现严重的争论和分歧；四是管理层的核心人物突然死亡、生病或辞职，没有相应的继任者；五是主要股东、关联企业或母子公司等发生了重大的不利变化。

（2）财务方面的异常或突发情况：一是供应商的催账力度增加、应诉次数增多；二是付款习惯发生重大变化，付款速度明显减慢；三是违背关于付款条件的承诺，要求更长的还款期限。

（3）企业运作方面的异常或突发情况：一是设备拍卖、频繁的资产处理；二是购买习惯发生剧烈巨大的变化；三是过度的快速扩张；四是业务性质、经营目标或习惯做法改变；五是兼营不熟悉的业务、新的业务或在不熟悉的地区开展业务。

（二）信用信息的处理和加工

信用管理人员能够采集到的信用信息是良莠不齐的，必须对其进行加工和处理,除了我们前述的需要对信用信息进行核实以外,还必须对信用信息的合法性进行辨认,确定其合法有效。

一个合法的企业必须有合法有效的企业营业执照,工商行政管理部门是负责企业登记注册的主管部门,也是企业经营行为的监督部门。营业执照是企业合法身份的证明。营业执照分正本和副本,具有同等法律效力。营业执照是需要年度检验的,有效的营业执照应该是经过年检的,在年检有效期之内。当一个企业的营业执照被吊销,或者处于废业或停业状态,企业的图章并没有被政府收回或销毁,因此有时出现利用无效的企业图章和营业执照招摇撞骗的。再有,营业执照是不允许随便复印的,应该到发照的工商行政管理局复印,有效的文件还应该在影印件上加盖政府的公章。根据政府相关法规的规定,擅自复印营业执照是要受到处罚的。在识别企业的合法身份时,不能仅凭营业执照复印件。另外,如果面对的是骗子,所持有的营业执照正副本和文件上加盖的政府公章都有可能是伪造的。企业在进行授信决策前,其信息管理人员必须对客户的证明文件进行验证。与持有有效营业执照的客户的交易,还必须了解所进行的交易种类是否需要政府特殊许可,否则有可能掉进非法交易的陷阱。其他常见的营业执照弄虚作假的情况还包括:虚假注册资金、擅自改动执照上打印的注册资金金额、经营场所不在执照上列出的地点等。

客户企业的税务登记也是非常重要的。企业的税务登记是否有效,与企业照章纳税有关,没有税务登记,可以说明企业年检不合格,或者受到税务稽查,也可能根本就没有进行税务登记,处于逃税的状态。一旦企业因逃税而受到税务部门处罚,有可能使企业无法继续经营,主要经营者也有可能进一步受到刑事处罚。

信用管理人员还要学会辨别客户企业财务信息的合法性。客户企业的财务信息应当符合会计法、企业会计制度和企业会计准则以及企业财务会计报告条例的规定,这些文件都是专门用以规范企业的财务会计报告等会计信息的法规,是企业呈报会计报告和提供信息的具体规定和行动指南。具体来说,主要有以下几个方面:企业收入确认是否符合会计准则规定,是否存在提前确认收入和虚增收入的情况;企业广告费用、管理费用、研发费用、利息费用等费用的确认与摊销是否符合会计制度、会计准则的规定,是否存在将收益性支出挂账作为资本性支出的情况,此外,还应特别关注开办费的确认和计量;企业固定资产折旧的提取方法是否符合会计制度的规定,是否存在漏提与少提折旧的情况;企业资产减值准备的提取是否与企业的资产质量相符,是否存在利用资产减值准备的提取来调节利润;企业资产置换收益、资产转让收益等非经常性损益的确认是否符合会计制度的候选准则的规定,相关的法律文件和批准程序是否满足收益确认的要求;或有事项的确认、计量及披露是否符合会计制度和会计准则。

对于所采集到的客户企业财务报表,还要看它是否通过审计。通常,经过审计的财务报表的合法性较强。但是,由于国内审计工作手段的落后和不严密,即使通过审计的财务报表也可能存在虚假信息,所以,信用管理人员拿到企业财务部报表后要仔细辨别其合法性,甚至可以学习一些识别财务报表虚假成分的技巧。

## 第三节  信用信息的报告和使用

### 一、信用信息质量及其评价

信用信息质量主要可以从以下六个方面进行评价:

(一)客观性。客观是指按事物本来面目去考察,与一切个人感情、偏见或意见都无关。信息反映的事实总是某个客观事物(或系统)的某一方面的属性,其本身具有客观性。如果反映的不真实,那么,依据其所作出的信用决策、信用管理措施就不能达到预期的目的。因而,客观性就成为评价信用信息内容质量的首要指标。

(二)准确性。准确性是指采集的信用信息必须如实反映了客户的真实情况,不能存在虚假信息。但是准确性是相对的,没有绝对的准确,尤其是在国内目前财务信息披露不规范的情况下,外部信息采集者很难掌握完全准确的客户财务信息,只能通过其他方面的信息来和财务信息互相验证。

(三)完整性。作为一个信息集合,必然具有一定的结构。完整性就是指信息集合结构的完整。一个具有完整结构的信息集合能够完整地表述一个思想和事实,描述一个事物。比如要提供一份职工简历,那么,其中姓名、性别、出生、民族、现职别、主要工作经历及年份等信息元素必须具备,它们组成了一个完整的信息结构。如果缺少了其中的某一项或几项,则其信息结构不完整,不能够完整地表达一个思想,描述一个事物。

另一方面,完整性是相对于信息集合使用者的目的而言的。同样的信息集合提供给不同使用目的的用户,他们对信息集合的完整性的评价有可能是不同的。因而,在信息系统分析设计时,分析用户的信息需求是极为关键的一步。

(四)及时性。及时性是指信息有明显的时间限制,超出这一时间限制的信息将失去价值。如果一个属性值在时刻 T 是正确的,那么它被认为在时刻 T 是当前状态。如果属性值的时刻 T 是错误的,但在 T 以前的某个时刻是正确的,那么它在 T 时刻是过去状态。一个属性的实时性可以用过时的时间长度来度量。有些属性值具有永久性,比如职工的"出生日期""血型"等,这些属性值随时间而改变的可能性非常小,甚至不可能改变。

(五)一致性。一致性是指在一套完整的信用信息中,不能出现互相矛盾的信息。从不同渠道采集的信用信息可能彼此冲突矛盾,信用人员必须分析造成这些矛盾的背后原因,认真调查,去伪存真,保证信用信息的逻辑上和内容上的一致性。

(六)性能价格比。对于企业信用管理人员,在采集信用信息的时候,只要有一定的预算,就应该考虑所以采购的信用信息性能价格问题,特别是在采购成套信用信息的时候,考虑信用信息的性能价格比是为了采购到合算的信用信息产品。

## 二、信用报告

信用报告最常见的形式是普通版企业资信调查报告,这是企业信用管理部门最常用的征信品种,甚至有些企业的信用管理部门按照这种报告的格式要求制作客户信用档案,特别是使用专业信用管理软件的企业。在全球范围内,多数国家都有企业征信机构,能够提供普通版企业资信调查报告的征信机构很多,对于企业信用管理人员,最需要熟悉的征信报告就是这种报告。但是,由于没有企业资信调查报告格式的国际标准可循,主要征信国家也没有为此制定国家标准。因此,各国征信机构生产的普通版企业资信调查报告在格式和内容上不完全相同,主要可以分欧洲、美国和亚洲流行风格的企业资信调查报告。

(一)欧洲风格

欧洲是企业资信调查业务的发祥地,征信市场相当成熟,除了像英国的益百利(Exprien)、邓白氏公司和荷兰的格瑞顿公司(Graydon International Co.)三家大型跨国企业征信机构以外,还有许多著名的地方性企业征信机构提供企业资信调查服务,例如德国的信用联合公司(Credireform)和波盖尔公司(Burgel Wirtschafte Informationen Gmbh & Co.);起源于奥地利的"保护信用联合会 1879"的影响相当大;瑞士的 Novinform 公司,法国的 Piguet 公司;意大利的 Lince 公司;西班牙的 Infomes Union 公司和葡萄牙的 MOPE 公司。欧盟国家还建立了企业征信数据资源共享连线网络"欧门(Eurogate)"系统。

欧洲风格的普通版企业资信调查报告的内容大致可能归纳如下:公司基本信息;资产或净值;行业分类和产业简介;在业界地位和同行评价;信用价值分析。

欧洲风格报告的优点包括：资产或净值；行业分述；除基于事实的客观情况以外，征信机构会给出综述性评价；提供授予信用额度的建议。欧洲风格的报告也缺乏对企业财务报表的分析；缺乏交易核实信息和银行意见；较少提供调查对象的业务内容及其展望方面的信息。

(二) 美国风格的普通版企业资信调查报告

在国际征信市场上，美国式的普通版企业资信调查报告很常见，属于非常流行版式的主流报告，原因在于国际企业征信巨无霸——邓白氏公司是一家美国企业，英国最大的益百利公司也是在收购美国 TRW 征信部门基础上建立的。在美国征信市场上，还有全国信用管理协会（NACM）提供企业资信调查报告。美国风格的普通版企业资信调查报告的主要内容包括：

1. 公司基本信息：注册信息、注册资金、企业历史、员工人数等；
2. 财务报表；
3. 付款记录；
4. 与银行的往来记录；
5. 诉讼记录和其他公共记录；
6. 行业分类；
7. 经营状况和业务量；
8. 进出口情况；
9. 经营者介绍；
10. 评级和风险指数。

美国风格报告的优点在于内容具体翔实，可读性强，风险指数等量化指标的技术含量高，对企业活动及交易状况均能做出详细的描述。但是，美国风格的报告缺点是不简洁，符号系统复杂，需要阅读报告的训练。另外，较缺乏对被调查对象信用价值的文字评价；没有对授信额度提出建议；强调"现地现认"原则不够。

(三) 亚洲风格的普通版企业资信调查报告

在亚洲，成立于 1899 年的日本帝国征信数据银行拥有世界著名的大型企业征信数据库——COSMOS 征信数据库，"现地现认"原则也是由该公司创始人后藤武夫提出的。日本报告的风格是细腻而注重信息核实。在第二次世界大战后，日本受美国的托管，渐受美国影响，日本的征信机构相继致力于报告内容的丰富与多元化，借鉴了美国风格报告的制作方法。受到日本报告风格的影响，亚洲各国的征信机构都在报告制作上采取了东西融合的态度，逐渐形成了制作普通版企业资信调查报告的亚洲的风格。在国内，从 20 世纪 80 年代末期开始，几乎与美国邓白氏公司进入中国的同期，台湾"中华征信所股份有限公司"就开始将其企业征信技术带到大陆,大陆的一些大型中资征信机构的报告风格受到台湾"中华征信所"和美国邓白氏公司的双重影响,形式上更接近亚洲报告的风格。亚洲的普通版企业资信调查报告的主要内容包括:

1. 公司基本信息:注册成立日期、注册地址、营业地址、注册资金、实收资金等;

2. 企业类型和所有制;

3. 经营者背景介绍,有时包括股东;

4. 企业财务报表,缺乏时会给出估计其财务状况的其他相关资料;

5. 银行往来记录;

6. 行业类别及往来厂商情况;

7. 付款记录及往来厂商情况;

8. 诉讼记录和其他公共记录;

9. 动产或不动产的抵押担保记录;

10. 被调查对象的信用价值综合评述。

一般来说,亚洲风格的报告借鉴了美国报告的优点,内容上更加细腻,更注意使用者读报告的方便,优点还包括:坚持"现地现认"的原则,征信作业上着重实地拜访;对于被调查对象的经营管理团队有较大篇幅的描述。文字描述多,但对财务数据的分析也相当重视,甚至图文并茂。财务资料更新快速,时间落差较短。亚洲风格的报告的缺点是技术含量不及美国风格的报告,数学模型技术上的投入非常不够,量化指标的种类少,预测的精度低。

### 三、信用信息的使用

(一)信用信息的使用方式

1. 信用报告的使用。一般只适用于新贷款或信用额度的审批,很少用于对已有放款的管理。

2. 信用评分(评级)的使用。信用评分是对信用申请者的信用风险和信用价值的评估,其被广泛地应用于信贷操作的各个阶段。很多金融机构不仅将信用评分作为他们各自的基本筛选标准和基本的选择尺度,而且用作相互之间比较、沟通的主要手段。

3. 批量数据的使用。通常,授信主体将征信机构的批量数据与自由数据联合起来使用,使用主体主要是金融机构。如信用卡的发卡机构,将所有信用卡账户的客户标识数据交给征信机构,要求征信机构定期将这些客户的外在付款行为记录,以特征变量的形式传输给发卡机构,发卡机构将征信机构的数据和自己的客户数据综合起来,建立一个统一的、综合的、针对自己信用产品和客户群的专门模型。由于这些模型是针对其内部特定的信贷组合、信贷产品和客户类型开发的,因此,根据这种模型开发的特定信用评分的效果会比征信机构的通用评分更有针对性和敏感度。

(二)信用信息的使用方向

1. 信用信息在市场营销方面的使用。一是用于"新客户获取"。在获取新客户时,授信主体可以按照一定的筛选标准和授信策略,向征信机构提出一个总体标准,征信机构按照客户的要求,在自身数据库中对所有的数据进行搜索和处理,筛选出符合要求的特定数据提供给授信主体。授信主体对数据进行分析处理后,就可以选择出潜在的客户,进而向这些客户提供使用或接受信用销售产品的促销。二是用于对现有客户的营销。当现在客户的数据和征信机构提供的数据交叉在一起时,就可据此对他们的行为做出精确的判断,从而预测这些客户使用新的信用营销渠道的可能性等。

2. 信用信息在风险控制中的使用。一是用于开发新客户时信用风险的控制。在采用信用销售方式开发新客户的过程中,授信企业可以通过征信机构的数据,了解潜在客户的偿还能力、经济收益能力等情况,确定授予其信用额度的高低,甚至可以考虑对它的定价政策。二是用于对现有客户信用风险的控制。为了对现有客户的整体风险和价值特征有一个充分准确而全面的了解,授信企业离不开征信机构所提供的数据服务。

3. 信用信息在市场监管方面的使用。有关部门(主要是政府市场监管部门)使用信用信息对管理对象实行分类管理,突出重点,更具针对性。目前应用较多的是工商行政管理部门对企业的分类管理,即是以企业登记和各类监管信息为基础,根据企业信用标准将企业相应地分为 A、B、C、D 四级。A 级为守信企业,用绿牌表示;B 级为警示企业,用蓝牌表示;C 级为失信企业,用黄牌表示;D 级为严重失信企业,用黑牌表示。工商行政管理部门根据企业的不同等级有针对性地实施不同的管理措施,以期达到有效监管的目的。

4. 信用信息在其他行政管理、司法、执法方面的使用。如深圳市工商局在"深圳外贸诈骗案"曝光后,利用企业信用信息系统,很快就完成了对全市所有外贸企业的排查任务,为公安机关迅速破案提供了帮助。

### 四、第三方征信数据库的利用

作为重要的信用主体之一,企业可以自建信用管理部门,并进行客户信用调查和授信等活动。但一般的企业毕竟不是信用服务的专业机构,其信用调查的范围和技术都受到明显的限制,因此,在很多情况下,企业要依赖第三方征信数据库所提供的服务。具体地说,第三方征信数据库主要有两个用途:一是作为企业信用信息的重要来源之一,可以为企业所用;二是可用来作为企业开拓市场和发掘目标客户的重要工具。利用征信数据库开拓市场是企业信用管理的一项辅助功能,它不发挥控制和转移信用风险方面的作用,本质上是对企业内部和市场上各类征信数据资源的充分挖掘和利用。

(一)利用第三方征信数据库作为信用信息来源

如第一节所述,与其他信息来源相比,征信机构提供的信息是最为丰富的,是获取客户信用信息的重要来源。征信机构在调查手段、征信数据分析技术、社会关系网络和现场能力等方面,远胜于单个企业的信用管理部门,在采集征信数据和调查数量方面能够产生规模效应,具备低成本调查的优势。因此,在有些情况下,通过查询第三方征信数据库,取得客户的信用信息,往往是一个简单易行的办法。如果考虑性能价格比,使用资信调查报告可以解决企业在信息采集成本方面的问题。另外,征信机构还可提供客户信用评级、信用评分等附加的专业化服务,这为企业对客户进行有效的综合判断和授信决策具有较大的参考价值。

(二)利用第三方征信数据库开拓市场

1. 查询目标客户。对于企业信用管理人员来说,利用第三方征信数据库开拓市场对应一系列的数据库检索技术操作或委托资料查询,是对他们日常使用的信用管理信息资源和工具的一种应用。在操作上,利用征信数据库开拓市场就是通过对征信数据库的检索,找到所需要的目标客户或合作伙伴。一旦确定一项查询请求属于利用征信数据库开拓市场的服务范围,就应该进一步确定和描述搜索目标。如果查询请求中包含多项市场目标,应该将各个目标加以区分,然后一个一个地查找,或者先进行最迫切需要搜索的市场目标。这项工作的步骤如下:

(1)确定目标类型:首先应该区别所需要寻找的市场目标是企业客户,还是消费者类型的客户。其次最好将客户区分为制造商、批发商或零售商等类别。

(2)确定目标所在地区:明确目标客户的市场所在,将目标客户分成国内客户、港澳台客户、国际客户等几种情况。国际客户还应细分至确切的国际区域(例如欧洲、北美洲、大洋洲等),或是特定的一个国家。

(3)描述客户主要特征:要求提出查询请求的人员提供目标客户的主要产品或服务品种,以便确定目标客户所在的行业。对于明确客户的特征,描述得越详细越好,例如不能笼统地说目标客户属于食品行业,应该进一步给出下位行业的名称,例如目标客户应该是冷饮行业中的冰激凌类食品生产企业,当然,最好能够给出客户所在行业的标准编码,例如 SIC 编码。冰激凌生产企业的 SIC 编码为2024。

征信机构提供的利用征信数据库开拓市场服务分开拓国内市场和开拓国际市场两大类。因为利用征信数据库开拓国内市场的方法很多，企业销售部或市场部的业务人员都有自己的法宝，通常不会使用征信数据库开拓市场的方法。销售或市场部门需要求助于信用管理人员的，几乎都是利用征信数据库开拓国际市场的服务。

如果需要开拓某国的市场，最好使用当地的征信数据库服务。例如，使用日本帝国数据银行的COSMOS企业征信数据库查询日本企业，或者使用欧门连线网络查询欧盟国家的企业。再如，英国益百利公司的全国商业数据库是一个大型数据系统，拥有美国140多万个商业机构的数据。数据源是数以千计的信用交易报告、黄白页电话簿和众多中介机构的信息来更新这个数据库。用户可以挑选SIC编码、电话号码、雇佣人数、联系人姓名、从业年份和年销售额等进行检索。其中的"热点数据库"服务很有用，每月都列出了近20万个新成立的商业机构的名称，也可获取当月的175000家新开业公司和25000个迁址公司信息。

对于国际市场开拓，覆盖范围最广且功能强大的企业征信数据库是邓白氏公司的数据库，覆盖区域是全球200多个国家和地区。

2. 掌握企业分类法。从企业征信数据库中检索出所需要的目标客户，如果是搜索国内企业，主要的检索工具是国家质量监督检验检疫局编制的组织机构代码（过去称"法人代码"）、国家工商总局编制的企业登记注册号码、企业的国地税登记号码、商务部对进出口企业的编码等等。对于企业分类，在2002年，国家统计局颁布了《国民经济行业分类（GB/T4754—2002）》国家标准。与该国家标准配套的标准还有《国民经济行业分类与代码（GBT4754—94）》，行业代码将行业细分为三个等级，例如饮料制造业是其中的15大类；152类就是软饮料制造业；1522类就是碳酸饮料制造业。对于企业规模的划分，国家统计局还编制了《大中小型工业企业划分标准》。

另外，有些中资企业申请了邓白氏编码，或者由邓白氏公司给予了编码。美国邓白氏公司总部声称，该公司拥有的"世界数据库"已经录入有60余万家中国企业的信用档案，作为基本检索系统，这些企业自然配有邓白氏编码。

对于信用管理人员，如果需要从企业征信数据库中检索信息，最好从拥有征信数据库的征信机构处取得指南，或接受辅导，了解为该征信数据库设计的特殊检索方法。例如使用北京新华信公司的征信数据库开拓市场服务，可了解该公司的数据库检索方法。该公司使用组织机构代码和工商企业注册登记号码作为企业的基本识别检索系统，除了计算机界面提供的传统的关键字、注册地点、销售额度等限制条件以外,要了解该公司使用《国民经济行业分类(GB/T 4754—2002)》,但不能与 SIC 或 NAICS 系统互为转换。

在国际上,美国的标准工业编码(standard Industry Classification ,SIC)是最具有影响的分类系统,它是美国的国家标准,也是国际标准。在各国出版的国际流行的工业、商业、贸易、市场工具书、文件等出版物上,SIC 编码都是主要的检索点之一,大型征信数据库当然也不例外。信用管理人员可以通过 SIC 分类,找到国际上经营或制造同类产品的企业。例如企业需要寻找产品的国际代理销售商,只要知道自己的产品,便可通过邓白氏的世界数据库检索出任何国家的同类企业。SIC 编码与我国的企业分类代码系统不同,它们前面两位数字代表的是对企业所在行业大类的分类,而后两位数字代表的是在一个行业内对企业的专业细分。比如,第 52 大类是"建筑材料、五金工具、园艺工具"类,而玻璃或油漆生产厂家则被分在 31 小类之下,即 5231 类。

北美工业分类系统(NAICS)编码是对 SIC 编码的升级,它是一种 6 位数字的编码,于 1997 年 4 月 9 日正式开始编制,将作为新的企业分类法逐渐取代 SIC,但 SIC 并不废除,与 NAICS 并行使用。

至于企业自己的客户信用档案库,除了混合使用客户企业的名称、组织机构代码、工商注册登记号码以外,作为自己企业特有的客户分类,经常借鉴一种或多种文献分类法。常见的文献分类法基本可以被分成两大类,即数字编码系统和数字字母混编编码系统。例如图书分类法中的"杜威法"采用的是纯阿拉伯数字编码,而中国的《国家图书馆分类法》和美国的《国会图书馆分类法》所采用的是阿拉伯数字和字母混编编码体系。企业需要借鉴哪种分类法,往往视自己客户群体的规模,或信用管理人员和数据库设计人员都认为方便的方法。

信用管理人员要熟悉国际国内通用的主要文献检索系统,并时常跟踪各种检索系统的生计情况,以及新检索系统的出现。另外,因为信用管理部门负责设计客户信用档案的检索系统,所以信用管理人员要掌握一种文献或档案分类法。

3. 消费者的分类检索。利用个人征信数据库开拓市场属于数据库营销的一种。在国际上,拥有大型个人征信数据库的机构几乎都提供开拓市场服务。

以英国益百利公司的个人征信数据库服务为例,该数据库拥有英国和美国约 1 亿 7 千 5 百万名消费者的数据。"美国透视"是一个基于对社会人口学和经济人口学分析的数据产品,它根据人们的行为方式、生活方式和消费倾向,将人群分为彼此各个不相同,但内部又相近的群体。每个群体都有一个高度概括性的名称,如富裕的郊区消费层或高级蓝领,反映群体的基本特征。该公司的 Z-24 Prospect Plus 数据库服务于邮购和电话销售,而 CircBase Prospect Plus 数据库涵盖了

275种以上主要杂志的数据,可以帮助企业了解潜在客户的偏好和潜在需求,以找出那些曾经被忽视了的消费者,对他们进行主动性促销。该公司的"作坊数据库"服务,提供了对个体工商户的查询。

相对而言,对目标消费者群进行检索的方法比较简单,主要检索点包括消费者的姓名、身份证件号码和驾驶执照号码。

在征信机构对调查对象进行分类时,通常个体工商户不被分类为企业,而被当作消费者处理。所以,在调查个体工商户时,主要使用个人征信机构的服务。如果为了进行更深入和清楚调查,费用也可以承担,也可以使用企业征信机构的调查服务,有些企业征信机构也提供对个体工商户的调查服务。这样,信用管理人员可以分别从企业和个人两种不同的征信机构取得目标个体工商户的调查报告,两种报告提供的信息和分析是互补的。

(三)查询和检索结果的说明和存档

在取得了查询和检索结果之后,信用管理人员需要与自己的客户档案和所掌握的资料文献进行比对,并需要就检索结论做出一份说明,提供给委托检索的销售或外联部门。通常,根据征信机构提供的检索报告,信用管理人员需要对如下问题做出说明:

1. 对检索报告或名单进行文字翻译;

2. 对检索报告或名单中出现的专业名词、英文字、英文缩写、电报号码做出解释;

3. 对潜客户的联系方法进行说明,例如外国潜在客户的电话号码的区号拨法、时间差、国际长途通话费率等;

4. 如果使用了征信机构的全权委托服务,需要说明联系潜在客户工作的进展情况,以及所委托的征信机构的背景和国际声誉,为销售人员连续联系潜在客户的姿态和方式方法提出建议;

5. 根据信用管理部门掌握其他资料进行补充说明;

6. 根据信用管理人员的经验对潜在客户排序进行判断,推荐进一步联系潜在客户的次序;

7. 如果因故没有取得预期的检索结果,信用管理人员需要做出解释,并提出处理方法,例如是否应该更换检索主题词或改变限制条件;

8. 告知检索成本和结算方式。

在与征信机构签订了合同之后,信用管理人员应该为此次查询建立档案。随着服务项目的进展和完成,信用管理人员应该将销售部门的委托申请函件、与征信机构签订的合同、原始检索报告、对检索报告的说明、对检索报告中某些潜在客户的补充资料等归档。与此同时,信用管理人员还应该将检索报告中提供的潜在客户名单与客户信用档案做比较,从检索报告中提取有用信息,补充进入客户信用档案。

## 第四节 客户信用档案管理

### 一、客户信用档案设计

建立一个合格的客户信用档案库,既能方便信用管理人员对企业内相关部门提供客户信用信息和决策支持方面的服务,也能提供足够的信息以有效支持信用管理部门内部人员做好客户评价工作。因此,信用管理人员需要设计一套合格的客户信用档案。

(一)设置客户信用档案的栏目

按企业信用档案栏目和个人信用档案栏目,分述如下。

1. 企业信用档案栏目。信用管理人员应该了解,客户的资信级别和风险指数是用于指导企业的授信工作的工具,是科学地确定客户的授信额度/信用限额的基础。对于客户信用档案的设计,提供对客户的资信评级和计算风险指数的信用信息是对客户信用档案栏目和内容的最基本要求。

根据企业用户服务管理理论,判断企业客户信用价值的根据是5C理论,即品行(Character)、能力(Capacity)、资本(Capital)、抵押担保(Collateral)、状况(Condition)。为了保证技术人员对客户信用价值判断所需信用信息的需要,企业客户信用档案通常设置10多个栏目,所含信息内容包括:企业发展史、注册信息、当年经营情况、付款记录、银行往来记录、公共记录(经济纠纷、刑事处罚等)、财务报表(资产负债表、损益表和现金流量表)、主要产品、进出口报关、主要经营者履历、对外信誉状况分析、现场核实信息等。关于设置客户信用档案栏目的基本思路,可通过一个例子进行说明。根据需要,某企业信用管理部门对其企业客户的信用档案可设置如下栏目:

(1)基本信息;

(2)财务报表;

(3)付款记录;

(4)与银行的往来记录;

(5)诉讼记录和其他公共记录;

(6)行业分类；

(7)经营状况和业务量；

(8)进出口情况；

(9)经营者介绍；

(10)评级和风险指数；

(11)授信额度调整情况；

(12)特殊合作项目情况；

(13)历年销售业务员反映的情况；

(14)新闻媒体的报道；

(15)客户企业供应商反映的情况；

(16)其他补充信息和记录。

2. 个人信用档案栏目。对于消费者个人信用档案,其栏目设置问题相对简单。个人征信的信用管理理论依据也是 5C 和 1S 原则,它们分别是个人品行、能力、资本、抵押担保、状况和稳定性(Stability)。参考个人征信局的个人信用调查报告,个人信用档案的栏目通常应该包括：

(1)人口统计信息；

(2)付款/费记录；

(3)就业记录；

(4)公共记录；

(5)信用等级升降记录；

(6)赊购情况；

(7)补充信息。

对个人客户的信用档案中信用信息栏目设置的最低要求,与企业客户的情况类似,支持个人信用评分模型所需的信用信息是最基本的要求。

(二)确定客户信用档案的版式

1. 客户信用档案版式的选择。企业征信机构生产的主流征信产品是标准版的企业资信调查报告,而个人征信局生产的和主流征信产品是消费者信用调查报告的当事人报告。征信机构在提供这一级别的征信报告产品时,极力追求最佳的性能价格比,报告提供的信用信息基本可以满足企业授信决策的需要。另外,多数征信机构制作的信用管理专业软件会与它们的报告产品配套使用。所以,企业和个人征信销售的普通版本报告的格式常被企业信用管理人员接受,作为设计客户档案版式的最主要参考。

通常,信用管理人员选择本部门使用量最大或最熟悉的征信机构的企业资信调查报告的版式作为企业客户信用档案的基础模板。在此基础上,信用管理人员会再根据自己企业的特殊情况和所掌握的内外部信用信息源情况对套用来的模板进行改进。例如,在此基础增加一些栏目,记录自己独有的客户信息和评价性质的信息,以充分发挥自己独有信息的特殊作用。由此可见,在确定客户信用档案的版式时,信用管理人员至少会增加两具模块,以保存分析旧有客户信息的结论性意见和调查性的二次数据。

对于消费者类型的个人客户的信用档案版式,应该使用标准版式的消费者信用调查报告的格式作为主要参考。如果企业信用制度要求信用管理部门支持人力资源部门对应聘人员进行考察,信用管理人员还需要在设计版式的时候考虑到就业类信用调查报告的格式。

客户信用档案分电子版部分和常规纸版档案部分,二者之间不是替代关系。如果企业信用管理部门的设备齐全,常规的纸版信用档案就是档案库的补充。即使建立了电子版的客户信用档案,作为配套,客户信用档案仍然会有一部分是纸版档案。

2. 客户信用档案版式的条件考虑。在设计企业信用档案的版式时,信用管理人员需要考虑如下条件:

(1) 主流征信机构的报告产品及其报告模板的变化情况;

(2) 与主流征信机构报告产品配套的信用管理专业软件;

(3) 信用或征信技术领域的国家标准;

(4) 企业信用政策对信用管理部门的工作要求;

(5) 企业信用管理部门的设备状况;

(6) 本行业判断客户信用的特殊信息。

客户信用档案的版式决定了信用管理部门会经常使用哪类或哪家征信机构的资信调查报告,有时信用管理人员经常会在选择美国邓白氏版式和日本帝国数据版式时犹豫不决。其实,只要使用的是主流征信机构的报告产品或合格的报告产品,即便决定使用某一种特定的信用管理软件,资信调查报告不配套也不要紧,对于有经验的信用管理人员,使用不同征信机构的报告产品,最多会增加一些录入和转换的人工操作工时。

(三) 建立客户信用档案的检索系统

1. 消费者个人信用档案检索的考虑因素。关于消费者类型的个人客户,其信用档案的检索系统的设计比较简单,唯一识别编码是现成的。设计检索系统应该考虑的因素大致如下:

(1) 对中国公民,使用消费者的身份证号码;

(2)对外籍常住人员,使用他们的护照号码;

(3)每个档案的流水号码;

(4)客户名字的汉语拼音和英文拼写;

(5)区别"接受"和"拒绝"信用申请的编码;

(6)字母和阿拉伯数字混编的编码,区别客户的信用等级或不良记录。

2. 企业信用档案检索的考虑因素。建立一套功能良好的企业客户信用档案检索系统非常重要。即使对有数千客户的企业,在设计客户信用档案时需要考虑的因素也不外乎以下几个方面:

(1)国内客户的唯一识别;

(2)国际客户的唯一识别;

(3)档案流水号;

(4)其他政府部门的企业编码;

(5)区别客户性质;

(6)客户分类;

(7)客户企业的关联关系;

(8)其他需要考虑的特殊因素。

为客户信用档案配备检索系统非常重要,不能允许随意编排档案。但是,检索系统也不一定就要设计得十分复杂。信用管理人员要根据自己企业的情况进行设计,有时不必追求全面和细致。如果一个小型企业的企业类客户群体只有一二百个,有点资历的信用管理人员或销售业务员对每个客户情况都会"了如指掌",这样的企业就可以考虑建立一套简单易行的检索系统。应该强调方便和实用性原则,这样还有可能降低客户信用档案库的维护成本。

## 二、客户信用档案库建设

新创办的企业,或原本没有信用管理部门的企业,随着信用管理部门的建设,或者引进信用管理功能,作为信用管理基础设施的客户信用档案库建设工作必然提到议事日程,需要新建一个客户信用档案库。既然是新建信用档案库,就要争取将设计方案做得周全些,奠定能够高效率支持信用管理日常工作的基础。

客户信用档案库的设计和建设工作由信用经理主持。如果信用经理在这方面的经验不足,应该使用信用管理咨询公司的顾问服务。

根据企业的资金情况,客户信用档案库的建设可以分成两种情况,即资金一次性到位情况和资金逐步到位的情况。建立客户信用档案库是一项非常系统的工程,建设工作的基本程序如图3-1所示:

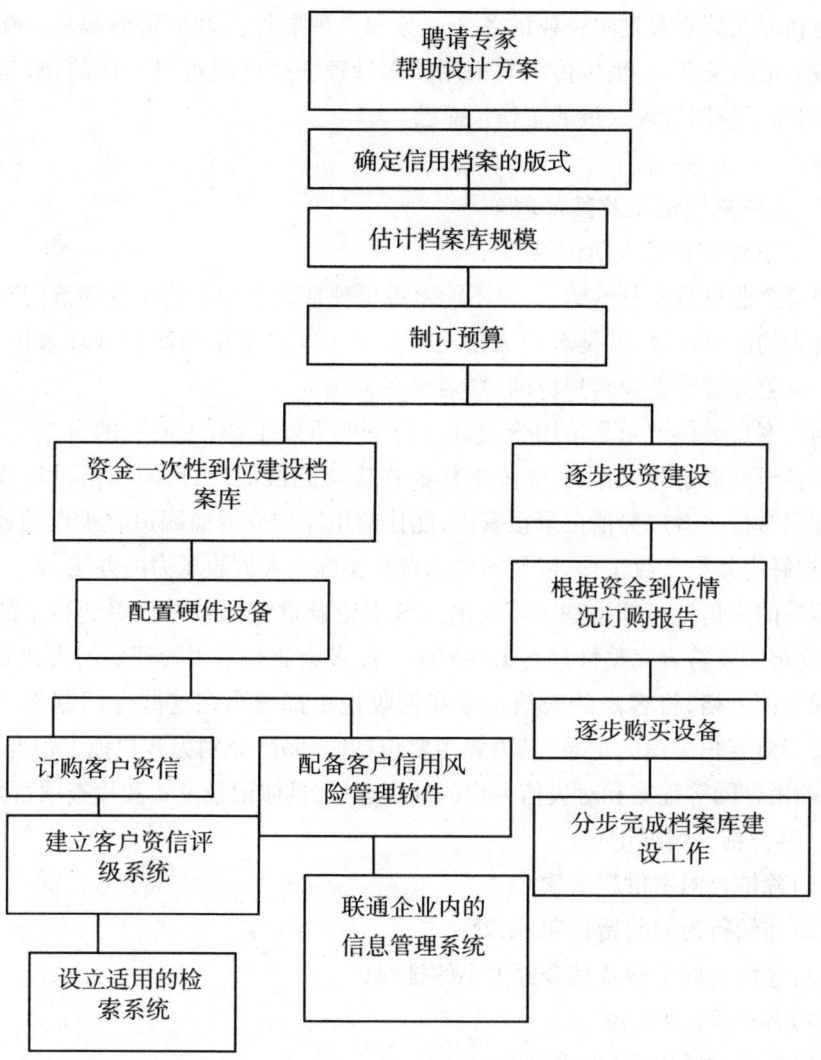

图3－1 新建客户信用档案库的基本步骤

除非是完全新建的企业,绝大多数企业的销售部门都掌握一些客户信息,其中含有对于信用管理工作有价值的信息。因此,应该由信用管理专业人员对已有客户信息进行评价,使一些客户的信用档案内容更加充实。没有经验的信用管理人员经常犯的错误是执迷于征信机构提供的资信调查报告,殊不知,在订购来的征信报告中补充一些有用的数据会使信用档案的质量提高。

有一点应该特别注意,在企业资金不足情况下,信用管理部门应该先将有限的预算用于订购客户资信调查报告,而不是先增添计算机设备。因为,信用管理的原则和理念都要求先向企业的各个业务和管理层提供客户资信服务。在资金和设备不足的条件下，采用传统有信用档案管理方式也是可以工作的，只是效率低些，加大了信用管理人员的工作量而已。

### 三、客户失信记录及其处理

(一)制作客户的失信记录

只要企业进行充分的赊销，就不能避免出现拖欠账户。信用管理部门对客户拖欠行为的汇总记录，就是客户失信记录。对于客户信用档案的管理来说，客户失信记录就是管理企业客户群的"黑名单系统"。

制作客户失信记录是信用管理部门的一项重要工作，主要目的有二：一是更好地服务于商账追收工作，将企业的坏账损失降到最低；二是向征信机构和政府监管部门举报。客户失信记录很有用，能让信用经理分清商账追收工作的轻重缓急，安排好内外勤催收工作，以及对失信客户实施更大催收压力的办法。

客户的失信记录都是基于事实的。鉴于记录贯穿了事中预警到结案的全过程，因此记录要符合完整性和逻辑性原则。许多企业的信用管理部门为此专门设计了成套的表格，将客户的失信记录和催收记录都填写在这些专门制作的表格中。关于对客户失信的记录，其内容主要包括四部分，分别为客户拖欠情况、催收情况、赊销合同等证据和对失信客户的处理意见，具体记录方式和检查项目如下：

1. 客户拖欠情况记录。

(1)赊销合同中付款条款；

(2)违约行为的起始日期/账龄；

(3)违约合同金额及其金额大小的排列；

(4)客户争议的记录；

(5)延期付款申请(如果存在)；

(6)部分还款记录(如果存在)；

(7)客户还款或抵债形式的记录；

(8)结案日期。

2. 催收情况记录。

(1)赊销合同约定的付款日期前的预警式通知，包括联系人的姓名和联系方式；

(2)第一次书面催收通知的日期，及通知的原件/副本；

(3)第N次书面催收通知的日期，及通知的原件/副本；

(4)第一次电话催收的记录，对方接听人姓名和职务，通话时间和长短，以及对方的口头允诺；

（5）第 N 次电话催收的记录,对方接听人姓名和职务,通话时间和长短,以及对方的口头允诺；

（6）外勤催账的日期,派出人员,对方接待人员的姓名和职务,对方的口头允诺；

（7）销售人员对客户进行催收情况的记录；

（8）与商账追收机构的合同/副本。

3. 客户拖欠的证据。

（1）客户的信用申请表；

（2）发票的影印件副本；

（3）抵押担保文件/副本；

（4）与客户交易的往来信函和传真,特别是客户应允还款的信函；

（5）客户验收货品的签收文件；

（6）海关货管部门的验货手续/副本；

（7）客户退回的残次品,包括客户使用不当的损坏货品记录；

（8）售出产品的维护、保养和修理记录；

（9）客户使用货品或转让货品的其他证据。

4. 对失信客户的处理意见。

（1）黑名单；

（2）灰名单；

（3）对客户失信情况的经验总结；

（4）对客户争议的调查、核实和处理意见；

（5）将客户在黑名单系统中升降级别的决定；

（6）停止对客户发货的通知；

（7）吊销客户所持的赊购凭证的决定和通知；

（8）改变与客户交易方式的决定和通知；

（9）将客户失信记录送征信机构公示的决定和送出文件副本；

（10）将客户失信记录送政府监管部门公示的决定和送出文件副本；

（11）账户送商账追收机构的征求意见函/申请；

（12）起诉客户的建议和领导批示；

（13）坏账注销的建议和请示；

（14）错误处理客户后的道歉信件。

在制作客户失信记录时,要特别注意记录的形式问题,要留意法律的要求,千万不可只制作电子版本的记录。由于客户失信记录的内容有可能很多,必须分类制作。另外,对于客户失信记录,也要配置简单的检索,以便查找。

(二)对失信客户的处理

对于失信客户,应该制定出相应的政策来处理它们,最常见的就是企业信用政策中的"收账政策"。"收账政策"是信用政策的一个重要组成部分,是专门针对失信客户处理问题制定的政策。这一政策制定与否,或者完善与否,决定了对客户的处理,影响到客户关系,也会影响企业内部部门间的关系。因此,在制定处理失信客户的政策时,应该考虑到法律、催收力度和企业关系,处理好上述的各种关系。在一个比较完整的信用政策文本中,对下列事项应该给出清晰的规定:

第一,对逾期应收账款的诊断;

第二,内勤催账标准操作程序和催收限度;

第三,外勤追收的操作程度和限度;

第四,关于将失信客户报送征信局的规定;

第五,将客户送第三方商账追收机构进行追收的审批程序和权限;

第六,对失信客户提起法律诉讼的审批程序和权限;

第七,给予失信客户债务减免的规定和权限;

第八,参加破产客户清算的规定;

第九,处理部门间关系的规定;

第十,申报坏账注销的依据和申请。

对失信客户进行处理的基本依据就是"黑名单系统",该系统提供了催收强度和最终处理客户的依据,一切催收工作都必须使用黑名单系统的提示。

在实际操作中,企业可以考虑将处理失信客户的问题列入企业的"收账政策"的规定之中,并给出处理失信客户的原则。为了更强调处理客户的规定,也可以单独制定对失信客户进行处理的政策,并说明与"收账政策"的关系。

在处理与销售部门的关系问题上,只要对失信客户的催收或追收工作超过了内勤催账的界限,信用管理人员就应该向销售部门通报。在征求了销售部门的意见之后,再进行下一步的外勤追收工作,而且可以要求销售部门进行配合,特别是要求负责这一客户的销售人员陪同下现场进行催收,以取得更好的催收效果。

另外,鉴于对失信客户进行处理是非常敏感的事情,对消费者类型客户的处理还会涉及法律问题,所以对于处理失信客户的10条政策中的每一条,信用管理部门都应该设计出相应的操作流程,并要求信用管理部门的工作人遵照操作流程进行工作,以保证各项任务的完成,也避免给企业带来不必要的法律纠纷。

**四、利用信用档案进行客户分类管理**

为了对客户群进行有效的管理,需要对客户进行分类管理,这样做比较科学,有利于确定信用管理部门的客户资信管理工作的重点,着重管好信用风险大的客户,将有限的资源用在刀刃上。信用管理人员出于对客户信用价值和客户公信度(诚信)方面的考虑,应将客户分成两大基本类别,即"普通客户"和"核心客户"。

欲实施对客户的分类管理措施,首先要根据企业客户群体的特点对客户进行分级。在企业的信用管理实践中,由于企业所在行业的不同,或者由于信用经理人员的工作习惯不同,对客户分类的方法并不完全相同。常见的核心客户分级方法包括:按照帕累托法则(Preto Principle)划分;按照客户信用风险的大小划分;按照追账成本和难易程度划分。使用哪种方法划分客户,或同时使用哪几种划分方法,要根据企业自身的情况或信用管理工作能力来确定。

(一)按照"帕累托法则"划分

此法则区分普通客户与核心客户的决定因素,是与客户的年平均交易额度,认同"80%的销售来自20%的客户"的理念。其次,也可以同时考虑与客户交往的时间长短因素。

当信用管理人员划分了"产生80%销售额度"的20%客户之后,它们会被认定是企业的"核心客户",对它们予以特别的关注和管理。从风险控制角度看,一旦某个核心客户出了问题,就会对企业造成相当大的经济损失。

使用"帕累托法则"划分客户的方法是最经常使用的方法,这种方法与销售部门划分客户的逻辑是相吻合的。根据这个原则,信用管理人员按照如下的方法区分出核心客户。

1. 根据客户的年赊购额大小,对客户进行排名。

2. 在当年的年赊购总额的70%—80%处进行画线,在此以上的客户企业可以被定义为企业的核心客户。例如某企业是按照如下方法划分其核心客户群的。该企业的平年赊销总额为5000万元,客户总数为120个。5000万元销售总额的80%为4000万元。按照大小客户的排名,前24个客户赊购了企业3970万元的产品。因此,排名在前的这24个客户就可以定义为企业的核心客户。

3. 如果企业的赊销客户群比较稳定,也可以根据历年的年赊购总额来计算。所谓历年,如果不特殊考虑客户赊购额度的变化趋势,可以求3至5年的平均值。

4. 俗话说"外贸没有小客户"。国际贸易的平均交易额度都很大,即使是最小单的出口贸易,绝大多数贸易合同的额度都超过1万美元。所以,外贸客户一般都是天然的大客户。

## （二）按照客户信用风险的大小划分

如果按照信用风险的大小去划分客户,核心客户就不一定都是大客户。企业会有少量的中小型赊购客户,尽管与它们的交易额度不是很高,但信用管理工作容易疏忽,或容易让信用管理人员掉以轻心的客户,也应该按照核心客户来进行管理。通常这类客户包括:

1. 老客户:在企业信用管理工作的实践中,老客户是风险比较大的客户群。老客户必定在较长一段期间内信用状况比较好,信用管理人员容易疏于对其经营的变化进行跟踪和防范,特别是那些交易额度不大的老客户。如果对某老客户变化趋势的分析表明,它的经营在走下坡路,一旦它的经营状况滑落入某种危险范围,信用管理人同就应该对这个"老客户"严加监视。在市场出现某种危机时,例如 1997 年出现的"东南亚金融危机",更应该加强对老客户的风险防范。

2. 非交易类"客户":与企业有赊销赊购关系的客户是很容易理解的正常客户,而非交易类型的"客户"主要是指那类与企业经常打交道的人或企业,它们往往是假客户或占企业便宜者,与它们交往会给企业带来经济损耗。从销售额角度看,这种"人"根本不是客户,与企业完全没有商业性往来。对于这种所谓的客户,它们与企业的交易不是信用交易,信用管理人员最容易疏忽,信用管理部门应该接受委托,从提供信用信息角度向企业有关高层经理提供服务,按照管理"核心客户"的措施对其实施管理。但是,对于企业公关部门负责关照的人,信用管理部门则可不予插手。

3. 供应商:供应商信誉的好坏,会直接影响企业的生产进度、生产成本及至对订货客户的合同能否顺利地被执行。企业应该尽量使用那些信守合同、产品质量稳定、供货价格合理的供应商,特别是处于垄断地位的大型供应商。对于那些与企业采购人员或高层经理有密切私人关系的供应商,信用管理人员尤其不能掉以轻心。

## （三）按照追账成本和难易程度划分

从商账催收角度考虑客户分类,通常是按照客户的付款行为进行的。追账成本涉及账款大小和账龄问题。一旦确定了账款大小的排序和制作出账龄分析表,就可以考虑按照客户付款的行为将它们划分为如下几类:

1. 收到货很快付款:它们不属于精明的客户,但在客户企业没有出现财务危机的情况下,它们绝对是好客户。

2. 货款快到期才付款:它们通常是精明的好客户。

3. 被提醒后才付款:它们是管理不善的客户。

4. 受到催款压力后才付款:通常,它们是品德有缺陷的客户,除非客户处于有季节性变化的行业。

5. 死拖活拖赖着不付款：它们是坏客户。如果账款的额度比较大，应尽可能对它们施加大的催款压力，一旦收回货款，应立即结束与它们的信用交易形式。

6. 有诈骗嫌疑：它们是危险的客户。信用管理人员要设法尽快解决收款问题，必要时可以考虑报警。

在对客户进行分级之后，信用管理部门应该建立分级管理方法。一旦将客户划入到核心客户的范围，对它们的信用档案进行管理的复杂程度就会提高，相应地，信用档案管理费用也会相应提高，并会在部门预算分配中得到体现。信用档案管理费用提高的主要原因在于，自初始阶段开始，对核心客户进行的资信调查就是有一定深度的调查，而后又进行重点监视，跟踪的频率也比较高。

对于信用管理经费预算一时不足的企业，可以考虑在短期内控制企业核心客户总数。所谓企业的信用管理经费不足，在多数情况下是一种管理弊病。企业对核心客户的年平均赊销额度很大，风险自然很大，企业应该对交易额度大的客户投入较多的信用管理费用。另一方面，用于核心客户风险防范的信用管理费用不足，虽然有可能是信用管理部门预算做得不合理，但更可能是企业最高管理层对信用管理工作认识不够的表现。对此有可能产生的风险和损失，核心客户信用档案管理费用一般是"微不足道"的。例如，越来越多的外贸企业应该意识到，与外国客户做一单外贸合同额度超过2万美元的生意，值得花100美元对外国客户进行资信调查，或购买出口信用保险。

有的信用管理人员希望根据客户风险的大小区分客户管理级别，这在逻辑上是可行的，但实际操作困难。仅仅依靠经验行事，不十分可靠。如果以风险指数作为工具，则要求征信机构提供风险指数产品，或者要求信用管理人员能够熟练地进行相关的处理或计算。

# 第四章

# 信用评估

## 第一节 信用评估概述

**一、信用评估的概念与特点**

信用评估又称资信评估,也叫信用评级。它是对评估对象各类债务能否如约还本付息的能力和可信任程度的综合评价;它是由合格的信用评估机构运用科学严谨的分析方法,对受评对象的基本素质、经营能力、偿债能力、获利能力、履约情况、发展前景等方面进行综合评价,最终以最简单的信用级别标识符号告知评估对象。

与信用调查相比,信用评估有其鲜明的特点:

(一)简洁性。信用评估的结果以简洁的英文字母来明示评估对象的信用风险级别。如 AAA、BBB、CCC;A-1、A-2、B、C、D 等,这些不同的标识符号都具有不同的信用风险含义。通过这些简洁的英文字母所标识的信用级别,我们就能知道其信用能力的高低。

(二)真实性。信用评估要从实际情况出发,它侧重的是从过去推测未来。通过分析评估对象以往历史的违约情况使评估结果包含了过去因子的真实性。

(三)预测性。信用评估结果尽管包含了过去的因子,但更是一种预测。当然,预测的准确性有待到期验证。

(四)期限性。信用评估的准确性因时间的流逝将逐步得到检验,也会因评标的时间间隔长短而发生变化,因此评估具有较强的期限性。不管是什么评估对象,在评估有效期内,评估机构有义务对其进行跟踪监测,如遇到发生足以使评估结果发生变化的情形,评估机构将对原有评估进行有效调整。

(五)公正性。因为信用评估是由独立的、专业化的信用评估机构进行操作的,评估机构遵循的是客观、独立、科学的原则,同时要接受监管当局的监督管理、受到投资者和大众媒体的关注,其评估过程、评估结果必须排除外来因素的干扰,向社会提供客观、公正的信用评估信息。

(六)权威性。合格的评估机构的设立需要依照准入条件经国家有关部门核准,并接受监管,同时,评估质量要受违约率的考核检验。而评估机构所作的每一个评估都要经过专业人士反复分析论证,由专家评审会决定信用等级,这样的信用评估结果更具科学性,其评估得到市场认同后具有较强的权威性。

**二、信用评估的意义与作用**

信用评估是市场经济的产物,是社会信用体系建设的重要组成部分,同时,它也是融资机制不可缺少的重要条件,是企业打开市场大门的钥匙。

(一)信用评估的意义

1. 信用评估是信用判别的有效手段

信用是市场经济的灵魂,任何经济主体都要遵循市场经济的运行规律,必须按照市场公认的规则来进行市场交易。那么,企业又如何来获取交易对手的信用呢?一方面,本身要守信;另一方面,要有第三方的独立机构来判别其信用的优劣。在发达的市场经济国家,企业一般会主动要求信用评估机构提供有偿评估服务。信用好的企业就可以向信用交易客户亮明真实的信用身份,那些信用较差的企业在信用交易过程中将会被市场分离出去。因此,信用评估是信用判明的一种有效手段。

2. 信用评估是促进信用交易安全性、流动性、收益性的有效保障

无论是信用交易的哪一方,其目的是要保证资金的安全,并且要使资金在正常的流动条件下达到收益的最大化。而信用风险就是安全性、流动性、收益性受到影响程度的总和。而信用评估履行的就是揭示信用风险,对信用交易客户的信用状况进行客观的分析与评价的职能。因此,从客观上来说,信用评估就充当了守信者的保护伞、失信者的隔离墙。

3. 信用评估是信用风险信息的重要来源

在市场经济运行的过程中,市场信息多而杂,经营主体真假难辨,而且靠自身的力量去收集与判断成本高、效率低。专业的信用评估能提供真实有效的信用风险判断,为政府的征信系统提供准确的信用信息,为社会提供有形的信用中介服务。

(二)信用评估的作用

信用评估在市场经济中具有重要的作用。从保护投资者利益来看,它为投资

者提供公正、客观的信息;从强化政府职能要求来看,信用评估能降低整个社会的信息收集成本;从风险管理的角度来看,信用评估能有效揭示信贷资产风险、界定融资主体的风险程度,为信用风险管理提供有效的服务。

1. 揭示信用风险,保护投资者利益。现代市场经济生活中,企业融资和各种金融工具日益增多,当企业或个人进行投资时就必然面临投资违约风险。当投资风险与预期报酬不相称时,投资者就会对投资进行风险调查,但对投资风险程度自己不能正确判断时,就希望参考第三方的信用评估报告。这样,信用评估就能为投资者提供更趋准确的风险情报,以避免盲目投资,减少投资风险,从而保护投资者利益。

2. 维护市场经济秩序。信用评估以其自身的自律机制及职能发挥着"扶优限劣"的作用,并通过建设社会信用体系来形成"失信惩戒机制",使市场经济秩序顺畅而健康。

3. 降低融资成本的有效工具。信用等级越高,其融资杠杆越灵活——得到金融机构的有效支持、得到投资者的高度信任、成为政府重点支持的对象,因此,扩大融资规模的可能性就越大,融资成本也随着降低。如债券的信用级别与发行利率已经挂钩、贷款利率的浮动等就是充分的体现。

4. 为开拓市场创造条件。在市场经济条件下,信用是市场参与者的"通行证"。无论是商品交易,还是资本市场,只有守信,才能畅通。借助公正的信用评估,可以在信用交易的双方之间搭建一座互通的桥梁,建立互信,保障各项经济活动的顺利进行。无疑企业的信用名片是拓展市场的有效因素。

### 三、信用评估的对象与分类

信用评估包括对债务偿还能力的评价和债务偿还意愿的评价两个方面。债务偿还能力是指企业或有关方面经营中产生现金流的能力、资产变现产生现金流的能力,与需要偿还债务的压力、正常经营所需要的支出的压力的对比。债务偿还意愿主要是债务人偿还债务的主观想法,是否愿意及时偿还债务,过去的偿还记录是不是有赖账的历史。能力是客观的,意愿是主观的。

(一)信用评估的主体和客体

信用评估的主体即评估者和评估机构,一般为独立、中立并具有评价能力的法人评估单位。其中,信用分析师(Credit Analyst)就是从事信用分析和评估的专业人士。

信用评估的客体即被评估者或评估对象。概括地讲,信用评估的对象包括三个方面:

1. 实施债务融资的任何主体。所有符合法律规定的自然人、企业法人、政府机构等可以承担债务责任的借款人,都是信用评估的目标群体。

2. 为特定债务融资提供担保的实体。作为特定债务融资偿付风险评估的重要组成部分,对债务偿付作出的特定担保约定,也需要给以相应的非独立评估,即对债务偿付措施或信用担保实体的评估。

3. 经营活动中承担信用责任主体。金融机构在正常经营过程中,承担着资金的偿付责任,时刻面临资信风险,如银行、保险公司等。对金融机构的评估是信用评估的一个主要业务内容。

(二)信用评估的分类

1. 根据评估的范围,可将信用评估分为:证券评级、企业信誉评级、特定信用关系评价和个人信用评分。

证券评级是以企业或经济主体发行的有价证券为对象,对其企业素质、财务质量、收益水平、偿还能力、发展前景和风险程度等进行的评估。

企业信誉评级是以独立经营企业或经济主体为对象,对其在商品生产、经营、交换及各种商业往来、合作中履行承诺条件的兑现状况及信誉程度所进行的全方位评价。包括企业素质、资金实力、财务状况、资金信用、生产需求利用情况、经营效益和发展前景等。企业信誉评级,实际上就是经济运行主体评估。

特定信用关系评价是以独立经营的企业或主体与特定对方或特定项目的信用关系为对象,对其在商品生产、经营、交换及各种商业往来、合作中履行承诺条件的兑现状况及信誉程度所进行的特定评价。一般主要指企业与银行之间的信贷、结算关系;企业与各种经济主体或单位之间的信用关系。

个人信用评分是对在与市场经济交往过程中对履约有关资本项目、融资、契约或取得某种服务的能力及其信誉程度的综合评分。

2. 按照评估覆盖的期限(一般为一年),可以分为短期评级和长期评级。

3. 按照被评主体是否自愿接受评估划分,可以分为主动评级和被动评级。

如果是被评主体委托信用评估机构进行信用评估,一般称为主动评级,或称为委托评级。这时,信用评估机构可以获得被评对象的密切配合,可以获得比较全面、完整、真实的信息,可以得到内部的机密信息,从而可以作出更为准确的评价。

被动评级是指被评对象是被动的,没有委托信用评估机构对自己进行有关信用评估,而信用评估机构是根据自己收集的公开资料对被评对象进行评价。被动评级往往是信用评估机构应投资者的要求进行的,或者信用评估机构认为应该向投资者揭示有关风险而进行的,但也有的信用评估机构是为了迫使有关主体委托其评估而开展的。

4. 根据评估对象的不同,可以分为债务人评估和债项评级。

债务人评估,又称为整体债务的评级,主要是针对证券或金融契约的发行主体整体信用状况的评价,即是对受评对象自身偿付能力的评价,主要包括主权国家评级、非金融机构评级、金融机构评级等。

债项评级主要针对发行主体发行的特定金融工具展开评级,例如债券、可转换债券、商业票据、优先股、资产证券化等评级。它是在发行人信用等级的基础上,考虑每一种债务工具的特点和受保障的程度,来确定其最终信用等级。

5. 根据是否考虑主权风险,可以将信用评级分为主权评级和本币评级。

(三)信用评估的服务对象

信用评估的服务对象主要为以下三大类:

1. 投资者,尤其是社会公众投资者可以利用信用评估来减少因信息不对称而产生的投资风险。一个经济主体有没有经济能力偿还到期债务,或者是即使有偿还能力但经济主体是否有偿还债务的意愿,这是投资者在决定投资时必须考虑的问题。

根据实践经验,对这个问题的回答既不能听信于企业管理者自身,也不能依赖于证券承销机构,因为它们都与发行有着相关的经济利益关系。专业性评估机构由于处于中立的地位,能够通过对该经济组织的信用状况,包括对它以前债务履约情况的深入了解调查,科学的测算和详尽的比较分析,从而较客观、公正地将其信用度标示于公众。这是有利于广大公众投资者了解和识别资本市场中各类证券投资风险度,减少和避免由于信息不对称所引起的投资损失。

2. 融资者,尤其是急需资金的中小企业可以利用信用评估拓展融资渠道,降低融资费用。如果信用评估深入到资本市场的运作之中,并在制度上得到规范,这对缓解中小企业融资难的矛盾具有很积极的作用。在国际资本市场,信用等同于经济身份证,一个经济实体获得优质信用等级无异于得到进入资本市场融资的通行证。而且,资本市场投融资的惯例是,信用级别的高低与该投资风险成反比,而投资风险的高低又与融资成本(利率)成正比。

3. 行政管理部门,尤其是资本市场管理部门可以利用信用评估作为监督机制中的一种有效手段。资本市场是一个高风险市场,许多国家的政府都设立专门机构对资本市场的经营活动进行严格监管,以维持市场的稳定运作。其中一个重要的监督手段就是利用信用评估结果和信用评估信息,限定养老基金等机构投资的投资范围,禁止一些质量低劣、风险很大的证券进入资本市场,以保护投资者的利益。

### 四、信用评分介绍

信用评分是指根据客户的信用历史资料,利用一定的信用评分模型,得到不同等级的信用分数。根据客户的信用分数,授信者可以分析客户按时还款的可能性。据此,授信者可以决定是否准予授信以及授信的额度和利率。虽然授信者通过分析客户的信用历史资料,同样可以得到这样的分析结果,但利用信用评分却更加快速、更加客观、更具有一致性。

信用评分在信用评估行业中,其主要用于对小企业的信用评估和对消费者个人的信用评价。信用评分的目的是帮助信用提供者量化和管理包含在提供信用中的金融风险,以便于他们能够更好地而且更为客观地作出借贷决策。

(一)信用评分的发展

个人信用评分是预测贷款申请人或现有借款人违约可能性的一种定量分析方法。在美国等社会信用体系较发达的国家,自20世纪50年代以来,个人信用评分技术已取得了长足的进展,其应用领域也越来越广泛。到目前为止,个人信用评分不仅被广泛应用于信用卡等消费信贷领域,也越来越普遍地应用于住房按揭贷款等领域。

从21世纪初开始,我国的上海、深圳等地已经相继开始信用评分的试点工作,目前全国各地都在开始探索信用评分的模式。

(二)信用评分的方法

在信用评分的过程中,最关键的就是信用评分模型的构建。信用评分模型的基本原理是确定影响违约概率的因素,然后给予权重,计算其信用分数。信用评分模型的构建,目前最为有效的手段是数据挖掘。

数据挖掘的定义众说不一,但其关键可以被分成三个部分:数据、信息和商业决策,即数据挖掘就是一个从数据中汲取信息,并使用这些信息制定更好的商业决策的过程。

1. 信用评分模型构建步骤。利用数据挖掘技术构建信用评分模型一般可以分为10个步骤,它们分别是:商业目标确定、数据源识别、数据收集、数据筛选、数据质量检测、数据转换、数据挖掘、结果解释、应用建议和结果应用。

(1)商业目标确定:明确数据挖掘的目的或目标是成功完成任何数据挖掘项目的关键。例如,确定项目的目的是构建个人住房贷款的信用评分模型。

(2)确认数据源识别:在给定数据挖掘商业目标的情况下,下一个步骤是寻找可以解决和回答商业问题的数据。构建信用评分模型所需要的是关于客户的大量信息,应该尽量收集全面的信息。所需要的数据可能是业务数据,可能是数据库/数据仓库中存储的数据,也可能是外部数据。如果没有所需的数据,那么数据收集就是下一个必需的步骤。

(3)数据收集:如果银行内部不能满足构建模型所需的数据,就需要从外部收集,主要是从专门收集人口统计数据、消费者信用历史数据、地理变量、商业特征和人口普查数据的企业购买得到。

(4)数据筛选:对收集的数据进行筛选,为挖掘准备数据。在实际项目中,由于受到计算处理能力和项目期限的限制,在挖掘项目中想用到所有数据是不可能实现的。因此数据筛选是必不可少的。数据筛选考虑的因素包括数据样本的大小和质量。

(5)数据质量检测:一旦数据被筛选出来,成功的数据挖掘的下一步是数据质量检测和数据整合。目的就是提高筛选出来数据的质量。如果质量太低,就需要重新进行数据筛选。

(6)数据转换:在选择并检测了挖掘需要的数据、格式或变量后,在许多情况下数据转换非常必要。数据挖掘项目中的特殊转换方法取决于数据挖掘类型和数据挖掘工具。一旦数据转换完成,即可开始挖掘工作。

(7)数据挖掘:挖掘数据是所有数据挖掘项目中最核心的部分。在时间或其他相关条件(诸如软件等)允许的情况下,最好能够尝试多种不同的挖掘技巧。因为使用越多的数据挖掘技巧,可能就会解决越多的商业问题。而且使用多种不同的挖掘技巧可以对挖掘结果的质量进行检测。例如,在构建信用评分模型时,分类可以通过三种方法来实现:决策树,神经分类和逻辑回归,每一种方法都可能产生出不同的结果。如果多个不同方法生成的结果都相近或相同,那么挖掘结果是很稳定、可用度非常高的。如果得到的结果不同,在使用结果制定决策前必须查证问题所在。

(8)结果解释:数据挖掘之后,应该根据零售贷款业务情况、数据挖掘目标和商业目的来评估和解释挖掘的结果。

(9)应用建议:数据挖掘关键问题,是如何把分析结果即信用评分模型转化为商业利润。

(10)结果应用:通过数据挖掘技术构建的信用评分模型,有助于银行决策层了解整体风险分布情况,为风险管理提供基础。当然,其最直接的应用就是将信用评分模型反馈到银行的业务操作系统,指导零售信贷业务操作。

2. 信用风险评分模型构建方法

数据挖掘方法可以依据其功能被分成4组:预估模型、分类、链接分析和时间序列预测。每一项功能都可以被开发和修改成为适应不同业务的应用。比如:分类模型可以被运用到建立信用风险评分模型、信用风险评估模型、流失模型、欺诈预测模型和破产模型等。为实现数据挖掘的每一项功能,有许多不同的方法或算法可以使用。

信用风险评分模型主要是属于分类模型,所以用到的方法主要有分类分析和分割分析。分类分析主要方法包括:决策树、神经网络、区别分析、逻辑回归、概率回归;分割分析主要方法包括:K-平均值、人口统计分割、神经网络分割。

表4-1 信用评分基本情况比较

| 信用评分推行地 | 分值区间 | 级别划分 | 实施时间 |
|---|---|---|---|
| 美国 | 300至850(FICO) | A、B、C、D、E | 20世纪70年代 |
| 中国上海 | -600至1700 | A、B、C、D、E、F、G七个等级 | 2002年 |
| 中国深圳 | 320至800 | A、B、C、D、E、F六个等级 | 2003年 |
| 国内其他地方 | 基本上是百分制 | 各有不同等级 | 较晚或正试验 |

**五、信用评估与其他中介服务的区别与联系**

信用评估属于服务行业,在信用中介中,它与征信、担保等共同存在、协调发展。大部分人把信用评估与资产评估、会计与审计混为一谈,其实,它们之间虽有一定联系,但区别也非常明显。

从总体上来说,它们都是市场经济中具有不同职能作用、服务于不同目的的社会中介机构。它们之间相互无法代替,不能混业经营,但又互为条件,不可或缺:会计是审计的基础;会计、审计是资产评估的基础;会计、审计、资产评估又共同构成信用评估的基础。信用评估是较之于会计、审计、资产评估更复杂、技术性更高的工作。

(一)企业信用评估与资产评估的区别

企业信用评估与资产评估截然不同:

从评估目的来说,企业资产评估是对企业资产现实价值的重新确定,强调企业资产价值"量"的多少。其目的是为了计量企业资产的重置价值,在产权让渡时保证资产交易公平合理,防止流失;而企业信用评估强调的是在量的基础上企业资产的"质"。其目的是反映企业经济实力(量)和偿债能力(质),揭示信用风险、保护投资者利益。

从评估的内容来说,企业资产评估主要是对资产的新旧程度、技术性能、生产能力、质量状况等使用价值进行具体的分析和鉴定,公允地确定企业资产的市重置价格;而企业信用评估主要是对企业的企业素质、经营能力、获利能力、偿债能力、信用状况和发展前景等方面进行全面调研分析,把企业自主履行相应经济承诺能力和可信任程度的质量给出一个可能违约的风险等级,公允地反映企业的优劣程度。

从评估的方法来说,企业资产的评估要以当前的市场价格为依据,采用定量计算如收益增值法、重置成本法、现行市价法、历史成本法等方法得出;而企业信用评估主要是将与企业信用有关的历史与未来的各种要素(包括不确定因素)经过充分的调查研究,采用宏观与微观、静态与动态、定量与定性相结合的综合分析、专业判断的方法得出。而定性分析方法有时要起到主导作用。

(二)企业信用评估与会计、审计的区别

企业信用评估与会计、审计也截然不同:

会计主要是对企业的经营状况作"量"的记录,是企业资产量的系统反映和整理。强调的是合法性和真实性,会计结果负有法律责任;审计的政策性、针对性更强,直接依据财经政策、会计准则、规章制度的规定和要求,对审计对象的财务活动和会计核算进行监督检查。强调的是合法合规性、公允性和会计处理的一贯性。审计结果具有法律效力,但不对企业的能力和质量作出评价;而信用评估的范围要广泛得多,不仅要在企业会计、审计的基础上进行必要的复核,而且包括对企业的素质和经营管理水平以及经营成果进行分析评价,还要分析宏观形势、经济周期、产业政策、行业竞争、技术进步、开发创新等外部因素对企业发展前景的影响,最后对企业的经营风险作出"质"的评价和预测。从国际惯例来看,信用评估报告是投资人重要的决策工具,只承担道义上的责任,一般不承担法律责任。

## 六、信用评估机构

信用评估机构是在社会信用体系建设过程中根据投资者、筹资者、管理者及市场上各种与融、投资活动有关的参与者的需要自然产生的组织机构。

(一)信用评估机构的属性

按照国际惯例,对机构定性并归类,一般以法律条文作根据,其中以美国最具代表性。

在美国,对于评估机构没有特殊的法律规定与限制。最早,根据美国商法规定,美国的评估机构属于一般股份公司,当时比较著名的五大评估机构即穆迪公司(MOODY)、标准普尔公司(STANDARD & POOR)、菲奇公司(FITCH)、达夫公司(D&P)、麦卡锡公司(MCM)都是股份公司。

1940年美国投资咨询法颁布,其中第203条规定,投资咨询机构是有偿向顾客提示证券的实际价值,以及分析引导证券买卖交易的组织机构,或者对证券本身进行分析并提出报告的组织机构。评估机构的业务范围相当于投资咨询业中的后一种业务。据此,穆迪公司和标准普尔公司于1940年向美国证券交易委员会(SEC)进行了注册登记。

其中有一点必须引起注意,即评估机构虽属投资咨询公司,但一般投资咨询公司的法律限制却不适用于评估机构。目前,在美国,做评估业务的机构分为四大类:

1. 指被确定的一般公认评估机构如 MOODY、S&P、FITCH、D&P、MCM 公司。

2. 指被确定的一般公认的评估机构以外的评估机构,如专门从事商业票据评级的公司。

3. 指一些规模较小的评估机构,主要为投资者提供有关各行各业发行债券信誉情况的情报。

4. 虽然不称之为评估机构,但也向投资者提供投资情报服务,如投资银行、投资咨询公司。

评估机构的法人资格不仅在美国得到确认,在美国金融与实业扩展到的其他国家也同样得到确认。以受美国金融、实业甚至文化影响较深、较典型的加拿大为例,在加拿大,主要的评估机构是1972年在蒙特利尔成立的 CBRS 公司,及同年在多伦多市成立的 DBRS 公司,几乎所有在场企业,在发行公司债券时,都要取得这两家公司的评估。这种做法虽然没有明确的法律规定,但作为习惯,已根深蒂固。据统计,约有80%的公司债券接受评估机构的评级。

在全球范围内,有关信用评估机构的定义与法人资格情况分为三大类:

一类如美国,评估机构的定义与法人资格被广泛研究及有明确的法则规定,形成了一套评估制度,评估机构依法注册,作为独立的、专业的机构开展业务,其评估结果为社会服务,评估活动在经济活动中产生不可估量的影响。

一类如法国,没形成评估制度,也没独立的具有法人资格的评估机构,但评估活动却广泛存在。在这些国家里,具体的评估业务由与评估有关的其他机构开展,但这些机构通常是非专业评估机构。

另一类则既无评估制度,也无评估机构,更无评估活动。

(二)信用评估机构的社会性及其社会责任

信用评估活动是在证券市场的发展中产生的。它立足于健全投资机制,以公开、公平、公正的原则为筹资者正常融资铺平道路,为投资者提供投资参考和决策信息,为管理者的有效宏观调控提供科学依据。因此,既要同时为上述三者提供服务,又要客观、公正,信用评估机构就必须与上述三者以及一切与证券相关联的机构脱离,无任何挂靠,完全中立,站在整个证券运行机制之外,以旁观者的角度,去分析,去评价和判断。这样,信用评估机构应该具有社会性质,应该中立,完全脱离与评估有利害关系的各方。

信用评估机构应时刻信守它的宗旨与任务,应尽最大的努力对投资者提供有关的信用风险信息与意见。这就是信用评估机构的社会责任。

从很多事件中,我们可以得到这样一个经验,即在确定信用评估级别时,受影响最大的是投资者。一家公司的风险的变化,受影响最大的也是投资者。这些情况都要求评估机构给予及时、客观、公正的评价。有时会根据情况的变化,经常改变原来的评估级别。这种评估及其改变,经常会给评估机构本身带来很大压力。有时由于评估级别的确定,或评估结果的改变,还会引起债务发行者的不满,甚至抗议。面对这些情况,评估机构应该信守自己的社会责任,有勇气坚持己见,不屈服于压力,不随意改变评估结果。

(三)信用评估机构的独特竞争与联合发展

美国评估业的发展有一个很突出的特点,这个特点,现在也在欧洲得到了表现,即投资者一般需要至少两家评估机构的评估结果。大部分投资者不愿意只依赖一家评估机构的评估。因为投资者也需要有多方面的信息,多种意见。有两家以上的独立的专业评估人员,分别对一家公司及其债务进行分析,其结果可能更为可靠。因此,在美国的信用评估业不能由一家机构垄断评估业务,也不能垄断对投资者提供评估信息。评估机构之间是共同生存、平等竞争的。以此作为约束,使评估机构及其评估结果必须是最高质量的。这就使美国的信用评估业能够健康、有序发展。

从理论上说,信用评估机构作为投资机制中的咨询服务类企业,其主要职能与作用就是向投资者提供信息。只要投资者需要,评估机构就会产生,就能生存。那么投资者到底需要多少评估机构呢?是不是唯一的?或越多越好呢?答案当然不会是唯一的,这不符合投资者的心理。投资者之所以需要评估机构,就是因为需要评估机构为其作出客观的判断,为其提供信息和参考,使投资者从心理上认为自己的投资有一定依据,达到满足和平衡。为了满足这种心理,投资者在一家评估机构咨询,得到基本信息后,会寻找第二家评估机构作进一步验证。因此在一个投资者群体周围,应该有两个以上的为投资者群体服务的评估机构。

当然这不意味着评估机构越多越好。从实践上看,还有一个信息的可靠性与评估的权威性问题。首先,评估机构越多,投资者越不可能为了一笔投资,到处逐个咨询。事实上,既没这个精力,也没这个必要。其次,评估机构越多,权威性就有可能越差,信息的价值越低。试想,如果遍地是评估机构,到处是评估信息,那么这个信息就毫无价值,也毫无意义。

因此,评估既不是越多越好,也不是垄断与唯一的,应该有一个适度规模。这个规模应该由投资群体决定。在现实中,投资群体在投资咨询过程中,就已经决定和选择了,那些没被投资群体选择的评估机构,没有业务与收入,自然消亡。这完全符合市场规律,优胜劣汰。

总之,在商品经济的环境下,一切经营机制的运转都是反垄断的,信用评估业亦不例外。信用评估机构之间需要竞争,但这种竞争不同于工商企业,竞争的范围不能像工商企业那样广泛,竞争的程度自然也没有那么残酷与激烈。

**七、国际信用评估行业概况**

信用评估起源于美国。商业信用评估机构是信用评估机构的前身,其发展背景缘于金融环境的动荡。1931年,美国金融机关法规将民间信用评估作为法律规范的依据,遵守信用评估普及的基础。但是,真正蓬勃发展是在20世纪30年代,经济大萧条,投资大众风险意识的提高,为信用评估事业的发展提供一个很好的发展契机。

目前国际公认的专业信用评估机构只有三家,分别是穆迪、标准普尔和惠誉国际,其分支机构已经遍布全球重要的城市。"穆迪"擅长主权国家评级;"标准普尔"擅长企业评级;"惠誉国际"擅长金融机构与资产证券化评级(见表4-2)。

自1975年美国证券交易委员会SEC认可上述三家机构为"全国认定的评级组织"或称"NRSRO"(Nationally Recognized Statistical Rating Organization)后,三家机构就垄断了国际评级行业。据国际清算银行(BIS)的报告,在世界上所有参加信用评估的银行和机构中,穆迪涵盖了80%的银行和78%的机构,标准普尔涵盖了37%的银行和66%的机构,惠誉机构涵盖了27%的银行和8%的机构。

表4-2 三大评级机构比较

| 评估机构 | 总部 | 业务擅长 | 在中国状况 | 业务特点 | 备注 |
| --- | --- | --- | --- | --- | --- |
| 标准普尔<br>(STANDARD<br>&POORS) | 美国纽约 | 企业评级 | 2004年在北京成立代表处 | 擅长企业评估方面。旗下的MI-CROPAL机构则对基金和基金管理机构均进行评级。在对基金的评级中,力图对基金管理机构本身的评价融入到对基金表现的综合表中 | 三大国际顶级评估机构都已进入中国市场,并一直在关注中国的主权债券以及在海外证交所上市的中国机构的评级 |

续表

| 评估机构 | 总部 | 业务擅长 | 在中国状况 | 业务特点 | 备注 |
|---|---|---|---|---|---|
| 穆迪（MOODYS） | 美国纽约 | 主权国家评级 | 2003年在北京成立子机构 | 擅长主权国家评级，穆迪侧重于机构融资方面<br>目前穆迪发布的评估报告主要涉及国家主权评级，美国公共金融信用评估，银行业信用评估，机构金融信用评估，保险业信用评估，管理基金以及结构金融信用评估等几大方面 | 开始向中国本土资本市场拓展，中国本土基金，上市机构以及商业银行都已成为它们的考察对象 |
| 惠誉（FITCH RATING） | 纽约/伦敦 | 金融机构与结构融资即资产政权化评级 | 1998年，惠誉以合资的方式率先进入中国，成为三大国际评级机构中最早进入中国的先行者，2003年，惠誉在北京成立代表处，目前已经注册成立了一家独资机构，建立中国国内的分析师队伍 | 擅长金融机构与结构融资即资产证券化评级，更侧重于金融机构评级，其金融机构评级业务量在全球首屈一指<br>在结构融资方面，惠誉连续两年在亚太地区占有第二大市场份额<br>迄今已完成800多家保险机构评级，1000多家企业评估，以及全球78%的结构融资和70个国家的主权评级，其评估结果得到各国监管机构的债券投资者的认可 | |

## 八、我国信用评估行业发展现状

在新中国建立之后的较长时期中,我国并不存在信用评估机构和业务。因为,在高度集中的计划经济体制下,一切经济活动都是在层层的指令性计划之下进行,信用评估这一与市场经济作用机制密切相关的业务根本没有存在必要。我国的信用评估行业产生于1987年,是随着改革开放和市场化进程的推进,客观上产生了信用评估的业务要求。

我国信用评估行业的发展大致可以分为五个阶段。

信用评估行业的初创时期是从1987年至1989年,人民银行系统组建了20多家评估机构,各地专业银行的咨询机构、调查机构、信息咨询机构也展开了信用评估工作。

第二阶段是从1989年至1990年,人民银行和专业银行设立的评估机构一律撤销,信用评估业务交由信誉评级委员会办理。

第三阶段从1990年至1992年,信用评估事业进入了一个以组建信誉评估委员会为基础模式开展业务的新阶段。湖南省也在此时成立了信誉评级委员会三湘事务所,从事企业债券发行的评估业务工作。

第四阶段从1992年到1996年,信用评估业进入探索和调整阶段。1993年国务院发文提出,企业债券必须进行信用评估,并要求1亿元以上的企业债券要经过全国性的评估机构评估。在此阶段,我国开始初步建立起了自己的评估指标体系和方法,各地、各大中型城市几乎都有信用评估部门。

第五阶段从1997年到现在,是评估机构酝酿并迅速发展阶段。1997年中国人民银行发布的547号文件,确定中国诚信证券评估有限公司等9家机构具备全国企业债务信用评估资格,并明确确定企业债券发行主体在发债前,必须经人民银行总行认可的企业债券信用评估机构进行信用评估。人民银行各地的分行要求各商业银行对贷款1亿元以上的企业,除银行审贷部门评估外,同时由人行分行认可的独立评估机构进行信用评估。

目前各商业银行的信贷部门都兼有信用评估的职能。人民银行分行已陆续认定信用评估机构对贷款证企业进行一般信用评估跟踪评级。商业银行的贷款证评估正在成为信用评估机构的重要业务。目前已有一些规模较大的评估机构着手对银行、证券机构等机构进行自主评级。

据不完全统计,我国共有近70余家信用评估机构遍及28个省、自治区、直辖市。其中较为有影响的是中诚信、远东、大公等有限公司,如下表。

表 4-3　中诚信、远东、大公三机构的比较介绍

| 评估机构 | 成立时间 | 注册资金 | 注册地 | 从业范围 |
|---|---|---|---|---|
| 中国诚信证券评估有限公司 | 1992 年 10 月 | 8000 万元 | 北京 | 对发债企业进行信用评估,评定和公布各种有价证券及证券商的信用等级;对股票发行与上市公司的有关材料进行验查和评优;对企业的股份制改组,股票发行与上市和规范化管理提供会计、法律、金融等专业咨询和方案设计等项服务 |
| 上海远东资信评估公司 | 1987 年下半年 | 3000 万元 | 上海 | 主体业务是评定企业发行的债券、融资券和其他有价证券的信用等级,同时也进行企业信用度等级评估,资产证券化评级,信贷项目风险监管,工商企业重合同守信用评估,股份制企业资信评估,以及与上述内容有关的咨询活动 |
| 大公国际资信评估有限公司 | 1994 年 3 月 | 3000 万元 | 北京 | 主要业务范围包括对各类工商企业及商业银行、证券经纪公司、信托投资公司等金融企业的信用状况进行评估;对境内的外资企业和向国内外银行申请贷款企业的信用状况进行评估;对中国法人在境外投资项目的信用评估;为实行股份制改组的企业提供方案设计和法律、金融、会计等专业咨询,以及企业管理咨询;承办投资项目的可行性研究、评估及咨询;开展信用评估及相关业务的人员培训、国际交流和信息服务等 |

## 第二节　信用评估的要素与流程

### 一、信用评估的原则

（一）客观性原则

信用评估所依据的资料必须是客观可靠的,分析应当是实事求是的。这就要求评估人员对占有的资料要认真研究,调查核实;对分析材料要去粗取精、去伪存真、由表及里的综合分析;最充分和最合理地利用可能得到的信息。这样的评估结果才能客观地反映评估对象的真实状况,经得起市场的检验。

### (二)公正性原则

评估人员应该公正无私,不主观臆断,不带任何个人偏见。评估机构应最大限度规避关联关系。只有坚持公正的原则,评估结果才可能符合客观实际,得到社会公众的承认和信任。

### (三)科学性原则

评估工作的程序、标准和方法应当建立在科学的、制度化的基础上。工作程序是合理的、统一的,不因评估事项的难易而变化;评估标准是先进、谨慎和相对稳定的,不应随意提高或降低标准;采用的分析方法是科学的、恰当的,不应采用简单粗糙的方法评估。只有坚持科学性原则,评估结果才能达到"尽可能准确"的要求。

### (四)独立性原则

独立性是客观性、公正性、科学性的基础。评估机构和评估人员在评估工作中要排除来自任何方面的干扰,顶住压力,独立自主、实事求是地进行评估。坚持独立性原则,不卑不亢、不被外来因素所左右,才能谈得上客观性、公正性和科学性。只有这样,评估机构才能在客观公正科学中树立自己的权威,评估结果才能得到市场的认同和使用者的信赖。

### (五)咨询性原则

咨询性是由信用评估的性质所决定的,信用评估是评估机构对评估对象未来信用风险的科学的分析和预测,是专家的意见和判断。既是判断,就会因未来条件发生变化而使信用状况也发生相应的变化。因而,信用等级也不可能绝对地与无法预知的将来联系在一起。所以,评估机构只依法负有尽职调研的责任,对评估过程的合理性负责。评估结果是否被采纳完全取决于投资者的自由选择。投资者必须对评估结果有选择地利用,并对自己作出的选择承担全部责任。

### 二、信用评估的基本要素

信用评估,评些什么?依据什么评?换句话说就是,哪些要素在评估时是应该和必须考虑的。要素,意为重要方面的因素。要素可以由单一因素也可以由若干因素集合而成。信用评估是对经济主体履行信用的相关能力的评价。那么,哪些要素会影响企业履行信用的能力呢?

#### (一)国际上企业信用评估的基本要素

1. 5C要素。早在1910年,美国银行家波士特(William Post)在《发展信用中的4C要素》一书中首先提出构成企业信用的四项基本要素是:品格(Charater),指借款人的为人、名誉、信誉、商业道德、经营作风等;能力(Capacity)指借款人的才能、才华、业绩、教育程度、商业经验等;资本(Capital),指借款人的资本金、资产结构、负债情况等;担保品(Collateral),指借款人可作贷款抵押之用,容易变现的资产的价值和性质。后来,银行家基(Edward F. Gee)主张加上经营环境(Condition of Business),即借款人的供产销状况、市场条件、社会经济环境等,改称为5C信用要素。

2. 4F要素。罗勃特摩利斯协会以后把信用五要素改为三要素:将品格和能力合称为个人要素(Personal Factor),将资本和担保品合称为财务要素(Financial Factor),将经营环境改为经济要素(Economic Factor)。1955年,德类克又把个人要素改为管理要素(Management Factor),形成目前企业信用三要素(管理、财务、经济)。后来,欧洲、美国、日本等国在信用分析中发现,工商企业的成败都与内部组织管理有关,主张增加组织要素(Organization Factor),连同以上的三要素称为4F要素。

3. 5P要素。有的学者认为企业信用由五要素组成,即借款人(Person),指借款人的品格为人、经营管理能力、信誉状况、商业经验等;借款用途(Purpose),指借款人向银行借款的目的和贷款使用情况;还款财源(Payment),指借款人资金情况、还款来源;债权保护(Protection),指借款人的抵押品条件和担保人资信;前景展望(Perspective),指银行对借款人的事业能否持续发展及所担风险与贷款所得收益的利弊权衡。

4. 信用方程式。美国的贝克曼和巴特尔两位教授把信用5C要素中的品格、能力、资本三个内在要素进行不同组合,组成下列信用方程式:

良好的信用 = 品格 + 能力 + 资本

基本的信用 = 品格 + 能力 + 资本不足

或 = 品格 + 资本 + 能力不足

低劣的信用 = 品格 - 能力 - 资本

或 = 资本 - 品格 - 能力

欺诈的信用 = 能力 - 品格 - 资本

这就是说,企业具有良好的信用,必须具备良好的品格、资本和能力等三项要素;如果资本不足或能力不足,就不具有良好的信用,只能算是基本的信用;如果只有品格而没有能力和资本,或者只有资本而没有品格和能力,那就属于低劣的信用;如果只有能力而没有品格和资本,这就可能成为欺诈的信用。

(二)我国企业信用评估的基本要素

我国的市场经济尚处于初级阶段,我国的社会信用体系还没完全建立,社会信用缺失和信用风险的种种表现相当突出并未被得到有效的惩罚。理论上,在这样的环境下,一方面,给我们对企业信用评估基本要素的研究提供了十分丰富的题材,换句话说就是,一切可能影响企业道德水准和履约能力的现实问题和合理假设都是我们应该加以关注和考察的;另一方面,影响企业道德水准和履约能力的因素太多,又给我们信用评估增添了解决问题的难度。

在信用评估实务中,因为影响的因素太多。一方面只能有所取舍,尽可能地抓住重要方面和重要因素加以分析研究和评价;另一方面,对未被列为必须考察内容、现在不起眼,但可能酿成对未来的大局产生重大影响的因素,应该加以分析研究和判断。正因为如此,标准普尔称:信用评估"不仅仅是一门技术,重要的是一门艺术"。

结合成熟市场下信用要素 5C、4F、5P 的理论,我们从理论上对我国企业信用评估的基本要素归纳为以下几个方面:

1. 外部环境要素——经营环境。指影响企业经营的外部条件,包括法律环境、政策环境、经济环境、市场环境等。企业的生存和发展离不开经营环境,并受经营环境的制约。例如宏观经济形势、经济周期、宏观经济结构、财政政策、货币政策、收入政策、产业政策、税法、财务(会计)法规、市场供需、物价走势(通货膨胀)、汇率走势等因素,都不可抗拒地融会于企业的经营活动之中,并对企业的经营产生直接的影响。这种影响,有的是正面的,有的是负面的;有时是敏感的,有时是不太敏感的等。因此,在评价一个企业的信用时,必须捕捉外部环境的相关信息,分析外部环境诸因素中有哪些对企业其他要素将产生多大的影响,并从外部环境可能发生的变化中了解企业的对策和措施,预测企业经营的变化和发展的方向。

2. 信用的基础要素——企业素质。即企业综合素质(以下简称为企业素质),它是影响企业信用的内部因素,包括人力资源素质、经营管理素质、财务管理素质、技术素质和竞争实力等。企业的生存和发展有赖于企业素质这一具有基础性和决定性要素的状况。基础要素与企业信用的好坏密切相关,是企业信用状况的基本条件。一个素质好、基础扎实、拥有优势资源和潜力的企业,即使身处逆境中也具有顽强的生命力,其信用必然可靠;素质不好的企业,基础不扎实,则经不起冲击,即使信用目前可靠也不可能持久。企业素质并非与生俱来,也不可能在短期内得到提高,需要在市场环境下经过长期的努力和历练而逐渐积累,并会随着内外部条件的变化而发生变化。这就在客观上形成了不同企业间基础要素的差异性,在企业素质的提高进程和变化中,给我们考察企业信用提供了素材。

3. 信用的动力要素——经营能力。指作为经营者的企业,在经营环境要素的影响下依靠其自身的基础要素所发挥出来的作用和经营能力,它包括企业在利用上述要素的条件下运用经营手段实施经营的状况和成长性,以及影响企业未来经营的各项因素。企业的经营能力是推动企业不断发展从而不断改善信用状况的动力。有的企业当前的信用状况不太好,但其经营能力很强,成长很快,其信用状况就可能较快地得到扭转和改善;反之,企业的经营能力差或者逐渐削弱,即使现在的信用状况很好,也会因动力不足而衰退。因此,信用评估必须重视资信的动力要素,分析影响动力要素的各项因素,判断企业是向好的方向发展,还是向差的方向运行。

4. 信用的源泉要素——获利能力。它是在上述要素的作用下,企业所产生的经济效益和产生经济效益的持续性,它是企业一切经营行为的落脚点。一个亏损的企业,意味着入不敷出,其资金循环必然出现障碍、资本受到侵蚀,如期偿债和履行经济承诺就要因此受到影响,简单再生产也难以维持。只有盈利的企业,才能实现资金良性循环和资本的保值增值,简单再生产和扩大再生产才能延续下去。而获利能力低下的企业,即便它是盈利的,逐渐地它也要被获利能力更强的优势企业所淘汰,不可能在竞争中永远立于不败之地。企业能否如期履行经济承诺和偿债能力的强弱,归根到底取决于企业获利能力的高低,因此,获利能力是企业信用的源泉。

5. 信用的保证要素——偿债能力。指企业在上述要素作用下所产生的自主偿债的能力。企业偿债的资金来源可能是多样性的,除了自主偿债能力外,广义的偿债能力还包括非自主性的偿债因素,如企业间再融资、股东支持和改变债务期限等。但作为独立法人的企业,根本性的仍然是企业自身的自主偿债能力。特别值得注意的是,企业真正意义上的偿债能力是指企业依靠自身的实力偿还债务的能力。企业如期偿债和履行经济承诺,要靠自主的偿债能力作保证才是可持续的、根本的,"借东墙补西墙"只能是债务的延续。企业的信用,不能建立在靠非自主性偿债的基础之上。当然,企业间再融资、股东支持和改变债务期限等,可以暂时地缓解其偿债压力,维系其信用记录,这在债项评级时往往需要加以重视。但以经济主体为信用评估对象,考察的是其独立的偿债能力,无论如何非自主性的偿债因素不应是研究的重点。

6. 信用的表现要素——信用状况。包括偿债意愿和信用记录。企业的信用,最后要通过偿债意愿和信用记录表现出来,并通过信用记录来检验信用的好坏。一般来说,具有较强的自主偿债能力和偿债意愿的企业,能够按时履约保持其良好的信用记录。但值得注意的是:信用记录良好的企业,不一定具有较强的自主偿债能力。如上所述,企业偿债的资金来源可能是多样性的,在保持完好信用记录的企业中,有偿债意愿但偿债能力不足的企业,也可能借助于举借新债(借新还旧)或其他方式的支持来保持其良好的信用记录,充其量只属于偿债意愿良好。所以,信用评估不能只看信用记录的表象,还要区分非自主性的偿债因素,要透过现象看本质,才能掌握企业信用的真正全貌。信用记录好的债务人,其信用等级不一定亦高,只有依靠自身实力自主偿债和具有良好偿债意愿的企业,才是信用较好的企业。

7. 信用的后劲要素——发展前景。指可能继续体现在企业下一轮经济循环下,蕴含于经营环境、企业素质、经营能力、获利能力、偿债能力、信用状况要素之中的,对企业未来的生存和发展产生重大影响的相关因素。发展前景是上述要素的再循环,是对影响企业发展的内外部因素的再评价。

在市场经济条件下,市场不断地创造出机会,同时也不断地孕育着风险。企业的经营客观上受众多因素特别是重大因素的影响,任何可预见的重大因素如政策、重组、领导班子、核心技术、重大决策、重要客户、价格等的变化,都可能改变企业未来的经营,从而使其信用也产生相应的变化。信用评估就是要发现和捕捉这些信息,并对其未来一定时期的可能变化进行分析预测和前景展望。只有发展前景良好的企业,其信用才能继续巩固和提高。发展前景暗淡的企业,即使现在的信用良好,也会很快衰退。

综上所述,我们按逻辑推理的方式从理论上对影响企业信用的外部环境、基础、动力、源泉、保证、表现、后劲等进行分析,从企业经营学的角度归纳了影响企业信用的经营环境、企业素质、经营能力、获利能力、偿债能力、信用状况和发展前景等七要素的观点。目前,国内外理论界提出的信用要素观点都没有超出上述的内容。

### 三、信用等级的划分与标识

信用等级是由一套符号来表示,各符号代表了不同程度的违约风险。发展至今,各个主要评估机构之间,其符号系统已大致相互对应。

(一)信用等级符号(Credit Rating Symbol)

信用等级符号是表示信用等级高低的具有特定信用水平含义的数字、字母的结合。由于等级数目有限,仅以基本符号作为违约概率的分级指标,其所提供的信息似乎过于粗糙。因此,20世纪70年代,开始出现基于基本等级基础上的更加细分的系统,即在基本等级之后另加记号细分,比如"+"或"-","1""2"和"3"。

1. 世界三大评级机构的信用等级符号

标准普尔、穆迪、惠誉国际等三大公司的信用等级符号参见表4-4。各评级基本符号及其所代表的意义,参见后面各表。

表 4-4 三家国际评级机构的信用等级符号

| 标准普尔 | | 穆迪 | | 惠誉 | |
| --- | --- | --- | --- | --- | --- |
| 长期债 | 短期债 | 长期债 | 短期债 | 长期债 | 短期债 |
| AAA | A-1+ | Aaa | | AAA | F1+ |
| AA+ | A-1+ | Aa1 | | AA+ | F1+ |
| AA | A-1+ | Aa2 | | AA | F1+ |
| AA- | A-1+ | Aa3 | | AA- | F1+ |
| A+ | A-1 | A1 | | A+ | F1+ |
| A | A-1 | A2 | | A | F1 |
| A- | A-2 | A3 | P-1 | A- | F1 |
| BBB+ | A-2 | Baa1 | P-1 | BBB+ | F2 |
| BBB | A-2/A-3 | Baa2 | P-1 | BBB | F2 |
| BBB- | A-3 | Baa3 | P-1 | BBB- | F2/F3 |
| BB+ | B | Ba1 | P-1 | BB+ | F3 |
| BB | B | Ba2 | P-1 | BB | B |
| BB- | B | Ba3 | P-2 | BB- | B |
| B+ | B | B1 | P-2 | B+ | B |
| B | B | B2 | P-2/P-3 | B | C |
| B- | B | B3 | P-3 | B- | C |
| CCC+ | C | Caa1 | | CCC+ | C |
| CCC | C | Caa2 | | CCC | C |
| CCC- | C | Caa3 | | CCC- | C |
| CC | C | Ca | | CC | C |
| C | C | C | | C | C |

表 4-5 标准普尔的中长期债券等级符号系统

| AAA | 最高的评级,表示受评者具有极佳的偿还能力,而且此能力不太可能因可预见的不利事件受损 |
| --- | --- |
| AA | 与 AAA 等级债券只有小部分差异,表示受评者具有良好的偿债能力,可预见的不利事件不致产生重大的不利影响 |
| A | 受评者可能因经济情况及经营环境变迁而有负面影响,唯其偿债能力仍佳 |
| BBB | 受评者的偿债能力尚佳,唯受经济状况及经营环境变迁影响,可能削弱偿还能力,是投资级债券中信用强度最低者 |

续表

| | |
|---|---|
| BB | 自本级以下列属投机级。如遇重大而持续的不确定状况,可能危及公司的偿债能力,但可能获得必要的财务支援 |
| B | 目前尚具有偿还能力,然而一旦财务、业务或是经济状况逆转,都可能损失其偿债的能力或意愿 |
| CCC | 目前已快到偿债违约边缘,尚能按时履约。主要是靠市场需求在支撑 |
| CC | 已极度逼近偿债违约边缘 |
| C | 指未能支付利息收益债券,或是虽然尚未正式宣布违约,但已由若干债务或是其他类似纠纷发生了 |
| D | 已有偿债违约事情发生,没有信用等级 |

(资料来源:标准普尔公司)

表4-6 穆迪的中长期等级符号系统

| | |
|---|---|
| Aaa | 此等级债券为品质最佳的债券,投资风险很低,一般被视为优良债券。其债券利息受发行企业特别稳定的营业盈余保障,债券本金也受保障 |
| Aa | 此等级债券为高品质债券,与Aaa等级同被视为最高级债券。因为营业盈余不若Aaa等级债券,或保障因素变动可能性大,或其他因素显示长期风险偏高,致使Aa债券评级略逊于Aaa等级债券 |
| A | 此等级债券偿付本金及利息的保障因素尚属适当,但是未来可能发生变化,属于中上等级 |
| Baa | 此等级债券为中级债券,偿付债券及利息的保障因素尚属适当,但就长期而言,较确定的保障因素并不可靠,本质上具有投机性 |
| Ba | 此等级债券具有投机性,偿付本金及利息的保障因素尚属适当,但未来不论时机好坏与否,均未具备完全的保障性 |
| B | 此等级债券为缺乏适合投资特性的债券,本息场负于其他契约条款能够依约履行的保障很小 |
| Caa | 此等级债券属评级差的债券,可能有债券契约无法履行,或债券契约无法偿还的危险性 |
| Ca | 此等级债券位具高度投机性的债券,常有债券契约条款无法履行,或是其他显著缺点 |
| C | 此等级债券为最低等级债券,其投资地位展望极差 |

(资料来源:穆迪公司)

表4-7 标准普尔的短期评级等级符号

| A-1 | 短期清偿能力强 |
|---|---|
| A-2 | 短期清偿能力佳 |
| A-3 | 短期清偿能力尚可 |
| B | 具备投机性。受评者目前仍有偿债能力,但存有不确定因素,可能损及其清偿能力 |
| C | 受评者无法保证债务的清偿,其偿债能力须视业务、财务、经济状况是否有利而定 |
| D | 已有违约情况发生,没有信用等级 |

(资料来源:标准普尔公司)

表4-8 穆迪公司的短期评级等级符号

| prime-1 | 短期清偿能力强 |
|---|---|
| prime-2 | 短期清偿能力佳 |
| prime-3 | 短期清偿能力尚可接受 |
| nor prime | 其他 |

(资料来源:穆迪公司)

表4-9 评级等级粗分表

|  | 高级品质债券 | 投资级债券 | 次标准级债券 | 投机级债券 |
|---|---|---|---|---|
| 标准普尔 | AAA,AA | A,BBB | BB,B | CCC—D |
| 穆迪 | Aaa,Aa | A,Baa | Ba,B | Caa—C |

2. 我国的信用评估符号

借鉴国际惯例,我国目前使用的长期信用等级标识系统一般分为三等九级制。投资级包括AAA,AA,A和BBB,投机级包括BB,B,CCC,CC,C五个等级。最高等级为AAA级。每个信用等级可用"+"、"-"号进行微调。

《中国人民银行信用评级管理指导意见》(银发〔2006〕95号)对信用评级的等级标识及含义作了明确的规定。

(1)银行间债券市场长期债券信用等级划分为三等九级,符号表示分别为:AAA、AA、A、BBB、BB、B、CCC、CC、C。等级含义如表4-10。

表 4-10 我国长期债券信用登记符号系统

| | |
|---|---|
| AAA | 偿还债务的能力极强,基本不受不利经济环境的影响,违约风险极低 |
| AA | 偿还债务的能力很强,受不利经济环境的影响不大,违约风险很低 |
| A | 偿还债务能力较强,较易受不利经济环境的影响,违约风险较低 |
| BBB | 偿还债务能力一般,受不利经济环境影响较大,违约风险一般 |
| BB | 偿还债务能力较弱,受不利经济环境影响很大,有较高违约风险 |
| B | 偿还债务的能力较大地依赖于良好的经济环境,违约风险很高 |
| CCC | 偿还债务的能力极度依赖于良好的经济环境,违约风险极高 |
| CC | 在破产或重组时可获得保护较小,基本不能保证偿还债务 |
| C | 不能偿还债务 |

除 AAA 级,CCC 级以下等级外,每一个信用等级可用"+""-"符号进行微调,表示略高或略低于本等级。

（2）借款企业信用等级分三等九级,即:AAA、AA、A、BBB、BB、B、CCC、CC、C。等级含义如下,见表 4-11。

表 4-11 贷款企业资信等级标准

| 等级 | | 内容 |
|---|---|---|
| A | AAA | 短期债务的支付能力和长期债务的偿还能力具有最大保障;经营处于良性循环状态,不确定因素对经营与发展的影响最小 |
| | AA | 短期债务的支付能力和长期债务的偿还能力很强;经营处于良性循环状态,不确定因素对经营与发展的影响很小 |
| | A | 短期债务的支付能力和长期债务的偿还能力较强;企业经营处于良性循环状态,未来经营与发展易受企业内外部不确定因素的影响,盈利能力和偿债能力会产生波动 |
| B | BBB | 短期债务的支付能力和长期债务偿还能力一般,目前对本息的保障尚属适当;企业经营处于良性循环状态,未来经营与发展受企业内外部不确定因素的影响,盈利能力和偿债能力会有较大波动,约定的条件可能不足以保障本息的安全 |
| | BB | 短期债务支付能力和长期债务偿还能力较弱;企业经营与发展状况不佳,支付能力不稳定,有一定风险 |
| | B | 短期债务支付能力和长期债务偿还能力较差;受内外不确定因素的影响,企业经营较困难,支付能力具有较大的不确定性,风险较大 |

续表

| 等级 | | 内容 |
|---|---|---|
| B | CCC | 短期债务支付能力和长期债务偿还能力很差;受内外不确定因素的影响,企业经营困难,支付能力很困难,风险很大 |
| | CC | 短期债务的支付能力和长期债务的偿还能力严重不足;经营状况差,促使企业经营及发展走向良性循环状态的内外部因素很少,风险极大 |
| | C | 短期债务支付困难,长期债务偿还能力极差;企业经营状况一直不好,基本处于恶性循环状态,促使企业经营及发展走向良性循环状态的内外部因素极少,企业濒临破产 |

每一个信用等级可用"+""-"符号进行微调,表示略高或略低于本等级,但不包括 AAA +。

(3)银行间债券市场短期债券信用等级划分为四等六级,符号表示分别为:A-1、A-2、A-3、B、C、D。等级含义如表4-12。

表4-12 短期债券等级符号系统

| 等级 | | 内容 |
|---|---|---|
| A | A-1 | 为最高级短期债券,其还本付息能力最强,安全性最高 |
| | A-2 | 还本付息能力较强,安全性较高 |
| | A-3 | 还本付息能力一般,安全性易受不良环境变化的影响 |
| B | | 还本付息能力较低,有一定的违约风险 |
| C | | 还本付息能力很低,违约风险较高 |
| D | | 不能按期还本付息 |

每一个信用等级均不进行微调。

(4)担保机构信用等级的设置采用三等九级。符号表示分别为:AAA、AA、A、BBB、BB、B、CCC、CC、C。等级含义如表4-13。

表 4-13　担保机构信用等级符号标识

| 等级 | | 内容 |
|---|---|---|
| A | AAA | 代偿能力最强,绩效管理和风险管理能力极强,风险最小 |
| | AA | 代偿能力很强,绩效管理和风险管理能力很强,风险很小 |
| | A | 代偿能力较强,绩效管理和风险管理能力较强,尽管有时会受经营环境和其他内外部条件变化的影响,但是风险小 |
| B | BBB | 有一定的代偿能力,绩效管理和风险管理能力一般,易受经营环境和其他内外部条件变化的影响,风险较小 |
| | BB | 代偿能力较弱,绩效管理和风险管理能力较弱,有一定风险 |
| | B | 代偿能力较差,绩效管理和风险管理能力弱,有较大风险 |
| C | CCC | 代偿能力很差,在经营、管理、抵御风险等方面存在问题,有很大风险 |
| | CC | 代偿能力极差,在经营、管理、抵御风险等方面有严重问题,风险极大 |
| | C | 濒临破产,没有代偿债务能力 |

除 CCC 级以下等级外,每一个信用等级可用"＋""－"符号进行微调,表示略高或略低于本等级,但不包括 AAA＋。

(二)等级公告

等级公告就是信用评估公司把评估报告主要内容及信用等级在公开渠道上向社会公示。可以是在评估公司自己的公开网站上登载,以新闻的方式在公开媒体上摘要刊登,或收录于公司有偿的服务信息刊物,或上报相关的政府监督部门及有偿出售各类社会机构。

**四、信用评估的工作程序**

经过信用评估得出的评估结果不仅仅是企业信用风险的真实写照,同时也关系到投资者的投资决策,也影响到企业的融资和经营环境。不同的评估机构各有其独特的评估架构和评估方法,但是评估流程大体上差不多。综合起来包括:前期准备、尽职调查、信息处理、初步评估、确定等级、公布等级、跟踪评级、档案管理等八个阶段的评估程序。专业的评估机构都规定了每个环节的最低评估工作要求和时间限制。

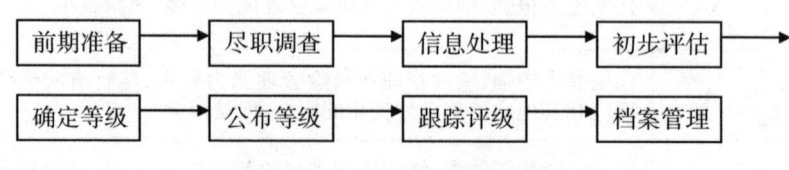

图4-1 信用评估工作程序

(一)前期准备阶段

1. 提出申请。受评对象向评估机构提出申请,申请接受评估的意愿,并填写各种评估所需要的表格,同时附上相关资料,并提交一份正式声明。

发行公司如果未申请信用评估,有的评估机构也会主动进行评级,不论发行公司是否同意,有无付费。

2. 确定评估关系。评估对象向评估机构送达《评级调查资料文本》和初期评估资料文件,与评估机构签订《信用评估合同》并支付评估费用,依法确定双方的评估关系。

3. 初步会谈。评估机构安排与受评对象经营主管进行初步会谈,建立双方对未来评估进行方式与程序的共识。评估机构的相关人员会向申请评估的对象解释后续的流程,并说明除了报表资料外,还有哪些评估所需要的信息与资料。

4. 成立评估小组。评估机构根据受评对象的产业特性,由具有产业及相关专业的分析师组成分析小组,便于对受评对象进行调查、分析和评估。一般根据评估项目的难易程度,评估小组成员界定在2—6人。

5. 制订评估方案。评估机构根据评估对象的规模、行业特点、工作复杂程度,在阅读了评估对象提供的前期资料后,拟订评估工作方案,确定评估重点。

(二)尽职调查阶段

1. 收集宏观和行业信息。根据评估对象的特点,收集国家行业政策,利用评估数据库搜寻行业信息。

2. 问题列示。评估小组的分析人员分析受评组织提交的相关资料后,列出需要进一步澄清的问题,需要受评组织详细说明或提供更详细的资料。

3. 回答问题。受评对象安排会议,由高层主管答复评估机构提出的尚待澄清的问题,并就评估所需要的信息作更详细的说明,比如,战略目标、经营策略、市场竞争地位、销售渠道情况等、财务及融资管理甚至个别部门的相关信息等。评估机构对会谈内容绝对保密。

该阶段的沟通对接下来的评估至关重要。一方面,受评估对象的管理层要充分准备并给予详细回答;另一方面,分析师不会完全听信管理层的片面之词,但是对管理层提出来的未来预测相当重视,因为它可能代表了授评组织管理团队对组织未来发展的看法,也可能包括了管理层准备如何迎接未来市场的计划。

(三)信息处理阶段

分析小组对受评对象的各种公开资料和非公开资料进行分析。资料来源除了受评组织提供外,还包括向相关债权人、承销商、供应商等所搜集来的资料,以及产业分析与高层经理的背景等因素。综合以上因素,进行全面的深度评估。

(四)初步评估阶段

期间会召开多次研讨会,最后达成小组共识,并拟出完整的评估小组的分析报告。

(五)确定等级阶段

评估小组的初步评估报告完成后,由评估机构内部安排专家评审会的工作时间,对评估对象的信用等级进行评审。

分析小组将分析报告提交评级委员会审核,专家对分析结果进行研讨,在讨论的过程中,评估小组长能及时有效地回答专家的疑问,最后由专家投票决定评估对象的信用等级。评级委员会没有固定的规模或委员,因个案调整。

(六)公布等级阶段

1. 通知受评者。评估机构将评估结果及其理由通知受评对象。受评对象若对评估机构的结果不满意,可向评估机构提出复评申请,另行提供新的资料给评估机构。申请复评仅限于一次。

2. 公布。评估机构公布评估结果,但是所有机密性资料不在公布之列,包括受评者认为机密的部分,以及评级委员会的成员名单与决策过程。

(七)跟踪评级阶段

跟踪评级分一般性跟踪评级和特殊情况跟踪评级两种。

评估结果公布后,评估公司仍须继续搜集受评对象的各项资料,包括与所有国家的政治经济形势、所属产业的发展趋势有关者,也包括受评者本身的财务报表、公开说明书、契约条款、其他相关资料等。通常固定每年会有一次的复检,有时也不定期拜访公司主管,以了解公司内部的变化及产业的走势。

### (八)评估归档阶段

项目评估结束后,评估机构应及时归并评估对象的资料,按照评估机构档案管理的要求,整理归档保管,接受征信管理部门的监管与评估机构内部的信息查阅。

由以上信用评估的流程可知,在评估过程中牵涉到大量的信息和对未来的评估预测,完全数量化的评估有困难,基于专业知识的主观判断不可避免。

## 第三节 信用评估体系

### 一、信用评估体系概述

所谓信用评估体系,是指信用评估机构在对评估对象的信用状况进行评估时所使用的评估要素、评估程序、评估指标体系、评估模型、指标定义、评估方法、参照标准、指标权重、记分方法、信用等级含义等的总称。

信用评估体系是评估机构和评估人员从事信用评估工作的主要依据,同时也是监管部门对评估机构实施合规性、合理性监督的重要依据。因此,建立完善的信用评估体系是每个信用评估机构所长期不懈努力的目标。

由于信用评估体系设置十分复杂,各国、各地区的不同评估机构因评估理念的不同,其评估体系的建设也"仁者见仁,智者见智"。要构成一套完整的体系,必须经过长时间的数据信息的积累,投入相当的人力、物力、财力,形成评估机构自己的核心评估技术。如国际著名的穆迪和标准普尔对评估要素、评估程序、评估指标体系、评估模型、指标定义、评估方法、信用等级含义是公开的,而对指标参照标准、指标权重、记分方法等方面是非公开的,这就是评估的核心。

从目前我国的信用评估行业来看,各个评估机构的评估要素、评估程序、评估指标体系、评估模型、指标定义、评估方法、信用等级含义等基本上是接近的,而各自所适应的评估模型、指标如何设置、指标值如何确定以及某个指标在评估过程中的重要程度等都各自有特性。

### 二、信用评估指标体系

企业信用是一个复杂的总体,市场运行中各种经济的和非经济的因素对企业的信用指标都将产生直接或间接、或多或少的影响。我们建立的每一项指标,不仅要反映企业信用状况中某一方面的个别特征和问题,也要显示相关因素对该指标综合作用的结果。把反映信用状况各个方面特征的许多相互联系相互制约的指标有机地结合在一起,判断信用状况全貌的指标体系,就是信用评估指标体系。

在选择指标和建立指标体系的过程中,不同评估机构对信用要素的理解会有各自的特点。比如,有些评估机构会认为只有具备一定规模的企业才能有足够的能力抵御市场风险,因此评估时必须要有反映企业规模大小的指标。但标准普尔则不这么认为,他们认为在市场上,小企业也同样拥有竞争优势,规模大并不意味着有竞争力,所以标准普尔在对企业评估时不考虑企业规模因素,但这并不表明它不对企业规模进行分析。因此,指标的设置可以是一回事,分析则是另一回事,不同评估机构都可以允许用不同的指标。

指标体系通常是由主干指标构成,也称为一级指标。一级指标应选取那些能够反映企业某个信用要素主要方面内容的指标。在主干指标项下根据需要还可以设置辅助指标,也称为二级指标,用于对主干指标的结构(因素)分析,以进一步说明主干指标变化是什么因素影响的。有的还设置三级指标(二级和三级指标一般是在评估操作细则中体现)。比如,总资产周转率为主干指标,项下还可设流动资产周转率和固定资产周转率,可分别用于评价流动资产的营运效率和固定资产的利用效率。

下面以工业企业为例,将其信用评估的主干指标体系框架列示如下供参考:

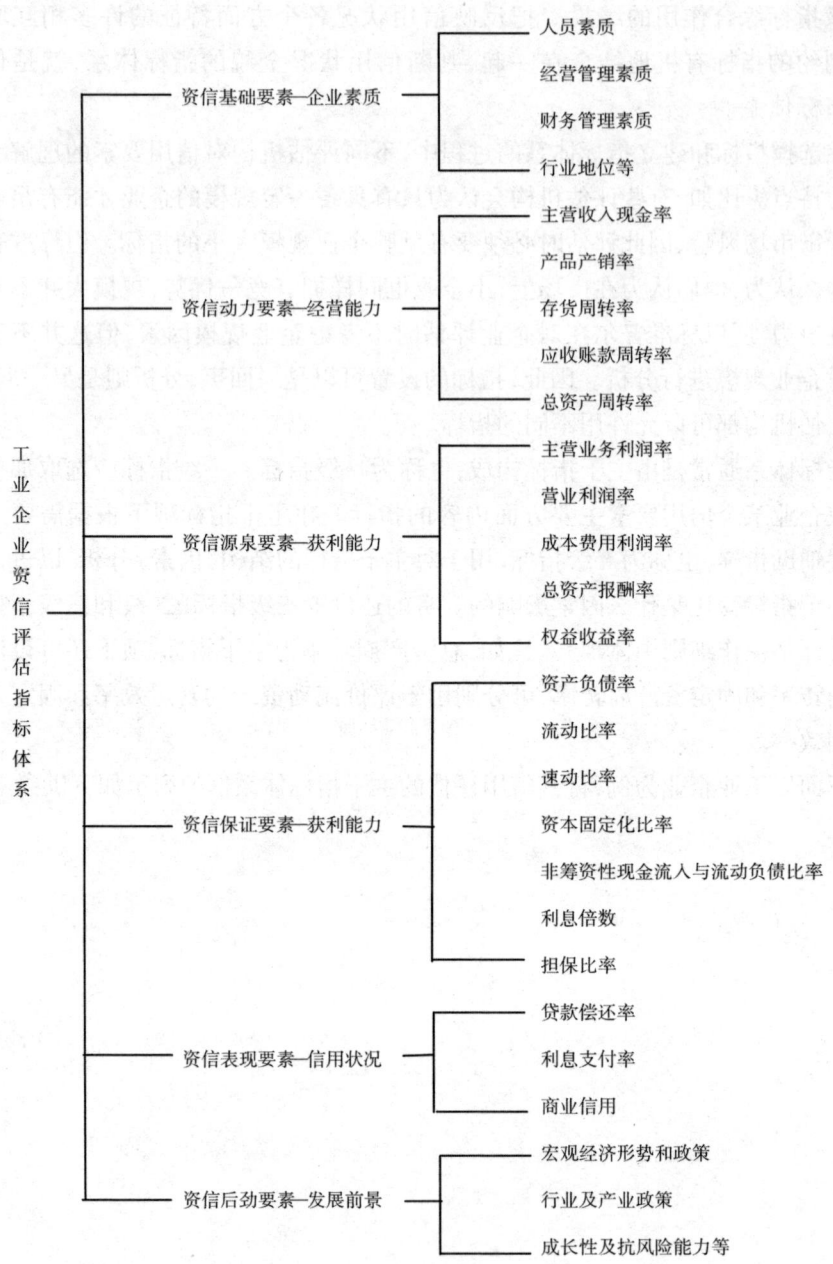

图 4-2 信用评估指标体系框架图

需要特别指出的是:这些主干指标绝不是评估内容的全部,二、三级指标也是评估的重要相关内容。

## 第四节 信用评估分析方法

### 一、信用评估分析框架

企业信用分析框架是用最精练的表达方式,一方面告诉评估机构或评估人员在从事企业信用评估工作时的工作规范和操作指引,它就像是"路标",帮助评估人员厘清思路,循序渐进,步步深化,水到渠成地达到目标;另一方面也提示人们,一项称之为合格的评估,需要做哪些工作,这些工作将是怎样展开的,其结果又是如何形成的。它也是市场和监管当局对评估机构评估过程的合规性、合理性实施监督的主要依据。

企业信用分析框架构建的是信用分析体系的基本轮廓,是对企业信用分析的总体规划。为了便于表述,我们将分为框架之一和框架之二分别加以说明。

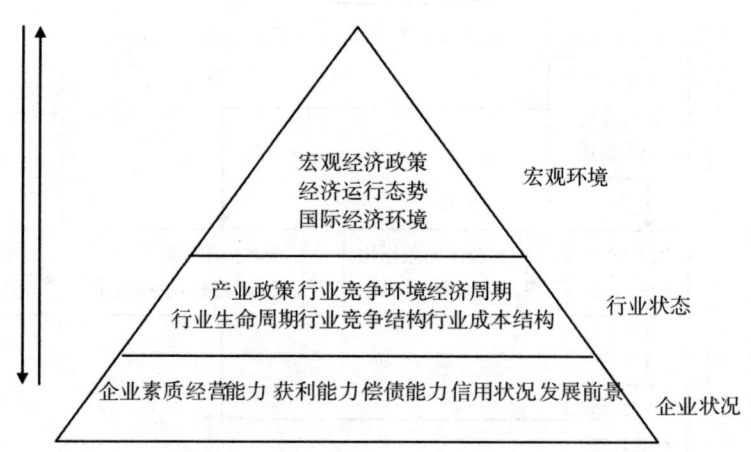

图 4-3 信用分析框架之一

信用分析框架之一主要是将信用评估六要素与影响信用六要素的外部环境因素及它们之间的关系勾勒出来(见图 4-4)。其中宏观环境包括宏观经济政策、经济运行态势和国际经济环境等因素;行业状况包括产业政策、行业竞争环境、经济周期、行业生命周期、行业竞争结构和行业成本结构等因素；企业状况包括企业素质、经营能力、获利能力、偿债能力、信用状况和发展前景等。

分析框架由下往上看，说明的是，从微观经济到宏观经济的运行轨迹；从分析的角度看，则要说明的是，对企业状况中每一个要素的分析都要求与行业状况和宏观环境相关因素对它们的影响相联系，这种分析方法也叫逆分析。分析框架从上往下看，说明的是，从宏观环境变化开始，其各种因素的影响力逐步深入到行业状况和企业状况的轨迹；从分析的角度看，则要说明的是，宏观经济的每一个因素及其变化都会对企业的运行产生影响，企业信用分析从宏观分析开始逐步深入，直到对企业每一个具体要素的分析，这种分析方法也叫顺分析。

信用分析框架之二主要是将企业信用分析内容的主要方面、评估过程及所运用的方法和分析路径勾勒出来（见图4-5）。其中，在分析内容的主要方面，包括宏观分析和微观分析，在微观活动中包括企业分析和股东背景以及外部支持情况的分析；在评估过程及所运用的方法上包括各个分析阶段的定量分析与定性分析、静态分析与动态分析、微观分析与宏观分析；在分析路径上由外及里、由现状分析到未来趋势的分析和预测直到最后确定等级。

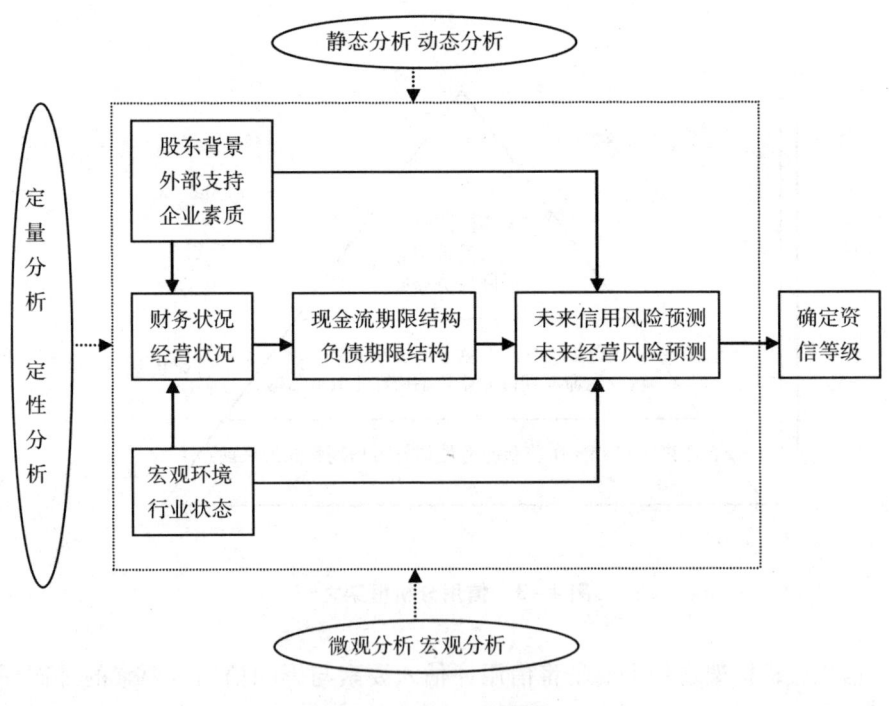

图4-4 信用分析框架之二

## 二、定量分析与定性分析

信用评估以定量分析为基础,但不仅仅局限于定量分析,还需要进行定性分析。在评估中,定量分析与定性分析不应视为分别独立的两种分析,作为专业评估机构,必须将客观定量评价与主观定性评价相互映照,从而才能对企业的"质量"作出公正、科学的评价。

定量分析就是对与企业信用状况有关可量化的经济指标从数量上确定差异的一种方法。

定量分析主要通过选取一系列可量化的经济指标作为衡量企业信用的标志,在考察企业的经营能力、获利能力、偿债能力、信用状况等经济数据的真实性、准确性的基础上,对反映企业经营状况的经济指标进行数据的长期跟踪和积累,在基本掌握其经济数据的波动状况后,确定出指标的统计特征(如上升、持平、下降),并与行业水平(平均值、先进值)或评估参照标准进行比较,计算出差距,分析差距的原因,进而做出信用评价。这样,通过比较,分析差距,找出原因,有助于企业改善信用状况。值得注意的是,由于企业的经济(财务)指标会随着经济周期的变化而波动,因此定量分析也需要根据经济周期的不同阶段来调整相应的参照标准。

定性分析就是在定量分析的基础上将企业内部因素与外部因素相结合,确定企业指标的先进性,并考察非财务因素对指标的影响,进而对企业"质量"和发展变化趋势进行分析评价的一种方法。定性分析在不可量化的方面,更多的是体现人员个人和集体的素质和经验。

在企业的信用要素中,其中有些因素特别是非财务因素用定量指标是难以量化的,必须进行定性分析。如法律、政策、经济周期、行业特征、特殊事件的影响、企业法人治理结构、企业素质、外部支持力度和发展前景等方面的特性及存在的差异和影响程度,这些因素难以量化,但又对企业的发展产生极大的影响,需要通过定性分析作出符合客观存在的主观判断。

在评估体系中,要定量分析与定性分析相结合,这一点都没有异议。但如何结合,意见分歧较大。在美国的著名评估机构看来,对企业评估既是一种科学方法,也是一门艺术,定量是基础,而定性更是必不可少,在不可量化的方面更多的是体现评估人员的素质和经验。美国的评估制度虽然也重视定量的经济指标分析,但其最终结果还要依靠分析人员的主观判断,最后由评估委员会投票决定。他们认为,利用数学模型或函数变量对过去的财务数据进行分析仅仅是评估的出发点,如果不在此基础上对市场环境、国际竞争能力、经营者素质、发展前景等进行分析,则评估很难得出正确的结论。

在评估体系中,定量分析与定性分析如何结合并不是机械地确定定量与定性的各自比重,定量与定性只是相对而言的,对能够量化的因素要尽可能地量化,对不容易、不可能或量化后容易产生以偏概全的就不应该将其量化。对一些指标可能偏重于定性分析,而另一些指标可能偏重于定量分析。从系统分析的观点来看,定量是基础,没有定量分析就不能揭示事物的状态;而定性是定量的深化,没有定性分析就不能揭示事物的特性和本质。因此,定量分析与定性分析只能相互结合,两者相辅相成,相互交错运用才能得出正确的结论。同时,在分析中把定性分析寓于定量分析之中,定量分析也寓于定性分析之中,相互补充,相互映照,相互修正,使得出的评估观点有定性分析和定量分析结论的支持。

### 三、信用评估的要素分析

在前面的内容我们已经了解了评估所组成的相关要素,对这些要素进行具体分析就是我们评估小组的专业人员所要从事的严谨的评估分析工作。

(一)企业素质分析

企业素质分析是一个综合的概念,它主要考察公司治理机制、领导人素质、企业文化、员工素质、管理水平、技术水平、设备状况、激励机制和行业地位等方面。

1. 企业法人治理结构。法人治理结构的核心内容是体制和机制问题,它对企业发展来说是一项长效机制。简单地说,企业法人治理结构就是关于企业体制和机制的制度性安排。企业体制和机制的制度性安排是否"合身",决定了企业的长远发展。

2. 领导者素质。领导者是企业的一面旗帜,有什么样的领导就带出什么样的企业。对于一个企业的领导来说,领导者个人已非自然人的概念了。企业的领导者可以是某位董事长、总经理或 CEO 个人,也可能是一个领导层群体的概念。一般来说,一个追求卓有成效的企业,其领导者应该是一个互补型的领导集体。但各个企业的具体情况不同,不能一概而论。在信用评估中,对企业领导者素质的评价,要根据企业的实际情况而定。

3. 企业文化。所谓企业文化是指一个企业在长期的发展过程中逐步培育和不断提炼出来的,并为员工所认同的价值趋同、行为模式和习惯的规范。一个高素质的领导者群体,对企业文化的建设也是十分重视的。

4. 员工素质。通常以下几方面的状况在一定程度上体现企业员工的素质。企业的经营指标是否按时按质完成,源于员工的工作态度、一丝不苟的负责感、追求完美的精神以及员工的主动自觉性。

5. 管理水平。企业管理涉及企业运作的方方面面,在信用评估分析中,择其要者主要分析其生产基础性管理、财务管理和信用管理等。

6. 激励机制。企业的激励机制包括:薪资、奖酬、参股、期权、社会保障、安全、健康、休假、表扬奖励、受到尊重、发展机会、学习深造、改善工作条件和环境、工作丰富化、参与管理、构建企业文化和团队精神等。在信用评估中考察和分析企业激励机制对企业发展的影响,也是衡量企业发展稳定性的重要因素。

7. 技术水平。企业的技术水平包括研发能力和科研成果两个方面。前者主要体现在企业自身研发人员的素质和研发设备的条件方面,还包括企业内外的研发协作力量,如与有关大学、科研院所的长期稳定、互惠互利的协作关系。后者衡量企业已有技术水平的证明,如取得技术专利、获得专有技术、获得政府高新技术的认定或通过有关权威机构的技术标准认证等。

8. 装备状况。对装备状况的分析需注意以下几方面:装备是专用还是通用;装备的性能,是先进还是普通;装备的使用,是充分还是不足;装备管理,是否获得有关质量管理体系认证,如企业是否获得 ISO-9001、ISO-9002 质量认证,医药和食品企业是否获得 GMP 认证,冷冻食品企业是否获得 GAS 认证,污染型企业是否获得相关环保认证等。

9. 行业地位。行业地位的分析主要是找出企业在所在行业中的竞争地位如何。比如,是否为行业里的引领企业,在价格上是否具有主导性或影响力,是否有竞争优势等。衡量企业在行业中竞争地位的主要指标是行业综合排序,产品的市场占有率和高于行业平均水平的盈利率。

(二)企业经营能力分析

企业的经营能力是一个综合的概念,对经营能力的分析主要包括:以往业绩、核心竞争力、经营战略、业务组合、营销能力、融资能力、稳健型等方面的内容。考察指标主要落脚于市场占有率、销售收入增长率、总资产周转率、应收账款周转率、存货周转率等成果性指标上,并通过这些指标体现企业经营能力的强与弱。

1. 以往业绩分析。企业以往的业绩可以代表企业过去的经营能力,也是在企业信用评估中对企业信用要素的基本分析。在企业经营能力分析中,通过考察其过去的市场占有率、销售收入增长率、利润增长率、总资产周转率、应收账款周转率、存货周转率等经营成效,有助于发现企业经营过程中存在的问题。

2. 核心竞争力分析。企业的核心竞争力归纳起来有以下四个特性,是指那些别人"偷不去、买不断、拆不开、带不走"的,能使企业免受因环境变化和国际竞争加剧而造成损害的独特的东西。

3. 经营战略分析。企业经营战略是指企业在经营管理中,面对激烈的市场竞争和经营环境的严峻挑战,为求得长期生存和发展而采取的总体性谋划。经营战略是在符合和保证实现企业使命的条件下,在充分利用经营环境中的各种机会和创造新机会的基础上,确定企业与经营环境的关系,规定企业从事的经营领域、成长方向和竞争对策,合理地调整企业结构和分配企业的全部资源,从而使企业获得某种竞争优势的总体性谋划。

4. 业务组合分析。业务组合分析是对企业业务发展战略及实施效果的分析。企业可分为单元企业和多元企业两类。一般来讲,对单元企业的分析就是分析其是否在行业中具有自己的特色经营和技术上的优势,并随着市场时尚潮流的变化而变化,从而对其市场风险做出评估。而作为多元企业,一般来讲要比单元企业的回旋余地较大,生存和发展的机会相对较多。对多元企业应根据其所从事行业的竞争力进行分析。即应该区分哪些业务对企业的现金流和经营效益的贡献较大,具有竞争优势,代表企业未来的发展方向;分析各种业务所在的特定市场情况如何。

5. 市场营销能力分析。企业的市场营销能力主要体现在企业的流通过程,而流通过程又包括购买环节和销售环节。

6. 融资能力分析。主要是分析企业能否获得外部资金来源的状况。如是否可能通过资本市场发行股票、债券获得长期性资金;是否与银行建立了稳定和密切的业务交易关系,获得了银行的信任和支持,能经常通过银行借款、承兑票据、开具信用证等方式筹措到长短期资金。

7. 稳健性分析。企业经营的稳健性包括:规模上的适度性、空间上的继起性和时间上的可持续性。

(三)企业获利能力分析

利润是企业积累资本实力的源泉,是企业最终偿债能力的重要来源。获利能力是企业信用的重要标志之一,是对企业经营能力和经营成果最直接有效的检验。

1. 企业利润的来源。一般来讲,企业利润是源自于企业在正常经营活动情况下所获得的收益,主要包括主营业务利润和投资收益。虽然,在利润的会计核算中也包括停止营业和处置资产等非经常性项目,以及因会计政策变更的影响等,但这些非经常性和非正常因素,本质上并不反映企业正常的获利能力。

2. 企业利润的真实性。一方面考察和分析企业确认收入的政策、准则及其变动的状况,以及收入的总量、结构及其稳定性;另一方面是考察和分析企业成本费用等支出项目的政策及其支出的变动状况,收入与成本费用等支出是否匹配。由此,才能准确地分析和判断企业利润水平的可靠性和利润结构的合理性。

3. 主营业务收入。企业的收入主要由主营业务收入和其他业务收入构成。企业主营业务收入的稳定增长,实际上说明了企业经营的主业有稳定的市场基础和较好的发展趋势。主营业务收入的比重越大,企业的主业就越突出,利润来源就有比较稳定可靠的基础。而其他业务收入,受偶然性因素的影响较多,这项收入的稳定性一般不高。

4. 成本费用对利润的影响。在企业收入既定的情况下,企业利润的核算与成本费用等支出项目关系极大。因此,企业在收入与支出两个方面都可能存在人为"作假"的问题,而是利润受到人为的操纵。评估人员在弄清事实的基础上,要调整利润数据还企业于本来的面目,而用调整后的收入和利润数据进行评估分析。

5. 不良资产对利润的影响。企业的不良资产除了包括待摊费用、带出历经损失、开办费用等虚拟资产外,还包括可能产生潜亏的资产项目,如高龄应收账款,八项减值跌价损失等。由于不良资产是导致虚盈实亏的重要原因,同时也是企业的一个"定时炸弹",因此,通过不良资产与当期利润进行比较,可以看出企业利润的"水分";与净资产比较,可以看出企业经济实力的"水分"。

6. 收入质量与利润质量。我国企业的会计核算采取权责发生制度,而权责发生制却客观上导致了企业的损益与现金收入(支出)之间存在账面利润和现金利润上的差异。也就是说,企业在未收到现金情况下的销售仍可以确认为销售收入,并核算出利润。对企业收入质量和利润质量的分析,也是评估分析的重点所在。对企业收入质量和利润质量的分析,也就是对企业收入和利润所含现金量的分析。

7. 获利水平与获利能力。评价一个企业获利能力的高低,通常是将企业的获利水平与同行业平均水平进行比较才能鉴别出来。获利水平高于同行业平均水平的企业,一般认为获利能力较强。但获利水平的高低会因各种非市场因素和非竞争因素的影响而呈现不同的差异,而获利能力则是消除了这些因素影响之后企业本质的内在能力的体现。因此,衡量企业的获利水平是否为其能力所为,是否是企业竞争能力的体现,对企业未来的信用具有特别重要的意义。

(四)企业偿债能力分析

偿债能力是企业信用的保证要素,企业的偿债能力如何无疑是评估企业信用级别最直接的依据。

1. 企业的偿债意愿。企业偿债意愿主要是指企业高管对偿还债务的态度和主动性。

2. 企业的自主偿债能力。企业的自主偿债能力是指企业依靠其自身的生产经营而形成的现金流偿还债务的能力。它既是企业赖以生存的基础,也是企业维持信用的基础。

3. 债务性质对偿债的影响。如果企业对借入性负债有不良记录,这将可能断送其发展前景。因此,在评估中相对说来应该更为关注企业借入性负债的偿还情况,这对企业未来的发展更具有特别的重要性。

4. 债务期限结构的影响。通常,企业的负债按一年为限划分为短期负债和长期负债,由此,企业的偿债能力也分为短期偿债能力和长期偿债能力。

5. 影响企业偿债能力的其他因素。增强企业偿债能力的因素有:可动用的银行贷款指标;准备很快变现的长期资产;以抵押作备用流动资金;偿债能力的声誉。

减弱企业偿债能力的因素有:未记录的或有负债;担保责任引起的负债;长期租赁。

(五) 企业信用状况分析

对企业信用状况的分析,主要从银行授信记录、商业信用记录和社会诚信记录三个方面进行考察。具体地讲,就是考察银行授信记录的情况、企业经营性支付的情况和社会诚信记录的情况。

1. 银行授信记录。银行授信记录主要从按期偿还贷款记录、利息支付记录、银行承兑汇票履约、信用证履约、保函履约等方面进行考察。

2. 商业信用记录。企业的商业信用记录主要是指与企业经营性负债有关的支付状况。企业经营性负债的支(交)付记录是企业在商品交易过程中由于延期付款(结算)或延期交货形成的信用关系。企业能否按期支付款项和按时交付产品也直接体现了企业承担债务的能力。由于企业经营性负债是经常的不断发生和变化的,在企业信用管理制度尚未建立的情况下,对其信用记录的考察主要借助于具体的合同内容和信用条件的相关信息。

(六) 企业发展前景分析

发展前景是企业信用的后劲要素。企业发展的后劲要素是指那些继续见之于企业下一轮经济循环的,作用于企业经营环境、企业素质、经营能力、获利能力、偿债能力、信用状况等要素之中,对企业未来的生存和发展产生重大影响的相关重要因素。

1. 企业未来宏观环境分析。评估人员应以敏锐的洞察力和已有的研究分析基础,结合宏观环境变化的动向和企业战略方针及其应对措施的调整细加分析鉴别,对其相应发生影响的方面进行必要的分析和评价,以修正前期分析的结论。

2. 企业未来成长性分析。应从行业成长性和企业经营潜力分析预测入手进行剖析。一是企业相关业务与行业成长比较分析;二是分析企业经济规模的变动特征及适度扩张的潜力。

3. 企业未来收益稳定性分析。企业的预期收益和收益的稳定性与企业的偿债能力和投资者信心密切相关。企业的预期收益是未来发展和偿债能力的根基,分析企业未来的收益主要包括经营收入和利润两方面:一是从企业的业务成长性分析中预测其经营收入及其现金流的变化,与未来到期债务进行比较,看它对支付短期债务本息是否有能力;二是预期企业的利润与总资产或净资产的比率,看资产净利率或净资产收益率与同行业进行比较的水平,分析作为偿还长期债务和树立投资者信心的基础是否安全稳定,企业采取的经营战略对企业未来的收益是否比较稳妥可行。

4. 企业未来现金流分析。在预测企业现金流量时,评估人员主要应重点分析如下问题:

(1)企业非筹资现金流量的创造能力有多强;

(2)企业是否有能力通过经营活动产生的现金流来履行其短期偿债责任;

(3)在不降低企业经营灵活性的情况下(如放宽信用销售条件),企业能否继续履行其短期偿债责任;

(4)企业未资本性资产投入了多少现金?是否利用经营活动产生的净现金流,还是依靠外部融资?

(5)企业依靠外部融资是股票、短期债务还是长期债务?该融资方式是否适合企业的整体经营风险?

(6)企业在信用政策方面有何变化?对经营活动现金流量会带来哪些影响?

这些分析内容应该根据企业具体的经营情况、企业增长策略和财务政策进行具体分析。这些测定数据每年的变化都具有很高的价值,表明企业动态现金流量的稳定性。

### 四、信用评估报告范本

(一)企业基本情况概述

1. 工商注册登记信息:企业全称、法定注册地址、法定代表人、注册资本、实收资本及近年变动情况、经营范围(主营、兼营)、经营方式、经营期限等。

2. 股东构成:股东全称、股东背景、股东出资及方式、股东占股份比例等。

3. 股权投资及关联企业:股权投资企业全称、投资额、参控股比例、经营范围(主营、兼营);非股权投资关系企业全称、投资人、投资额、投资比例等。

4. 企业历史发展简述。

5. 企业经营情况简述:产销能力、产品品牌、行业地位(排名)、技术水平、设备状况;近年经营规模状况(销售收入、利润总额、总资产、总负债、所有者权益、银行授信等)。

6. 经营资质:经营许可证、资质证书、技术认证证书、获奖证书、荣誉证书、资信证书等。

7. 资信评估口径及范围等。

(二)企业素质评价要点

1. 人员素质。领导者素质:如学历、职称、行业经历及业绩、相关任职及荣誉、敬业精神、决策及应变能力、信用意识、社会影响力、奖惩记录和不良记录,高管人员稳定性。

员工素质:员工年龄、学历、职称、从业年限的结构状况,员工队伍的积极性和稳定性、职业技能,研发队伍及研发能力等。

2. 经营管理。企业法人治理结构、激励与约束机制、企业文化、各项管理制度建设、经营战略、生产及质量和安全管理、财务管理、信用管理等。

3. 行业(竞争)地位。主营业务的市场份额和知名度、产品技术水平及优势、价格影响力、对主要客户和市场的依赖程度,生产技术装备或经营设施的先进性等。

(三)经营能力评价要点

1. 外部因素评价和预测。包括宏观要素、行业要素、国际市场因素以及行业竞争态势、行业发展趋势、市场需求等对企业经营的影响。

2. 内部因素评价和预测。包括对营销规模、业务组合、核心竞争力、营销战略、营销能力、经营稳健性、融资能力、生产资金周转、销售资金周转、现金流量状况、总资产运营效率、新产品开发、新技术运用、新业务新市场开拓等方面的纵向、横向比较优势及预测。

(四)获利能力评价要点

1. 利润构成。主营业务利润、其他业务利润、投资收益和营业外收入及其比较。

2. 影响未来利润水平的因素及预测利润的成长性和稳定性等。

(五)偿债能力评价要点

1. 财务结构稳健性。长短期资产与长短期负债结构、净资产与负债比率、资产流动性等。

2. 短期偿债能力。现金流量结构状况及趋势预测、非筹资性资金流量与短期债务的保障程度及预测。

3. 财务杠杆的利用程度和进一步融资的可能性。

4. 重大投资事项的股东支持、融资渠道、融资便利。

5. 或有风险等。

(六)信用状况评价要点

1. 金融机构的信用记录。贷款本息、票据、信用证、保函等授信记录状况。

2. 商业信用记录状况。

3. 社会信用记录状况。

4. 偿债意愿等。

(七)发展前景要素评价要点

1. 宏观要素对企业发展的有利和不利影响。

2. 行业要素对企业发展的有利和不利影响。

3. 国际要素对企业发展的有利和不利影响。

4. 企业应对措施及其效果预测。

5. 近期投融资计划及其对未来发展的影响等。

(八)重要信息提示

1. 主要揭示经营(市场)风险、财务风险、信用风险和其他风险。

2. 损失、诉讼、纠纷、重组、并购、增资扩股、重要合同等重大事项。

3. 企业经营、会计政策、分配政策、信用政策等重大调整事项。

4. 重大外部因素对企业发展的影响。

5. 期后事项、潜亏潜盈和不良记录等。

(九)评估结果

资信评估及其含义、有效期等。

(十)评估机构的声明事项

## 第五节  企业内部信用评估

**一、客户信用评估概述**

在市场经济条件下,赢得客户是一个企业赢得市场竞争的关键,拥有一个质量良好且数量可观的客户群是企业能否存活的生命线。从企业所接触到的各种"客户"和潜在客户中筛选出信用可以接受的客户,并按照规范同这样的客户进行交易,这就是企业所要实施的信用管理制度。

商业信用的最大风险就是应收账款发生坏账。坏账不仅会给赊销方带来现实的货币损失,还会流失客户、减少利润,甚至影响将来的销售。由于企业在向其他企业提供商业信用中经常受到来自赊销对象信用风险的威胁,所以,在美国200人以上的企业一般都设有信用管理职位,在大中型企业中一般都会建立专门的信用管理部门,专司对客户信息的收集和客户信息的内部评估。随着我国信用经济的发展和信用风险管理的加强,企业对赊销对象的内部评估也将越来越受到广泛的重视。企业信用管理部门的职责就是要与销售、财务等其他部门合作,尽可能地把坏账降到最低限度。对客户进行信用等级评定,并辅之以信用额度管理以及对客户群的监督和检查,是企业控制商业信用风险的有效途径。

企业对其客户的信用评估是商业信用的范畴。商业信用是社会信用活动的主要形式,而赊购赊销是商业信用的主要方式,是企业之间经常发生的相互提供、相互需要的信用方式。参与赊购赊销等商业信用活动的企业都可能成为信用评估的主体,一个企业当充当赊销(债权人)角色时是评估的主体,对买方债务人进行信用评估;而当充当赊购(债务人)角色时,有可能成为被其他企业评估的对象,被债权人评估。只要商业信用存在着评估活动就存在,这是市场经济公平原则的体现。

客观地讲,由于内部评估与外部评估相比存在着与客户利益关系的基本立场差异,使得内部评估结果的中立性和客观性受到质疑。但更重要的是,由于是内部评估,其结果并不在乎是否需要得到市场的检验,对企业或银行来说,有一个标准总比没有标准要好,只要这个标准可以用来对客户的信用风险进行排序就达到基本目的了。再则,内部评估结果只是内部风险控制的一种手段,对外使用无效,评估者不需为此承担相关的法律和道义责任,不会因其评估质量而影响其声誉。所以,内部评级与外部评级在评估质量和评估技术方面存在差距是正常的,他们之间对同一对象的评估结果不具有可比性也是正常的。严格地讲,客户信用评估(内部评级)也应尽可能地采用专业评估机构的分析方法。正是由于上述的原因,与专业评估机构相比,企业或银行对客户的信用评估以简便、实用为基本要求。

**二、内部评估的客户信息收集**

与信用评估一样,企业对客户的信用评估也要收集必要的信息资料。客户评估的信息资料包括:交易对象的信用信息、与本企业的交易记录和财务报告信息。

(一)交易对象的信用信息

客户的信用信息来源主要有:一是专业评估机构给企业评定的信用等级;二是企业信用调查公司的信用调查报告;三是企业在银行的信用记录情况;四是新客户与其他企业交往的信用记录;五是律师事务所;六是会计师事务所;七是官方或协会组织;八是公共媒体等渠道。

从我国的现实情况来看,来自前五条渠道的信息往往比较客观真实,一般会披露企业想要了解的客户的负面信息;而后三条渠道的信息往往正面信息多,负面信息少,无助于企业风险管理的需要,企业也不要过多地期望他们能提供向标准版本那样的信用分析报告和不良信用记录信息。

(二)与本企业的交易记录

客户的信用信息来源除了从上述渠道获得的外,还有来自企业内部销售部门、财务部门和信用管理部门自己收集的信息。但并不是所有客户和潜在客户的信息企业都已经拥有,一般来说,企业只拥有老客户的信息,即交易记录。

而对于来自企业内部的信息来说,这些信息对于风险的评判会有较大的差别。在企业现实的销售风险管理中,销售部门与财务部门和信用管理部门的意见往往是有分歧的。

销售部门为了保住销售业绩的增长,往往对销售额看得较重,而相对"激进"些。销售部门往往根据客户的年采购或赊销额进行排名划分重要客户。销售部门出于对业绩的考虑,这些重要客户是得罪不起的,因此,对风险的重视程度不如财务部门和信用管理部门。而财务部门则相反,往往对货款的回收看得较重,而相对于销售则会"保守"些。用当今中国企业的一句口头禅:"不赊销,企业等死;赊销了,是企业找死。"面对这种情况,企业都会处于两难的抉择中。当然,这种分歧的解决,有些企业建立了"销售—收款责任挂钩"这种加以改进的制度;而从信用管理部门控制风险的角度讲,"激进"和"保守"的政策都是不可取的,重要客户的风险是比较集中的,按风险分散的原则有必要对重要客户进行特别关注和管理,而解决这些分歧的途径就是:让信用记录说话。

销售与财务这两个部门都是"一线"信息的获得者,而信用管理部门则处于"二线"位置,如何获得"一线"的信息,这就需要企业内部建立的信用管理制度中做出安排,协调好三个部门的分工协作关系。关于这方面的内容,本书第二章做了介绍,有《企业信用管理》专著可资参考,这里不再赘述。

(三)财务报告信息

对客户财务报告信息的收集,由于我国的社会信用体系尚未建立,除了上市公司外,没有出台关于企业财务数据向社会公开的有关法律法规。因此,企业要从公开渠道收集到非上市公司完整且可靠的财务数据还比较困难。而对于企业的信用管理部门来说,收集客户的信息并最终形成客户档案库始终是其需不懈努力的工作。而较为有效的途径就是通过业务洽谈的方式,尽可能地了解客户相关的财务信息。同时,如何寻求调查成本最低的信息供应者,如信用评估机构、信用调查公司等,这也是企业可资选择的方式。

### 三、内部信用评估的内容和指标

内部评级一般是主动评级,即在被评客户不知道的情况下进行的评估。由于企业获取资料的局限性,评估内容也不像外部评级那样充满各种复杂的因素。一般来说,内部评级的内容主要以客户对本企业的信用记录为主,并尽可能地包含必要的财务分析和一些定性分析。其评估的主要内容和指标如下:

(一)查阅客户以往在本企业交易记录的情况,看属于哪类性质的客户。具体指标有:以往的交易量、销售变现天数(DSO)、付款态度、已知的商业信誉,以及本企业人员对该客户的交易印象等。若是新客户,则要向其他的交易者了解该客户的口碑等情况。

(二)了解客户目前的经营状况和业绩,判断近期是否存在交易风险。具体指标有:主营业务、销售收入、利润总额、市场竞争力、市场开拓能力、企业素质、管理水平、重大事项等,并通过业绩的状况判断企业素质的高低。

(三)分析客户的发展潜力,看有没有必要建立长期合作关系。具体指标有:客户主要产品发展潜力、在行业中的地位和影响力等。

(四)尽可能地了解客户较不敏感的财务数据并计算其相关指标。具体数据有:资本和净资产、流动资产、流动负债、负债总额、存货等。利用这些数据可计算的指标有:流动比率、速动比率、产权比率、流动资产周转率、流动负债周转率(销售收入/流动负债)、销售利润率等。

上述四类评估内容和指标是客户评估的基本框架,如果指标齐全的话,则有助于企业的定量和定性分析,可以大致地把握客户信用的基本脉络。但正如本章第一节所表明的,这仅仅是"可以用来达到对客户的信用风险进行排序的基本目的"。而要达到这个基本目的,还取决于企业信用管理人员的经验判断。

# 第五章

# 授信管理

## 第一节 授信管理与信用政策

### 一、授信管理的概念

授信是与受信相对应而产生的,二者共同构成信用交易的双方。从传统意义上来说,授信就是金融机构(主要指银行)对客户授予的一种信用额度,在这个额度内客户向银行借款可减少烦琐的贷款检查。授信可分为表内授信和表外授信两类。表内授信包括贷款、项目融资、贸易融资、贴现、透支、保理、拆借和回购等;表外授信包括贷款承诺、保证、信用证、票据承兑等。授信按期限分为短期授信和中长期授信。短期授信指一年以内(含一年)的授信,中长期授信指一年以上的授信。

而随着社会信用体系纵深的发展,授信的领域已经开始在慢慢拓展,最典型的是信用交易双方的赊购赊销等商业活动已经较为频繁了,这就对授信管理提出了相应的要求。

广义上的企业信用管理包括授信管理和受信管理两个方面,从方式上看,受信管理是被动的,而授信管理是主动的,因此,授信管理就成了企业信用管理的核心了。从授信的过程来看,首先是授信决策,然后再实施。因此授信管理就是对企业的授信决策和整个授信活动进行科学的管理。具体来说,授信管理是指企业通过制定相应的信用政策,指导和协调与信用销售有关的部门,来完成对授信客户的信息收集和信用风险评估、信用额度的授予、信用保障的落实、信用收回等各环节的管理。

**二、企业信用政策**

信用政策的选择反映了企业在信用风险控制方面的偏好,是企业决策层根据企业实际情况和发展目标,针对特定经济环境条件所作出的信用控制方面的选择。一个机构的信用政策选择,主观上是决策者意愿和风格的体现,客观上是企业如何应对客户环境的集中反映。

**(一)制定企业信用政策的原则**

考虑主观意愿和客观要求,企业在制定信用政策时,必须坚持稳定性和灵活性两项基本原则。

1. 稳定性原则

即信用政策条款在一定时期基本不变。信用政策的稳定性是相当的重要的,它一方面显示了企业的实力,另一方面是企业自身信誉和规范度的标志。即使是制定新的信用政策,也要以原有的信用政策为基础,对其实施情况进行全面而科学的评价,找出问题并进行适当修正,以保持信用政策的稳定性和连续性。只有这样才能保持企业的信誉,让客户对企业的信用政策有长期和稳定的感觉,同时企业信用管理人员也不至于因为政策变化太快、太大而不适应,甚至出现工作失误。

2. 灵活性原则

即信用政策要有一定的可预见的伸缩空间,以确保执行时的适当灵活性。这是根据对市场的竞争对手进行科学的预测分析得出的。如果一个企业的信用政策方案能够使企业实现其销售规模的相对稳定的增长,而且增长幅度比较显著的话,说明企业对同行存在相对的竞争优势。在企业生产规模允许的条件下,企业可以考虑向下调整净收益率,适当放宽信用政策,以确保击败企业竞争对手。但是,信用政策不是任意按照政策允许的伸缩空间突然调整的,放宽信用政策会增加生产部门的压力,在销售订单增加时,人力物力使用到收账上,可能会对企业产生不利影响。在实际操作中,信用管理人员要随时将企业的最佳生产规模和合理库存记在心中,做到既能灵活运用企业信用政策,又不违反企业信用政策。

**(二)企业信用政策的影响因素**

企业为实现在销售规模稳定增长的同时需要尽可能地降低由赊销带来的信用风险。因此,企业信用管理部门需要在制定信用政策时必须对相对影响因素进行深入的调查、分序和预测。信用政策是根据本企业所在行业和自身特殊情况"量体裁衣"的,应该没有两个企业会有完全相同的信用政策。一个企业采取或松或紧的信用政策,与企业所在行业、市场竞争激烈程度、主要竞争对手的信用政策、产品特征及所处阶段等因素有关。

具体来讲,企业在制定信用政策时应考虑以下四类因素。

1. 企业的外部经济环境因素。包括宏观经济状况、本行业的信用政策惯例、客户所在行业状况、竞争对手的信用政策、产品市场状况、资金市场状况等;

2. 企业内部因素。包括企业自身的生产和经营能力、产品特点、生产规模、销售利润率、平均收账期、原材料供应情况、企业能够承担的风险和追求的发展速度等;

3. 与企业发展相匹配的政策因素。企业在试图扩大市场份额时,会鼓励增加销售额,而较少考虑资金流周转问题;在试图增加企业现金流量的情况下,会注意减少风险,注意交易风险及信用管理;

4. 企业客户相关因素。客户是企业发展的重要资源之一,同时也是企业信用风险的主要来源之一。企业现有客户数量和质量,与其制定的信用管理政策的取向密切相关。

(三) 信用政策的内容

不论机构或企业规模大小,有效的信用政策都能够为企业信用交易的顺利进行提供保障。如果信用政策不符合企业的业务需要,企业就无法在合理的期限内收回销售货款。

一般地讲,信用政策中包括的主要内容有:企业信用销售的信用标准、信用额度、信用条件、收账政策。

1. 信用标准。信用标准指对客户授信时,对客户资信情况设定的最低标准,即为批准客户信用申请的门槛。通常,信用管理人员在企业的销售目标和财务目标的前提下,根据企业现有的支持赊销业务的资金规模和能承受的风险程度来设立信用标准,同时也考虑预期的 DSO 和还账损失率两项因素。

当客户申请信用交易时,信用管理人员首先用信用标准来衡量和筛选该客户是否满足企业的信用政策,从而决定是否同意给予该企业信用额度。在很大程度上,信用标准决定了企业的客户群规模。另外,信用标准也与企业的应收账款持有水平间接相关,他同时影响着企业的应收账款持有规模和成本。如果企业信用管理部门执行比较严格的信用标准,一些客户的信用申请可能通不过企业的信用标准,因此企业可会失掉这些客户,有可能造成严重后果,将很多有潜力的信用申请人排除在企业客户群之外。此举必然将一些客户推到企业竞争对手那里,特别是在资信比较差和偿付能力比较弱的信用申请数量较多时,大部分客户的信用申请被拒绝,从而有可能影响到企业的总体销售水平。反之,如果企业信用管理部门执行的是较为宽松的信用标准,则助于将更多信用申请者变成最终客户,从而实现较高的账面销售收入,但企业的持有应收账款的机会成本和坏账风险明显增加。

信用标准同时涉及收入和成本两个方面的问题。企业应该制定一个合乎自己情况的科学的信用标准,确定信用标准的主要因素应该包括竞争对手的情况、客户资信情况、市场战略、库存水平、其他历史经验等。一个企业的信用标准应该是在竞争对手、成本等认真权衡的基础上慎重确定的,过严或过松的信用标准都不是明智之举,而且企业信用标准也需要随企业、行业、市场情况变化而不断修订。如果较为严格的信用标准是随时的销售毛利大于企业所希望避免的应收账款持有成本,那么企业就应该放松信用标准。反之,如果较为宽松的信用标准是应收账款持有成本高于取得的销售毛利,那么企业就应适当实行较为严格的信用标准。

2. 信用额度。信用管理人员在批准客户的信用申请后就面临对客户的授信额度问题。授信额度等于企业给信用申请者的信用额度,又称"信用限额"。

信用额度是信用政策的另一个重要组成部分,分为总体信用额度和个体信用额度。总体信用额度是企业对整个客户群的总体授信额度,而个体信用额度是给某一具体客户的信用额度。对总体信用额度来说,确定信用额度要考虑自身企业的资金实力、信用政策、最佳生产规模、库存量等因素,以及受到来自外部的竞争压力。在充分考虑了上述因素后,信用管理部门确定企业当前有能力对客户发放的信用量。通常,信用管理部门通过认真的计算和总结以往的经验,确定一个科学的总体信用额度,并以此指导和控制企业的赊销活动和应收账款持有总体水平,并打造出一个保险系数,以防止对客户过度授信后造成企业的流动资金枯竭。

总体信用额度在一定程度代表企业的经营实力,反映了其资金实力,以及对客户承担的机会成本和坏账风险。总体信用额度过低,将影响企业的赊销业务规模,并势必相应增加与客户的交易次数,企业的交易费增加。但是,企业对客户的总体授信额度过高,会加大企业的赊销成本和风险。因此,信用管理人员应该根据企业自身的情况和市场环境,合理地确定企业的总体信用额度。

至于授给单个客户的信用额度,是授信工作的最后一道手续,在批准客户信用申请之后需要解决的最大问题。确定个体信用额度,是企业信用管理的日常工作之一,问题的关键在于解决:科学地确定对每个合格客户的授信,比较竞争对手授信的松紧,尽可能地给予客户更优越的条件,使利润增长。

科学确定信用额度的常用方法是:

(1)根据收益与风险对等原则,确定对单个客户的授信。换言之,根据客户全年采购量,测算全年在该客户处可获取的赊销收益额,以该收益额作为授予该客户的信用额度。

(2)根据客户企业运营资金净额的一定比例,确定对客户的授信。客户企业在一定的生产经营规模下,其流动资产扣除流动负债后的净营运资金也是大致稳定的。由于客户的营运资金可看作是快速偿债的保证,信用管理人员可以根据客户企业的营运资金规模,考虑客户从本企业的采购在购货总额中的比重,以客户营运资金净额的一定比例为客户设定的信用额度。

(3)根据客户清算价值的一定比例,确定对客户的信用额度。清算价值指的是在客户因无力偿还债务或由于其他原因破产时,其资产可变现价值。客户企业的清算价值可被视为客户偿债的最后保证。如果客户的清算价值减去现有负债尚有剩余,可以考虑批准客户的信用申请,信用额度的确定可以按照客户清算价值的一定比例确定。

3. 信用条件。信用条件是销货企业要求赊销客户支付货款的条件,由信用期限和现金折扣两个要素构成。一般来说,企业的信用条件是遵循行业的惯例给出的,它给予一定的外部经济环境,在充分考虑到本企业自身资金实力的情况下,本着提高最终效益和增强竞争力的指导思想确定的。给客户的信用条件如何,直接影响甚至决定着企业应收账款的持有水平和规模。经常使用的专业术语如表5-1。

表 5-1  表述信用条件常用术语

| | |
|---|---|
| N30 | 净 30 天,信用期限为 30 天 |
| 2%10orN30 | 10 天内付款享受 2% 的现金折扣,到期期限为 30 天 |
| 2%30 | 2% 的商业折扣,赊销期限为 30 天。如买方 30 天后付款,卖方要收取利息,但商业折扣不受影响 |
| 3%10<br>2%10/60extra;<br>N71 | 10 天内付款享受 3% 的现金折扣,70 天内付款享受 2% 的交易折扣(10 天加额外的 60 天),全部金额第 71 天到期 |
| Net 10 Prox or 10 EOM | PROX 是 PROXIOM 的缩写,意思是下一个月。EOM 代表月末。两者的意思一样,均表示付款期限在下个月的第 10 天到期。如果一个月的最后 5 天的交易,则视为下一个月的交易,到期日为下下个月的第 10 天。在这种交易下,赊销期限可以从 15 天(一个月的 25 日进行交易)到 45 天(26 日进行交易)不等,平均为 30 天 |
| 10th&25th | 在一个月中 1 日到 15 日的交易,在 25 日到期,在 16 日到 30 日之间购货,下月 10 日到期 |

（1）信用期限。确定客户在赊购货物后多少天内支付货款,是企业为客户规定的最长的付款时间界限,并在合同中取得客户的正式承诺。确定适宜的信用期限是企业制定信用政策时首先要解决的问题,它是通过对不同赊销方案进行分析和计算所得出的结果。信用期限,意味着给客户以更优越的信用条件和使 DSO 变长,自然会刺激客户购货热情,吸引更多的客户,实现更高的销售额。在应收账款发生水平增高的同时,既给企业带来扩大市场份额和增加销售额的好处,也给企业带来风险。相反,较短的信用期限,虽然减少了持有应收账款相关的成本,但直接影响到企业的赊销规模,增加了库存压力。长此以往,如果竞争对手的信用期限比较灵活而且信用管理水平较高的话,可能使本企业在市场竞争上失败。合理的信用期限应当着眼于使企业的总收益达到最大,理论最低限度应该损益平衡。

通常,信用期限取决于交易传统,同行业的企业经常采用相似的信用期限,但不同行业间信用期限则可能差别很大,信用期限以在 30 天到 70 天不等。通常,影响信用期限长短的因素主要有两个:

①买方拥有货物的时间。在市场上,赊购客户有两类,一是货物的最终用户,二是批发商。信用期限不会超过赊购客户自己消耗货物的时间,也不会允许延长信用期限到货物在销售之后。在正常情况下,信用期限要短于这个期限。否则,不是给予购货客户的信用期限太长,就是买方可以选择其他批发商进行销售以获取更快的资金周转。季节性行业是第一种情况的典型例子,这些行业中淡季处理货物的时间要更长一些,所以信用期限也一般长于旺季的信用期限。通常,赊销企业所在行业竞争越激烈,给予客户的信用期限就会越长。

②行业惯例。在实际工作中,信用期限的确定,应该在参照行业的惯例基础上,通过数学方法确定,例如可采用边际分析法或净现值流量法进行测算。比较科学地确定企业究竟应该授予客户多长的信用期限。

边际分析法的基本思想是,一个企业上一年度的信用期限、本行业的平均期限、信用期限的定制假设为基础,作出适当延长或缩短信用期限的不同方案,分别计算出各方案的较之基准信用期限的边际成本和边际收益。在边际收益大于边际成本的原则下,选择边际收益最高的方案中所设定的信用期限作为最佳候选,待信用政策中的其他因素确定后,决定取舍。

（2）现金折扣。企业在一定的财务目标的前提下,为加速资金回流的速度,保证现金流的安全、稳定、充足,在客户签订赊销合同时,会给予客户的现金折扣包括两种不同情况:一是给付现金的客户以价格上的折扣,以鼓励客户同企业进行现金交易;二是在赊销方式下,对于在规定的短时间内付款的客户,给予发票金额的折扣,以鼓励客户及早付清货款。

现金折扣赊销合同是给予客户信用条件中的另一个重要组成部分。在企业信用管理部门给予客户的现金折扣中,包含两个要素:折扣期限和折扣率。折扣期限指的是客户在多少时间区间内付清赊购款,便可以取得折扣优惠。折扣率指的是在折扣期间内给予客户多大的折扣,通常按照赊销额度的一定比例进行计算。例如,"5/20,N60"的现金折扣政策表明,如果客户能够在20天内付清全部货款,将从销货厂家获得赊销合同总额的5%的折扣优惠。"N60"表示客户必须在60天内付清全部货款。而客户61天还没有付货款,客户就违约了。

除可以给予客户单一折扣期限的现金折扣,也可以给予客户两期折扣形式的现金折扣。例如,作为销货方的生产厂家,在信用条件中作出"6/10,3/20,N45"的现金折扣规定。该规定表明客户最迟付款时间为45天。如果客户能够在10天内付清货款,便可享受6%的现金折扣。如果客户能够在20天内付清货款,则可享受3%的现金折扣。给予客户的现金折扣率大小应该与折扣期长短成反比例变化,即:折扣期越短,折扣率越高。反之,折扣期越长,折扣率越低。这种做法充分表现了现金折扣政策的基本目的,即鼓励客户尽快付款。

现金折扣能够为客户带来比较客观的好处。实践证明,管理水平比较高的客户企业普遍对于现金折扣比较看重。例如,在"2/10,N30"的信用条件下,由于提前20天付款可以获得2%的折扣,因此使得付款人可以在事实上享受到折合年利率高达$[(2/98)/20] \times 365 = 37.25\%$的等效利息收入优惠。面对如此之高的优惠,正常客户都会积极争取。然而,推行一定的现金折扣政策,需要销货企业付出一定的代价,即减让的货款收入。归纳起来,现金折扣手段使用得当,可以给销货企业带来有利的效果,但这要有一定的操作技巧。

商业折扣也是信用条件的一种,一般授予长期稳定的客户,或大批量赊购的客户,或两者兼而有之的客户。商业折扣是一种价格调整,与货款支付情况无关。批发商可以从制造商那里获得"10&10"的商业折扣,这意味着因为起到分销的作用,制造商同意再增加10%的折扣。在支付时,如果批量赊购客户在规定的折扣期限内支付,则在享受商业折扣的同时,还可以享受现金折扣。

(3)收账政策。所谓收账政策,它是企业就应收账款的控制、逾期应收账款的催收和坏账的处理而制定的政策。一方面收账政策中最敏感内容是给出了对失信违约客户的处置方法,以及对商账追收活动范围和深度提出限制。另一方面,收账政策也是企业对信用管理部门的一种授权,即如何处置失信违约客户。收账政策包括对收账方法的指导,并且比较详细地规定除允许企业信用管理部门采用的收账方法。信用管理部门应该以企业收账政策为依据,针对企业客户的特定情况设计出对逾期应收账款的追收操作手法。

从具体内容来看，收账政策用于指导企业信用管理部门的日常催收活动，包括：合同期内的应收账款管理、收账诊断、商账内勤催收、委托第三方商账催收、追账成本控制、法律方法处理客户和申报坏账等实际操作。如果企业采用宽松型信用政策，这种企业更应该强化其收账系统，收账政策必须给予其信用管理部门充分的授权。收账政策是企业有关收账工作的全面政策性指导，执行单位还涉及企业财务部门和销售部门，这两个部门应该配合信用管理部门的收账工作。

收账政策处理的问题包括什么时间应该与客户联系，通过什么方法联系，为什么把我们的产品出售给账款逾期的客户，如何处理商账追收问题，是否委托商账追收机构追收其账款，是否作为坏账进行核销等。例如，信用管理人员通过电话催收，与预期5天以上的客户进行有效的沟通。为确保及时收回未付的逾期账款，沟通时的态度应该是有礼貌并附有责任心的。一旦应收账款超过15天，就要对客户订单有所控制，当然，这是在与客户进行积极沟通之后采取的措施，但并不意味着完全停止发送货物。然而，当客户的应收账款逾期超过30天，那么在没有收到货款之前，不能接受客户的新订单，将交易方式改变为现金交易方式。当客户的应收账款逾期达到60天，则必须在收到欠款之后，才能与之交易。

收账政策一般是根据理想的收账效果而制定的。所谓理想的收账效果，可以描述为：每个被选定的客户都是信用良好或有实力的客户，在企业所持有的应收账款到期以前，经过一定的提示和催收，能够全部被收回，保证企业运转在良好的现金流量之下。

信用管理部门的收账成果可以用是否接近理想收账效果来检测，另一参考尺度是当前行业的平均收账水平，使其更符合实际情况。由于收账政策包括对收账方法的指导，所以，它还比较详细地规定出允许企业信用管理部门采用的收账方法，特别是对违约客户的处置权。

收账政策的松紧程度应该设置在比较适宜的范围内，松紧程度的设置，要考虑主要竞争对手情况，如果收账政策过于消极，逾期应收账款工作的效果不会令人满意，应收账款的机会成本与坏账将会提高。如果采取一种比较严格的收账政策，应收账款的机会成本与坏账损失可能被降低，但收账费用也相应地会增加，并有可能使企业与客户的关系受到影响，或者遭到销售部门的反对。一个适合企业自身具体情况的收账政策，应该是对这些此消彼长的相关费用进行权衡。

收账政策要明确对信用管理部门的授权，其中最敏感的部分是授予信用管理部门处理客户的权利，包括得罪客户，甚至彻底与某些客户关系决裂。如果客户不愿意支付所欠货款，那么信用管理部门可以考虑使用更严厉的惩戒措施。在征得信用管理经理的同意后，由信用管理人员或销售人员将交易过程做成书面报告,将案卷转移给机构授权的追账收款机构或商账律师,并附上证据。主管信用管理部门的副总经理对上述所有决定负责。如果客户申请破产,也经过追账机构和商账律师的努力,仍未能在6个月内收回账款,信用部门可以通知财会部门,将账款作为坏账按程序处置。

在收账政策中,要充分考虑到信用管理部门与销售部门的关系,要求将客户列入标准收账程序之前,要与销售部门沟通一次。因此,有信用管理人员说:"处理失信违约问题也是一种艺术。"

(4)其他内容。信用政策内容除了以上详细阐述的信用标准、信用额度、信用条件和收账政策等四项重要内容外,还涉及客户信用信息服务的内容、范围和其他一些附加政策。

客户信息管理政策定义了信用管理部门的信息服务工作,满足企业内部从不同角度了解企业运营状况的需要。这项政策要求信用管理部门向企业内部有关的部门提供客户信息服务的内容和范围,以及授权信用管理部门统一建立客户的档案资料。

附加政策主要的作用在于明确企业内部采集信用信息、记录保留、组织构架、客户来往和回访、与其他部门的沟通、信用状况等。对于大多数企业,这些条款同样重要,所以应该在管理手册中明确规定。在附加政策内容中,经过企业经理办公程序批准的标准表格汇编,包括客户信用申请表、客户调查表、回复客户的标准信函、赊销合同等。

(四)企业信用政策的类型

企业信用政策代表决策者的主观意愿,也反映了企业面临的客观环境的要求。因此针对不同的经营目标和风险控制要求,企业可以选择信用政策类型。

信用政策一般分为紧缩型、适度型、宽松型三种。选择紧缩型信用政策的企业是为了严格控制信用交易风险,避免导致损失,宁愿牺牲一部分客户和市场份额;选择适度型信用政策的企业也注意控制信用交易风险,但他们愿意承担一定限度的信用风险以扩大销售和市场;而选择宽松型信用政策的企业则愿意承担信用风险以提高或维持其销售和市场份额。

1. 紧缩型政策。采用这种政策的企业一般不愿承担风险,只向财务状况良好、付款及时的客户提供信用销售。采用这种政策可以保证最低的坏账损失,但企业的销售规模及发展将会受到很大影响。

这一类信用政策代表管理层对商业和商业管理过于保守。企业的财务状况几乎没有任何风险,只打算保持原状,认为应收账款快速周转产生的资金足够使用,而很少或不向银行借款。很多发展迅速的机构无法理解这种保守做法,但许多保守的企业往往比发展迅速的企业存在的时间长得多。

尽管过度保守的信用政策是为了保护企业,但也存在风险。当企业需要一定的发展速度来维持市场地位时,往往会因信用政策的限制而丧失机会。因此在任何情况下,紧缩型信用政策都不应妨碍企业的正常发展,当然各个企业的正常发展速度是不同的。

2. 适度型政策。采用这种信用政策的企业愿意承担一定风险。除了向付款及时的客户进行信用销售,也向可能拖欠的客户提供信用销售。采用均衡性政策的企业存在一定的逾期账款和坏账损失。企业采取适度型信用政策的目的是在风险控制和企业发展之间取得平衡。

与紧缩型和宽松型信用政策相比,适度型信用政策用得较多。通常将银行贷款与月度回笼资金结合起来,为其发展提供充足的资金。这类企业的资金实力可能并不比执行紧缩型信用政策的企业雄厚,主要表现为这类企业很少对商业发票提供折扣。很多客户乐于利用这种高折扣,而推迟对其他供货商的到期货款。这种客户的推迟付款政策会带来一些不方便,但一般不会危及货款,只有当月度资金回笼越来越慢时,才会成为大问题。例如,一家潜在客户要求生产商提供信用。该潜在客户已经经营多年并在业内享有较好的声誉,且发展稳健,虽然不是说每一笔货款都能够得到及时付款,但从未逾期30天以上。财务报表和银行报告都表明该机构经营状况良好,与之做生意没有太大风险。生产商有足够的流动资金支持信用政策,而潜在客户又符合其信用政策的要求。最后,尽管生产商明知不一定总能按期收回货款,但还是想给该潜在客户提供信用。这种情况是可以接受的。

3. 宽松型政策。采用这类信用政策的企业基本上向所有客户提供信用销售,企业发展迅速,但是逾期账款和坏账损失机会很大。

这是三种政策中风险最大的一种,风险高,潜在损失也就巨大,对企业的生存构成威胁。与前述两个政策不同,执行宽松政策的企业的规模和资产膨胀太快,由此决定该企业的销售额满足不了客户要求提供的大量信用。当巨额损失和资金周转持续减慢这两个问题同时存在时,企业往往缺乏解决的能力。

除上述几种问题,执行宽松信用政策的企业还经常受到其他两个负面问题的影响,即资金不足和流动资金不稳定。

企业采用何种类型的信用政策不是绝对的,即使在同一个企业,根据不同的情况,也应该随时调整所采用的信用政策。

## 第二节 客户信用申请

企业常常通过建立客户信用申请处理客户的信用申请,内容主要包括设计客户信用申请表、核准客户信用申请、受理客户的申诉、向客户解释信用政策等。目的主要有两个:一是使授信工作系统化;二是及时回复客户的书面请求。

### 一、设计企业和个人信用申请表

信用申请表是进行信用交易时,由企业销售部门向客户提供,代客户填写反映客户基本情况提出书面信用申请的表格。待客户填写完毕,加入销售部门评价意见后递交信用管理部门。通过此表企业可以直接获得客户基本的信息,了解客户的信用情况、客户财务部门的组织结构、客户企业的性质、关联公司(母公司、子公司或分支机构)、相关的银行和供应商等情况。同时采集可以被用作追账证据和线索的信息或者表述,取得调查授权签字,核实客户数据。根据客户的不同,信用申请表包括企业客户信用申请表和个人客户信用申请表。

企业客户信用申请表一般要求客户填写的内容包括表明客户的身份的信息(如法人的名称、地址、法定代表人等)、财务数据、经营年限、期间内的信用额度需求、银行往来、贸易参考资料等。申请表应注明如果将来客户拖欠付款,由此产生的利息和追账费用由客户承担。如果客户经营未满五年,应要求其股东或主要负责人提供个人担保。应联系所有能证明该客户信用情况的单位和个人,并向各专业信用风险管理机构购买信用报告,以核实所得到的资料。如发现有任何与客户提供的资料不相符的情况,应立即与客户联系,要求查证。企业通过该表可以直接获得客户基本的信息。企业客户信用申请表具体格式见表 5-2。

个人客户信用申请表是为了了解客户的信用要求,更重要的是获取客户与信用相关的初步信息。一般要求客户填写的内容包括表明客户的身份的信息(如个人的姓名、地址、身份证号码、工作单位等)、客户的信用信息、财务信息等。在设计个人信用申请表时,一方面对于面向消费者发放多种信用工具的机构,最好就每一品种单独设立一种申请表,而且在色彩或其他设计上要有明显的差异,以避免人工或机器处理大量申请表时发生误读。另一方面,信用管理部门还应按照消费者的不同级别,制作不同的客户申请表。所谓不同信用级别,多指普通客户和VIP 客户,例如普通客户、金卡客户、白金卡客户、钻石客户等。对客户采用合乎其信用级别的不同版本的客户信用申请表,能使信用申请表收集的信息更有针对性,同时也显示了对重要客户的尊重,这在销售方面具有明显效果。此外,这一做法还易于对客户进行分类管理。个人客户信用申请表的格式见表5-3。

表5-2 企业客户信用申请表

申请表编号:

| 中文名称 | | | |
|---|---|---|---|
| 英文名称 | | | |
| 网址 | | 电子信箱 | |
| 注册地址 | | 邮政编码 | |
| 经营地址 | | 邮政编码 | |
| 注册资本 | | 注册资本币种 | |
| 注册日期 | | 行业分类 | |
| 经营范围 | | 经济性质 | |
| 经营期限 | | 经济规模 | |
| 从业人数 | | | |
| 联系人 | | 联系电话 | |
| 历史背景(附资料) | | | |
| 信用资料(相关附件) | | | |
| 相关证明(附资料) | | | |
| 财务状况(附资料) | | 提交申请日期 | |
| 业务人员意见 | | | |
| 核准结果 | | | |
| 信用期限(天) | | 信用额度 | |
| 担保/保证金 | | | |
| 其他特殊条件 | | | |
| 申请签字 | | 批准方签字 | |

表5-3 个人客户信用申请表

| 申请人姓名 | | 性别 | | 出生年月日 | | |
|---|---|---|---|---|---|---|
| 身份证号码 | | | | 家庭电话 | | |
| 工作单位名称 | | | | 部门 | | 职务 |
| 工作单位地址 | | | | 电话 | | 邮编 |

171

| | | | | | | |
|---|---|---|---|---|---|---|
| 户口所在地址 | | | | | 邮编 | |
| 现家庭住址 | | | 申请人月收入 | | | |
| 家庭人口数 | | | 家庭月平均收入合计 | | | |
| 家庭其他负债情况 | | | 每月还款占家庭收入比例 | | | |
| 配偶姓名 | | 工作单位 | | | 月收入 | |
| 拟购商品情况 | 拟购商品名称 | | | | | |
| | 拟购商品数量 | | | | | |
| | 拟购商品价款 | | | | | |
| 申请耐用消费品信用额度 | | | 申请耐用消费品信用期限 | | | |
| 信用担保情况 | 抵押 | 抵押物名称 | | 抵押物价值 | | |
| | 质押 | 质押物名称 | | 质押物价值 | | |
| | 保证 | 保证人名称 | | | | |
| 核准意见 | | | | | | |

在设计信用申请表时，既要考虑充分收集各项所需要的重要信息，如可以被作为追账证据和线索的信息或者表述、取得调查授权签字等，又要考虑其内容不能过多过杂。信用申请内容的繁简，是有可能影响申请人数的。有时，授信机构要设立窗口来辅导消费者填写信用申请表，保证无基本没有填写和漏填的内容，没有字迹不清无法辨认的内容。如果授信机构使用机器处理信用申请表，那么对应机器识别的部分，要求申请人字迹工整或者铅涂圆点的黑白清晰。

**二、核准客户的信用申请**

在核准客户信用申请时应注意的是，授信失误和不及时会对客户关系产生重大的负面影响。因为一个看似简单或能够立即修正的错误而没有立即给客户授信，一些客户就有可能将事态扩大到部分拒付，甚至会拒绝支付任何款项，直到这个问题被解决。

如何判别客户是否对信用申请核准有意见？可结合其付款历史进行分析。如果客户以往一直是基本及时付款的，那么这次拖欠很可能源于对信用申请核准的速度不满。此时，应提醒信用管理部门提高工作效率，尽快核准客户的信用申请。一般而言，客户提交信用申请后，企业应快速核准客户的信用申请，并及时将

审批结果通知客户。在受理客户的申请后,接着就要进行信用评估,以核准客户的信用申请。其具体步骤如下:

(一)接受客户的信用申请,受理客户送来或寄来的信用申请表。

(二)确定信用评估对象。信用评估可由企业自行进行,也可向外部信用评估机构、征信机构等中介机构购买相关信用信息,其目的都是为了预测客户的信用状况,防范信用风险。但是信用评估必须有相应的成本支出。因此企业应该根据客户的交易价值和客户大小来确定是否需要对某一客户进行评估。一般交易额大的客户,应当全面搜集其信用信息,并进行信用评估;交易额小且是偶然购货的客户,则不必花很大的成本去进行信用评估。

(三)搜集和整理客户的有关资料信息。受理客户的信用申请后,应要求申请人如实反映有关情况。

(四)对有关资料信息进行调查核实。信用调查人员在进行调查时,要对申请人提供的有关资料信息特别是财务资料信息进行调查核实。调查核实申请者的资产构成、资产负债情况等能反映客户信用状况的信息。

要了解一个客户是否讲信用,一方面要看客户是否有好的信用记录,另一方面还要看其他贸易对手对其评价如何,这可以通过向其他贸易对手索要证明信来了解。索要证明信可以口头或书面的形式进行,证明信需要说明应是客户在信用申请中没有提供的信息。信用管理人员应当以高度的职业精神和保密精神处理所有相关信息。不这样做可能会使其他的企业不愿分享信用,还可能带来严重的法律纠纷。

同时,银行或者其他供应商出具的信用函证对于信息的评估也至关重要。信用函证很有价值,收到方必须保证这些信息保密,不能在信用风险的防范与控制之外使用。

(五)确定申请人的信用等级或信用额度,提出授信建议。对申请人的信用状况进行分析,确定其信用等级,计算出申请人的信用额度。根据客户的信用等级或信用额度提出授信建议,并就授予的信用额度低于申请额度向客户做出合理解释。

(六)参与信用评审部门的客户信用申请表的设计和修改,将客户在填表时提出的意见和建议及时反馈给信用评审部门。

### 三、受理客户的申诉

(一)客户申诉的原因。凡有信用销售业务的企业都会遇到客户申诉问题。很多企业都有"售后服务"窗口,其很大一部分工作是处理客户的申诉。针对信用

销售业务,客户的申诉五花八门。在工作中,大量的客户申诉主要集中在以下几个问题上:

1. 客户递交了信用申请表,但却长时间(超过一个月)没有收到答复。
2. 客户属于社会公认的弱势群体,其信用申请被回绝。
3. 账单上的付款项目出现错误。
4. 客户对账单列出的消费项目没有印象,需要核实。
5. 客户申请增加额度,或者临时增加额度,被拒绝。
6. 客户的违约记录被送到专业信用机构,但违约不是恶意的,而是由于某种特殊原因造成的,客户在事后(违约发生半年后)还清了欠款,需要授信企业向专业信用机构作证明,以撤销记录。

(二)客户申诉的处理。客户申诉往往会揭露出授信企业的一些管理漏洞,包括工作失误、工作程序不合理、设备问题、客户关系处理问题等。上述问题处理不当,也可能会产生严重的后果,多数正常的客户申诉都可以经过简单的核查解决问题。当然,也不排除存在个别胡搅蛮缠的客户。在信用管理法律健全的美国,客户申诉的受理询问和解答,受理人员是接受客户投诉的最初接收者,他们包括一线员工、客户经理、中高层管理人员。不管是哪一级员工,在受理客户投诉时都要做到以下几点:

1. 保持良好的心态。客服人员在面对客户时不是仅代表自己,而是代表企业的形象。积极热情和冷漠消极给客户的感受是截然不同的。所以保持一个良好的心态,以积极的态度为客户服务显得非常重要。

2. 积极沟通,收集信息。客服人员倾听客户的发泄仅仅是单向沟通,这里所说的沟通主要是在倾听客户抱怨的同时收集客户不满的信息,例如,客户的不满有哪些、客户希望如何处置、客户申诉内容所忽视的重要信息等,以便有针对性地为客户解决问题。在客户申诉的受理环节中与客户的沟通是很重要的,这就要求客服人员熟练掌握与客户沟通的方法和技巧。适时地询问和解答客户的疑惑,可以消除客户的误解。在与客户沟通的过程中沟通技巧尤为重要,一个优秀客服人员,所表现出来的真诚会感染客户,能够取得客户的信任和认同,更能拉近与客户的关系,往往一个棘手的客户投诉就是在积极的沟通中得到满意的解决。

3. 快速处置客户的申诉。对于现场能够立即处理的情况,客服人员应当场答复客户,并快速、简捷地处理申诉;对于一些因涉及部门较多,流程复杂当场不能解决的申诉,客服人员也要现场向客户做好解释。

**四、信用决策**

针对不同客户的信用申请,企业作出的信用决策是不一样的。一般而言,针对具体客户作出的信用决策有三种:接受、拒绝、不确定,多数时候决策落在不确定之中。

(一)接受客户的申请。此时决策是肯定的。信用申请有可能是长期的、往来良好的、债务较低的客户。也可能是递交了完整的信用调查资料的新客户,调查证明与其他供应商和银行往来良好,专业信用调查公司提供的报告也证明其信用较高,而且要求的初始订单量合理。对此类客户的下一步工作重点是转入良好的客户服务及尽快授予信用额度。

(二)拒绝客户的申请。信用管理部门发现客户在以往交易中存在信用问题,并相信今后的往来会产生更多的损失,而不是利润。对于新客户,信用调查可能发现客户债务过多,与其他供应商的往来关系不好,信用调查公司提供的信用报告也不太好,财务报表显示负债高,净资产少,流动性差。显然此新客户有着较大的信用风险,对此应作出拒绝的决定。有时为了保存潜在的客户,也可以较委婉地通知这一拒绝决定,并建议其重新申请。

(三)不确定,有多种考虑。调查发现,部分信息支持授信,部分信息显示应谨慎,这就要求信用管理部门作出多种考虑。比如给新客户授信,但授信额度小于申请的数量,或者要求客户递交额外的担保,以保障收款安全。对老客户,可能要求先把欠款减少到一定程度,而且新订单的付款条件会更严格一些,付款期会短一些。

## 第三节 客户信用风险评估

客户信用风险评估,实际上与我们在上面所讲述的"信用评级"内容相同。只是在授信决策时对客户的信用分析更注重信用风险。在授信的过程中,可以参考外部信用评级的结论及其风险揭示,以便于更好地把握授信风险和控制授信额度。因此,企业在授信管理之前就要详细了解授信对象的信用评级的情况,目的是为授信管理做前期铺垫。

**一、信用风险产生的原因**

产生信用风险的原因比较复杂,既有外部原因,又有内部原因。

(一)信用风险的外部原因

1. 国家政策变化;
2. 经营环境的变化;
3. 市场的变化;
4. 交易双方产生的贸易纠纷;
5. 交易伙伴客户经营管理不善,无力偿还到期债务;
6. 交易对象有意占用企业资金;
7. 交易对象蓄意欺诈。

(二)信用风险的内部原因

1. 所掌握的交易对象的信息不全面、不真实;
2. 对交易对象的信用状况没有准确判断;
3. 对交易对象信用状况的变化缺乏了解;
4. 财务部门与销售部门缺少有效的沟通;
5. 企业内部人员与交易对象相互勾结;
6. 没有正确地选择结算方式和结算条件;
7. 企业内部资金和项目审批不严格;
8. 对应收账款监控不严;
9. 对拖欠账款缺少有效的追讨手段;
10. 企业缺少科学的信用管理制度。

## 二、信用风险评估与度量

(一)商业风险

信用风险的首要来源是客户企业的商业风险。商业风险是因与企业经营有关的原因而导致利润变动的风险。如果客户企业经营很稳定,利润波动很小,这个企业的商业风险就小;反之,商业风险就大。

企业的商业风险由系统风险和非系统风险两部分组成。系统风险是外生的风险,包括国家政治环境、经济发展状况、政府的金融政策等的非预期变化引发的企业利润的变动。这种非预期变化会对市场中的所有企业产生影响,是不可避免的风险。另一类风险是非系统风险,即企业的特有风险,这种风险只对企业自身产生影响,比如厂房发生火灾、企业机器发生意外毁损等。当发生违约时,很多客户企业通常将不能履约的原因归为外部环境的不利变化,但是研究表明,企业的特有风险在整个商业风险中所占比例达到70%,而系统风险仅为30%。因此,企业的信用风险主要是由自身因素造成的,这启示我们在分析中要更加重视对企业特有风险的分析。

对任何企业,利润波动首先反映在销量的变动上。根据财务管理的知识,我们又知道,企业的成本结构和资本结构对由销量引起的利润变化有放大的作用,这样我们可以构造三个反映商业风险的指标:销售额变动水平(表征销售风险)、经营杠杆系数(表征运营风险)、财务杠杆系数(表征财务风险),这三个指标反映了企业的特有风险。另外,研究表明,行业风险可以作为企业系统风险的一个良好的替代指标,因此在这个模型中,我们还要引入一个表征行业风险的指标,下面分别进行说明。

我们采用标准差和变异系数作为风险大小的度量指标。我们以一个例子来介绍这两个风险度量指标:某企业过去五年的总销售额为100亿元,各年销售额如表5-3所示,计算企业销售额均值和标准差。

表5-3 企业销售额分布

| 年份 | 1 | 2 | 3 | 4 | 5 |
|---|---|---|---|---|---|
| 销量(亿元) | 10 | 10 | 30 | 15 | 35 |

1. 标准差。方差(variance)和标准差(standard deviation)是度量变动程度或离散程度的指标。标准差是方差的平方根。我们用 Var 或 $\sigma^2$ 表示方差,用 SD 或 $\sigma$ 表示标准差。标准差的计算过程如表5-4所示。

表5-4 标准差的计算过程

| 年份 | 销售额($X_i$) | ($X_i - X$) | $(X_i - X)^2$ |
|---|---|---|---|
| 1 | 10 | -10 | 100 |
| 2 | 10 | -10 | 100 |
| 3 | 30 | +10 | 100 |
| 4 | 15 | -5 | 25 |
| 5 | 35 | +15 | 225 |
| 合计 | 100 | 0 | 550 |

所以,标准差 $\sigma = \sqrt{\dfrac{550}{5}} = \approx 10.5$

2. 变异系数 CV。为了消除量纲及均值的影响,我们引入统计学中的另一个表征分布离散性的统计量——变异系数 CV。变异系数是标准差与均值的比值,变异系数越小,数据分布越集中,离散程度越小。由于变异系数标志了信用风险的大小,因此在对多个备选方案进行比较时,银行可以将变异系数作为辅助决策指标,还可根据变异系数建立放贷审批标准。例如,当变异系数大于50%时,拒绝放贷;当变异系数小于35%时,同意放贷;当变异系数位于35%与50%之间时,要进行进一步的审查再做出决定。

3. 修正变异系数。按上述方法计算CV有一个缺点,那就是它只考虑了销售额的波动情况,没有考虑销售额的变动趋势。实际上,销售额的变动趋势也会影响企业的销售风险。当销售额存在上升趋势时,销售风险更小,而当销售额呈下降趋势时,销售风险更大。因此当企业的销售额具有明显的上升或下降趋势时,我们的度量指标必须对这种趋势有所反映。具体做法是对不同年份的销售额赋予不同的权重,时间越近的,权重越大。计算公式如下:

$$CV_A = CV_S \frac{X_1 + X_2 + X_3 + \cdots + X_n}{X_1 + 2X_2 + 3X_3 + \cdots nX_n} \times \frac{n+1}{2}$$

式中:$CV_A$——修正变异系数

$CV_S$——标准变异系数,即不考虑销售额变动趋势时的变异系数

$X_i$——第i年的销售额

n——样本数量

(二)销售风险度量

1. 样本采集方法。用于销售风险分析的样本采集有两种方法。前面所述的方法实际上是以历史销售数据为样本,应用这种方法的前提是企业未来的销售策略不会发生太大的变化,因此销售额的变化会延续以前的模式。但是当企业计划改变销售策略时,如果还根据历史数据预测未来的销售额,就会产生很严重的问题。下面我们提供了第二种样本采集方法,即通过调查问卷来确定企业的销售分布。

例如,我们现在要分析企业在未来一年里实现3200万元销售收入的可能性。首先,我们在公司里选择100名职员,就他对下一年公司的销售收入数额发表意见,以得到的答复为样本进行分析。注意,在操作中也可根据被调查人的职位、资历等因素对他们的答案赋予不同的权重,这样将会使分析结果更有说服力。

2. 销售预测的风险分析。如果我们将销售额的分布近似于正态分布处理,就可以根据其分布确定任何预计销售额的概率,这是通过计算Z值,查正态分布表实现的。

例:已知某企业销售额分布的均值为1717.14万元,标准差为509.54万元,要求计算企业实现3200万元销售收入的可能性。因为:

$$Z_A = \frac{3200 - 1717.14}{509.54} = 2.91$$

查正态分布表可知,企业实现3200万元销售收入的可能性小于1%,风险很大。

3. 销售风险指数及风险等级划分。本方法对风险的度量是通过风险指数进行的。企业的销售风险指数(SRI)是以上几个变动指数指标加权得到的,具体做法如表5-5所示。

表5-5 计算销售风险指数的权重分配表

| 风险系数 | 权重 |
| --- | --- |
| $CV_A$ | 0.35 |
| $CV_B$ | 0.25 |
| $\frac{CV_A - CV_I}{CV_I} \times 100$ | 0.40 |

式中:$CV_A$——根据历史数据得到的销售额变动指数

$CV_B$——根据问卷调查得到的销售额变动指数

$CV_I$——行业销售额平均变动指数

前面已经对前两个参数作了分析,下面对第三个参数进行说明。我们注意到,第三个风险参数反映的是企业与同行业平均水平的比较。当企业的销售变异系数小于所属行业的销售变异系数,即该企业的销售额的波动小于同行业平均水平时,企业的销售风险小于所属行业的销售风险。

接下来,我们可以对企业进行销售风险指数分类。为了与后面的风险指数相统一,我们先对上面得到的风险指数作一变换。我们假设,贷款人对销售风险指数大于50的贷款申请不予考虑,即将50作为风险指数的基准,变换风险指数的计算公式为:

$$CRI_S = 100 - (SRI - 1)$$

如当销售风险指数为30时,变换值为71,对应的风险等级为2级,如表5-6所示。

表 5-6　根据销售风险指数确定风险等级

| 销售风险等级 | 0 | 1 | 2 | 3 | 4 | 5 |
|---|---|---|---|---|---|---|
| 风险描述 | 优秀 | 良好 | 好 | 及格 | 可疑 | 差 |
| 销售风险指数 | 1—10 | 11—20 | 21—30 | 31—40 | 41—50 | 50 以上 |
| 变换风险指数 | 100—91 | 90—81 | 80—71 | 70—61 | 60—51 | 50— |

4. 确定销售风险指数及风险级别

根据销售风险指数公式：

$$SRI = 0.35 \times 25.93 + 0.25 \times 15.00 + 0.40 \times \frac{25.93 - 17.79}{17.79} \times 100 = 31.12$$

取整为 31，

CRIS = 100 - (31 - 1) = 70

企业的销售风险级别为 3 级。

(三)经营风险度量

经营风险是指由于企业经营上的原因给企业的利润额或利润率带来的不确定性。影响经营风险的因素主要有：产品需求变动；产品售价变动；产品单位成本的变动；经营杠杆等。其中，经营杠杆对经营风险的影响最为综合，因此常常被用来衡量经营风险的大小。

经营杠杆主要是反映销售额与息税前利润之间的关系，特别是用于衡量销售额变动对息税前利润变动的影响程度。经营杠杆的大小一般用经营杠杆系数表示，它是企业息税前利润变动率与销售额变动率之间的比率：

$$DOL = \frac{\Delta EBIT / EBIT}{\Delta Q / Q}$$

式中：DOL——经营杠杆系数

　　　EBIT——息税前利润

　　　Q—销售额

经营杠杆系数说明了销售额增长(减少)所引起利润增长(减少)的幅度。

例：某企业生产 A 产品，预计销售额为 20000 件，销售单价 5 元，单位变动成本 3 元，固定成本总额 20000 元，计算企业的经营杠杆系数，并计算销售额增长及减少 10% 时，企业的息税前利润的变化率。

计算过程如表 5-7 所示。

表 5-7　经营杠杆系数计算过程

| 项目 | 预计 | 销售额增加 10% | 销售额减少 10% |
|---|---|---|---|
| 销售收入 | 100000 | 110000 | 90000 |
| 减:变动成本(60%) | 60000 | 66000 | 54000 |
| 边际贡献 | 40000 | 44000 | 36000 |
| 减:固定成本 | 20000 | 20000 | 20000 |
| 息税前利润 | 20000 | 24000 | 16000 |
| 息税前利润变化率 | | 20% | -20% |

$$DOL = \frac{20\%}{10\%} = 2$$

可见,当销售额增加 10% 时,营业利润增加 20%;反之,当销售额减少 10% 时,也会引起营业利润 2 倍的减少。

在衡量企业的经营风险时,经营杠杆系数的意义在于,在某一产销量水平上,经营杠杆系数越大,息税前利润的变动幅度就越大,从而经营风险也就越大。一般认为,当经营杠杆为 1.5 时,风险较小;当经营杠杆为 2 时,风险较大;当经营杠杆大于 3.5 时,应拒绝贷款申请。

(四)财务风险度量

财务风险是指全部资本中债务资本比率的变化带来的风险。企业、负债经营的动力源于企业追求股东价值最大化。企业负债经营,不论利润多少,债务利息是不变的。于是,当利润增大时,每一元利润所负担的利息就会相对减少,从而使投资者收益有更大幅度的提高。但是当企业经营下滑时,负债比率越高,企业利润减少幅度将越大,因此企业的信用风险越大。财务风险大小通常用财务杠杆系数表示。财务杠杆系数表明的是息税前盈余增长所引起的普通股每股收益的增长幅度。财务杠杆系数越大,表明财务杠杆作用越大,财务风险也越大;反之财务风险也越小。财务杠杆系数的计算公式为:

$$DFL = \frac{\Delta FPS/EPS}{\Delta EBIT/EBIT}$$

式中:DFL——财务杠杆系数
　　　EPS——普通股每股收益

沿用前面的例子,假设该企业的资本结构为:债券 100000 元,年利率 5%,优先股 500 股,每股面值 100 元,年股利率 7%,该企业流通在外的普通股为 500 股,所得税税率50%,则其财务杠杆系数为2.5,计算过程如表5-8所示。

表5-8 财务杠杆系数计算过程

| 项目 | 预计 | 销售额增加10% | 销售额减少10% |
|---|---|---|---|
| 息税前利润 | 20000 | 24000 | 16000 |
| 减:利息费用 | 5000 | 5000 | 5000 |
| 税前利润 | 15000 | 19000 | 11000 |
| 减:所得税 | 7500 | 9500 | 5500 |
| 税后利润 | 7500 | 9500 | 5500 |
| 减:优先股股利 | 3500 | 3500 | 3500 |
| 税后净利润 | 4000 | 6000 | 2000 |
| 普通股每股收益 | 8 | 12 | 4 |
| 税前利润变化率 |  | 50% | -50% |

DFL = 50%/20% = 2.5

下面,可以根据经营杠杆系数和财务杠杆系数,对企业进行运营风险和财务风险分类。与前相仿,我们依然构造一个变换风险指数 CRI 销售/财务 = 100 - 20(RI 销售/财务 - 1)。具体做法如表5-9所示。

表5-9 根据销售风险/财务风险指数确定风险等级

| 经营风险/财务风险等级 | 0 | 1 | 2 | 3 | 4 | 5 |
|---|---|---|---|---|---|---|
| 风险描述 | 优秀 | 良好 | 好 | 及格 | 可疑 | 差 |
| 经营杠杆系数 | 1.00—1.45 | 1.50—1.95 | 2.00—2.45 | 2.50—2.95 | 3.00—3.45 | 3.45— |
| 财务杠杆系数 | 1.00—1.45 | 1.50—1.95 | 2.00—2.45 | 2.50—2.95 | 3.00—3.45 | 3.45— |
| 转化经营/财务风险指数 | 100—91 | 90—81 | 80—71 | 70—61 | 60—51 | 50— |

注意,上述转化公式主要是考虑计算的方便性和转换后结果的简单。例如,当经营杠杆系数为1时,代入公式,经营风险指数为100;当经营杠杆系数为1.45时,经营风险指数恰为91。如果经营杠杆系数为1.48,如何利用上述公式?为了解决这个问题,我们只需做近似处理。由于在两个边界1.45和1.50中,1.38更

接近 1.50,因此以 1.50 代入公式,得到经营风险指数为 90。同样,如果经营杠杆系数为 1.46,可以用 1.45 近似处理。

(五)行业风险度量

导致企业违约的最常见原因,首先是企业的过度负债,其次是销售的不利变化,第三就是行业风险。行业风险是受信者违约风险的一个重要指示器。我们必须时刻牢记,大量的破产事件总是发生在那些负债过高的公司身上,并且往往是在行业经历周期性衰退时发生。因此,对受信者所属行业的风险分析,对于准确评价受信者的信用风险具有十分重要的意义。

1. 指标。对行业风险的分析可以集中在几个指标的评价上。这几个指标分别是:附加值成长率(G)、附加值波动水平、劳动力生产率和资本贡献率。

附加值等于行业平均息税前利润加上折旧及工资支出,它是扣除通货膨胀因素后,企业经营所产生的价值。附加值成长率指标能很好地反映行业的总体状况,当行业处于上升期时,平均附加值增长幅度大,行业风险小;当行业发展缓慢或后退时,附加值增长幅度小,行业风险大。附加值成长率的计算公式为:

$$G = \sqrt[m]{\frac{P_1}{P_0} \times \frac{P_2}{P_1} \times \frac{P_3}{P_2} \cdots\cdots \times \frac{P_m}{P_{m-1}}} - 1 = \sqrt[m]{\frac{P_m}{P_0}} - 1$$

(其中,Pi 代表第 i 年的附加值。)

附加值的波动水平用附加值的标准差和变异系数表示。附加值的波动水平能够反映企业所面临的市场需求的变动,以及其承受的流动性风险。当附加值波动水平高时,企业资本利用程度低,生产调整费用高,因此行业风险大。

劳动力生产率是指行业内平均每个劳动力创造的附加值水平。在实际操作中,可以用工资费用作为劳动力的替代指标。

资本贡献率是对资本的利用率的度量。这里的资本既包括自有资本、企业的留存收益,也包括各种长期负债。资本贡献率指标在数值上等于单位资本所产生的附加值水平。

2. 行业风险等级。附加值成长率、附加值波动水平、劳动力生产率、资本贡献率等四个指标从不同的侧面刻画了行业风险。我们可以根据具体情况,对这些指标赋予不同的权重来得到行业风险等级。比如,对于某个企业,我们可能认为波动性引起的信用风险最大,成长性次之,然后是资本贡献率和劳动力生产率。根据这样的认识,我们就可以设定如表 5-10 所示的权重参数。需再次强调指出的是,这里的权重设定与考核的企业有关。

表 5-10  不同风险指标的权重参数

| 风险指标 | 权重(%) |
| --- | --- |
| 附加值成长率 | 25 |
| 附加值波动水平 | 40 |
| 劳动力生产率 | 15 |
| 资本贡献率 | 20 |

3. 分析步骤。利用上述指标进行行业风险分析分为四个步骤：

(1)收集各行业历史数据，包括附加值、资本数据和劳动力数据。注意，由于本方法中行业风险是在各行业相比较的基础上得到的，所以我们不仅要收集企业所属行业数据，还要收集其他行业历史数据。在操作中可以根据资本市场的行业分类进行数据收集和整理。

(2)根据历史数据计算上述四个指标值。

(3)分别根据行业的四个指标值赋予行业一定的风险得分。具体做法见例题所示。

(4)计算行业风险指数。

## 第四节  授信额度管理

企业进行授信时需要控制两项重要的指标，一个是信用额度，另一个是信用期限，两者相辅相成共同起作用。原则上，赊销客户的应收账款余额不应超过我们给予该客户的信用额度，回款的时间则不能超过信用期限，同时满足这两项条件，应认为应收账款是相对安全的。具体地说，信用额度包括授给企业客户群体的总体信用额度以及授予对某一客户个体的信用额度。

### 一、了解企业总体授信额度的限制

总体信用额度是指企业授给客户群体的额度，它在一定程度上代表销货企业的实力，反映了其资金能力，以及对客户承担的机会成本和坏账风险。单个信用决策应该根据总体信用额度和具体客户的实际信用状况来确定。

总体信用额度适当与否直接影响企业的经济利益。总体信用额度过低，将影响企业的赊销业务规模，并势必相应增加与同一客户的交易次数，而使销货的交易费用增加。但是,企业对客户的总体授信额度过高,会加大企业的赊销成本和风险。因此,信用管理人员应根据企业自身的情况和市场环境,先合理地确定总体信用额度。

一般而言,确定总体授信额度要考虑企业自身的资金实力、销售政策、最佳生产规模、库存量等因素,以及受到来自企业外部的竞争压力。信用管理部门是在充分考虑了上述因素后,确定总体信用额度,并以此指导和控制企业的应收账款持有水平,并给出一个保险系数,以防止过度授信造成企业的流动资金枯竭。

具体地说,在确定总体授信额度时,应考虑以下因素:

(一)坏账风险的整体比例。若风险很高,信用额度应该减少;反之,则可以适当增加信用额度。

(二)收益和风险。要在这样三者中保持平衡:即从信用销售中获取的潜在收益、坏账成本以及进行其他投资的收益。

(三)现有的债务规模。

(四)目标信用期限。

(五)外部因素。如宏观经济环境和行业风险。

## 二、确定赊销客户群体的规模

赊销客户群体规模的大小往往由企业的总体信用额度来定,信用管理部门根据确定的总体授信额度,参考以往的经验,确定一个合适的赊销群体规模。同时,赊销客户群体的构成质量也是影响赊销成功与否的关键,最有效的赊销首先要来源于一个优质的赊销客户群体,而优质群体的形成又需要进行有效的客户资源管理。信用管理人员按照信用风险的大小将客户排成一个序列,在序列的一极,是风险小可以忽略不计的客户;而在另一极,客户风险则很高,根本不能考虑对他们进行赊销。企业的客户不会集中在同一风险区域。正常的客户群是按正态分布从高到低排列的,即风险极高或是风险极低的客户只占少部分,而大部分客户应该处于中间状态。当然,企业群的质量极好或极差的特殊情况也有,只是很少,也很难维持较长时间。

因此,应该通过科学有效的分析方法,对客户群体进行有重点、有针对性地分析,对现有的客户资源进行合理规划,并为未来的客户开拓提供有利的理论依据。如前所述,对于微观主体的客户信用分析,我们可以采用特征分析模型、营运资产分析模型等较为成熟的信用评估模型进行分析。

那么如何进行客户群体的信用风险分析呢?在实际的操作过程中,可以简单地借鉴客户的相关特征值进行横向和纵向的对比分析。我们可以从客户的基本特征、信用特征、财务特征等几个方面进行分析,以确认客户群体的信用风险分布状况。其中信用特征和财务特征是分析的重点部分,可以通过具有较好信用状况客户样本数和样本基数的对比、群体的总风险分布、财务的分布水平等对客户群体的风险点进行剖析,找出分析过程中信用状况比较薄弱的环节,以提出较好的改进建议。

### 三、动态调控消费者的授信额度

消费者的授信额度,指的是允许消费者所能赊购的最高限额。由于不同消费者信用度不同,所获利的授信额度也各不相同。针对消费者的授信行为,企业的消费者信用管理部门应针对每个客户给出一个信用额度范围,客户服务部门可以快速确定消费者的赊购金额是否在合理的范围内,以便某项赊购超过信用额度时,客户服务部门有权调整信用记录优良或可靠性高的客户的信用额度,甚至达到当场提高某客户信用额度的快速反应程度。

确定消费者的授信额度,要考虑赊销企业的总体授信额度、竞争对手的信用标准、自己的信用处理水平、可能发生的拖欠及坏账比例等因素。信用额度确定以后也不是一成不变的,企业需要随时根据具体情况调控消费者的授信额度。除了一些特定用途的消费信贷外,信用管理人员更倾向于使用层次增加法。这种方法特别适合诸如信用卡、购物卡或信用服务挂账等小型信用工具的信用管理。对于特别积极争取市场份额的商业企业,如果再配合对特定消费者群体的消费者信用调查报告,可以稍快的速度,将消费者的信用额度提到更合理的程度,以稳定消费者对本公司发行的信用工具的忠诚度。向客户提供零售信用、信用卡透支和服务信用的机构,其消费者信用处理部门需要设立账户控制功能。控制功能体现在可调整对消费者个体授信额度,以及调整信用工具的投放量及其对象。

### 四、动态分析客户企业的信用价值

赊销企业利用前面介绍的多种方法对信用价值进行评价,判断好客户的信用价值是企业赊销成功与否的关键。如何区分客户的价值,是企业在赊销中必须解决的问题。但更重要的是,客户信用价值是变化的、动态的。企业如果忽视这一点,就可能会误判误导。

因此,信用管理严格的企业都会按年度对客户企业的信息进行更新,对其信用价值进行动态分析,重新评定客户的信用等级。随着客户的财务、经营、人事情况的变动,其信用价值也会随之发生变化。企业应根据其对客户信用价值的评估,定期调整对客户的授信额度。

**五、设计客户授信的工作流程**

客户授信的程序包括收集信息、审查客户资料、信用决策和账户监控等。

(一)收集信息。该阶段的任务是收集客户信息,找出授信决策的依据。企业可以通过各种途径调查客户的历史表现(一般为3年),证实递交信息的真实性,了解客户的付款记录和意愿。例如客户企业实地调查,包括与人员交谈、向银行了解客户的表现、向专业信用管理公司购买客户信用资料等。由于信息的时效性,该阶段应注意有适当的时间限制。

(二)审查客户资料。根据收集的信息快速、有效地审查客户是否符合授信的基本要求。一般企业会有一套微机评级系统,通过对关键数据的打分,比如财务比率,判断企业的财务状况和付款能力。

(三)信用决策。通过对客户资料的审查,确定客户能否到期还款,同时决定是否授信及授信额度。授信额度是指赊销的最高限额。一旦授出,如果账户运作正常、付款及时,在额度内订购一般不再需要重新核定。

(四)账户监控。对账户实施动态监控,及时了解客户运营情况,适时更新客户资料,确保付款及时。同时满足客户的需要,保证授信与客户能力一致。

第六章

# 信用赊销合同及管理

赊销是信用经济的重要特征,是企业扩大销售、应对竞争的一种必然选择。赊销合同是按照信用条款,先提供商品或服务,后期进行付款的合同总称。赊销合同是对双方所共同确认的各项交易条件的文字确认,它是企业信用交易的重要载体。同时,赊销合同也是信用管理人员对于信用交易进行管理的重要文件,对购买方既规定了还款日期也规定了违约责任,因此赊销合同也是信用管理工作的重要依据,企业赊销合同管理是企业信用管理的重要组成部分。企业在批准客户的信用申请以后,就要着手签订与客户的赊销合同。如何把握赊销合同的具体条款,理顺合同管理机制,是企业赊销合同管理过程中的重要环节。本章通过一些典型案例,说明企业应该如何做好赊销管理。

## 第一节 赊销合同内容

**一、赊销合同基本条款及注意事项**

(一)赊销合同基本条款

《中华人民共和国合同法》中规定了一些基本条款,这些基本条款既是合同的必备条款,也是信用管理的关键内容,信用管理人员应该熟练掌握。

1. 当事人的名称和住所。合同对方名称的真实有效是保证签约真实有效的关键,而且它同样是信用分析的重要信息。如果对方名称有误将造成合同失效,甚至如果假冒知名公司的名称将会给信用决策造成误导,所以对于初次接触的公司,信用管理人员有必要对名称进行深入的审核。

2. 标的。合同的标的是指双方当事人为实现一定目的而确立的权利和义务所共同指向的对象。在赊销合同中标的性质可以包括:转移财产所有权、提供工作成果、提供劳务三大类。标的是合同有效成立的前提条件,没有标的或标的不明的合同既无法履行,也不能成立。

3. 数量和质量。主要指标及在合同中约定的标的质量及要达到的标准。

4. 价款或者报酬。是指取得标的一方对给付标的一方所应支付的对价,包括价款、费用、酬金、租金等。

5. 履行期限、地点和方式。履行期限指合同的执行时间期限以及合同的有效期限。履行地点和方式主要包括交货方式、运输形式、交货地点。

6. 违约责任。违约责任是指双方在合同中明确约定的违约方应承担的具体责任。对于赊销合同的卖方而言,违约责任主要规定买方到期不付款所应承担的罚金或利息,因此此项既是合同的必备内容,也是信用管理必备的内容。

7. 解决争议的方法。是指所签订合同发生纠纷,自行协商不能达成共识时,在合同中约定的解决纠纷的形式,应在仲裁或诉讼两者中选择其一。

(二)注意事项

合同文本很容易出现失误之处。以下总结了赊销合同中较易出现的错误,供信用管理人员参考,以减少合同文本制订时出现的失误。

1. 存在导致合同无效或可撤销的条款:如合同或部分条款违反法律、行政法规、社会公共利益;订立合同的主体不合格;代理人超越权限;意思表示不真实;显失公平等。

2. 主要条款不完备。

3. 合同各方责任约定不清晰。

4. 知识产权归属不明确。

5. 仲裁条款规定不符合要求。

6. 代理范围/权限不明确。

7. 未约定保密事项、违约责任、争议解决、知识产权、不可抗力等条款。

8. 设备采购合同中,设备/器材/资料的归属不明;交易衍生费用分担不明;知识产权归属不明。

9. 技术转让合同中,使用期限、使用范围约定不明确,技术后续改进的成果归属不明。

10. 工程建设合同中,未对施工过程中的报批、补偿等事项作出明确约定。

11. 商标许可合同中,商标授权期限不明。

12. 专利转让/许可合同中,专利转让/许可范围不明;专利权时效不明;专利实施过程中产生的成果和风险分享(分担)不明;专利授权期限不明。

13. 担保合同中,担保范围、期限和方式约定不清。

案例一：赊销合同，"只字抵万金"

企业签订赊销合同时承担相当的信用风险，但是赊销是企业扩大销售、应对竞争的一种必然选择。因此不同于其他一般的文本性文字，赊销合同文字的严密性便显得更为重要，有时可能因为一个很小的错误会给企业带来巨大的损失，"只字抵万金"便是这个道理。

1999年，王经理在四川省某县一饲料公司担任总经理时，就碰上了一桩因一个买卖合同而引起的官司。当时在内江白马镇，有一桩生意很有吸引力。一位姓冯的养鱼大户一年需用价值100万元的饲料。对方要求赊欠的额度也不高，只有10万元，刚好是销售额的10%。同时，此人过去的商誉很好，且愿以房产作抵押。而且依据常理，养了价值一两百万元鱼的人也不大可能为区区10万元扯皮。但对方对饲料质量要求很苛刻，要求饵料系数不低于2比1，也就是要求吃1公斤饲料要长0.5公斤鱼。

但是，鱼长势的好坏不仅取决于饲料。如鱼苗好坏、水质好坏、气候好坏、养殖中是否发过大水、鱼是否染病、喂鱼方法是否得当等，都会影响到鱼的长势。但对方又是"一根筋"，非让承诺，否则生意就做不成。这如何是好？

王经理决定和该客户玩上一回文字游戏。他将上面姓冯客户所要求的给加上了许多限定，其中一条就是在用户证明其鱼苗是绝对良种、养殖环境及气候绝对正常的情况下，以及在用户依照厂方产品企业标准经有关法律部门证明其没有质量问题的情况下，如果饵料系数达不到2比1，厂方可负责赔偿。对方答应了。

后来果然发生了官司，对簿公堂时，对方怎么也证明不了他的鱼苗是绝对的良种，而且这年刚好发了大水，把他的网箱都冲烂了，养殖环境和气候就都不能说正常。对方也拿不出具有法律效力的证据证明厂方的饲料与厂方的企业标准相比有什么质量问题。所以扯起皮来对方没有占到一点便宜。

这桩官司还有一点是有惊无险。双方签订的合同上面有一条对经销户"谁开发谁受益"的承诺，也就是在经销户的经销范围内不设第二家经销户，保证对方的经销范围不受干扰。而事实上呢，原来这里先于他就有了一经销户。打官司时，对方提出公司干扰了其市场。一看协议，刚好在指定其经销户范围后有个括号，其中注明是"自用"。就这两个字，就把对方的"经销范围"缩小到他一家了。因此这个官司，赢就赢在这两个字上。

所以，签赊销合同时要逐字推敲，这非常关键。总之，赊销对于打开市场销售来说是一条捷径，但它布满陷阱，要格外小心。

**二、赊销合同中的信用条件**

在赊销过程中,信用条件是指赊销企业要求赊销客户支付欠款的条件,主要由信用期限和现金折扣两个要素组成。信用条件是将赊销合同与其他合同进行区分的重要标志,企业要制定出适当的信用条件需要大量的分析和判断。

(一)信用期限

信用期限是指客户在赊购货物后多少天之内支付货款,是企业为客户规定付款的最长时间界限,这一期限需要经过交易双方同意并在赊销合同中确认下来。较长的信用期限将会刺激销售,吸引更多的客户,然而随之而来的是应收账款增多、DSO 变长、管理费用上升、坏账增多。相反,较短的信用期限,虽然减少了持有应收账款的成本,但直接影响到企业的销售规模,如果竞争对手提供更灵活的信用期限,将导致企业客户资源的流失。因此确定适宜的信用期限是企业制定信用政策时首先需要解决的问题。

信用期限制定的原则是在风险可控的前提下,使企业总收益达到最大。实践中,企业可以利用边际分析法和净现值流量法对不同赊销方案的经济效益进行分析和计算,从而最终确定信用期限的长短。基本过程如下:

1. 设定不同的赊销方案用于比较。赊销方案是指企业进行赊销所采取的一系列不同条件的总和,包括信用限额、信用信息投入、信用期限、应收账款管理的人员投入、商账追收投入等。在不同的情况下,企业可以调整上述不同条件的取值或投入,每一次调整的结果也就形成一个新的赊销方案。企业可以只调整信用期限而设定其他条件不变。因此,企业只以不同的信用期限来设定购销方案。选择赊销方案的数量不宜过多,也不宜过少,最好设定 3—5 个方案。

2. 收集用于计算经济效益的数据。不同信用期限下的赊销方案对应着不同的经济效益,例如边际收益或净现值,只有将不同方案的经济效益进行计算得出结果后才能对不同信用期限下的赊销方案进行比较。要得出计算结果就需要相应的数据,无论是应用哪一种方法进行计算,信用管理人员都需要进行数据收集。

3. 对每一套赊销方案进行计算。企业需要根据边际分析法和净现值流量法对每一套赊销方案进行计算。具体计算过程可参见示例。

4. 比较结果并得出结论。计算完成后,企业首先要比较不同方案下的计算结果,同时还要分析不同方案下的投入和产出情况,最后企业根据自身的经营目标和风险偏好确定赊销的信用期限。

5. 利用边际分析法计算信用期限。边际分析法是以本企业上一年度的信用期限、本行业的平均信用期限为定值假设基础,做出适当延长或缩短信用期限的不同方案,分别计算出各方案较基准信用期限的边际成本(Marginal Cost)和边际收益(Marginal Income)。在边际收益大于边际成本的原则下,选择边际净收益最高的方案中所设定的信用期限作为最佳候选,待信用政策中的其他因素确定后,决定取舍。下面举例说明如何使用边际分析法确定信用期限。

案例二:华达公司能否签订赊销合同

华达公司以往授予客户的信用期限是 30 天,企业平均年信用赊销额为 200 万元。根据企业生产现状和市场环境,公司决定进一步扩大赊销规模以降低产品库存量,因而提出延长客户信用期限至 45 天的想法。根据以往的经验和对销售收入的预测,延长信用期限后赊销额将增加到 320 万元,应收账款的管理成本将在现有的 2 万元基础上增加 15%,坏账损失率估计可能由 1% 增长到 2%,当前的国债投资的年利率为 7%,以往企业销售毛利率为 16%。根据以上条件,公司信用管理部门对此进行了可行性分析。

表 6–1　赊销合同中的信用条件

| 条件 | 数据 |
| --- | --- |
| $S_0$:现信用期限下的销售收入(万元) | 200 |
| $S_1$:新信用期限条件下的预计销售收入(万元) | 320 |
| $\Delta S$:销售收入的变化值 | 120 |
| $T_0$:过去采用的信用期限(天) | 30 |
| $T_1$:新定信用期限(天) | 45 |
| $B_0$:以往的坏账损失率 | 1% |
| $B_1$:采取新信用条件下的预计坏账损失率 | 2% |
| $\Delta B$:边际坏账损失率 |  |
| $I$:当前的国债投资年利率 | 7% |
| $A$:以往企业销售毛利率 | 16% |
| $M_0$:现信用期限条件下的管理成本(万元) | 2 |
| $M_1$:新信用期限条件下的管理成本(万元) | $2 \times (1 + 15\%) = 2.3$ |
| MC:边际成本 |  |
| MI:边际收益 |  |
| NMI:边际收益净值 |  |
| $\Delta O$:边际机会成本 |  |

①计算实际收益:

根据实施新信用期限条件下所增加的赊销额和销售毛利率,可以测算新销售方案的边际收益如下:

$$MI: \Delta S \times A = 120 \times 16\% = 19.2(万元)$$

②计算边际成本:

应收账款的持有成本包括管理成本、机会成本和坏账损失,新销售方案的总边际成本是这三个项目的边际成本之和:

$M_1 = 2 \times (1 + 15\%) = 2.3$(万元)

$\Delta O = (\Delta S/365) \times T_1 \times I = (120/365) 45 \times 7\% = 1.04$(万元)

$\Delta B = S_0 \times B_0 + \Delta S \times B_1 = 200 \times 1\% + 120 \times 2\% = 4.4$(万元)

$MC = M_1 + \Delta O + \Delta B = 2.3 + 1.04 + 4.4 = 7.74$(万元)

③计算边际收益净值:

$(MNI) = MI - M_1 - \Delta O - \Delta B = MI - MC = 19.2 - 2.3 - 1.04 - 4.4 = 11.46$(万元)

[结论]向客户发放 45 天的信用期限可以使企业增加 11.46 万元的利润,因此该方案是可行的。

注:在计算机会成本中,直接采用应收账款面额作为计算基础,并假定所增加的销售在现金销售情况下,所得收入可以投资于一种有价证券。

通过上述实例可以看出,进行信用期限计算的关键在于对其销售量和坏账率的合理估算,如果估计不足往往会造成计算失误。对销售及坏账的正确估计要靠企业信用人员对业务数据的长期积累以及对市场变化的准确预测。

(二)现金折扣

1. 现金折扣的概念。现金折扣是赊销合同给予客户信用条件的另一个重要组成部分。在企业信用管理部门给予客户的现金折扣中,包含着两个要素:折扣期限和折扣率。折扣期限指的是客户在多长时间内付清货款,便可以取得折扣优惠。折扣率指的是在折扣期限内给予客户多大的折扣,通常按照赊销额度的一个比例计算。

在与客户签订赊销合同时,企业给予客户的现金折扣包括两种情况:一是给付现金的客户以价格上的折扣,以鼓励客户进行现金交易;二是在赊销时,对于在规定的短时间内付款的客户,给予发票金额的折扣,以鼓励客户及早付清货款。给予客户的现金折扣率大小应该与折扣期长短成反比关系,即:折扣期越短,折扣率越高;反之,折扣期越大,折扣率越低。这种做法充分体现了使用现金折扣鼓励客户尽快付款之目的。

2. 现金折扣的使用。在赊销合同中,现金折扣可以用"5/20,N60"的方式表示,其含义是"企业给客户信用期限是 60 天,如果客户能够在 20 天之内付清全部货款,将从销货厂家获得赊销合同总额 5% 的折扣优惠"。在实际操作中,现金折扣还可以两期现金折扣的形式表现出来,例如企业可以在赊销合同中规定"6/10,

3/20,N45"的现金折扣规定,其含义是"客户履约的最迟付款期为45天,如果客户能够在10天内付清货款,便可享受6%的现金折扣。如果客户能够在20天内付清货款,则可享受3%的现金折扣"。

使用现金折扣可以对企业应收账款规模产生影响,现金折扣率高,能鼓励客户尽早全额付清货款,在一定程度上缩小应收账款的持有规模。而较长的现金折扣期限会延长收款的时间,进而增加应收账款的持有规模。

企业向客户提供资金的融通是开展赊销的目的之一,现金折扣同样也能够给客户提供资金的融通。通过计算,在"2/10,N30"信用条件下,由于提前20天付款可以获得2%的折扣,使付款人可以在事实上享受到折合年率高达$[(2/98)/20] \times 365 = 37.25\%$的等值利息收入优惠。面对如此之高的收益,正常的客户都会积极争取,实践也证明,管理水平较高的客户普遍看重企业是否提供现金折扣。

3. 现金折扣的确定。为客户提供现金折扣,企业付出的代价是减让货款收入,如果使用得当,会给销货企业带来有利的效果,但是如果操作不当也很容易给销货企业带来损失。因此,是否实行现金折扣以及现金折扣方式的设计,必须经过企业信用管理部门的认真测算,综合考虑有利和不利因素,在权衡收益与损失的基础上确定现金折扣方案。确定现金折扣方式的方法与信用期限的计算方法一样,需要信用管理人员选择不同的方案,然后对不同方案的测算结果进行比较得出最后的结论。

(三)行业赊销惯例

与制定企业信用政策一样,在制订企业赊销合同过程中,信用管理人员同样需要充分考虑所在企业的赊销传统。因为合同中很多内容是某一行业中约定俗成的,如果脱离行业背景来确定赊销合同,合同有可能不会被客户接受。在制订赊销合同过程中,需要考虑以下几个方面的行业赊销传统:

1. 价款或者报酬。价款或者报酬是指取得标的方向给付标的方所应支付的代价,包括价款、费用、酬金、租金等。在赊销合同中,付款中应包括信用条件,即信用期限和现金折扣内容。信用期限通常取决于交易传统,同行业的企业经常采用相似的信用期限,但不同行业间的信用则可能差别很大,信用期限以在30天到70天不等。影响信用期限长短的因素主要有两个:

(1)买方拥有货物的时间。在市场上,赊购的客户有两类,一是货物的最终用户;二是批发商。信用期限不会超过赊销客户自己消耗货物的时间,也不会允许延长信用期限到货物再销售之后。在正常情况下,信用期限要短于这个期限。否则,不是给予购货客户的信用期限太长,就是卖方可以选择其他批发商进行销售以获取更快的资金周转。季节性行业是第一种情况的典型例子,这些行业中淡季处理货物的时间要长一些,所以信用期限也一般长于旺季的信用期限。

(2)市场竞争激烈程度。通常,赊销企业所在行业竞争越激烈,给予客户的信用期限就会越长。

2. 履行期限、地点和方式。履行期限指合同执行的时间期限以及合同的有效期限。履行地点和方式主要包括交货方式、运输形式、交货地点。这些内容对于履行合同非常重要,如果约定不清,客户会以此为由延迟付款。对于一些分阶段付款的赊销合同,应当根据行业的特点明确项目完成的总进度和每一阶段完成的进度,并直接与违约责任相联系。

3. 违约责任。违约责任是指双方在合同中明确约定的违约方应承担的具体责任。对于赊销合同的卖方而言,违约责任主要规定买方到期不付款所应承担的罚金或利息。通常,赊销合同应参照行业的习惯,约定延迟支付、延迟交付、不能交付等违约责任,计算方法一定也要有可操作性。

案例三:理性赊销——信用管理规避风险

2002年初,拥有2000多员工的中石化广州分公司,账目上逾期一年以上的应收账款高达2300多万元。沉重的清欠负担以及由此而带来的费用开支、资金占用、坏账损失等,大大增大了企业的管理成本、机会成本和坏账成本,使企业巨额效益白白流失。是继续在"不赊销等死,赊销等于找死"怪圈中徘徊,还是跳出怪圈理智地分析和另辟蹊径?公司选择了后者。在深刻总结以往盲目赊销的教训后,公司认识到:现代市场经济本质上是一种信用经济。随着中国加入WTO,成品油的终端零售、批发市场逐渐开放,赊销已成为所有成品油供应商扩大市场份额的现实选择。在这种选择中,企业必须不断地扩展信用销售,即所谓"理性赊销"。同时,企业防范信用交易风险不能只寄希望于客户,而更应该引入"信用管理"理念,控制交易环节的信用风险,建立规范化、制度化的赊销程序,以增强企业防御风险能力,加强应收账款管理,减少企业呆坏账损失,在扩大销售与控制风险之间求得最佳平衡和实现盈利最大化。

中石化广州分公司(以下简称"公司")利用信用管理规避赊销合同风险的做法是:

(1)建立完整的信用管理与控制体系。公司确立了实施信用管理的基本思路和制度框架,并于2002年7月正式出台了公司《信用管理办法》。公司成立了专门的信用管理委员会和信用管理部。"信管委"为公司信用管理的最高决策机构,"信管部"是信用管理的执行部门。与此同时,公司还明确了各有关部门的职能和职责。

(2)准确而细致的客户信息管理。"理性赊销"说到底,就是在销售前摸清销售对象——客户的资金信用情况，做到"有的放矢"。因此，准确细致的客户信息管理是首要工作。

公司建立了信用管理的机构和规章制度，又抓紧建立客户信用信息动态数据库，按信用级别、授信额度、赊销期限等分类进行管理。

### 三、信用控制走好关键的三步棋

（一）企业信用管理委员会根据用户的信誉和前景、经营和财务状况、拖欠记录，把用户分为四个信用档次分别采用"宽松""较宽松""严格""取保赊销或现金交易"四个信用政策。

（二）设置严格的信用审批权限。按油站站长和经营部业务员、经营部主管、区域零售主管、信管部、信管委分级权限审批零售、配送销售客户的赊销额度。

（三）进行信用评估、分析及授权。根据公司盈利能力和赊销额度，判定可以送中介评估的客户。中介机构进行信用调查并出具《信用评估报告》，公司参考中介机构建议的信用额度授予其赊销的信用金额和期限。对不景气的客户，必须与其签订《担保合同》或交纳保证金。

（四）严格应收账款的监控分析

为了纠正过去《油品购销合同》中条款、签字和盖章不全而最终成为"无效合同"的弊病，公司信管部重新编写了《规范填写合同的说明》，有效避免了以往清欠款项中大量存在的因手续不全导致起诉证据不足难以追讨的现象。同时，信管部还对全市应收账款余额实施监控，按赊销的权限、金额、期限，对每个客户的应收账款进行日常监控，编制《部门客户应收账款余额表》和全区《违规赊销客户情况表》，发送经营单位。

评析：

1. 作为一种销售手段，赊销已无可争议地成为所有成品油供应商扩大市场占有的选择，理性赊销也就随之成为成品油供应商必须认真研究的课题。

当企业面临巨额不良债务时，"谁经手（赊销）谁负责（追债）"的简单行政规定，不可避免会导致管理人员或营销员，要么因"害怕负责"而放弃赊销这一销售手段，要么干脆以"我负责"的名义盲干、蛮干，并由此给企业带来巨大的损失和无穷的后患。

2. 信用管理既能较好地规避不断扩大的赊销带来的经营风险，同时也能保证最大化的利润，即实现有效销售。

信用管理使销售更趋向理性化，从而有效地控制资金的占用和损失，打破了原来"盲目赊销—货款逾期—停职清欠"的恶性循环，让营销人员从清欠工作中解放出来,全力以赴扩大销售,达到企业增加销量、增加效益的目的,最终形成一个"信用销售良性循环"。

公司的经验证明,信用管理对促进销售、减少坏账损失和降低追收费用、保证资金周转、规避赊销合同风险、提升企业竞争力和企业形象有着重要的意义。

## 第二节 赊销合同的设计

**一、赊销合同条款设计**

赊销合同是企业与客户最主要的交易契约,也是信用管理中重要的证据。因此,赊销合同首先要全面反映交易信息,同时还要将信用管理的要求清晰地传达给客户,提醒客户遵守。合同必须包括七项内容:当事人的名称或者姓名和住所;标的;数量和质量;价款或者报酬;履行期限、地点和方式;违约责任;解决争议的方法。

然而,仅有这七个部分对于复杂的合同来讲又是不够的。信用管理人员在设计赊销合同时应该以上述七项内容为主线,结合交易的性质增加或减少条款来满足特定交易的需要。下面结合合同的主要内容和常见的一些问题说明如何设计赊销合同条款。

(一)关于标的、数量和质量

标的中包括产品的品名和规格,如果是服务项目应该是项目的名称、内容和工作范围。在这些条款中会遇到专有名词和术语的问题。对此,除对项目名称、内容、技术功能以及相关要求进行精确、详细的描述以外,还可以通过设计专门的解释条款来加以说明,例如以国标作为附件来说明产品的品质和规格要求,以及数量和质量的衡量标准。

(二)关于价款或者报酬

此项是反映赊销条款的主要部分,除价款以外还需要对付款的时间,也就是信用期限进行准确描述。在合同条款中,典型信用期限的描述可以是"购货方需在收到发票后××天内付款",或"购货方需在货物到达后××天内付款",或是"购货方在×月×日前付清货款"。然而,这三种描述都有一定的缺点。其中,前两种描述如果对起始时间的计算约定不清,也会造成对付款时间的异议;第三种描述方法虽然对付款时间的说明很准确,不会产生歧义,但由于过于严格而缺少灵活性。

所以,最好的方式是利用前两种描述,同时增加相应条款对如何计算起始时间进行说明。例如,可以规定发票开出后,通过快递寄达客户,并以此为起始时间计算信用期限;或者规定货物到达买方后,客户需签收"收货确认单",并以此为起始时间。

### (三)关于履行期限、地点和方式

对于需要按进度付款的项目,合同中还要对项目完成的总进度和每一阶段完成的成果进行说明,同时规定客户一方的付款进程,并直接与违约责任相联系。在这部分中可以专门设计条款来说明买卖双方的责任和义务,双方如何相互配合,如何保证对方工作的顺利开展等。

### (四)关于违约责任

这部分是配合信用管理的主要条款,条款内容应规定违约责任的认定,违约金或者损失赔偿的计算方法。其中,违约责任应当具体明确,不要只是简单约定承担违约责任或者赔偿经济损失,而应当约定延迟支付、延迟交付、不能交付等违约责任。此外,计算方法一定要有可操作性。

### (五)需要注意的问题

除上述条款以外,还可以设计其他一些条款以保证合同的表达清楚、内容完备。

1. 验收条款。一方面要规定客户在约定的期间内对货物进行检验;另一方面要根据产品特点或国际标准,来确定标准和技术。

2. 风险责任条款。对合同执行过程中可能出现的风险情况或不可抗力情况进行约定,同时规定相应的责任承担方式。

3. 争议解决条款。主要包括协商、调解、仲裁和诉讼四种方式。其中仲裁和诉讼的使用更为普遍。

## 二、赊销符号及标准表述方式

在企业信用销售中,销售条件通常以缩写形式出现,多为数字和字母组成的符号。这些表达方式非常简练,而且有标准的解释,可以清楚地表示具体的交易细节。在信用销售过程中推广和使用标准化的交易术语,有助于简化签约过程,明确交易双方的责权。

### (一)赊销符号

前文所述信用销售条件由两部分组成:现金折扣和信用期限,以符号表达的信用销售条件同样也要包括这两部分的内容。下面,我们通过一个典型信用条件实例来说明赊销符号和表述方式的含义。

假设有一个信用条件的表达方式,"2/10,N30",这一表达方式分为两个部分。第一部分"2、10"表示现金折扣。"/"前面的数字表示折扣的比例,本例中是2%,"/"后面的数字表示客户要想得到现金折扣必须在多少天内支付货款。"2/10"的意思则是客户如果在10天内付款可以享受2%的折扣。

然而,如果折扣期过了,全部货款何时到期?解决这一问题的办法就要用到实例中的后半部分,也就是要确定信用期限的时间。后半部分,"N"是英文"net"的缩写,意思是"净的,纯的"。"N30"表示"全部货款于30天内到期"。

有了上述两部分符号后,还需要解决如何确定起始日的问题,也就是"10天从何时开始计算?30天从何时开始计算?"。如果没有特别说明,购销期应从开出发票的日期开始计算。如果实例中的发票日期是9月2日,则客户有权在9月12日前享受2%的现金折扣;如果客户没有在这段时间内付款,在30天后,也就是10月2日购货方后应支付全部货款。

(二)赊销符号运用

综上所述,完整地以符号表达信用赊销条件需要包括三方面的信息:现金折扣、信用期限和起始时间。示例中只是一个典型的信用条件的写法,信用管理人员可以灵活地运用各种符号来表达这三方面的信息,以便准确地表达赊销条件所包含的意思。实际使用过程中,赊销条件不一定全部包括上述三方面的信息,原因是卖方可能不提供现金折扣,所以只有信用期限信息。同样道理,起始时间也可以用其他形式来表达。

1. 起始日期的确定。如前所述,如果不按发票时间来计算信用期限,可以在赊销条件中加入其他符号来加以区别。最常用的符号有两个:"EOM"和"ROG"。其中,"EOM"是"End of Month"的缩写,意思是"月底";"ROG"是"Receipt Of Goods"的缩写,意思为"收到货物"。使用"EOM"时,折扣时间和货款到期时间由当月月底开始计算;使用"ROG"时,折扣时间和货款到期时间由客户收到货物时开始计算。

举例说明:假设一笔业务发票日期为9月15日,而信用条件为"2/10,N30 EOM"。按此信用条件,客户在10月10日前付款可以享受2%的现金折扣,全部货款在10月30日到期。

2. 多种条件的复用。这种情况主要是指赊销企业在现金折扣部分向客户提出多种选择方案。

例如:"6/10,3/20,N45"中,企业向客户提供了两种享受现金折扣的方式,即10天内付款享受6%的折扣,超出10天少于20天内付款享受3%的折扣。

3. 到期日的确定。除了以"净多少天"的方式来表示信用期限,信用管理人员还可以通过只规定到期时间的方式来确定赊销期限,例如只规定信用期限为某一固定时间。

### 三、赊销合同文本建立

建立赊销合同文本是将企业与客户所达成的合同意向形成正式书面文本的过程。由于合同文本是信用管理过程的重要文件,所以在这一过程中信用管理人员应承担起主要工作,或者作为重要参与人发表意见。

(一)制订赊销合同文本的方式

企业制订赊销合同文本时通常有三种方式,即每笔业务制定赊销合同、利用企业的合同范本、利用企业的格式条款。不同方式下合同制订有不同的特点:

1. 每笔业务交易时制订赊销合同的优点是可以针对项目来设计相关的合同条款以及每项条款的文字表述,形式上有很大的灵活性。然而其缺点则是制订的周期较长,更多地适用于公司重点项目的合同制订。

2. 合同统一范本是针对公司主要业务的特点,统一合同的格式,包括了合同的一些必要条款,对语言进行统一描述而形成的。利用公司合同范本,业务部门只需要结合行业和产品的特点,对范本进行小幅的改动就可以形成最终的合同文本。其特点是可以为业务部门节省大量的时间。

3. 合同法中规定:格式条款是当事人为了重复使用而预先拟定,在订立合同时未与双方协商的条款。通过格式条款的方式可以使订约基础明确、费用节省、时间节约,从而大大降低交易成本。这类格式条款更多地应用于公用事业合同以及面向消费者的合同,其特点是业务量大、条款相对一致。

(二)设计赊销合同的基本原则和流程

企业无论采取哪一种合同方式,合同都要保证条款完备、条款描述准确,如果是赊销合同还要充分地体现信用管理的意图。为了制订一份好的赊销合同,企业需要在各个部门的配合下完成制定,充分考虑业务的复杂性,将各种情况予以充分的考虑,整个过程包括如下阶段:

1. 授权专人负责。合同的订立应有专门部门或人员负责,通常是企业的合同处、法律处或信用部门来承担这个工作。授权专人负责是完善合同管理的基础,也是合同风险防范的最后关口。

2. 业务部门提出业务需求。合同的需求来自于业务的需求,业务部门需要在提交合同信息的同时,也要将业务的相关信息提交相关部门,以保证相关人员了解合同的背景。

3. 订立文本初稿。此阶段任务是先起草一份有关赊销合同的草案。这个阶段的工作包括订立合同的基本条款,主要由业务部门完成。

4. 专业部门审查。合同初稿应提交相关专业部门进行审查,涉及赊销的合同应由信用部门参与。这项工作的主要任务是完善和补充有关条款,以保证合同的严谨、专业、合法。

5. 重大合同会审。如果需要制订重大合同,企业应召集相关部门进行合同会审,这种方式可以集思广益,增加审核点,并减少玩忽职守或以权谋私的可能性。

(三)需要注意的问题

格式条款是"一方为了反复使用而预先制订"的,这一定义表明格式条款是在订约以前,不与对方当事人协商而预先制订出来的。格式条款有着不能协商的性质,合同对方只能对一方制订的格式条款予以接受或不接受,而不能就合同条款讨价还价,在合同关系中处于附从地位。虽然消费者如果要使用相关服务就要接受格式条款的规定,然而这并不意味着企业可以随意制订格式条款。《消费者权益保护法》中规定:"经营者不得以格式合同、通知、声明、店堂告示等方式做出对消费者不公平、不合理的规定,或者减轻、免除其损害消费者合法权益应当承担的民事责任。格式合同、通知、声明、店堂告示等含有前款所列内容的,其内容无效。"同时,合同法还规定提供格式条款的一方应向合同对方就格式条款的内容和含义提供说明。这一规定说明企业在制订格式条款时也要本着公平、公正、合理的原则来制订,而且即使对方没有注意格式条款的存在,也要在签订时进行相应的提醒。

**四、赊销合同审查**

很多情况下企业的业务部门在与客户洽谈业务的同时,也就达成了初步的合同意向,而且对合同的一些条款也达成了初步共识。如前所述,信用管理部门是审查合同的主要部门,审查的内容除包括赊销合同的常规条款以外,更主要是那些与赊销相关的条款,如信用期限、现金折扣、违约责任、仲裁等条款。在这一过程中,信用管理人员的角色不仅是"审核员",更多还是"辅导员"。

(一)合同审查的内容

信用管理部门在审查阶段所做的工作与设计合同文本过程的工作类似,除了要保证主要条款完备以外,更多地要从信用管理角度出发进行审查,以保证企业的权益。

1. 签约对方的资质。主要审查准备签约的对方是否具备法人资质。如果对方不是法人机构或只是企业的一个部门或办事机构,信用管理部门应及时提醒业务部门,或者取消签约,或者要求对方以适当身份进行签约。

2. 信用期限和现金折扣。通常,业务部门希望能给客户更好的信用条件,包括信用期限和现金折扣,以降低销售的难度,增加销售。然而给予客户多少信用期限是根据企业的信用政策来确定的,同时也要参照合同的价格以及对方的信用资质。

3. 违约责任。有些情况下,非专业部门起草的合同往往忽视对违约责任的约定。造成这种情况的原因有几种:一是对合同中的违约责任不重视;二是业务人员出于维持客户关系的原因,不愿意写出客户违约责任。在这种情况下,信用部门需要对业务部门解释违约责任的重要性,同时根据合同的具体情况列明不同的违约情况并规定相应的责任。

4. 争议的解决。争议的解决是指所签订合同发生纠纷,自行协商不成时,双方约定的解决纠纷的形式。这一部分由于专业性很强,信用部门可以从信用管理的需要出发,帮助业务部门选择合适的争议解决方式。

(二)合同审查的方式

由于企业的合同签订需要一个过程,信用部门对合同的审查工作根据签订合同的不同阶段,有着不同的方式和内容。

1. 初期阶段。此阶段,业务部门与客户刚有签约意向,但合同内容仍在洽谈当中。这时,信用部门可以协助业务部门确定对方的签约资质,分析业务合同中潜在的风险环节,选择对企业有利的合同条款等。

2. 中期阶段。此阶段,双方意向比较明确,处于合同具体条款的讨论之中。这时,信用部门应从信用管理的角度提出对有关条款的意见,必要的情况下可以介入合同签订及谈判过程。

3. 后期阶段。此阶段,企业与客户的合同处于最后的签约阶段。审查的重点在于违约责任和争议的解决。

(三)注意事项

1. 不同争议解决方式的区别。争议的解决有四种方式:协商、调解、仲裁、诉讼。由于协商和调解是没有法定强制力支持的解决方式,所以企业在确定争议解决方式的过程中,都会约定先进行协商或调解,协商或调解不成则会在仲裁和诉讼两者中选择其一。作为纠纷解决方式,仲裁与诉讼并无优劣好坏之别,但在应用条件和费用方面则有所不同:

(1)在提起条件上,仲裁的提起需要合同双方在合同中约定仲裁条款,即在合同中明确表示申请仲裁的意愿,并在合同中明确申请仲裁的事项(如因履行合同引起的纠纷)及仲裁机构(如北京仲裁委员会)。诉讼的提起是依法提起,只要纠纷在法院的受案范围内,不需在合同中约定诉讼意向及诉讼事项。

（2）在审级上，仲裁为一裁终裁制，裁决从下达之日起生效。诉讼为二审制，当事人不服一审判决，在上诉期内可上诉到二审法院。

（3）在审限上，仲裁的审限是4个月，从仲裁庭组成之日起计算；一审诉讼的审限为6个月，二审诉讼的审限为3个月，均从立案之日起计算。

（4）在费用上，仲裁费用远高于诉讼费。仲裁实行不公开审理，除非当事人要求公开审理，诉讼则不同，实行公开审理。

2. 信用部门的角色。在合同审查过程中，信用部门一定要确立"服务"的角色。这是因为在企业中，一切工作都应以有助于业务发展为前提，业务发展是企业的生命线。信用部门把握住自己的角色，既可以发挥信用政策对企业的支持作用，同时也可以减少部门间的冲突，创造良好的合作氛围。

**五、客户赊购凭证设计**

客户赊购凭证主要是指企业发放给客户用作购物的凭证，持有者凭此类证件就可以赊购商品。赊购凭证在企业信用及消费者信用中都会用到。在企业赊销中，赊购凭证主要用于交易频繁的快速消费品行业，主要面向的是中小型企业，其特点是每家客户都会连续地赊购商品，交易频率很高，但是每次交易量小，金额不大。在消费者赊销中，主要是大型商场发放的赊购凭证，消费者持卡便可以赊购商品，功能类似于银行的信用卡，但使用范围仅限于商场内部或连锁店内。使用赊购凭证的目的在于，一方面为了方便与客户交易，减少烦琐的签约手续；另一方面扩大了客户的需求，加强了客户的忠诚度。

（一）赊购凭证的相关知识

1. 赊购凭证与赊销合同的关系。赊销合同是赊购凭证的基础，企业向客户发放赊购凭证前都要与企业签订赊销合同。客户使用赊购凭证都要依据合同的规定来执行，如果企业发放客户相关的使用手册或说明，这些内容也应被视作是赊销合同的一部分，具有法律效力。

2. 赊购凭证的信用管理。信用管理部门首先要对客户的资质作出评价，在接受信用申请的同时，还授予客户相应的信用额度。只要客户的赊购金额没有超过这一额度，信用管理部门一般不再进行人工审批，销售部门可以直接将货物提交客户。然而，信用管理部门要定期对持有者的信用状况以及信用凭证的使用情况做审核，以便调整信用额度促进凭证持有者更多、更好地使用。

3. 赊购凭证的技术支持。设计和使用赊购凭证需要有计算机系统的支持，其首要功能是记录客户的基础信息和交易信息；其次要在评分系统的支持下实现计算机自动地进行信用审批；最后要实现信息传递的功能，要在中心系统和分散的销售终端之间进行数据传递的反馈。

(二)设计赊购凭证

1. 赊购凭证条款的设计。赊购凭证的基础是赊销合同,赊购凭证的条款也应是赊销合同的部分。如果使用赊购凭证,企业应在赊销合同或赊购凭证的说明中加入相关条款,规定赊购凭证的赊购商品范围,凭证的使用规则,赊购后还款的方式,还款期限等内容。

2. 赊购凭证使用流程的设计。无论是企业信用管理还是消费者信用管理,设计赊购凭证使用流程时要把握验证、审批、成交反馈三个关键环节:

(1)验证环节。验证环节主要保证赊购凭证没有被滥用,除了输入密码的方式以外,还可以要求指定人员或授权人员办理业务,同时可以进行签字的比对。

(2)审批环节。审批环节主要由系统进行完成。可以将客户赊购的申请传到公司的赊销数据库,系统自动判断客户是否还有信用余额,本次赊购是否符合要求等。

(3)成交反馈环节。如果一切手续符合要求,系统自动反馈信息提示仓储部门进行放货。

3. 目标客户的选择。能够使用赊购凭证的都应是企业的好客户,除有一定的购买力外,还应有很好的信用记录。在企业信用销售中,可以选择那些与企业有一定交易历史,资信状况比较稳定的客户来发放赊购凭证。在消费者信用管理中,除在企业现有客户群中找到合适的消费者外,还可以利用从其他交叉销售机会中获取的客户信息来判断哪些客户符合要求,并直接发放信用凭证。

(三)注意事项

消费者赊购凭证的使用体现了消费者信用管理中投放信用工具的功能,这一功能是企业信用管理中所没有的。在这一功能下,信用部门除了要设计赊购凭证,还需要对赊购凭证进行推销,并激活这些赊购凭证。为了激活赊购凭证,信用部门还要设计不同营销方案,通过提供更优惠的价格、更有针对性的服务来加强消费者对赊购凭证的认同度和忠诚度。

**表 6-2　赊销合同样本**

销售协议书（赊销）

编号：
需方：
供方：

经协商，供需双方同意就购销精细化工（原料）产品事宜达成协议如下：
一、产品价格。
1. 具体货品的价格，双方协商后，供方以传真方式向需方发出书面报价，并据此作为本协议书的附件。
二、付款条件。
1. 供方以限期限额赊销的形式向需方供应货品，需方收货后必须在供方出具的《发货通知/回执》或《送货单》或《货物签收单》上签字后____天以内将货款付讫给供方。
2. 供方向需方提供人民币____万元整为上限的购货授信额度，超出此上限额度的订购货品，需方必须凭现金（现款）向供方采购。
三、订购单。
1. 需方向供方订购时，需方必须向供方提供书面的订购单方为有效（订购单上必须盖有需方公司公章/业务专用章/财务专用章的任一印章方为有效）。
2. 供方恕不接受需方的口头订单。
3. 订购单以传真方式送达供方有效。
4. 订购单作为本协议书的有效延伸文件。
四、收货回执。
1. 供方向需方每送达一批货品，供方应向需方提供《送货单》或《货物签收单》，需方收到货品后即盖章签字后回送供方。
五、往来账目核对。
1. 供需双方必须每月书面核对往来账目一次，以确认供需双方货款往来的真实性。
六、其他。
1. 本协议书在深圳市仲裁机构仲裁有效。
2. 本协议书有效期自供需双方盖章签字日起至　年　月　日止。
3. 本协议书壹式贰份，供需双方各执壹份。


需方（盖章）：　　　　　　　　　　　　　　供方（盖章）：
　　需方法人签字：　　　　　　　　　　　　　　供方法人签字：

　　　　　　　　　　　　　　　　　　　　　　日期：　年　月　日

## 第三节 赊销合同的执行

**一、赊销合同签订授权**

授权是指委托某人或某机构代行权力。法律规定,企业的法定代表人可以代表企业行使包括签约在内的民事权利。法定代表人因事不能亲自履行某种行为时,可以通过授权委托方法指派他人去办理,被委托人在授权的范围内进行活动,对委托人直接产生法律效力。因此,在签订赊销合同过程中,如果签约人不是法定代表人则需要得到法定代表人的授权,未经授权,企业中任何人都不能以企业名义对外签订合同。

确定签订赊销合同的授权有助于规范企业的对外签约过程,一方面可以保证企业对外签约的质量,保护企业的合法权益;另一方面也可以保证企业对合同执行的重视,保护合同对方的合法权益。

(一)授权的形式与内容

企业中进行授权主要以法定代表人授权委托书的形式完成。授权分为长期委托书和临时委托书,临时委托主要针对临时重大项目所进行的授权,也称为"一事一委托"。企业的授权委托书可以采用工商管理机构的统一式样,也可以根据企业的需要自行设计授权委托书的式样。无论采用哪一种式样,授权委托书应包括:

1. 被委托人的姓名。

2. 委托期限。

3. 委托范围。主要指被委托人在哪些事项上可能行使委托人的权利,也就是授权的范围,不应简单地写为"全权委托",而应当逐项写明授权的内容。如果是临时委托,则应以委托具体事项的形式提出。

4. 委托权限指被委托人在什么程度上行使委托人的权利。如果是签订合同,则应当明确在什么条件下、什么范围内签订的合同是有效的,超过这个范围就是无效的。通常可以用设定合同限额的方式来确定被委托人的权限,例如:"销售经理可以直接签署50万元以内的商业合同";如果是其他的委托,应详细写明被委托人可以代为行使委托人的权利,例如在诉讼过程中委托代理诉讼,就应写明在诉讼过程中委托代理人的权限,有无放弃、承认诉讼请求的权利,有无反诉权,有无和解权等。如果未写明,则认为不具备这些具体权利,只有诉讼代理权。

（二）办理授权委托的步骤

1. 确定被授权人资格。企业应当根据实际情况限定被授权人的资格，并不是所有的人都可以被授权委托，授权委托是一件很重要的事情，它是因业务需要并符合一定的条件，方可被授权。需要符合的条件包括：

（1）本公司生产经营活动中确需签订合同，并具有经济工作经验的有关人员；

（2）须通过《中华人民共和国合同法》考试，并经工作业绩审查合格者；

（3）能够遵纪守法，执行国家各项法令、法规和本企业的规章制度。

2. 确定被授权人的权限范围。被授权人在权限范围内可以代表公司签订合同，各单位一般结合本单位情况，根据级别设置不同的授权范围和权限。例如，销售部业务员可以对10万元以下的销售合同进行签约，销售部经理可以对50万元以下的销售合同进行签约。

3. 办理授权委托。办理授权委托需要经过以下几个步骤：

（1）申请人员应首先参加合同法知识的培训，培训方式既可以是参加工商管理机构公开举办的培训，也可以是请工商管理人员到企业进行培训。

（2）培训合格后，申请人员按要求填写"法人委托书申请表"。

（3）经公司人事部门和工商管理机构审核后，报公司法定代表人批准，签章颁发授权证书。并由工商管理机构统一登记汇总。

（三）授权管理要注意的问题

1. 授权工作对于签约双方都非常重要。企业在签订合同过程中，一方面要对内部签约人员进行适当授权；另一方面还要对另一方签约人的授权资质进行核实，以保证对方签约是有效合法的。

2. 企业要对授权工作给予足够重视，建立日常的授权管理机制。主要工作包括：对被委托人进行培训；建立认证及证书管理制度；出现法人委托书遗失情况应立即到工商局备案并挂失；对于撤销委托或人员离职后的授权委托书要及时收回等等。

## 二、跟踪赊销合同执行

在签订合同之后的合同履行过程中，信用管理人员应及时了解赊销合同执行中的问题，一方面可以保证合同被严格执行，提高企业对外信用形象；另一方面可以及时发现问题，有针对性地进行管理，提前防范信用风险的发生。

（一）赊销合同执行中可能发生的问题

赊销合同执行过程中，可能发生的问题是多种多样的，涉及从产品的生产、发货、到货及签收，直至收款完成的各个环节；同时还可能由于客户各种变化而发生

各种问题。具体可能涉及以下几个方面:

1. 货物发出前。货物发出前,信用管理人员应关注生产和发运等环节,以保证按照规定严格执行合同。如果由于材料供应、产品工艺、包装、运输等问题而出现与合同规定不符,客户方面完全有理由拒收货物并拒付货款。在这种情况下,信用管理人员应及时获得相关信息并提前与客户进行沟通,以便能够得到客户的确认反馈,并及时进行合同的补充与修订。

2. 收货与签收环节。正常情况下,在货物运达客户处后客户需要进行验收并签收相关收货单据。然而,客户的收货人员可能会以种种理由拖延验收或拒绝签收货物。如果客户不能对货物进行验收并签收"收货确认单"的话,企业将承担货物仓储的费用和损耗的风险,也会给企业后期收款带来麻烦。在这种情况下,信用管理人员应及时与客户方的负责人员进行联系,询问货物到达的时间、货物状况、货物的规格和数量等是否符合合同要求。如果以上情况符合合同要求,信用管理人同应督促客户签署"收货确认单";如果确实由于自己一方的原因造成客户拒收货物,信用管理人员应及时反馈客户意见并通知相关部门及时给客户予以解决。

3. 还款环节。这一阶段指客户已经收到货物,但仍属于正常信用期限内。在这一阶段,赊销客户可能会发生经营或产权方面的变化,从而导致对外付款发生困难。信用管理人员应随时关注赊销客户的变化,如果出现重大经济纠纷、商业投资失败或者是企业并购,应及时通知相关部门,并协商对策。

(二)及时了解合同执行中的问题

针对合同执行中可能出现的问题,信用管理人员需要从企业自身和客户两个方面开展管理工作才能做到及时了解可能出现的问题,并能及时应对。

1. 合同己方履行信用的管理

(1)建立合同履行管理责任制。主要指信用管理人员根据合同履行的基本流程,对合同任务进行分解,落实到各个部门和责任人,并对任务落实情况进行考核,以确保合同的履行。履行合同的基本流程包括:订立合同、合同登记、计划安排、技术准备、购入材料、投入生产服务、入库保管、托运发货、财务结算、统计分析、售后服务、反馈消息。

合同履行过程中,负责合同执行的信用管理人员必须负责跟踪合同相应条款的履行情况,各部门负责人保证合同条款按期完成。如果由于相关责任人失职、未采取预防措施等主观原因而造成公司经济损失的,公司应对责任人进行经济处罚。

(2)建立检查监督机制。对企业合同的执行情况进行检查监督,高管以及合同管理人员,应深入企业各部门、各环节了解落实各自担任的任务,检查资金、人员、材料、生产的落实,督促其按时按质按量完成合同规定的任务,及时协调企业内部关系和解决履行中遇到的阻力。检查监督的形式可以是公司例会、日报、周报、旬报,以及定期或不定期检查。

2. 合同对方履行信用的管理

(1)建立台账机制。合同台账是指建立账册对本企业的赊销合同进行分类登记,及时记载合同订立和履行情况。通过建立台账,信用管理人员可以方便地掌握合同执行情况,并可以通过对以往合同的查询提前了解一些重点客户的情况,以便有针对性地采取对策。如果企业合同签订比较频繁且数量较大,企业还可以使用相关的合同管理软件进行管理。

(2)建立履约动态跟踪机制。履行赊销合同的过程中,信用管理人员需要采取有效的方法收集对方当事人变化中的情况。如果发现对方经营状况严重恶化,或转移财产、抽逃资金逃避债务,或严重丧失商业信誉,或可能丧失履行债务能力,信用管理人员应及时中止履行或采取相应措施,通知相关部门并进行协商。

(三)有关台账管理注意事项

台账是合同管理较有效也是很重要的一种管理形式,企业可根据业务性质不同分为一般买卖合同台账和项目类合同台账。它既可用来管理合同签订履行情况,也可用来登记管理变更、解除、纠纷处理等。

其中,一般合同台账内容包括:合同编号、合同类别、订货单位、订货数量、规格、质量、金额、履行期限、履行方式及时间、实际执行情况等。而项目类合同台账的内容可以根据项目性质的不同予以适当的调整,特别要对项目履行情况进行详细描述。

### 三、确定赊销合同执行方式

在正常情况下,客户会按照信用条件规定的期限及时付款,履行其承诺的还款责任。然而,还会出现包括客户申请延期还款、合同变更、合同解除等在内的一些特殊情况。信用管理人员应根据不同情况,灵活地确定赊销合同的执行方式和宽容度。

(一)客户申请延期还款

1. 客户申请延期还款的操作。严格来说,客户不能及时还款就属于企业应收账款管理的范畴。但是,在合同执行过程中,客户往往会由于特殊原因或一时困难而不能及时付款,而且客户主动提出延期付款,因此该情况下仍属于正常的合同履行,在处理上应与应收账款管理环节有所区别。信用管理应非常重视客户申请延期还款的环节,因为它是合同履行的一个临界点,一边是接受延期付款继续执行合同,另一边则将客户送入商账催收程序。处理客户延期付款的一般程序如下:

(1)在信用管理人员发出付款提示后,客户方面应对是否能够如约付款作出判断,如果付款确有困难,应来电或来函向企业提出延期付款请求,同时申请中应包括一些愿意付违约罚金或延长期的利息等条件。

(2)接到客户延期付款请求书后,信用管理人员应再次判断客户的资信状况,同时全面考虑以往合同履行的情况,例如,有的客户在到期时虽不能还清约定的全部货款,但是尽其所能还了一定比例的欠款;有的客户到期干脆一分钱也没能力还,必须申请全额延期付款;有的客户一贯付款准时,只是此次付款有困难;有的客户合作时间不长,就出现延期付款的情况等。

(3)结合每个申请延期付款的客户的具体理由和情况,信用管理人员根据公司信用政策中的处理标准,决定是否同意延长付款。通常来讲,对于资信评价好、合作时间长的客户,企业都会同意延期付款;而对于资信评价结果不好、合作时间短的客户,企业则应拒绝延期付款。

(4)对于接受延期付款的客户,信用管理人员应及时做好补充协议,作为书面的合同变更材料。对于拒绝延期付款的客户,信用管理人员也要及时保存与客户交往的各种书面资料,作为进行催账,甚至诉讼的相关证据。

2. 注意问题。在判断是否接受客户延期付款的请求后,对于不同情况,信用管理人员可以选择不同的处理方法。

(1)对于拒绝延期付款的客户,除了选择将客户送入追账程序以外,信用管理人员还可以选择向保理商转让合同,由保理商收回合同余额。

(2)对于接受延期付款的客户,信用管理人员一定要在补充协议中加入对于延期付款的违约金或罚息。由于罚息的存在,使得客户知道不及时付款的危害,并对今后的付款特别加以注意,起到惩前毖后的作用。

(3)对于接受延期付款的客户,信用管理人员还可以要求其增加担保条件,以保障合同的顺利执行。

(二)客户申请调高信用额度

此种情况通常出现在长期客户身上。这类客户由于在一定时期内发生多次信用交易,而有可能出现某个时段由于信用额度不够而无法签署下一个合同的情况。客户申请调高信用额度与客户申请延期付款不同,发生在合同履行前,但由于已经有旧的合同在执行,所以这种情况仍属于合同执行中的特殊情况。

（三）合同变更的管理

合同变更是指合同依法成立后，在尚未履行或尚未完全履行之前，当事人通过协商对合同内容所做的修改和补充。合同变更包括变更标的、数量、质量、合同性质、履行期限、履行地点和方式、价格或者报酬、违约责任方式、争议解决方式、担保方式、所附条件等。前面所述，客户申请延期付款就是合同变更管理中的一种特殊情况。

在合同变更管理过程中，信用管理人员需要注意：

1. 合同变更一般必须采取书面形式，谨防未取得对方当事人的书面材料，而凭口头约定向已变更的接收人发货或付款；

2. 自身遇有不可抗力或者其他原因无法履行合同时，应当及时收集有关证据，并立即以书面形式通知对方当事人，同时积极采取补救措施，减少损失；

3. 对方不履行或不完全履行合同时，合同经办人应催促其采取有效补救措施，收集、保存对方不履行合同的有关证据；

4. 经上级主管机关批准、签证以及公证机关公证的合同，其变更应按规定报原机关备案。

案例四：中石化赊销合同执行案例

随着中石化某公司销量的扩增，至2003年2月末，公司应收账款总额已达2.02亿，比实施信用管理前增长了51.86%，但其中3个月以内的应收账款占总额的88%，比实施前上升了17个百分点；其中1个月以内的占了80%，二、三个月应收账款占了8.15%。实施后，平均每月发生的清欠款只有3万元，比2002年实施前降低了50%。

公司信用管理部成立以来，通过发出《催讨函》《"最后通牒"》，追收逾期欠款13宗，所涉金额73.82万元中收回69.16万元，余下的4.66万元也通过诉讼程序收回。

自2002年6月实施信用管理以来，公司送中介机构进行信用评估的客户212户，评估后批准赊销额度8424万元，对比客户申请额度减少3100多万元；自行信用评估的客户619户，批准赊销额度7746万元，比客户申请额度减少2800多万元。这两项合计共规避赊销风险6000多万元。2003年1月、2月末应收账款周转次数分别为2.38次、2.03次，分别比实施前的1.34次加快了0.69次、1.04次；1、2月应收账款的收账期13天、15天，比实施前提前了7天、9天。在取得信用管理效果的同时，公司的总销量由实施前的月均9万多吨逐月上升，到今年一季度月均达13万吨左右。实施后公司的赊销量占总销量比例为73%，比实施前还增加了28%,真正实现了有效销售的扩张。

分析:增加独立的信用管理职能,以信用部门或信用经理承担和协调整个企业的赊销管理工作是一个有效的管理方式。最近英国一个信用管理研究小组的研究表明,如果一家企业在向客户销售中由内部专门的信用管理机构实行规范的赊销管理,那么企业会按时收回绝大部分的应收账款,坏账比例一般会降低84%。信用管理使销售更趋向理性化,从而有效地控制资金的占用和损失,打破了原来"盲目赊销—货款逾期—停职清欠"的恶性循环,让营销人员从清欠工作中解放出来,全力以赴扩大销售,达到企业增加销量、增加效益的目的,最终形成一个"信用销售良性循环"。

第七章

# 企业受信融资管理

企业作为信用交易主体,既可以授予他人以信用,即授信,也可以接受他人的信用,即受信。企业受信实际上就是融资,只不过受信是从信用交易的角度来说的,而融资是从资金融通的角度来说的。在企业扩大再生产过程中,随着生产规模的扩大,需要不断补充资金,当自身资金不足时,就需要进行融资,接受他人的信用。本章从企业受信融资管理角度,重点介绍企业如何塑造良好信用形象,为受信融资奠定基础;如何根据自身实际合理选择受信融资方式;如何有效控制受信融资风险。

## 第一节 企业信用形象的塑造

企业信用形象是企业的生命线。企业应该加强自身信用建设,树立良好信用形象,不断提升受信能力,为生产经营和扩大再生产提供融资保障。

### 一、企业信用形象的树立

资金是企业生产经营的基本要素。企业的生产经营需要资金作支撑,企业的发展壮大更需要不断地补充资金。资金的补充离不开融资,而融资的前提和基础是企业具有良好的信用形象,必须让资金提供者充分相信你具有到期偿还债务的能力和偿债意愿。当前,我国中小企业融资难问题非常突出,原因是多方面的,但中小企业自身信用形象不佳是其中一个重要的原因。有的企业家族控制现象很明显、有的企业没有健全的财务管理制度、有的企业财务状况不佳、有的企业拖欠债务现象严重,这些都影响了企业信用形象,致使企业融资困难,严重制约企业的发展。因此,企业信用形象是企业发展的生命线。企业应不断加强信用建设,努力塑造良好的信用形象。

### (一)建立规范的公司法人治理结构

公司法人治理结构,是指公司所有者、经营者和监督者之间通过公司的权力机关(股东大会)、经营决策和执行机关(董事会、经理)、监督机关(监事会)而形成的权责明确、相互制约关系,并依据国家有关法律、法规、规章和公司章程等予以制度化的统一机制。对于完全由个人及其关联人拥有的民营企业来说,真正做到以上的法人治理结构是一个太高的要求。不过,对于一个真正想做强做大的企业来说,应该以建立规范的公司法人治理结构作为目标,按照这一思路,建立并执行一系列公司规章制度,并在具体运作中体现出公司运作程序化、制度化的形象。有不少民营企业家族控制的痕迹非常明显,运作不规范,严重影响企业信用形象,应当尽可能避免。

### (二)建立健全的财务管理制度

健全的财务管理制度,是企业信用形象的一个重要方面。如果一个企业没有规范的财务管理制度,财务信息不透明、不真实,授信者无法了解到真实的情况,是很难取得其信任的。

### (三)保持良好的财务状况

财务状况是分析企业未来偿债能力最重要的依据。企业应坚持稳健发展的原则,合理地控制资产负债比率、偿债比率、流动比率、速动比率等重要指标,将其控制在一个安全的水平,并加强现金流管理,以保证未来的偿债能力。

### (四)保持良好的信用记录

信用记录是对企业过去信用行为的客观记录。良好的信用记录可以反映出企业的诚实守信意识,可以让授信者放心,相信你能主动、积极地偿还债务。

## 二、企业信用形象的展示

塑造良好的企业信用形象既要苦练内功,也要做外功。所谓外功就是要将企业良好的信用向外展示出去,让社会知晓和认可。企业信用形象的展示有直接展示法和间接展示法。

### (一)直接展示法

直接展示法是由企业直接向交易对方或社会公众,而不是通过第三方机构展示信用形象,如制作宣传广告、印发宣传资料、邀请交易对方到本企业参观考察等都是企业最普遍、最常用的信用形象展示方法。它的优点是针对性、选择性较强,易于控制展示的内容,缺点是公信力较差,其客观性容易受到质疑,难以取得别人的信赖。

(二)间接展示法

间接展示法就是通过第三方机构向社会展示其信用形象。如媒体的正面宣传报道、政府部门授予荣誉称号、认证机构的认可、评估机构的评估等都是企业过去常用的信用形象间接展示方法。其优点是社会公信力较强。随着社会信用体系的不断完善,企业应该学会运用征信服务展示企业信用形象。

1. 在征信机构建立信用档案。信用档案是指反映企业信用状况、信用行为的客观记录,是分析企业偿债能力和偿债意愿的客观依据。它将企业的信用活动记录在案,做到有案可查。通过第三方机构——征信机构建立的信用档案,它的客观性、公正性得到保障,公信力较强,在交易过程中容易被经济交易的对方所采信。随着我国社会信用体系的不断完善,企业信用档案将逐步成为企业的"经济身份证",应用到社会经济活动的许多领域中去。对此,企业应予以高度重视,认真做好信用档案的建立和维护工作。

(1)尽早建立信用档案。建立信用档案有利于企业融资受信,开展信用交易。在发达的市场经济国家,如美国,企业主动给征信机构提供和积累信用信息。因为信用是建立在相互信任基础上的。只有让他人充分了解自己,才可能取得别人的信任。如果在征信机构查不到某个企业的信用记录,那么这个企业的受信能力则令人质疑了,必然失去许多商业机会。然而在我国,许多企业还缺乏在征信机构建立信用档案的意识,绝大多数企业还没有在征信机构建立信用档案,甚至当征信机构进入企业调查时,也不愿主动配合。这不利于企业立信,不利于企业信用能力的积累和提升。企业不愿主动披露信用信息的主要原因之一是担心商业秘密被披露。其实,这种担心是多余的。所谓商业秘密,是指具备实际或潜在的独立经济价值的"技术诀窍",信用档案中包括的信用信息并不涉及"技术诀窍",同时,征信机构向第三方提供信用信息,必须征得建档企业的同意和授权,未经建档企业同意,征信机构不得向第三方提供。目前,中国人民银行征信中心建立的企业信用信息基础数据库已经给每个与银行有信贷关系的企业建立了信用记录,同时在推进中小企业信用档案建设,逐步为每一个企业建立信用档案,企业应积极参与,尽早建立信用档案。企业也可以主动到当地人民银行分支机构办理贷款卡,提交相关资料,建立信用档案。

(2)积累良好信用记录。主动偿还债务是企业良好偿债意愿的反映,有利于提升企业信用形象。前些年,当上海建立个人征信系统以后,许多精明的上海市民不缺钱花但主动向银行贷款或申办信用卡,通过借钱还钱,建立信用档案,积累良好信用记录,提升信用能力,为以后真正需要借钱的时候顺利获得银行信贷支持创造条件。因此,企业也可以借鉴这一做法。

（3）积极采取措施修复不良记录。虽然企业并不希望出现失信的结果，但如果因为某些意外事件，产生了不良信用记录，要积极采取措施进行补救。许多国家的有关法律中，对信用信息的保留年限进行了规定，如美国，破产记录超过10年、民事诉讼及其他负面信息超过7年则不得再收集或向外披露，这是信用记录的自动修复机制，给失信者以改过的机会。《湖南省信用信息管理办法》规定：不良信息披露的最长时间为7年。同时，企业应通过主动偿还拖欠的债务，使拖欠债务这一严重失信记录转变为逾期偿债信息，使失信行为的程度予以减轻，使信用记录予以适当的修复。

2. 经过有公信力的评级机构进行信用评级。信用评级机构运用科学严谨的分析方法，对受评企业素质、经营能力、获利能力、履约情况和发展前景等方面进行全面了解、调研分析，对债务人的偿债能力和偿债意愿作出客观、公正的综合评价，并以简单明了的符号表示优劣程度，公告给社会大众。较高的信用等级将成为企业优良信用形象的标志，将成为企业巨大的"无形资产"。

### 三、企业信用增级

在融资过程中，授信人为了控制信用风险，一般不会轻易提供信用放款，除非受信人的信用能力非常强、信用等级很高、信用形象非常好，足以让授信人相信，受信人不可能违约。当受信企业的信用能力不足时，授信人往往会要求受信企业提供抵押、质押、保证等担保措施，以增强债务偿还的保证能力，减少授信风险，增强其授信的信心。对受信企业来说，就是进行信用增级，即通过担保措施提升债务偿还能力和偿还意愿的保证，提升受信能力。信用增级的常用手段有：

（一）资产抵押

所谓抵押，是指债务人或者第三人不转移对抵押资产的占有，将该资产作为债权的担保，当债务人不履行债务时，债权人有权对该资产折价或者以拍卖、变卖该资产的价款优先受偿。考虑资产处理需要费用和价值损失，授信者一般都会按资产估价的一定比例折扣后提供授信融资。资产抵押可以划分为不动产抵押和动产抵押。所谓不动产通俗的理解就是不可移动的资产，如建筑物、建设用地使用权、土地承包经营权等资产。动产就是可以移动的资产，如原材料、半成品、产品等。

1. 可抵押的资产。根据物权法，可用于抵押的资产有：一是建筑物和其他土地附着物；二是建设用地使用权；三是以招标、拍卖、公开协商等方式取得的荒地等土地承包经营权；四是生产设备、原材料、半成品、产品；五是正在建造的建筑物、船舶、航空器；六是交通运输工具；七是法律、行政法规未禁止抵押的其他财产。

2. 不可抵押的资产。物权法规定下列资产不得抵押：一是土地所有权；二是耕地、宅基地、自留地、自留山等集体所有的土地使用权，但法律规定可以抵押的除外；三是学校、幼儿园、医院等以公益为目的的事业单位、社会团体的教育设施、医疗卫生设施和其他社会公益设施；四是所有权、使用权不明或者有争议的财产；五是依法被查封、扣押、监管的财产；六是法律、行政法规规定不得抵押的其他财产。

3. 抵押合同。资产抵押必须签订抵押合同，合同内容一般应包括下列条款：一是被担保债权的种类和数额；二是债务人履行债务的期限；三是抵押财产的名称、数量、质量、状况、所在地、所有权归属或者使用权归属；四是担保的范围。

（二）动产质押

即将受信企业的动产移交授信人占有，以该动产作为债务偿还的保证。当受信企业不履行债务时，授信人有权以该动产折价或者以拍卖、变卖该动产的价款优先受偿。动产质押应签订质押合同，合同的内容一般应包括：一是被担保债权的种类和数额；二是债务人履行债务的期限；三是质押资产的名称、数量、质量、状况；四是担保的范围；五是质押资产交付的时间。

（三）权利质押

权利质押，就是受信企业将拥有的财产权出质给授信人，作为债务偿还的保证措施，当受信企业不偿还到期债务时，授信人有权进行处分，将所得价款抵偿债务。

根据物权法，可质押的权利包括：一是汇票、支票、本票；二是债券、存款单；三是仓单、提单；四是可以转让的基金份额、股权；五是可以转让的注册商标专用权、专利权、著作权等知识产权中的财产权；六是应收账款；七是法律、行政法规规定可以出质的其他财产权利。

（四）保证

保证，是指由第三方提供保证，当受信方不偿还到期债务时，由第三方保证人代偿债务。第三方保证人既可以为有一定经济实力的企业，也可以是专业的担保机构。为解决中小企业融资过程寻求担保难的问题，我国已建立了中小企业信用担保体系，由专业性的信用担保机构为中小企业融资提供担保服务。

## 第二节 受信融资方式

**一、企业受信融资的基本要素**

企业在选择受信融资方式时,应充分了解和掌握受信融资活动的基本要素,不同要素的组合构成不同的融资方式。

(一)资金提供者。资金提供者是授信主体,主要有四大类:政府部门、工商企业、金融机构、居民个人。

(二)融资额度。融资额度是指企业通过融资活动所获得的资金数额。对授信者来说,就是授信额度。有一些融资活动,资金提供者会给资金需求企业确定一个授信额度,在授信额度范围内随时可以给资金需求者提供资金。

(三)融资期限。融资期限就是指资金使用期限,到期必须偿还资金。融资期限有短期和中长期之分,短期指1年和1年以内,1年以上则称为中长期。

(四)资金利率。资金利率是资金使用的价格,也是给资金提供者的回报率。到期将按双方商定的利率还本付息。

利息 = 利率 * 资金使用期限

(五)融资成本。融资成本是指使用资金的代价,包括融资费用和使用费用。前者是企业在资金筹集过程中发生的各种费用,如委托金融机构代理发行股票、债券而支付的注册费和代办费,向银行借款支付的手续费等;后者是指企业因使用资金而向其提供者支付的报酬,如股票融资向股东支付的股息、红利,发行债券和借款支付的利息,使用租入资产支付的租金等。由于融资费用与融资额几乎同时发生,因此应将融资费用视为融资额的抵减项。融资成本便成为资金使用代价。一般情况下,融资成本指标以融资成本率来表示:

融资成本 = 融资使用费/(融资总额 - 融资费用)

(六)融资凭证。融资凭证是确认资金提供者与资金使用者权利和义务的凭证。如借款合同、商业票据、有价证券等。

(七)操作程序。操作程序是指融资的基本流程、规则等。

**二、受信融资方式的分类**

企业受信融资有多种方式,其分类比较复杂。同时,随着投融资制度的发展和完善,市场不断创造出许多新的融资方式。因此,对融资方式进行全面、科学的划分比较困难。下图对企业主要融资方式作一个大致划分：

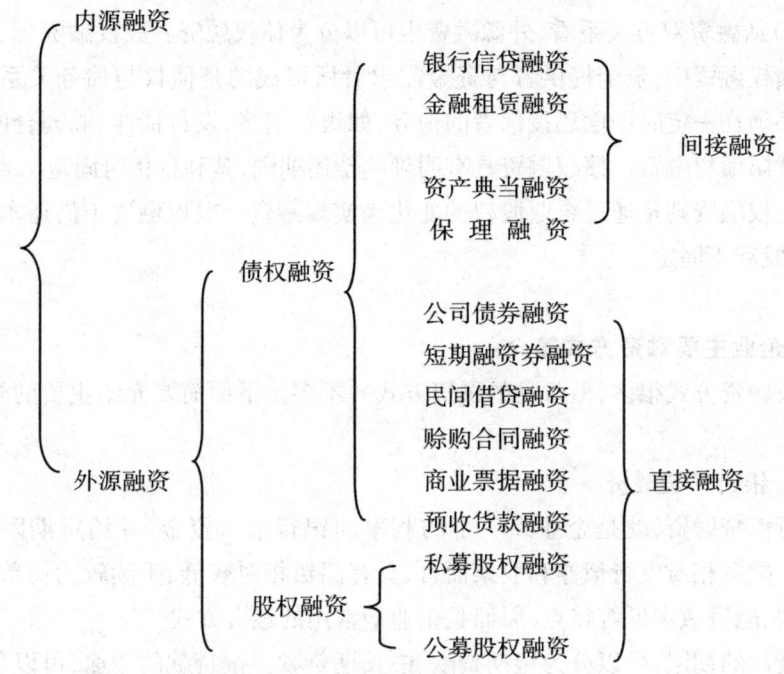

（一）从资金来源看，融资可以分为内源融资和外源融资

内源融资又称再投资，是企业依靠其内部积累进行的融资，具体包括资本金、折旧基金转化为重置投资和留存收益转化为新增投资。企业通过生产经营，创造利润。可分配的利润一部分被作为红利分配给股东，一部分留在企业。留存企业的利润通过股东大会的决议转为股金，扩大企业的股本，实现企业的股权融资。

企业外源融资，则是指通过一定方式吸收其他经济主体的资金，以转化为自己资本投资的过程，其资金来源于外部。外部融资具有高效性、灵活性、大量性和集中性的特点，因此外源融资已成为企业获取资金的主要方式。

（二）从融资手段看，外源融资又可以进一步分为直接融资和间接融资

直接融资，是指企业作为资金需求者向资金供给者，如财政、企业事业单位、个人等，不经过金融机构的媒介，直接获取资金的活动。

间接融资则是通过金融机构，间接向资金供给者融通资金。比如，老百姓将钱存入银行，银行将吸收的存款资金以贷款形式提供给企业使用，其间银行发生了重要的媒介作用。

从我国企业融资结构看，直接融资市场不发达，其比重较小，企业融资主要依

赖间接融资,致使企业融资渠道过于狭窄。大力发展直接融资,改善融资结构是当前我国投融资市场改革的基本方向。

(三)从融资双方关系看,外源融资也可以分为债权融资和股权融资

在债权融资中,资金提供者与资金需求者所形成的是债权与债务关系,受信融资者必须在一定时期偿还授信者的债务,如银行信贷、发行债券、赊购合同等融资方式就属债权融资。债权融资具有明确的偿还期限,其利息相对固定。

而股权融资则是通过企业股权的变化来实现融资。股权融资不需还本,也不能退股,股利不固定。

### 三、企业主要融资方式简介

企业融资方式很多,但常见的融资方式并不多。下面简要介绍主要的外源融资方式。

(一)银行信贷融资

银行信贷融资,就是企业以一定的利率向银行借入资金,并约定期限归还。银行贷款融资相对发行债券和股票而言,具有门槛相对较低、手续较为简单、融资速度较快、融资成本低等特点,因而是企业最常用的融资方式。

按贷款的期限,可以分为短期贷款、中长期贷款。按贷款的用途,可以分为流动资金贷款、固定资金贷款、科技开发贷款和专项贷款等。按贷款有无担保品,可分为信用贷款、担保贷款。信用贷款是指企业依靠自身的信誉而无须提供抵押品或法人担保向银行取得的贷款。担保贷款包括保证贷款、质押贷款和抵押贷款。

银行贷款的一般程序是:①借款人向银行提出贷款申请;②银行立项;③银行对企业进行信用评估;④审批;⑤签订贷款合同;⑥发放贷款;⑦银行贷后检查;⑧贷款回收或延期。

(二)金融租赁融资

租赁融资又称设备租赁,是20世纪50年代产生于美国的一种新型融资方式,由于它适应了现代经济发展的要求,所以在20世纪六七十年代迅速在全世界发展起来。当今在西方发达国家融资租赁已成为仅次于银行信贷的融资手段。我国自20世纪80年代初引进这种业务方式后,20多年来发展迅速,但比起发达国家来,租赁的优势还远未发挥出来,市场潜力很大。

1. 融资租赁的基本概念。融资租赁是指出租人(如租赁公司)根据承租人对租赁物件的特定要求和对供货人的选择,出资向供货人购买租赁物件,并租给承租人使用,承租人则分期向出租人支付租金,在租赁期内租赁物件的所有权属于出租人所有,承租人拥有租赁物件的使用权。租期届满,租金支付完毕并且承租

人根据融资租赁合同的规定履行全部义务后,租赁物件所有权即转归承租人所有。

2. 融资租赁的基本特点

(1)融资的门槛较低,操作程序较为简单。许多企业由于自身的资信状况不佳,又缺乏抵押担保,很难从银行获得融资。而租赁融资是融资与融物相结合,出现问题时租赁公司可以回收、处理租赁物,因而在办理融资时对企业资信和担保的要求不高,且信用审查的手续较为简单,非常适合中小企业融资。

(2)融资的期限较长,有利于企业现金流量。融资租赁的期限比较长,一般用于设备更新和技术改造融资,期限可达租赁物的使用寿命,而租金分期偿付,可以将成本在较长时期内分摊,从而使企业保持较好的现金流状况。

(3)融资租赁属表外融资,不影响企业负债结构。融资租赁不体现在企业财务报表的负债项目中,不影响企业资产负债率,不影响企业资信状况,这对需要多渠道融资的企业而言是非常有利的。

3. 融资租赁的基本程序。租赁融资交易涉及"三方当事人",即出租人、承租人和供货商,尽管在融资租赁交易中,出租人也有设备购买人的身份,但购买设备的实质性内容如供货人的选择、对设备的特定要求、购买合同条件的谈判等都由承租人享有和行使,承租人是租赁物件实质上的购买人。基本操作过程如下:

(1)选择租赁公司。当企业决定采用租赁方式取得某项设备时,首先应了解各个租赁公司的经营范围、业务能力以及与其他金融机构的关系和资信情况,取得租赁公司的融资条件和租赁费等相关资料,加以比较,从而择优选定。

(2)办理租赁委托。向租赁公司提出租赁申请,填写《租赁申请书》或《租赁委托书》,说明对所需设备的具体要求。

(3)接受资信调查。接受委托的租赁公司一般会要求承租企业出具有关资料,如项目批件、可行性研究报告、担保函、财务报表、企业经营书等,对承租企业的资信进行调查,以确定是否可以租赁。

(4)选择租赁设备。设备选择常见的方法有几种:一是由承租企业委托租赁公司选择设备,商定价格;二是由企业先同设备供应商签订购买合同,然后将合同转给租赁公司,由租赁公司付款;三是经租赁公司指定,由企业代其订购设备,代其付款,并由租赁公司偿付货款;四是由租赁公司和承租企业协商洽购设备等。

(5)签订购货协议。购货合同应由承租人、出租人和供应商三方签订。委托租赁的情况下,由租赁公司向制造厂商订购,并签订订货合同,同时由承租人副签。

(6)签订租赁合同。租赁合同由承租企业与租赁公司签订,可分为一般条款和特殊条款。一般条款主要包括合同说明、名词解释、租赁设备条款、租赁设备交收条款和税务、使用条款、租期、起租日期、租金支付条款等；特殊条款主要包括购货合同与租赁合同的关系、租赁设备的所有权、租期中不得退租、对出租人和对承租人的保障、承租人违约和对出租人的补救、保险条款、租赁保证金和担保条款、租赁期满对设备的处理条款等。融资租赁合同也可申办合同公证。

（7）租赁物件交货。制造厂商将租赁公司订购的设备到期直接拨给承租人，并同时通知租赁公司。

（8）办理验货与投保。承租人收到设备后，进行安装并运转试验，如达到规定要求，就作为正式验收，并将验收情况按期及时通知租赁公司。租赁公司据以向厂商支付设备价款，并开始计算租赁日期，计收租赁费用。同时租赁公司根据租赁物件的价值向保险公司投保，签订保险合同，并支付保险费。

（9）支付设备租金。承租企业按合同规定的租金数额、支付方式，向租赁公司分期缴纳租金。

（10）日常维修保养。承租人可与供应租赁物件的制造厂商或其他有关供货人签订维修保养合同，并支付有关费用。

（11）税金缴纳。租赁公司与承租人根据租赁合同的规定，各自向税务机构缴纳应负担的税金。

（12）租赁期满设备处理。融资租赁合同期满时，承租企业应按照租赁合同规定，实行退租、续租或留购。在融资租赁中，租赁期满的设备一般以象征价格（一般是残值价）卖给承租企业或无偿转给承租企业，也可以低廉的租金续租。

（三）资产典当融资

典当是指当户将其动产、财产权利作为当物质押或者将房地产作为当物抵押给典当行，交付一定比例费用，取得当金并在约定期限内支付当金利息、偿还当金、赎回当物的行为。典当行是指依照《中华人民共和国公司法》和《典当行管理办法》设立的专门从事典当活动的企业法人。典当的出现至今已有1700多年的历史，在中国近代银行业诞生之前，典当是民间主要的融资渠道。资产典当融资在当物的选择、当期的长短、当费的确定、手续办理等方面都具有很强的灵活性，特别是对企业信用条件和贷款用途的限制较少。典当融资的基本操作流程如下：

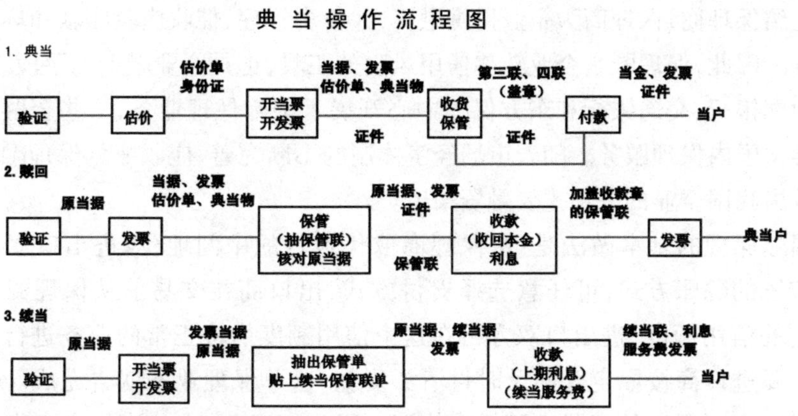

图 7-1 典当操作流程图

1. 典当

（1）验证：验看当户有效证件、典当物发票及证明（单位物品必须出具进货发票、单位营业执照，如属委托典当，必须查验委托书及委托人、受托人身份证等证明）。

（2）估价：估价员根据市场可销程度确定典当价，并与当户就价格取得一致后开估价单。

（3）开票：业务员在核对估价员签名后，开具当票及发票，经当户签字后，留下发票和当票存根联。

（4）保管收货：保管员复验有效证件，对照当据核对实物无误后（整批商品抽验不少于20%）封存。

（5）付款：出纳员核对当票、发票内容无误后，将典当总金额扣除综合服务费后的典当金支付给当户，同时归还当户有效证件及加盖付款章后的当票和发票。

2. 赎回

（1）赎回：核对当票与赎回人有效证件，收回当票并开具利息发票。过期赎回要加收服务费。

（2）发货：当户归还本金利息，典当行交还当物。

3. 续当。当户因当物到期需继续典当的，凭原当票办理续当手续。

4. 绝当。典当物到期且超过规定期限不赎，即做绝当处理。

（四）保理融资

保理是应收账款保付代理的简称，是指企业把赊销而形成的应收账款有条件地转让给保理商,保理商为企业提供融资,并负责管理、催收应收账款和坏账担保等业务。因此,保理既是企业转移信用风险的工具,也是企业融资的手段。目前,我国中国银行、交通银行和东方保理中心开展了国际保理业务,一些金融机构也开始尝试国内保理服务。随着市场经济体制的不断完善,应收账款保理融资必将逐步成为我国企业的一项重要融资渠道。

国际保理的基本做法是:由保理商取代银行的中间地位,进出口双方采用类似传统的赊账方式,可任意选择支付方式,出口商在交易前从保理商那里取得一定的信用额度,进出口双方再在这个信用额度内按正常的业务进行交货付款。只要进口商按原定合同及时付清了货款,这单保理业务就告完成。信用额度在保理合同规定的期限内可循环使用。通常情况下,出口商将进口商应付款的单证和发票交予保理商,按照保理协议,保理商可提供80%—90%货款的融资,余下的10%—20%留待付款到期时付清。保理商一般收取一定的保理手续费。

(五)公司债券融资

公司债券,是企业依照法定程序发行,约定在一定期限内还本付息的债券。在发达的市场经济国家,企业债券是比银行贷款还重要的企业融资方式,企业能否发行债券,发行多大规模,以什么利率发行等问题基本上由市场决定,只要市场能接受,企业就可以聘请中介机构进行有关操作。但是,中国目前的公司债券市场还非常不成熟,公司债券发行实行严格的审批制度,只有极少数大型企业才能够发行债券。但随着投融资体制改革步伐的加快,企业债券发行和交易也将逐步放开。

1. 公司债券发行条件。2005年10月27日修订的《中华人民共和国证券法》规定,发行人还必须满足以下法定条件:

(1)股份有限公司的净资产额不低于人民币3000万元,有限责任公司的净资产额不低于人民币6000万元。

(2)累计债券总额不超过净资产额的40%。

(3)最近3年平均可分配利润足以支付公司债券1年的利息。

(4)筹集资金的投向符合国家产业政策。

(5)债券的利率不得超过国务院规定的利率水平。

(6)国务院规定的其他条件。

2. 企业债券发行程序

(1)作出决议或决定。股份有限公司、有限责任公司发行公司债券,由董事会制订方案,股东会作出决议;国有独资公司发行公司债券,应由国家授权投资的机构或者国家授权的部门作出决定。

（2）申请发行。公司在作出发行公司债券的决议或者决定后,必须依照公司法规定的条件,向国务院授权的部门提交规定的申请文件,报请批准,所提交的申请文件,必须真实、准确、完整。向国务院授权的部门提交的申请文件包括：公司登记证明、公司章程、公司债券募集办法、资产评估报告和验资报告。

（3）报有关部门批准。根据现行公司法、证券法、企业债券管理条例,我国企业债券发行和交易,需报国家发改委进行债券发行审批,中国人民银行进行利率审批,中国证监会进行承销商资格审批,中国证监会和交易所进行上市交易审批。

（4）公告募集办法。发行公司债券申请经批准后,应当公告债券募集办法；在募集办法中应当载明下列事项：公司名称；债券总额和债券的票面金额；债券的利率；还本付息的期限和方式；债券发行的起止日期；公司净资产额；已发行的尚未到期的公司债券总额；公司债券的承销机构。

（六）短期融资券融资

短期融资券,是指企业依照中国人民银行《短期融资券管理办法》规定的条件和程序在银行间债券市场发行和交易并约定在一定期限内还本付息的有价证券。短期融资券与公司债券的区别是,前者在银行间债券市场面向加入银行间债券市场的机构投资者发行,后者面向社会公开发行。短期融资券对企业发行融资券实行余额管理,待偿还融资券余额不超过企业净资产的40%。融资券的期限最长不超过365天。发行融资券的企业可在上述最长期限内自主确定每期融资券的期限。融资券发行利率或发行价格由企业和承销机构协商确定。自2005年5月至2007年3月,已有228家企业累计发行363只短期融资券,累计发行面额4704.4亿元。

1. 企业申请发行融资券的条件：

根据《短期融资券管理办法》,企业申请发行短期融资券应具备下列条件：

(1)在中华人民共和国境内依法设立的企业法人；

(2)具有稳定的偿债资金来源,最近一个会计年度盈利；

(3)流动性良好,具有较强的到期偿债能力；

(4)发行融资券募集的资金用于本企业生产经营；

(5)近三年没有违法和重大违规行为；

(6)近三年发行的融资券没有延迟支付本息的情形；

(7)具有健全的内部管理体系和募集资金的使用偿付管理制度；

(8)中国人民银行规定的其他条件。

2. 操作程序：

(1)申请。企业申请发行融资券应当通过主承销商向中国人民银行提交下列备案材料：①发行融资券的备案报告；②董事会同意发行融资券的决议或具有相同法律效力的文件；③主承销商推荐函(附尽职调查报告)；④融资券募集说明书(附发行方案)；⑤信用评级报告全文及跟踪评级安排的说明；⑥经注册会计师审计的企业近三个会计年度的资产负债表、损益表、现金流量表及审计意见全文；⑦律师出具的法律意见书(附律师工作报告)；⑧偿债计划及保障措施的专项报告；⑨关于支付融资券本息的现金流分析报告；⑩承销协议及承销团协议；⑪《企业法人营业执照》(副本)复印件；⑫中国人民银行要求提供的其他文件。

(2)审批。中国人民银行自受理符合要求的备案材料之日起20个工作日内，根据规定的条件和程序向企业下达备案通知书，并核定该企业发行融资券的最高余额。

(3)发行。融资券发行由符合条件的金融机构承销，企业自主选择主承销商，企业变更主承销商需报中国人民银行备案。需要组织承销团的，由主承销商组织承销团。企业不得自行销售融资券。承销方式及相关费用由企业和承销机构协商确定。企业应在每期融资券发行日前5个工作日，将当期融资券的相关发行材料报中国人民银行备案。企业应在融资券发行日前3个工作日，通过中国货币网和中国债券信息网公布当期融资券的募集说明书。募集说明书必须由律师出具法律意见书。募集说明书的内容应当具体明确，详细约定融资券当事人的权利和义务。

(4)交易。融资券在债权债务登记日的次一工作日，即可以在全国银行间债券市场机构投资人之间流通转让。

(5)兑付。发行人应当按期兑付融资券本息，不得违反合同约定变更兑付日期。发行人应当在融资券本息兑付日5个工作日前，通过中国货币网和中国债券信息网公布本金兑付和付息事项。发行人应当按照规定的程序和期限，将兑付资金及时足额划入代理兑付机构指定的资金账户。代理兑付机构应及时足额向融资券投资人划付资金。发行人未按期向指定的资金账户足额划付兑付资金，代理兑付机构应在融资券本息兑付日，通过中国货币网和中国债券信息网及时向投资人公告发行人的违约事实。

(七)民间借贷融资

民间借贷是指除银行贷款以外的信贷活动，是一种非正规的融资渠道。在我国经济相对较发达、市场化程度较高的地区，如广东、江浙等地区，民间借贷非常活跃。这些地区经济活跃,一方面,资金需求量大,中小企业出于自身生存和发展的要求,迫切需要资金支持,在正规融资渠道无门的情况下,转向民间进行融资;另一方面,民间又确有大量的游资找不到好的投资渠道。现实需求的存在,使民间借贷活动一直保持着很强的生命力。由于民间融资不是正规的融资渠道,其操作很不规范,存在许多问题,企业在采用民间融资方式时应注意如下几个方面的问题:

1. 应仔细权衡利息支出与投资收益。民间借贷利率一般高出银行同期利率许多,高利息支出必须有投资项目的高收益作为保证,否则将给企业带来沉重的债务包袱。同时,民间借贷一般发生在熟人、朋友、亲戚之间,一旦发生偿债风险,将严重影响亲朋好友之间的关系,甚至弄得反目成仇。因此,企业在进行民间融资之前,一定要仔细权衡民间融资的利息支出和投资收益,防止出现偿债风险。

2. 应签订书面协议或出具借据。借贷双方应就借贷的金额、利息、期限、责任等内容签订书面协议或借据,必要时,还可以办理公证。千万不可口头协议,避免发生不必要的纠纷。书写借据时,要用稳定性能较好的碳素墨水,以免时间长了字迹不清。

3. 借贷利率不能超过法定范围。有法规规定,民间借贷的利率可适当高于银行贷款利率,但最高不得超过银行同类贷款利率的4倍,超过此限度的部分被称之为"高利贷",不受法律保护。另外,不得将利息计入本金中计算复利(即利滚利),否则其利息收入高于银行同类贷款利息4倍的部分不受法律保护。

4. 要避免非法集资之嫌疑。非法集资是我国严厉打击的金融犯罪活动,近年我国处理了一批非法集资案,严重的被判刑,教训非常深刻,应尽力避免非法集资之嫌。

(1) 在吸收资金数额上,应该有明确的借款额度控制。应该根据生产经营的实际需要,确定借款额度控制,一旦借款达到生产经营的需要,停止借款。

(2) 在吸收资金的形式上,不得用开具存款单的形式。非金融企业吸收公众存款非法集资,因此企业民间融资不能以开具存单形式吸收资金,而应以借据或协议形式吸收资金。

(3) 在吸收资金的范围上,应该有特定的借款范围。向社会不特定对象吸收资金属非法集资,企业向周围的亲戚朋友,或有往来业务的企业借钱属正常的民间借贷。

(4) 在吸收资金的使用上,借入资金只可用于企业生产经营,不得用于发放贷款、办理结算、票据贴现、资金拆借、信托投资、金融租赁等金融中介活动。

### (八)赊购合同融资

赊销是重要的商业信用之一。赊购合同融资,是指商品交易中,交易双方在签订购销合同时,规定延期付款的条件和期限,通过赊购暂时缓解企业的资金压力,客观上起到融资的目的。对于卖方而言,商品赊销的目的是为了促销,但将承担一定风险。

具体操作是:买卖双方签订购销合同,销货方将商品转移给购货方,并不立即付款,而是由销货方根据其特殊交易条件或货物条件向购货方开出账单或发票,待一个时期后再由购货方付清货款。

为了促进买方按期付款或及早付款,卖方往往规定一些信用条件,诱使买方尽早付款。如"2/10,n/30",意思是:买方如从购货发票日算起10天内付款,可以按发票金额享受2%的购货折扣,这10天被称之为折扣期限,如于10天后30天内付款则不能享受折扣,必须按发票金额支付全部货款,买方付款期限全长为30天,这30天被称为信用期限。如果买方超过折扣期限付款,将承受因放弃折扣而形成的隐含利息成本。这种成本大小的计算公式为:

隐含利息成本 = [折扣百分比/(1 - 折扣百分比)] * [360天/(信用期限 - 折扣期限)]

如果某企业在"2/10,n/30"的信用条件下,放弃折扣,在30天内付款,则融资的机会成本将达到36.7%。因此,商业信用表面上没有融资成本,但放弃折扣带来昂贵的机会成本。不同折扣条件下放弃现金折扣的利息成本如下表:

表7-1 不同折扣条件下的利息成本

| 折扣条件 | 利息成本(%) |
| --- | --- |
| 1/10,n/30 | 18.2 |
| 1/10,n/60 | 7.3 |
| 1/20,n/30 | 36.4 |
| 1/20,n/60 | 9.1 |
| 2/10,n/30 | 36.7 |
| 2/10,n/60 | 14.7 |
| 2/20,n/30 | 73.5 |
| 2/20,n/60 | 18.4 |

### (九)商业票据融资

商业票据是一种商业信用工具,它是提供商业信用的债权人为保证自己对债务的索取权而掌握的一种书面债权凭证。商业票据可以作为购买手段和支付手段流通转让。

商业票据具有如下几个方面的特点：一是它是具有一定权力的凭证。商业票据持有人具有付款请求权、追索权等，票据的权利与义务是不存在任何原因的，只要持票人拿到票据后，就已经取得票据所赋予的全部权力；二是它是到期无条件付款的债权凭证。付款期限由交易双方商定，一般为1—6个月，最长不超过9个月，遇有特殊情况还可适当延长。票据到期时，票据的主债务人或参加承兑人具有向票据持有人无条件付款的责任；三是它是标准化和规范化的凭证。各国的票据法都要求对票据的形式和内容保持标准化和规范化；四是它是可流通的证券凭证。除了票据本身的限制外，票据可以凭背书和交付而转让。

商业票据包括商业本票、商业汇票和支票三种形式。商业本票是由债务人开具的保证在一定时日无条件付款的书面承诺；商业汇票是出票人签发的，委托付款人在见票时或者在指定日期无条件支付确定的金额给收款人或者持票人的票据。支票是出票人签发的，委托办理支票存款业务的银行或者其他金融机构在见票时无条件支付确定的金额给收款人或者持票人的票据。由于支票是见票即付，不具有延期付款功能，因此，企业实际能用于融资的票据只有商业汇票。

商业汇票需要经过付款人承兑，即由汇票付款人承诺在汇票到期日支付汇票金额。根据付款人划分，商业汇票可分为银行承兑汇票和商业承兑汇票。由银行承兑的则称之银行承兑汇票，由普遍企业承兑的称商业承兑汇票。

$$\text{商业本票}\begin{cases}\text{商业票据}\\ \text{商业汇票}\begin{cases}\text{银行承兑汇票}\\ \text{商业承兑汇票}\end{cases}\\ \text{支票}\end{cases}$$

企业商业票据融资的方式有三种：

1. 发行商业票据（本票）。发行商业票据在发达的市场经济国家是企业常用的融资方式。根据《中华人民共和国票据法》，我国本票的出票人资格由中国人民银行审定，由于我国票据市场不发达，社会信用环境不佳等问题，目前本票出票人资格仅限于银行，企业发行商业票据尚处于试点阶段，在此不作详述。

2. 签发银行承兑汇票。即由购货企业向供货企业签发汇票，以实现延期付款，达到融资的目的。银行承兑汇票融资大体包括如下步骤：

（1）签订交易合同。交易双方经过协商，签订商品交易合同，并在合同中注明采用银行承兑汇票进行结算。作为销货方，如果对方的商业信用不佳，或者对购货方的信用状况不甚了解或信心不足,一般会要求采用银行承兑汇票结算,因为银行承兑汇票由银行承兑,由银行信用作为保证,因而能保证及时地收回货款。

(2)签发汇票。付款方按照双方签订的合同的规定,签发银行承兑汇票。银行承兑汇票一式四联,第一联为卡片,由承兑银行支付票款时作付出传票;第二联由收款人开户行向承兑银行收取票款时作联行往来账付出传票;第三联为解讫通知联,由收款人开户银行收取票款时随报单寄给承兑行,承兑行作付出传票附件;第四联为存根联,由签发单位编制有关凭证。

(3)汇票承兑。付款单位向银行申请承兑,经银行审查同意后签订"银行承兑协议",办理有关承兑手续。按规定,银行承兑需收取一定的手续费。

(4)寄交银行承兑汇票。付款单位按照交易合同规定,向供货方购货,将经过银行承兑后的汇票第二联、第三联寄交收款单位,以便收款单位到期收款或背书转让。

(5)交存票款。按照银行承兑协议的规定,承兑申请人即付款人应于汇票到期前将票款足额地交存其开户银行(即承兑银行),以便承兑银行于汇票到期日将款项划拨给收款单位或贴现银行。

(6)委托银行收款。汇票到期日,收款单位应填制一式两联进账单,并在银行承兑汇票第二联、第三联背面加盖预留银行的印鉴,将汇票和进账单一并送交其开户银行,委托开户银行收款。开户银行按照规定对银行承兑汇票进行审查,审查无误后将第一联进账单加盖"转讫"章交收款单位作为收款通知,按规定办理汇票收款业务。

如果汇票到期,而承兑申请人无款支付或不足支付的,承兑银行将继续向收款单位开户银行划拨资金,同时按照承兑协议规定将不足支付的票款转入承兑申请人的逾期贷款账户,并对不足支付票款每天计收罚息。

3. 签发商业承兑汇票。即由购货方或销货方签发汇票,由购货方承兑,延期付款,实现融资目的。大体步骤如下:

(1)签发汇票。商业承兑汇票按照双方协定,可以由付款单位签发。也可以由收款人签发。商业承兑汇票一式三联,第一联为卡片,由承兑人(付款单位)留存;第二联为商业承兑汇票,由收款人开户银行随结算凭证寄付款人开户银行作付出传票附件;第三联为存根联,由签发人存查。商业承兑汇票由付款单位承兑。付款单位承兑时,无须填写承兑协议。也不通过银行办理,因而也就无须向银行支付手续费,只需在商业承兑汇票的第二联正面签署"承兑"字样并加盖预留银行的印鉴后,交给收款单位。由收款人签发的商业承兑汇票,应先交付款单位承兑,再交收款单位专类保管。

(2)委托银行收款。作为收款单位,计算从本单位至付款人开户银行的邮程,在汇票到期前,提前委托银行收款。委托银行收款时,应填写一式五联的"委托收款凭证",在其中"委托收款凭证名称"栏内注明"商业承兑汇票"字样及汇票号码。在商业承兑汇票第二联背面加盖收款单位公章后,一并送交开户银行。开户银行审查后办理有关收款手续,并将盖章后的"委托收款凭证"第一联退回给收款单位保存。

(3)到期兑付。商业承兑汇票到期,付款单位存款账户无款支付或不足支付时,付款单位开户银行将按规定按照商业承兑汇票的票面金额的5%收取罚金,不足50元的按50元收取,并通知付款单位送回委托收款凭证及所附商业承兑汇票。付款单位应在接到通知的次日起2天内将委托收款凭证第五联及商业承兑汇票第五联退回开户银行。付款单位开户银行收到付款单位退回的委托收款凭证和商业承兑汇票后,应在其收存的委托收款凭证第三联和第四联"转账原因"栏注明"无款支付"字样并加盖银行业务公章后,一并退回收款单位开户银行转交给收款单位,再由收款单位和付款单位自行协商票款的清偿问题。如果付款单位财务部门已将委托收款凭证第五联及商业承兑汇票第二联作了账务处理因而无法退回时,可以填制一式二联"应付款项证明单",将其第一联送付款单位开户银行。由其连同其他凭证一并退回收款单位开户银行再转交收款单位。作为付款单位,由于无力支付而退回商业承兑汇票时,应编制转账凭证,将应付票据转为应付账款。

4. 票据贴现。票据贴现是指票据持有人在资金不足时,将商业票据(在我国,主要指银行承兑汇票和商业承兑汇票)转让给银行,银行按票面金额扣除贴现利息后将余额支付给收款人的一项授信业务。在商业活动中,以商业票据支付是很普遍的现象,企业收到票据至票据到期兑现之日有一段时期,在这段时间资金处于闲置状态。企业将票据转让给银行,只需带上相应的票据到银行办理有关手续即可,获得资金,比申请贷款手续简便,且融资成本较低。票据经贴现后,便归贴现银行所有,贴现银行到期可凭票据直接向承兑银行收取票款,如承兑人未予偿付,贴现银行对贴现申请人保留追索权。

商业汇票的持票人向银行办理贴现业务必须具备下列条件:一是在银行开立存款账户的企业法人以及其他组织;二是与出票人或者直接前手具有真实的商业交易关系;三是提供与其直接前手之前的增值税发票和商品发运单据复印件。

持票人持未到期的汇票向银行申请贴现时,应根据汇票填制贴现凭证,在第一联上按照规定签章后,连同汇票一并送交银行。银行信贷部门按照信贷办法和支付结算办法的有关规定审查,符合条件的,在贴现凭证"银行审批"栏签注"同意"字样,并由有关人员签章后送交会计部门。

会计部门接到做成转让背书的汇票和贴现凭证,按照支付结算办法的有关规定审查无误,贴现凭证的填写与汇票核对相符后,按照支付结算办法有关贴现期限以及贴现利息计算的规定和规定的贴现率计算出贴现利息和实付贴现金额。其计算办法是:

贴现利息 = 汇票金额 × 贴现天数 × (月贴现率 ÷ 30 天)

实付贴现金额 = 汇票金额 − 贴现利息

然后在贴现凭证有关栏目内填上贴现率、贴现利息和实付贴现金额。

第一联贴现凭证作贴现科目借方凭证,第二、三联分别作××科目和利息收入科目的贷方凭证,第四联贴现凭证加盖转讫章作收账通知交给持票人,第五联贴现凭证和汇票按到期日顺序排列,专夹保管。

(十)预收货款融资

预付货款是指购货企业在收到商品之前预先支付给销货企业全部或部分货款。这是买方向卖方提供的商业信用,是卖方的一种短期资金来源。一般来说,预收货款这种商业信用形式的应用是很有限的,对于单件价值高、批量大、生产周期长或相对紧缺的商品,生产企业才有可能向商品购买者预收一定数量的购货款。

预收货款融资操作比较简单:购货方看样品或者样品说明书,如愿购买,双方签订购货合同一式两份,购货方与销货方各存一份,然后收取定金,开具证明即可。

(十一)私募股权融资

所谓私募股权融资,是相对于公募股权融资而言的,指通过非公开市场的手段向特定对象引入具有战略价值的股权投资。由于私募股权投资具有较高的风险,而企业的外部投资者又缺乏对公司实际情况的了解,因此私募股权融资一般有特定的对象:如公司控制人的亲戚朋友、生意伙伴、专业机构投资者。亲戚朋友及生意伙伴等由于对公司及其控制人的了解和信任可能成为公司新投资者,而机构投资者则由于拥有专业分析力量、管理能力有可能成为新的股东。私募股权融资的主要形式有:

1. 股权出让融资。股权出让融资,就是企业出让部分股权,以筹集所需要的资金。投资者以资金换取企业的股权后,便使企业股东间关系产生变化,股东的权利和义务将要进行重新调整,企业的发展模式和经营方式也将随之产生变化。

因此,企业进行股权出让时,一定要慎重,并注意企业股权结构、企业管理权、企业发展战略、企业收益方式等方面的变化。

股权出让价格与股权账面价格不一定一致,有溢价出让、平价出让和折价出让三种情况:当股权出让价格高于股权账面价格,则为溢价出让。只有在新的投资者看好企业的成长性,才愿意支付更高的代价获得企业的股权;当股权出让价格等于股权账面价格时,为平价出让;当股权出让价格低于股权账面价格时,为折价出让。这种情况的出现,往往是由于特殊的原因,如企业成长性欠佳、股权出让迫切性较强从而愿意以较大代价引进该投资者。

企业股权出让,除了资金需求方面的原因外,往往还出于对企业发展战略方面的考虑。企业股权出让过程,实际上是引入新的合作者,吸引直接投资的过程。如果股权出让对象选择得好,不仅融入了资金,同时引入了好的合作伙伴。比如,对一个中小企业来说,通过股权出让,吸引大型企业投资,则可以利用大企业的开发能力尽快完成基础开发和工艺设计;利用大型企业的生产能力迅速完成产品的工业化试验并形成生产能力;或利用大企业的销售渠道,将产品迅速推向市场,并占领市场。没有大企业的帮助,仅靠中小企业自己往往是很难实现上述目标的。

2. 增资扩股融资。增资扩股融资,是指企业根据发展的需要,扩大股本融进所需资金。增资扩股与股权出让类似,按扩充股权的价格与股权原有账面价格的关系划分,有溢价扩股、平价扩股。增资扩股与股权出让的区别是,增资扩股会使企业的总股本和股本结构都发生变化,而股权出让时,企业总股本不变,只是使股本结构发生变化。

(十二)公募股权融资

公募股权融资,又称股票融资,就是在证券市场向社会公众公开发行股票获得资金。公开发行股票的门槛比较高,操作程序比较复杂,准备公开发行股票的企业一般都应聘请中介机构进行专业的辅导,在此不再细述。

## 第三节 负债筹资风险控制

目前阶段,我国企业普遍面临资金短缺问题,受信融资就成为企业的一个非常重要的财务渠道。股权融资不会形成企业负债,不涉及债务的偿还问题,而债权融资则会成为企业的负债,必须到期偿还。负债筹资是一把双刃剑,既能给企业带来利益,也可能出现偿债风险。因此企业在受信融资过程中,既要充分利用好负债筹资的有利的方面,同时也要有效地控制负债筹资风险。

**一、负债筹资的利弊分析**

企业用负债筹集来的资金从事生产经营的活动,即负债经营。负债经营对企业来说,既有利的方面,也有不利的方面。对此,企业应有一个清醒的认识。

(一)负债经营对企业的积极作用

1. 负债经营有利于提高企业的经营规模,增强企业的市场竞争能力。市场经济是竞争经济,竞争的成败除了与竞争方式等有关外,还取决于企业的竞争实力,即企业的资金规模。企业通过举债可以在较短的时间内筹集足够的资金扩大经营规模,参与市场竞争。

2. 负债经营可使企业得到财务杠杆效益,提高企业股东的收益。在投资利润率大于债务利息率的情况下,由于企业支付的债务利息是相对固定的,当息税前利润增加时,每一元息税前利润所负担的债务利息就会相应降低,从而给企业所有者带来额外的收益。

3. 负债可以使企业获得节税收益。企业负债应按期支付利息,根据现代企业会计制度中的有关规定,负债利息应在税前支付。在同样经营利润的条件下,负债经营与无债经营企业相比,由于上缴的所得税减少,企业可获得潜在的利益。

4. 负债经营可减少货币贬值的损失。在通货膨胀的情况下,利用举债扩大再生产比自我积累资本更有利,因为通货膨胀可以导致货币贬值,借款与还款时的利率差,使债务人偿还资金的实际价值比没发生通货膨胀时的价值要小,实际上债务人将货币贬值的风险转嫁到债权人身上,减少了由于通货膨胀造成的损失。

5. 可以降低综合资金成本。企业借入资金,不论盈亏均应按期偿还本息,对于债权人来说风险较小。同时,企业除还本付息外,不再承担其他经济责任,不像发行股票那样,在税后还要支付一笔不小的股利,而且企业支付的利息是在成本中列支的,不需要负担所得税。因此,比较而言,债务的资金成本一般低于权益资本成本,从而有利于降低综合资金成本。

(二)负债经营对企业的消极作用

1. 负债经营增加了企业的财务风险。企业进行负债经营必须保证投资收益高于资金成本,否则,将出现收不抵支或发生亏损,降低了偿债能力。在负债数额不变的情况下,亏损越多,以企业资产偿还债务的能力就越低,财务风险也就越大。过度的高额负债,使筹资风险增大,不仅需要支付巨额的利息,而且降低了企业的安全性和竞争能力,危及企业的生存与发展,最终将因无力偿还债务而破产倒闭。终极的财务风险表现为企业破产清理后的剩余财产不足以支付债务。

2. 过度负债降低了企业的再筹资能力。企业过度负债,导致债务负担过大。企业债务到期,若不能按期足额的还本付息,就会影响到企业的信誉。若是信誉好的企业,可以很容易地举新债还旧债;但是信誉不好的企业,金融机构或其他企业就不愿再给此企业提供资金,再筹资能力也就降低了。

3. 负债比率过高,可导致股票市场价格下跌。就股份制企业而言,负债经营所产生的财务风险,不仅影响企业所有者权益,而且还会影响到股票的市场价格。当负债率超过允许范围,负债比率越高,股票风险越大,其市场价格也必然随着下降。

4. 增加了企业的经营成本,影响资金的周转。企业负债经营必须按期支付本息,一方面增加了企业的经营成本;另一方面如果还款期限比较集中,短期内要求企业筹集巨额资金还债,就会影响企业资金的周转和使用。

**二、负债筹资风险的来源**

受信融资风险是指企业使用债务因资本收益率和借款利率不确定而产生的由股东(或企业资本投入者)承担的附加风险。它包括两个层次:一是企业可能丧失偿债能力的风险;二是由于举债而可能导致股东的利益受损的风险。企业的筹资风险主要来源于以下几个方面:

(一)企业投资利润率和借入资金利息率的不确定性

当企业投资利润率高于借入资金利息率时,企业使用一部分借入资金,可以因财务杠杆的作用提高自有资金利润率;当企业投资利润率低于借入资金利息率时,企业使用借入资金将使自有资金利润率降低,甚至发生亏损,严重的则因资产负债率过高或不良资产的大量存在,导致资不抵债而破产。

(二)企业经营活动的成败

负债经营的企业,其还本付息的资金最终来源于企业的收益。如果企业经营管理不善,长期亏损,那么企业就不能按期支付债务本息,这样就给企业带来偿还债务的压力,也可能使企业信誉受损,不能有效地再去筹集资金,导致企业陷入财务风险。

(三)负债结构

借入资金和自有资金比例的确定是否适当,与企业财务上的利益和风险也有着密切的关系。在财务杠杆作用下,当投资利润率高于利息率时,企业扩大负债规模,适当提高借入资金与自有资金之间的比率,就会增加企业的权益资本收益率。反之,在投资利润率低于利息率时,企业负债越多,借入资金与自有资金比例越高,企业权益资本收益率也就越低,严重时企业会发生亏损甚至破产。同时,负债规模一定时,债务期限的安排是否合理,也会给企业带来筹资风险。若长、短期债务比例不合理,还款期限过于集中,就会使企业在债务到期日还债压力过大,资金周转不灵,影响企业的正常生产经营活动。

(四)利率变动

企业在筹措资金时,可能面临利率变动带来的风险。利率水平的高低直接决定企业资金成本的大小。当国家在实行"双松"政策,即扩张的财政政策和宽松的货币政策时,货币的供给量增加,贷款的利息率降低,企业此时筹资,资金成本较低,企业所负担的经营成本减少,这样就降低了企业的筹资风险;相反,当实行"双紧"政策,即紧缩的财政政策和货币政策时,货币的供给量萎缩,贷款的利息率提高,企业此时筹资,资金成本增加,企业所负担的经营成本提高,这样企业就要承担较大的筹资风险。

(五)汇率变动

企业倘若筹借外币,还可能面临汇率变动带来的风险,当借入的外国货币在借款期间升值时,企业到期偿还本息的实际价值就要高于借入时的价值。当汇率发生反方向变化时,即借入的外币变软(贬值)时,可以使借款企业得到"持有收益",即由于借入外币的贬值,到期仍按借入额归还本金,按原利率支付利息,从而使实际归还本息的价值减少。

(六)决策失误

投资项目需要投入大量的资金,如果决策失误项目失败或由于种种原因不能很快建成并形成生产能力,无法尽快地收回资金来偿还本息,会使企业承受巨大的财务危机。

### 三、负债筹资风险的防范

负债经营是现代企业的主要经营手段之一,运用得当会给企业带来收益,成为发展经济的有利杠杆。但是,如果运用不当,则会使企业陷入困境,甚至会将企业推到破产的境地。因此,企业对负债经营的风险应有充分的认识,必须采取防范负债经营风险的措施。

(一)树立风险意识

在社会主义市场经济体制下,企业成为自主经营、自负盈亏、自我约束、自我发展的独立商品生产者和经营者,企业必须独立承担风险。企业在从事生产经营活动时,内外部环境的变化,导致实际结果与预期效果相偏离的情况是难以避免的。如果在风险临头时,企业毫无准备,一筹莫展,必然会招致失败。因此,企业必须树立风险意识,即正确承认风险,科学估测风险,预防发生风险,并且有效应付风险。

(二)建立有效的风险防范机制

企业必须立足市场,建立一套完善的风险预防机制和财务信息网络,及时地对财务风险进行预测和防范,制订适合企业实际情况的风险规避方案,通过合理的筹资结构来分散风险。如通过控制经营风险来减少筹资风险,充分利用财务杠杆原理来控制投资风险,使企业按市场需要组织生产经营,及时调整产品结构,不断提高企业的盈利水平,避免由于决策失误而造成的财务危机,把风险减少到最低限度。

(三)确定适度的负债数额

负债经营能获得财务杠杆利益,同时企业还要承担由负债带来的筹资风险损失。为了在获取财务杠杆利益的同时避免筹资风险,企业一定要做到适度负债经营。企业负债经营是否适度,是指企业的资金结构是否合理,即企业负债比率是否与企业的具体情况相适应,以实现风险与报酬的最优组合。在实际工作中,如何选择最优化的资金结构,是复杂和困难的,对一些生产经营好,产品适销对路,资金周转快的企业,负债比率可以适当高些;对于经营不理想,产销不畅,资金周转缓慢的企业,其负债比率应适当低些,否则就会使企业在原来商业风险的基础上,又增加了筹资风险。根据国家有关部门统计,目前我国企业资产负债普遍过高,一般在70%左右,有的在80%以上,为了增强抵御外界环境变化的能力,我国企业必须着力于补充自有流动资本,降低资产负债率。

(四)合理制订负债财务计划

根据企业一定资产数额,按照需要与可能安排适量的负债。同时,还应根据负债的情况制订出还款计划。如果举债不当,经营不善,到了债务偿还日无法偿还,就会影响企业信誉。因此,企业利用负债经营加速发展,就必须从加强管理,加速资金周转上下功夫,努力降低资金占用额,尽力缩短生产周期,提高产销率,降低应收账款,增强对风险的防范意识,使企业在充分考虑影响负债各项因素的基础上,谨慎负债。在制订负债计划的同时须制订出还款计划,使其具有一定的还款保证,企业负债后的速动比率不低于1∶1,流动比率保持在2∶1左右的安全区域。只有这样,才能最大限度地降低风险,提高企业的盈利水平。同时还要注意,在借入资金中,长短期资金应根据需要合理安排,使其结构趋于合理,并要防止还款期过于集中。

(五)控制融资总成本

不同条件下,企业以不同方式取得的资金所付代价是不同的。因此,融资总成本跟融资结构具有很大关系。一般而言,内源融资成本＜债权融资成本＜股权融资成本。

内源融资一般是无偿使用的,无须实际对外支付融资成本。但如果从社会各种投资或资本所取得的平均收益的角度来看,内源融资的留存盈利也应于使用后取得报酬。就这一点它与外源融资无差别,只是前者不对外支付,后者须对外支付。企业留存盈利可视同普通股对企业的再投资,其资金成本是股东对外投资的机会成本,即股东将可以分得的股利,再投资于其他企业的股票或债券所得的收益。因此,企业用留存盈利赚取的收益至少应等于股东投资于各种具有同等风险的投资机会赚取的收益,这种同等风险的投资机会可以直接假定为对企业进行再投资,并赚得和以前股本同样的报酬。所以,内源融资的盈利率与普通股相同,只不过它不需要支付再融资费用。

就外源融资来说,无论是股权融资还是债权融资,都必须支付融资成本,其表现形式分别是股利或利息。股权融资无固定偿还日期,且收益是不断变化的,比债权融资具有较大的风险和易变特点,其要求报酬率相对较高。因此,一般股权融资成本高于债权融资成本。

债权性融资也因短期债权和长期债权的差别而使融资成本不同。长期债务和利息一般高于流动负债的利息。

根据以上分析,企业的融资方式选择时,根据融资环境,一般会遵循优先选择内源融资,其次是债权融资,再后是股权融资的顺序进行选择。

融资需要付出成本,当然融资也会给企业带来预期收益。在理论上,只有融资的预期收益大于融资成本,融资才是必要的。因此,在融资决策过程中,必须把握"融资总成本低于融资预期收益"这一基本原则。否则,将给企业带来巨大的风险。

(六)规避利率和汇率风险

针对由利率变动带来的筹资风险,应认真研究资金市场的供求情况,根据利率走势,把握其发展趋势,并以此做出相应的筹资安排。在利率处于高水平时期,尽量少筹资或只筹急需的短期资金。在利率处于由高向低过渡时期,也应尽量少筹资,不得不筹的资金,应采用浮动利率的计息方式。在利率处于低水平时,筹资较为有利。在利率处于由低向高过渡时期,应积极筹集长期资金,并尽量采用固定利率的计息方式。另外,对于筹集外币带来的风险,应从预测汇率变动的趋势入手,制定外汇风险管理战略,通过其内在规律找出汇率变动的趋势,采取有效的措施防范筹资风险。并且在预测汇率变动的同时,还应在筹资战略上和具体筹资的过程中做出防范风险的安排。例如,注意债务币种和期限的分散以及对债务货币实行"配对管理"等。

总之,企业负债经营,就必须承担筹资风险。企业应在正确认识筹资风险的基础上,充分重视筹资风险的作用及影响,掌握筹资风险的防范措施,使企业既获得负债经营带来的财务杠杆收益,同时将风险降低到最低限度,使负债经营更有利于提高企业的经营效益,增强企业市场竞争力。

# 第八章

# 个人信用管理

随着我国市场经济的不断发展,加快个人信用体系建设已成为我国经济发展的迫切需要。个人信用不仅是一个国家市场伦理和道德文化建设的基础,更是一个国家经济发展的巨大资源。开发并利用这种资源,能有效推动消费,优化资源配置,促进经济发展。市场经济越发展,个人信用所发挥的功能越重要,个人信用体系的完善与否已成为市场经济是否成熟的显著标志之一。

## 第一节 信用是个人的第二身份证

信用与每一位公民的生活息息相关。在社会信用体系健全的国家里,个人的一举一动,凡是与信用有关的,都将被征信机构记录在案。如果发生一件失信的过失,消费者在此后的5—7年间不能或很难取得新的信用工具,生活会很不方便,也找不到好的工作。如果申请个人破产,信用记录将被彻底破坏。在此后的10年内,将在严格监督下过一种极其简朴的生活,不可能有任何机构对破产的个人赊账和授信。有人就是因为信用记录不佳而没有办法申请安装电话,租不到房子,不能开立银行账户,造成了生活的极大不便。

在美国,如果一个人开车经常闯红灯而被警察记录在案,以后这个人去买保险,保费就要提高,因为保险公司认为经常闯红灯的人,出事的概率大。所以,有人戏谑地说,宁愿抢银行也不愿破坏自己的信用记录,因为抢银行还有逃脱的可能,而一旦不良信用行为被记录在案就像被一张无形的网罩住,在社会上寸步难行。

我们身边也有这样的事例。据报载,一天,上海的王先生来到某银行,询问他已申请办理的买车贷款情况。他被遗憾地告知,他无法在这里贷款。此时王先生心里明白,是拖欠住房贷款的事进入了个人信用联合征信系统。两年前,王先生用住房贷款买了房,因为生意不好手头偏紧,曾经有几次逾期不还分期付款,而且从未给银行打招呼。王先生又被告知,只要以后按期还款,还是可以挽回自己的信用的。

这就是个人信用的作用所在。任何一个人,只要你的信用记录良好,它就向你发放"绿卡",反之,它则帮助银行把住大门。金融或商业授信机构考察一个人是否具有信用价值,主要看他个人的信用记录,特别是在当事人参与信用交易时,借款和还款的记录是最被看重的,即消费者偿债的意愿和行为,其次才考虑个人包括个人收入和资产净值在内的还款能力。

据报道,中国工商银行上海市分行在实施个人消费贷款前,都通过上海市个人联合征信系统了解申请人银行信用记录,并根据借款人的情况,设计出合理的借款金额和还款计划。据一项抽样统计表明,在向这家银行申请住房、汽车、耐用消费品借款的9万户借款人中,目前按合同及时还款的比例达99.91%。

个人的信用记录犹如个人的第二身份证,成为一种无形资产。许多人对此认识还比较肤浅。多数人只是认为自己被登录到"黑名单"上是一种耻辱,但对后果的严重性往往估计不足。

建立个人信用记录,还有利于开发个人信用资源。从我国全社会的信用资源来看,政府信用资源通过发行国债、吸引外资已得到充分利用,企业信用资源则是过度开发,负债率居高不下、"三角债"等就是明证,唯一没有被开发的就是个人信用资源。我国是一个人口大国,庞大的个人信用资源长期被闲置,不能不说是极大的浪费,况且城乡居民还持有6万亿元的储蓄存款。

开发个人信用资源并非只是"超前消费""花明天的钱、圆今天的梦",信用资源的利用方式也远比"负债消费"广泛得多。据专家们介绍,个人信用资源的首要功能是担保。以汽车租赁为例,如果家庭存款集中在一个账户,如果银行能够提供一种具有担保功能的金融工具,那么一般地说,存款在10万元以上的家庭都可以通过一张简单的表格就从租赁公司把汽车开走去度假;个人信用资源还可以用于理财。假定有人预期外币存款能够获得更好的收益,那么他可以将个人外币存款抵押给银行,然后从银行贷出人民币去投资股市;假定有人急需用钱,他也不必提前支取定期存款以承担利率损失,合理的办法是用定期存款作抵押,从银行贷款来应付不时之需;个人信用资源更可以放大个人的消费或投资能力。比如,一笔100万元的资产可用于购买住房,也可投资股市,而更有效的办法是先购买住房,然后将房子抵押给银行,贷出款来再用于投资,这样一笔钱就办成了两件事。

可以看出,无论是对于国家还是对于个人,个人信用资源都是一个巨大的、待开发的宝库。这里的关键,一是要让老百姓认识到自己的信用资源是大有可为的,二是银行要加大力气挖掘个人信用资源,设计出更多能满足老百姓需求的个人金融产品。

在我国个人征信服务刚刚起步的今天,绝大多数中国公民是没有任何信用记录的,既没有好的信用记录,也没有坏的信用记录,是一张白纸。中国公民没有信用记录的主要原因是没有个人征信机构为他们建立信用档案,也有许多人从来没有自己独立的付费账户,也从不向金融机构借钱。因此,一方面要加快社会信用体系建设步伐,完善信用信息的征集、披露和使用机制,另一方面要建立健全信用宣传教育机制,强化公民的信用意识,自觉维护自身的信用记录。

## 第二节 个人信用建设概况

### 一、我国个人信用制度建设的基本历程

新中国成立初期一直到改革开放前夕,我国个人的消费信用几乎没有,当时对个人贷款的准则只看是否有单位,基本上是凭借个人的单位信用和政府信用,谈不上个人信用。到20世纪80年代中后期,信用卡这一金融工具开始在我国沿海城市兴起,使我国的个人信用评估工作逐步向规范化发展。

我国的个人信用制度建设是在"九五"末期国内市场出现疲软、内需不足的形势下提出并开始起步的,是随着商业银行个人消费信贷业务的增加而产生的客观要求。而又随着我国商业银行消费信贷业务的开展和整顿市场经济秩序的深入进行,个人信用制度建设取得了一定进展。

1998年,中国个人征信业开始萌芽。这年8月,应消费数据产业联盟中国成员华夏信用之邀,消费数据产业联盟总裁康纳利先生访问了中国,向中国政府官员、金融界和商界人士介绍了国际上个人征信业的发展状况。

1999年11月,中国建设银行总行正式实施龙卡个人信用等级评定办法。这是全国范围内的第一部个人信用评估办法。该办法规定,银行将持卡人的年龄、学历、职业、收入和家庭资产等信息资料汇集起来形成14个指标体系,针对客户个人还款能力和资信状况,设立个人信用等级七级:AAA、AA、A、BBB、BB、B、C,不同信用等级的客户享受的透支额度不同。凡经评估等级达到C级以上的客户,都可以在办龙卡时不提供担保。

2000年9月起,中国建设银行在全国逐步推出可循环使用的个人消费额度贷款。为配合个人消费额度贷款的推出,建设银行制定了个人信用评定办法,对借款人的信用等级进行评定,根据借款人的信用等级掌握贷款额度。同时,为鼓励

借款人使用贷款和按期归还贷款,建设银行还根据客户使用贷款的信用记录、对银行的贡献等指标,计算客户信用积分,定期调整借款人的信用额度。信用额度对应信用等级:AAA 级,最高 60 万元;AA 级,最高 10 万元;A 级,最高 5 万元;BBB 级,最高 1 万元;BB 级,最高 5000 元;B 级,最高 3000 元;C 级,信用额度为 0。信用额度和保证额度有效期为 2 年。在建设银行天津分行申请"个人信用额度贷款"的首批客户的最高信用等级为 A,贷款额度为 5 万元。

2001 年两会期间,农工民主党副主席陈灏珠提交了《建议尽快建立我国法人及个人信用管理法律制度》的议案。该提案起草人、上海市沪申律师事务所费新民律师认为,在办案实践中,他接触了太多"骗子骗骗子"的事,被欠款的也故意不还人家的款,被骗的人反过来骗别人,形成社会信用的恶性循环。

2002 年 4 月,国务院发展研究中心市场经济研究所副所长陈淮,在国务院发展研究中心(春季)经济形势报告会上表示:中国的个人信用资源的利用几乎处于空白状态,个人信用资源仍是一个被闲置的资源宝库;他指出,个人信用资源的启动对扩大内需有着不容忽视的作用。

2002 年 8 月,由中国人民银行牵头,国家经贸委、公安部、国家工商局等十多个部委参加的"全国企业与个人信用专题小组",完成了《企业与个人信用体系》报告。

2004 年 12 月 15 日,央行全国统一的个人信用信息基础数据库开始试运行,并在北京、重庆、深圳、西安、南宁、绵阳、湖州七市对各商业银行开通联网查询。

2005 年 3 月,为了促进个人信贷业务的发展,防范和降低金融机构信用风险、维护金融稳定,保障个人信用信息的安全和合法使用,中国人民银行草拟了《个人信用信息基础数据库管理办法(暂行)》(征求意见稿)。

2005 年 7 月央行力推的全国个人征信系统在北京、浙江、广东、重庆、陕西、广西、四川和湖南 8 个省份联网。这意味着此后在这 8 个省份的征信系统中留有不良记录的失信者名单,不仅会出现在本省份的银行系统内,还将为其他 7 个省份的金融机构资源共享。央行此次筹建的个人征信系统收集的全部是个人信息,这等于是扩大了不良信用的监控范围。在此前提下,一些跨地域的个人炒房行为将受到限制。不过,为尊重客户隐私权,个人征信系统中出现的"污点信息",只向银行系统提供,而不会向社会公开。

2005 年 8 月 18 日,根据《中华人民共和国中国人民银行法》等有关法律规定,中国人民银行制定了《个人信用信息基础数据库管理暂行办法》,并于 2005 年 10 月 1 日起实施。人民银行将负责组织商业银行建立个人信用信息基础数据库,并负责设立征信服务中心,承担个人信用数据库的日常运行和管理。办法的实施是我国征信体系建设中的一件大事,它对保障个人信用数据库的正常运行,促进我国征信业稳定健康发展将发挥重要作用。《个人信用信息基础数据库管理暂行办法》共7章45条,主要包括四个方面:一是明确个人信用数据库是中国人民银行组织商业银行建立的全国统一的个人信用信息共享平台,其目的是防范和降低商业银行信用风险,维护金融稳定,促进个人消费信贷业务的发展;二是规定了个人信用信息保密原则,规定商业银行、征信服务中心应当建立严格的内控制度和操作规程,保障个人信用信息的安全;三是规定了个人信用数据库采集个人信用信息的范围和方式、数据库的使用用途、个人获取本人信用报告的途径和异议处理方式;四是规定了个人信用信息的客观性原则,即个人信用数据库采集的信息是个人信用交易的原始记录,商业银行和征信服务中心不增加任何主观判断等。

**二、个人信用体系建设的探索**

1998年,北京市商业银行开始研究个人消费信贷产品,并和华夏国际信用有限公司合作开展大额耐用消费品消费信贷业务,开始了中国个人征信业务服务于金融业的尝试,这标志着个人征信业务在中国的起步。

1999年5月,上海开展了个人信用信息征集咨询试点工作,并开始试点个人信用联合征信,采集的个人信贷信息,包括贷款发放、归还、逾期以及信用卡发放、透支等情况。在上海的各商业银行都与该系统联网,可通过一定的授权查询有关信息。

1999年7月,经上海市人民政府批准、中国人民银行总行核准,在上海市信息化委员会和人行上海分行的支持、参与下,上海资信有限公司正式成立,标志着我国个人信用市场的培育迈出了可喜的第一步。上海资信有限公司是中国首家开展个人信用联合征信的专业资信机构。公司承担了上海市个人信用档案信息数据中心的建设和管理工作,运用国际先进技术和管理经验,通过现代通信手段,开展个人信用信息咨询、资质认证和风险评估业务。资信公司的成立为规范金融秩序,防范金融风险提供了有力保障;也将更好地推动经济发展,打破个人信贷消费的"信用瓶颈",奠定我国信用体系建设的基础,最终有利于社会主义市场经济体制的确立和完善。

1999年下半年,建设银行济南市分行出台的《个人信用等级评定办法》,是我国首部借款人个人信用等级评定方法,对促进我国个人信用制度的发展起到了先导作用。《个人信用等级评定方法》将借款申请人的年龄、学历、职业、家庭收入和家庭资产等信息资料汇集起来,形成十大指标体系。对不同的指标赋予不同的分值进行量化处理,从而对申请人的还款能力、资信状况给出综合评价,划分等级。

个人信用等级分为A、B、C、D四个等级，综合评分85以上的为最高等级A。此办法首先在个人住房信贷业务内实行。

2000年2月，中国人民银行上海分行和上海市信息办联合印发《上海市个人信用联合征信的试点办法》，开始个人信用联合征信的试点工作。随后，广州、深圳、昆明等一些经济较发达的城市也开始了个人联合征信试点。

2000年6月28日9时30分，我国第一份个人信用报告在上海资信有限公司个人信用联合征信系统诞生。该公司是属于第三方信用中介机构。通过与全市15家商业银行、300多家支行营业部联网的局域网，联合征信系统可以为信贷消费等信用行为提供配套的个人信用报告。各家商业银行只要拨号上网进入"数据库系统"，就可在十几秒钟内获得个人信用资料，并以此为根据即时确定贷款或信用卡透支额度。据悉，这一系统运转至今，已储存有上海近200万个个人信用信息数据。

2000年7月1日，中国第一个"个人信用档案数据中心"在上海率先成立。上海率先开始个人信用联合征信试点工作，100多万市民成为首批拥有个人信用记录的中国人。进行这项工作的上海资信公司成为新中国历史上第一家专门开展个人信用联合征信的机构，为中国银行界无个人信用记录的历史画上了句号。上海资信公司通过与全市15家商业银行、300多家支行营业部的网络联通，已经建立了上海个人信用档案数据中心。

2001年3月，广州市有关部门正在筹建全市个人信用档案体系，广东省的"大动作"借鉴了国外和上海的经验，参考了商业银行目前的做法，并得到省政府的支持，将会制订比较完善的方案。

2001年12月，深圳市政府以政府规章的形式出台了中国第一份个人信用法规，即《深圳市个人信用征信及信用评级管理办法》。办法将个人信用信息分列为四大类：一是个人身份情况，包括姓名、婚姻及家庭成员状况、职业、学历等；二是商业信用记录，包括在各商业银行的个人贷款及偿还记录，个人信用卡使用等有关记录；三是社会公共信息记录，包括个人纳税、参加社会保险以及个人财产状况变动等记录；四是有可能影响个人信用状况的涉及民事、刑事、行政诉讼和行政处罚的特别记录。

2002年4月30日，广东省出台《关于加强广东省信用建设工作的通知》，逐步建立和完善广东省信用制度和信用体系。关于个人信用体系建设主要内容如下：建立个人信用体系，夯实全社会信用基础。通过大众媒体宣传，表彰守信誉、讲信用的先进典型，提高舆论、社会监督的力度、水平，使不讲信用者无处藏身，寸步难行。各地要根据"政府推动，市场运作"的原则，依照统一规范的个人信用联合征信制度,逐步建立起本地区个人信用联合征信体系。

2002年,济南市为了规范个人信用信息采集及评级活动,防范个人信用风险,在借鉴先进地区建设个人信用体系经验的基础上,结合该市实际,报请市政府批准,制定并下发了《济南市个人信用征信与评级管理试行办法》。

2002年11月,湖北省人民政府颁布《湖北省社会信用体系建设规划》。《规划》的实施分启动、试点、全面建设和巩固完善4个阶段建设,逐步把分散在政府、行业等各方面的企事业和个人信用数据资料进行归集整合,建立基础数据库,建立省、市(州)、县(市、区)三级信用信息中心。

2003年1月1日,北京市历史上第一份住房贷款《个人信用评估报告》正式出台,公积金购房贷款申请人需先提交《个人信用评估报告》,凡购买商品房、经济适用房、房改房、集资合作建房及二手房的借款人,向北京市房屋资金管理中心申请公积金贷款或申请贴息贷款时,都要提供《个人信用评估报告》。此报告将根据个人基本信息、信用记录、社会信誉记录及社会特别记录四项内容对个人信用评级。如个人信用等级被评为AAA级的,贷款额度可在可贷金额基础上,上浮30%,担保服务费可优惠5%。

2003年2月17日,东亚、恒生两家外资银行被正式批准成为上海个人征信理事会的成员,这是继汇丰、渣打之后的第二批,此举意味着个人信用系统向外资金融机构敞开了大门。

2003年9月,青岛市制定下发了《关于全面推进"诚信青岛"建设的意见》,初步确立了以"政府信用为关键、企业信用为重点、个人信用为基础"的总体建设框架和中长期目标,"诚信青岛"建设就此全面展开。青岛市人事局在全国率先开展了人事诚信调查业务,推出的《个人诚信简历》和《诚信人才推荐信》被誉为"求职择业的第二张文凭",先后为青岛市2万余人出具了学历验证和人事诚信调查报告,查缴伪造学历和有不良职业信用人员754人。

2003年12月底上海市政府及时出台了《上海市个人信用征信管理试行办法》,为全市范围内个人信用征信及其相关的监督管理活动定下规矩。办法明确规定:征信机构开展个人信用征信要"尊重个人隐私",不得采集与个人信用无关的信息如种族、家庭出身、身体形态、病史等,同时征信机构不得以骗取、窃取、贿赂、利诱、胁迫、利用计算机网络侵入或者其他不正当手段采集个人信用信息。2004年2月1日起施行。这是国内首次以政府令形式发布的、并首次为个人信用征信定规的政府规章。

2003年,上海20岁至60岁的消费信贷活跃人群的数据被纳入个人信用体系,使其覆盖面达到600万;个人诚信报告将被推广到人才交流、二手房租赁等领域;进一步向外资金融机构开放信用系统,消除"信用盲区",2003年始,上海市的个人信用体系逐渐步入"快车道"。

2004年,上海市组织起草了《企业信用信息数据标准(试行)》和《个人信用信息数据标准(试行)》。

2005年4月,个人信用信息基础数据库建设在天津市全面展开。个人信用信息基础数据库将收集自然人身份识别等个人基本信息;金融机构提供的自然人在个人借款、贷记卡、准贷记卡、担保等信用活动中形成的个人信贷交易信息以及反映个人信用状况的其他信息。人行天津分行组织各家商业银行和农村信用社基层操作人员进行培训,逐步实现全国联网运行。个人信用信息基础数据库运行后,有效地促进个人信贷业务的发展,防范金融机构信用风险,维护金融稳定和促进经济发展。

2005年5月,江苏省全面建设个人信用网,使每位市民拥有一份信用记录。此后无论是申请贷款,还是办信用卡,如果信用记录有污点,则一切免谈。

2005年8月底合肥、安庆、芜湖、马鞍山、淮北、蚌埠六家安徽省城市商业银行实现个人信用记录联网。这是"信用安徽"建设的一个重要组成部分。安徽省的个人信用建设也进入全面启动阶段,省联合征信中心着手建设全省个人信用数据库。省人行的个人信用信息基础数据库已实现联网运行,省内商业银行间的个人征信查询系统随即开通。

2005年8月28日,从《浙江省企业信用信息征集和发布管理办法》新闻发布会获悉,浙江的个人征信系统建设已经提上议事日程,年内启动。根据个人征信系统的操作办法,包括律师、会计师等在内的涉信人员将成为信用档案记录试点的涉信对象。浙江省发改委副主任刘亭介绍:"浙江省政府准备利用公安部门发放第二代身份证或社保部门发放社保卡的契机,启动建设个人信用信息数据库,记录包括个人消费、住房信贷、信用卡等方面的信用记录,以及个人商业保险、水、电、气、通讯等公用事业消费记录。该项工作以城市为中心,逐步建立个人信息档案。"

### 三、个人信用制度建设中存在的问题

当前,我国个人信用建设虽取得了一定的进展,但离系统化和规范化的目标还很远,个人信用制度建设的进一步推进仍面临着不少问题与难点需要解决。

(一)信用文化尚未培育起来

培育信用文化是建立个人信用制度的前提,文化传统是制约个人信用制度建设的关键因素之一。经济基础决定上层建筑,每个社会价值观念的形成与社会生

产力发展水平相适应。不同的社会、不同的经济形态有不同的信用文化。小农经济、计划经济、市场经济的运行是建立在不同的信用文化之上的。反过来,不同的信用文化又反作用于不同的经济形态。在西方发达国家,市场经济可以说就是信用经济,信用文化十分发达,讲究信用蔚然成风,信用作为商品渗透到社会经济生活的方方面面。讲信用已成为每个人的自觉行动,信用公开、透明已成为每个人的文化传统,人们的信用意识强烈。对信用文化,人民普遍尊崇它、传播它、维护它,以拥有较高的信用等级为荣,信用成为参与市场经济的第一需要。个人不讲信用将受到经济制裁,为此付出很大代价,不讲信用将寸步难行。而守信者将获得种种经济上的便利和好处。信用就是财富,信用就是生命,在西方国家已根深蒂固。西方制度经济学家指出,信用是非确定世界中促进交易、合作和学习等活动的一种黏合剂,运转良好的经济,其制度框架似乎是建立在共有信用之上的,信用的普遍匮乏的结果是机会主义盛行。信用在西方理论界和实业界都得到了普遍的重视。

在我国历史上"童叟无欺,诚实守信"是中华民族的美德,在小农经济、计划经济条件下都得到了维持。在传统的信用文化中,信用只是作为一种美德广为传诵,把信用作为一种观念仅仅用道德去约束。现阶段我国处于计划经济向市场经济的转轨时期,全社会潜伏着严重的信用危机,信用问题已经影响到整个经济运行效率和市场秩序。在体制转轨时期,传统的信用文化、信用制度被打破,新的信用文化、信用制度尚未建立,在经济利益的驱动下信用市场的"格雷欣法则"形成:失信者驱逐守信者,失信者得利,守信者遭殃。

培育新的与市场经济相适应的信用文化,建立新的个人信用制度迫在眉睫。新的信用文化观是:首先,信用不仅仅是一种美德,而且是一种商品,信用的商品化是市场经济发展的客观要求。个人信用具有使用价值和价值,个人信用的质量与个人的创业、生活、工作、就业等密不可分,信用等级与个人经济利益直接挂钩。守信者将获得种种收益,享受生活的便利,失信者将遭到市场经济的淘汰。其次,个人应认识到信用不仅能给个人带来收益而且具有风险。信用破产者将面临经济制裁和道德、舆论谴责。最后,个人信用可以创造,影响个人信用质量的因素是多方面的,通常包括个人的能力、品德、资本等因素,个人应在日常生活中注意培养和提高自己的信用等级。培育信用文化是建立个人信用制度的前提,是发展和完善社会主义市场经济的当务之急。

(二)个人信用市场尚未完善

培育个人信用市场是建立个人信用制度的基础,正确的信用文化和信用价值观对个人信用市场的培育具有理论指导意义。美国的个人信用市场经过了一个漫长的发展过程,以信用局为核心的个人信用体系的建立和发展标志着现代个人信用市场的基本架构的形成。资本主义经济的高度发展,为满足日益增长的个人信用需求,信用局应运而生。1860年在美国纽约布鲁克林成立了第一家信用局,标志着美国个人信用市场的萌芽。信用局作为个人信用市场的主体和中介,对个人信用市场的发展作出了不可磨灭的贡献。美国个人信用市场的培育走的是渐进式的市场化道路,经过140多年的发展演变,形成了目前三大信用局。

信用局即美国个人信用调查报告服务机构,是美国个人信用市场征信产品的主要供应者,专门从事个人信用资信的收集、加工整理、量化分析、制作和销售服务,形成了个人信用产品的一条龙服务。依据市场的不同需求,信用局设计和生产了许多个人信用产品。各大信用局都能提供标准版式的普通信用调查报告即所谓的 in file credit report;此外还提供专项个人信用报告,包括购房贷款信用报告、就业报告、商业报告、人事报告等。

(三)信用法律法规缺位

制定与个人信用相关的法律是建立个人信用制度的保障,法律环境是制约个人信用制度建设的又一关键因素。个人信用制度建设必然涉及各方面的利益,个人信用数据的收集、公开、使用、披露,个人隐私权的保护,国家机密的保护等问题都离不开法律的支持。欧美是个人信用市场最发达的国家:围绕规范授信,平等受信机会,保护个人隐私权问题建立了一套完善的法律体系。以美国为例,与信用管理相关的法律就有17项,具体又可分为与银行相关的信用管理法和非银行相关的信用管理法两大类。前者主要用于规范商业银行的授信业务,后者主要规范信用管理行业。在欧洲各国也都建立了信用管理有关立法。欧盟1996年通过"数据保护法"(全称为"在处理个人数据和自由传播此数据时对个人的保护"),对个人数据的开放和消费者个人隐私的保护作出了明确规定。该法第二款将个人数据定义为:一是目标是针对个人的。二是能够将某个人"对号入座"的任何信息。法律不允许直接处理针对自然人个人的信息和个人家庭活动的信息。然而关于自然人涉入社会和商业活动的信息则不受限制。欧美各国都有法律法规明确规定个人信用数据的开放范围和使用限制,正确处理了数据开放和使用与个人隐私权的保护问题。

我国目前缺乏个人信用市场的法律基础和环境,对信用的管理还停留在一个原始的水平,仅靠社会舆论和道德去约束,缺乏对信用的经济、法律制裁等强制性的外在约束,单纯依靠内在的道德软约束,结果是信用泛滥成灾。为改变目前信用约束软化的局面,加快立法,用法律的、经济的手段来管理信用市场是市场经济的客观要求。目前首要的就是建立对失信者的惩戒机制,而惩戒机制的建立依赖于下列基本条件:一是政府和立法部门的支持;二是各行业有关信用服务组织的建立并联网向会员提供信用信息服务;三是个人信用数据库的良好经营和管理。政府的支持体现在不允许公民有多个身份证,不允许公民随便改名,保留公民的个人指纹记录。对个人身份的确认应以指纹为判断依据,所以公安部门应向全社会提供公民指纹鉴定服务。在美国居民个人都拥有一个 SSN 号即社会安全号,该号码终身无法伪造。政府部门、银行、公司客户等授信人可以通过 SSN 号在全国的网络上查询公民的个人信用记录,使失信者无处遁形。在我国目前一个人可以拥有多个身份证,身份证无法有效区分不同个人,为此需要建立以指纹为基础的类似美国 SSN 号的个人信用识别号码。有效甄别不守信者是建立有效惩戒机制的前提。此外,我们应修改现行的法律如银行法;同时制定新的信用管理相关法律法规,为个人信用制度建设提供法律支持。

(四)网络技术条件约束个人信用体系建立

信息网络技术是建立个人信用制度的载体。综观美国个人信用市场发展史可以发现,技术扮演着十分重要的角色,20 世纪 70 年代以前的 100 多年的时间中,美国的个人信用市场发展缓慢,进入 70 年代随着现代通信技术和网络技术的迅速发展,美国个人信用市场发生了翻天覆地的变化。各大信用局纷纷建立起庞大的全球个人信用数据库,开始完善其全球服务网络。TRANS UNION 公司最先于 1970 年将个人信用报告服务推上联机检索和网络服务,为推动授信机构的办公自动化作出了贡献。网络时代的到来大大加强了个人信用市场的透明度,大大改变了个人信用市场上的信息不对称,降低了获取信息资源的成本,为一体化的个人信用市场的形成提供载体。通过网络可以及时跟踪个人信用,惩戒不守信者。

目前,我国网络化建设的落后不利于个人信用市场的培育。90 年代以来我国电子信息发展很快,但产业规模依然偏小。我国网络化及其基础设施建设水平与世界先进国家相比仍然是相当落后的,信息处理技术还未能使大多信息资源电子化。网络技术的落后已成为建设个人信用制度的主要障碍之一。所以,个人信用制度建设任重而道远。

(五)区域个人信用中介机构的运作不够规范

个人信用中介机构的规范化运作,是个人信用制度重要的微观基础。虽然我国相继建立了几家个人信用中介机构,但无论从影响还是规模上,还存在不少问题:

首先,这些机构运作的外部关系尚未彻底理顺,个人联合征信缺乏制度保障。信用中介机构建立初期,业务的开展一定程度上得益于政府、央行和各家商业银行的支持与配合,但从长期稳定发展的角度考虑,这种联系仍需加以明确,明确规定各机构在征信运作中的分工和职责,以保证信用中介机构独立、透明、公正的性质。

以上海资信有限公司为例,其外部关系涉及三家主体:一是行业主管部门——中国人民银行上海分行和上海市信息办;二是董事会,由上海市信息投资股份有限公司、上海市信息中心、上海中汇金融外汇咨询有限公司、上海隶平实业有限公司等投资商组成;三是理事会,包括最初参与联合征信系统的 15 家商业银行、上海移动通信、中国联通上海分公司、农信合作社等 18 家会员。主管部门用行政法规进行指导和管理,董事会代表投资人利益,而理事会则是具有行业协会性质的议事机构,负责协调与监管上海个人信用联合征信业务。但由于各主体的利益取向不同,难免产生矛盾。例如,政府部门看重个人信用联合征信的公益性和制度建设;董事会期待着更多的投资回报,希望数据库的购买者越多越好;而理事会成员则注重数据安全问题,对过多的商业行为持谨慎的态度,上海资信有限公司既要维持正常的经营,又要顾及多方的目标和利益,运作起来难度较大。

其次,由于相关法律法规建设滞后,个人资信公司在征信业务运作中,对个人合法权益的保护尚未引起重视。目前,上海资信公司采集个人可透支信用卡信息及贷款信息是直接从有关银行的信用部门登录的,但根据现行规定,个人信用档案暂不对个人开放。个人不能查阅自己的信用档案,其真实性和可靠性本人无法获知,作为这些信用活动的一方当事人,个人对这些信用信息的知情权没有得到有效确认。除此之外,对有关部门及资信公司提供的个人资信信息失真等问题也没有作出明确的规定,对个人合法权益的保护尚待加强。

最后,信用中介机构对征信产品的研发和创新能力普遍不足。他们所能提供的服务还仅处于信用报告的初级水平,信息查询品种单一,真正的信用评级业务并没有开展,各家机构还不能出具独立的、供市场普遍接受的信用评估结论及建议;个人资信信息整合、使用、修正的各项流程尚未建立,信用中介机构对征信市场的细分和优化还没有通过产品开发付诸实践。

(六)个人信用评估缺乏统一标准

在个人信用制度建设中,个人征信数据源的内容、个人信用报告的格式、个人资质认证、信用等级评估指标以及征信数据库建设、信用管理软件开发等方面都涉及标准化问题。在我国,个人信用评估虽已逐步开展起来,但实际工作中仍有不尽如人意之处。一方面,各家商业银行对个人信用的评估自成体系,重复操作,相互之间难以衡量,各评估机构做出的评估结果大相径庭,可比性不强,不利于个人信用体系在全国范围内推广,也不利于与国际同行业接轨。另一方面,个人信用评估指标体系的设计存在不合理的地方。比如,根据中国建设银行济南分行的《个人信用等级评定办法》,个人的基本情况占将近1/3的权重,基本上没有个人资产和收支方面的指标,甚至没有个人信用状况的指标,这样作出的评估结果很难反映个人的信用状况。另外,现行的个人资信评估存在严重的歧视倾向,如中国建设银行济南分行出台的《个人信用等级评定办法》在"性别"这一指标中,女性信用的评分是2分,而男性评分是1分,存在明显的性别歧视。而根据美国《平等信用机会法》,"授信人不得因信用申请人的性别、婚姻状况、种族、宗教信仰、年龄因素作出歧视性的授信决定。"总体来看,目前我国缺少一整套经过科学设计、严密论证、权威度高、可推广使用的个人信用评估程序和相应的评分模型,以保证个人信用评估的公开化、标准化和公平性。

## 第三节 个人信用管理的主要内容

社会信用体系的建立与我们每一个人的生活都密切相关。有了一个健全的社会信用体系,每一个人就多了一份进行信用活动的天地。因此,如何利用社会信用体系,合理利用各种信用产品,就成为每一个人经济生活中的一个新课题。一个完整的社会信用体系会给消费者个人进行信用产品选择的机会,一般来说,这些选择机会包括消费信贷、银行卡等。

### 一、选择合适的信用消费形式

人们在进行信用消费的时候所获得的信用,我们即称为消费信用。消费信用的主要流行方式包括赊购挂账、信用卡、购物卡、各类消费信贷和零售分期付款购物等。从支持信用消费的授信主体看,向消费者提供消费信用的机构主要可以分为商业银行、财务公司、其他金融机构、产品生产厂家和商业企业。在我国,尽管目前金融机构投放的信用在市场上占非常大的比重,但投放信用工具的授信机构种类非常少,只有中资商业银行和个别大企业的财务公司可以合法地向消费者提供现金信用类的消费信用工具。

零售信用是一种消费者信用,它是消费者直接向零售商赊购最终产品的一种信用交易方式。在这种信用形式下,零售商和产品制造商是授信方,后来还包括提供服务的第三产业商家,以商业银行为代表的金融机构不介入这种信用交易方式。零售信用的基本特点是,零售商直接接受消费者的信用申请,愿意将商品或服务以挂账或分期付款的方式赊销给消费者,赊销合同到期时,授信方再以约定的方式收取货款。

信用卡的最主要功能是它的支付功能,不能透支的借记卡不算是真正的信用卡。在发达国家的商业流通领域,它可以完全代替现金的支付功能,并以转账支付的方式代替现金。因此,金融机构发放信用卡等效于周期性地向市场增加投放货币,在替代部分现金流通的同时,又有货币增加的效果。信用卡具备存取款功能。有了信用卡,相当于有了一个存款账户,持卡人可不受存款地点和时间的限制,在发卡银行指定的受理网点办理存款和取款业务。信用卡具备转账结算功能。持卡人可在指定的商店、酒店、宾馆等进行消费,无须支付现金,只需出示信用卡和笔迹相同的签字。信用卡还具备汇兑功能。当持卡人要外出旅游、购物或出差,需要在外地支取现金时,可在本地的银行受理网点预先办理存款手续,然后在汇入地银行受理网点取款。信用卡还具备消费信贷功能。持卡人在使用信用卡的过程中,若出现所需支付金额超过其信用卡存款余额时,可向发卡银行申请透支或临时增加透支,并按时归还透支额和利息。这种做法的实质是发卡银行向持卡人提供短期消费信贷。

2002年1月开始,中国人民银行宣布推出银行卡全国联网通用标志——"银联",并为此制定了一系列的银行卡技术规范和行业标准。当月10日,在北京、上海、广州、杭州和深圳,四大国有商业银行和交通银行、招商银行、深圳发展银行、华夏银行、广东发展银行以及邮政储蓄部门共同推出带"银联"标志的银联卡。2004年,各类非标准的人民币银行卡被全部取消。"银联"组织号称中国的Visa组织,银联卡实现了统一的技术标准和操作流程,并能够跨发卡银行和跨地区通用。

1999年2月底,中国人民银行印发了《关于开展个人消费信贷的指导意见》。经过几年的业务推广,消费信贷已成为各商业银行的重点业务之一,消费信贷也变成中国老百姓普遍关心的一种信用工具。消费信贷是一种由商业银行发放的信贷,它的放贷对象是消费者个人,信贷的用途是解决消费者个人或其家庭在居家生活消费方面产生的资金短缺,包括提高消费者生活质量、帮助个人或家人完成学业、解决临时资金困难和帮助个人创业。就目前中资商业银行发放消费信贷的品种看,最流行的消费信贷品种是个人住房信贷、汽车消费信贷、助学信贷和大件耐用消费品赊购信贷。其次,不同的商业银行还开办了医疗、旅游、婚嫁、个人家庭装修、购买高尔夫会员卡、个人创业、无特定用途等消费信贷业务。但就增长情况而论,各类消费信贷的品种排序是变化的。消费者以信用方式申请信贷,银行将根据对申请人个人信用状况的调查,在没有任何有形和无形资产担保的情况下,发放给申请人信贷。早在2001年,中国建设银行对个人授信的最高额度就可以达到50万元。

根据信用管理理论，消费信贷属于现金信用的一种，它的授信方主要是商业银行和专业财务公司。作为金融机构向消费者个人提供的消费信贷，尽管在银行信贷中所占比例尚小，但发展十分迅速。消费者个人信用类信贷品种已经成为商业银行最关注的主要业务开发领域之一。

**二、选择合适的信用消费品种**

在成熟的金融市场上，消费信用的供给是多种多样的，也应该处于买方市场状态。因此，消费者在需要信贷支持时，会有多种选择，可以根据自己的能力和喜好比较不同信贷的利弊，也可以比较不同金融机构提供的同种信贷的条件。如果使用两种或两种以上的信用工具时，选择最佳的消费信用工具组合，可使借款人在有限的收入条件下，既能保证按期还本付息，又可以最低的信贷成本实现效用最大化。借鉴美国《诚实借贷法》提倡的原则，在信用交易时，赊销商必须向消费者介绍不同金融机构所提供信贷的条件，不可以图省事或与某家金融机构的关系好，就只向消费者推荐一种信贷。如果赊销商如此做，它就违法了。既然消费者可以挑选消费信贷的品牌和选择金融机构，就剩下如何挑选的问题了。

消费者在挑选消费信贷时，需要考虑的因素很多，比如利率就是非常重要的因素。利息是消费者使用信贷的代价，或者说消费者"购买"信贷这种金融产品所要付出的代价，就反映了一种信贷的价格。信贷利率的高低，直接关系到消费者付出代价的大小，在较低的信贷利率水平上使用信贷，自然对消费者有利。

在消费者选择信贷品种时，应该考虑的另一个主要因素是偿还期限。一笔信贷的偿还期限越长，消费者所支付的利息总额就越大。由于消费者是可以与商业银行商量偿还期限(或者在银行提供的不同期限中进行选择)，消费者应该根据自己的能力，选择合适的偿还期限。原则是，在保证能够还款的前提下，尽量少支付利息。比如消费者选择一个10年期的信贷，按4.65%的利率向商业银行贷款10万元。如果每月等额还款，要全部还清信贷的本息，消费者需要支付30680元的利息。而如果消费者选择20年期的信贷，则全部还清信贷本息，消费者需要支付66080元的利息。利息支出竟占信贷本金的66%，消费者使用信贷的代价相当高。另外，金融机构使用何种方法计算分期付款每期还款的额度，对使用信贷的成本也有影响，等额还款方式和等本金还款方式是有差别的。

消费者在选择消费信贷品种时，需要考虑的因素虽然多，但应遵循的主要原则不外乎以下几个：

1. 留有余地原则。这是指消费者在确定首期付款时，不能将手头的现金全部用完,对家庭的经济承受能力要留有余地,最好遵守家庭理财的"黄金率"。

2. 效用最大化原则。这是指消费者通过消费信贷获得的消费必定是给个人或家庭带来最大的效用。也就是说,消费者所选择的信贷消费必定是能最大限度地满足其家庭的生活需求。每个家庭的还款能力有限,应该把有限的资金用在刀刃上。

3. 因家制宜原则。这是指不同的家庭有不同的需求,同一家庭在不同时期的需求也不同,选择信贷消费品种时,应根据不同家庭的特点,因家制宜,切不可人云亦云,与人攀比。

4. 信贷组合优化原则。根据中国的国情,如果消费者使用一个以上的信贷时,要考虑到信贷组合的合理性。在有条件的情况下,应该使用政策性信贷,商业性信贷是第二选择。政策性信贷指的是国家给予利息贴息或利率优惠的信贷,比如国家助学信贷。另外,在可以取得利率更低或其他条件更好的信贷时,可以用新信贷替换旧信贷。

### 三、避免滥用信用

使用信用取得的超前物质享受是有代价的,以信用卡为例,用这种信贷举债,信用卡公司收取的利率一般都在市场平均利率水平的1倍以上(受到失信惩戒机制的处罚,后果非常严重)。因此,消费者使用信用要有计划,即使是寅吃卯粮,也是要有节制的,举债迟早是要偿还的,否则个人的信用记录就会被破坏。许多消费者由于对信用的本质认识不清,对自己未来的偿债能力估计不足,对影响自己未来职业和收入的国民经济发展和市场的走势方面的信息也了解不足,又无法抵御物质享受和社会消费潮流的诱惑,就可能会犯过度消费的错误。

外界的影响也会造成消费者消费过度,滥用信用。商业组织、金融机构和耐用消费品的生产厂家等提供或支持信用消费的单位使用各种促销宣传手段,模棱两可的广告词语鼓励信用消费,使一些消费者在不知不觉中陷入圈套,负债累累。处于激烈竞争的消费者信用授信机构,互相用尽促销手段,甚至不惜血本争抢那些信用打分高的阶层或行业的客户。例如,2002年7月15日,香港政府曾宣布当年上半年的个人破产案件升到10173宗的创纪录水平,比2001年全年的破产案总数还高出1022宗。分析师将原因归咎于商业银行,认为是银行为了抵消按揭信贷市场的疲软,大举增加消费信贷的投放,滥发信用卡,并以各种优惠吸引消费者,使得个人破产案件数量蹿升。类似情况在其他很多国家也发生过。因此,有些国家的政府提倡建立信用管制制度,防止滥用信用的现象普遍出现,产生经济泡沫。

由此可见,事情总是一分为二的,对于每个人来说,使用消费者信用也应该是有计划的和能够自制的。信用工具的特征是消费者不必立即支付现金。根据发达国家和地区的经验,很多消费者十分喜欢使用分期付款方式赊购商品。可是,总会有一些消费者不认真记账,也不会节制购物。滥用信用和信用工具进行交易,很容易债台高筑。也就是说,消费者若不恰当地使用信用卡和消费信贷,会陷入过度消费险境。一旦这种后果出现,消费者所负债务超过自身能够承受的程度,不但消费者自身"破产",天天忙于应付催账电话和邮件,用于抵押担保的居所和所购商品也会被收回或强行拍卖。信贷消费是一种超前消费,如果花钱没有计划,就会在日后背上沉重的债务负担。在过度消费发生后,如果再不会使用破产法对自己进行保护,就面临被赶到大街上去的危险了。产生过度消费和滥用信用的主观原因是使用信用工具的个人或家庭没有理财计划,有"不会过日子"的问题。对家庭收入的预估产生较大误差,或者是家庭成员沾染吸毒恶习,都会诱发过度消费。所以,使用信用工具的消费者最好能够学习一点信用管理方面的知识,并学会家庭理财方法。

## 第四节 个人信用记录的主要形式及维护

个人信用制度是指根据居民的家庭收入与资产、已发生的借贷与偿还、信用透支、发生不良信用时所受处罚与诉讼情况,对个人的信用等级进行评估并随时记录、存档,以便于个人信用的供给方决定是否对其提供信用或者提供多少信用的制度。反映个人信用状况的形式主要有个人信用报告和信用评分两种形式。

在市场经济条件下,个人信用制度非常重要,与此同时,个人如何有效利用信用产品,并维护良好的信用记录,也就变得非常重要。

### 一、个人信用报告

所谓个人信用报告,就是一份个人信用信息的客观记录。它记录了个人全部信用支付历史,包括:与金融机构发生信贷关系形成的履约记录;与其他机构或个人发生借贷关系形成的履约记录;与商业机构、公用事业单位发生赊购关系形成的履约记录;与住房公积金、社会保险等机构发生经济关系形成的履约记录;欠缴依法应交税费的记录;各种受表彰的记录;以及其他有可能影响个人信用状况的刑事处罚、行政处罚、行政处分或民事赔偿的记录。

个人信用报告是授信人迅速、客观决定是否给予受信人提供信用的重要参考。

在社会信用体系完备的国家或地区,每个合法的居住者都会有一份征信机构记录的信用报告。一旦某人有了不良的信用记录,它在一段时间(按国际惯例,最长为7年)内将无法抹去。在这段时间内,此人从事社会经济活动将遇到极大的困难,甚至影响其社会声誉。因此,人们非常重视培养自己的信用。

以美国为例,一个典型的消费者信用报告包括以下4类信息:一是消费者身份数据,包括姓名、通信地址、电话号码、社会保障号码等。二是现有的或以前的贷款或信用卡记录。包括授信者名称、账户号码、信用额度、开户日期、授信者向征信机构报告该信息的日期、最后一次支付的日期和数额等。还可能包括过期账户信息、目前过期未付的款项数目,以及在过去12个月中是否按期支付了上述款项的记录。三是公共信息记录,主要是负面信息,包括破产记录、欠税记录、犯罪记录、被追账记录等。一般来说,负面信息的时效性为7年。四是查询记录。包括过去1年间所有的查询记录。

**二、个人信用评估**

一些发达国家个人征信制度已有近200年的历史,在这期间,也逐步形成了一些符合各自特点的、较为科学的个人信用评分体系。近几年,我国也根据自身特点对个人征信制度作了一些尝试和探索。这里我们探讨国内外一些征信公司、商业银行的个人信用评分方法以及在我国商业银行的应用。

(一)个人信用评分简述

确定信用等级和信贷限额的方法称为信用评分。在过去的20年到30年间,世界上的信用评分有了很大的发展。信用评分是把数学和统计模式用于信贷发放决策的一种方法。其功能是通过对以信贷申请书为基础的风险程度进行数学分析,使信贷决策自动化。近几年,我国信用评分也在一些商业银行开始试行,一些资信评估公司也开始涉足个人信用评分业务。

美国业内人士通过对某一城市居民的分析发现,如果他们同时具备以下条件:第一,有房产;第二,在同一地方工作10年以上;第三,年收入超过24000美元;第四,债务不超过总收入的10%,他们就会准时偿还债务。向这些人发放信贷是明智的做法,信用评分分析也得出相同的结论。

若对房产、工作时间等逐项打分,我们可以说超过一定积分的人可自动获得信贷。进一步说,任何人的得分超过一定数额,就会获得相应的信贷限额。如超过100分,可获得1000元的信贷限额,超过200分的人可获得2000元的信贷限额等。

(二)国外商业银行信用评分体系

1. 美国联合信用管理局个人信用数据程式(简称 FICO)

美国联合信用管理局最近采取了一种新的统计方法来衡量个人信用程度,以此决定是否向个人贷款。该局的诺姆·麦格纳森先生介绍说:"我们用数字来表示个人信用情况,并提供给信用机构。信用机构根据个人信用数据大小,决定是否借钱给申请者。"

美国联合信用管理局使用一种程式考察某人最近 10 年里的收支情形,以及是否有借款不还、破产等情况,经计算得出 300—900 分的信用数据。从理论上讲,数字越大,信用越好。个人信用数据为信用机构的良性运行提供了依据,但是这种方法在普及运用过程中却引起了争议。

持批评意见的专家认为,目前用 FICO 程式计算的个人信用不连贯,经常出错,而它却对个人申请是否被批准影响很大。因此,采用个人信用数据可能导致合理的申请要求被拒绝。

专家罗伯特·韦泽指出,个人信用数据发生偏差使 30% 的按揭贷款借款人遭受损失。他强调说:"现在,由于信用数据错误导致借款人受歧视的情况越来越多。FICO 程式本身的错误正在损害借款人的利益。"

另一方面,信用管理局称,个人信用数据统计计算的准确率高达 97%,而且,采用个人信用数据作衡量标准,可以减少借款人和信贷机构之间关于贷款不被批准是否由于性别歧视等因素而产生的争议。

关于这种方法是否公正的争议,关键在于个人对信用数据的计算方式还存在分歧。比如,某人借钱时货比三家就可能降低他的信用记录。贷款者每次允许汽车融资公司或按揭公司查看他的信用,都会被记录在案。而每一次记录都会降低信用分数。

一些专家认为,这是一种不公正的惩罚,但信用管理局则坚持自己的立场。该局的诺姆·麦格纳森先生说:"对某人的信用记录查询次数和他的信用程度必定有联系。统计数字表明,如果有人走访了过多的贷款公司,其中必有奥妙。"

2. 个人资信评估的内容

在美国,有专门机构如 CREDITCHECK MONITORING SERVICE 等提供个人资信评估服务,只要输入社会保险号,填写以下内容,就能得到专业服务,出具资信报告:

主要住房、家庭成员、工作及受雇年限、收入、申请人年龄、以往履约情况、银行往来业务;但如果以下问题答案有"是"的,则资信不会理想。

近两年有无延期偿还或拒付下列债务:

- 分期付款式/租金
- 信用卡付款
- 个人贷款
- 有效票据
- 是否涉及诉讼（被告）
- 收入是否不实
- 是否有账户在托收中
- 是否有6个以上保持余额的信用卡账户
- 是否承担过逾期付款罚息
- 每月偿债额是否超过收入的36%

如果输入以下内容，财务评估机构可以免费为您出具预算报告，并根据您的财务情况和预算结构，设计融资方案。

资金流入：年收入、赡养费（如有）、遗产（如有）

资金流出：

| | |
|---|---|
| 房产 | 抵押率/租金 |
| | 再抵押率（如设定了两个抵押权人） |
| | 通电 |
| | 通油/通气设备 |
| | 通水/下水道 |
| | 电话 |
| 食物 | 食品 |
| | 学校/公司就餐 |
| | 在外就餐 |
| 衣物清洁 | 家庭洗涤 |
| | 专业洗涤 |
| 教育 | 学费 |
| | 课程 |
| | 就学贷款 |
| 娱乐 | 有线电视 |
| | 电影 |
| | 运动 |
| 交通 | 汽车付款（额） |
| | 汽车保险 |

　　　　　汽油

　　　　　通行税费/停车

　　　　　维修

　　孩子抚养　白天照看/临时保姆

　　　　　　　孩子育养费

　　　　　　　离婚后对方支付的赡养费

　　就医　医生/牙医

　　　　　处方

　　其他　护发/美容

　　　　　送礼

　　　　　假期

　　　　　教堂/庙宇

　　　　　宠物

烟酒

其他消费

3. 美国商业银行个人信用评分体系

下面是涉外商业银行个人信用评分体系的分值表：评分体系由主要住房、住目前住址时间、受雇时间、贷款申请人年龄、与本银行业务关系、年收入、月债务情况和失信情况等 8 部分组成。

具体评分准备如下：

(1) 主要住房　最高分为 60 分

　a. 所有或购买　　　　　60 分

　b. 租借　　　　　　　　8 分

　c. 其他　　　　　　　　25 分

(2) 住目前住址时间　最高分为 35 分

　a. 6 个月以下　　　　　12 分

　b. 6 个月至 2 年　　　　15 分

　c. 2 年至 6 年　　　　　22 分

　d. 6 年以上　　　　　　35 分

(3) 受雇于当前雇主时间　最高分为 48 分

　a. 1 年以下　　　　　　12 分

　b. 1 年至 3 年　　　　　15 分

　c. 3 年至 5 年　　　　　25 分

d. 5 年以上　　　　　　　48 分
e. 退休　　　　　　　　　48 分
f. 失业有子女资助/离婚
对方支付生活费用/社会救济　25 分
h. 操持家务　　　　　　　25 分
I. 失业且无社会救济　　　12 分
(4) 贷款申请人年龄　最高分为 20 分
a. 45 岁以下　　　　　　　4 分
b. 45 岁以上　　　　　　　20 分
(5) 与本银行业务包括　最高分为 60 分
a. 结算和储蓄　　　　　　60 分
b. 结算　　　　　　　　　40 分
c. 储蓄　　　　　　　　　40 分
d. 贷款和结算/或储蓄　　 30 分
e. 仅仅贷款　　　　　　　10 分
f. 无任何业务　　　　　　10 分
(6) 年收入　最高分为 50 分
a. 15000 元以下　　　　　 5 分
b. 15000—25000 元　　　　15 分
c. 25000—40000 元　　　　30 分
e. 40000 元以上　　　　　 50 分
(7) 月债务偿还　最高分为 45 分
a. 200 元以下　　　　　　 35 分
b. 200—500 元　　　　　　25 分
c. 500 元以上　　　　　　 10 分
d. 无债务偿还　　　　　　45 分
(8) 失信状况　最高分为 15 分
a. 未调整　　　　　　　　0 分
b. 无记录　　　　　　　　0 分
c. 2 次以上失信　　　　　 −20 分
d. 一次失信　　　　　　　0 分
f. 无失信　　　　　　　　15 分

**4. 美国 FICO 具体打分表的设计**

美国 FICO 信用分的计算方法至今未向社会完全公开。为了平息人们对它的疑问,Fairlsaae 公布了一小部分 FICO 信用分的打分方法,如表 8-1 所示:

**表 8-1 美国 FICO 信用分的打分方法**

| 住房 | 自有 | 租赁 | 其他 | 无信息 | | | | |
|---|---|---|---|---|---|---|---|---|
| | 25 | 15 | 10 | 17 | | | | |
| 现地址居住(时间年) | <0.5 | 0.5-2.49 | 2.5—6.49 | 6.5—10.49 | >10.49 | 无信息 | | |
| | 12 | 10 | 15 | 19 | 23 | 13 | | |
| 职务 | 专业人员 | 半专业 | 管理人员 | 办公室 | 蓝领 | 退休 | 其他 | 无信息 |
| | 50 | 40 | 31 | 28 | 25 | 31 | 22 | 27 |
| 工龄 | <0.5 | 0.5—1.49 | 1.5—2.49 | 2.5—5.49 | 5.5—12.49 | >12.5 | 退休 | 无信息 |
| | 2 | 8 | 19 | 25 | 30 | 39 | 43 | 20 |
| 信用卡 | 无 | 非银行信用卡 | 主要贷记卡 | 两者都有 | 无回答 | 无信息 | | |
| | 0 | 11 | 16 | 27 | 10 | 12 | | |
| 银行开户情况 | 个人支票 | 储蓄账户 | 两者都 | 其他 | 无信息 | | | |
| | 5 | 10 | 20 | 11 | 9 | | | |
| 债务收入比例 | <15% | 15%—20% | 26%—35% | 36%—49% | >50% | 无信息 | | |
| | 22 | 15 | 12 | 5 | 0 | 13 | | |
| 一年以内查询次数 | 0 | 1 | 2 | 3 | 4 | 5—9 | 无记录 | |
| | 3 | 11 | 3 | −7 | −7 | −20 | 0 | |
| 信用档案年限 | <0.5 | 1—2 | 3—4 | 5—7 | >7 | | | |
| | 0 | 5 | 15 | 30 | 40 | | | |
| 循环信用透支账户个数 | 0 | 1—2 | 3—5 | >5 | | | | |
| | 5 | 12 | 8 | −4 | | | | |
| 信用额度利用率 | 0—15% | 16%—30% | 31%—40% | 41%—50% | >50% | | | |
| | 15 | 5 | −3 | −10 | −18 | | | |
| 毁誉记录 | 无记录 | 有记录 | 轻微毁誉 | 第一满意线 | 第二满意线 | 第三满意线 | | |
| | 0 | −29 | −14 | 17 | 24 | 29 | | |

（三）国内商业银行信用评分体系

1. 个人信用评分系统简介

我国消费信贷起步较晚，过去一般都用判断式信用评分。银行通过对贷款申请人在贷款申请书上所填的内容，如性别、年龄、单位性质、收入和家庭成员来判断贷与不贷，贷多贷少，期限长短等。而现在，越来越多的银行借鉴国外银行的个人信用评分体系，推出了自己的评分规定。许多电脑公司也纷纷开发了个人信用评分软件，应用于银行的信用卡和个人消费信贷业务。如2000年6月，上海华腾软件系统有限公司开发的中国第一套个人信用联合征信系统在上海正式投入使用。该系统应用于上海资信有限公司，为银行和社会有关方面系统了解个人的信用和信誉状况提供服务。方正信雅公司的银行卡业务数据商场，可进行银行信用卡持卡人的信用分析、商户分析、贷记卡、个人信贷的发放依据，同时可进行风险分析和控制等。一般的个人信用评估系统的内容主要由信贷台账子系统、个人信用等级评估子系统、账务处理子系统及信贷监控子系统组成。

个人信用评分系统软件，一般具有以下功能：

（1）**申请审批**：包括个人消费信贷项目的开设，只有开设的项目才可以进行贷款申请，个人贷款的申请与审批，也可以进行展期的申请处理。只有审批同意后才可以进行贷款的发放。

（2）**账记管理**：贷款特约商户的录入、修改与销户。只有是特约商户的消费信贷才可以进行个人消费信贷的申请。个人贷款申请经审批同意后，银行为个人开立贷款账户，并将贷款金额转入个人账户或商户账户；个人资料变更后的修改；还款结束后的销户处理。

（3）**还款处理**：包括委托还款的自动扣款，现金还款和提前贷款数据的查询与打印。贷款参数、开办机构、汇总报表、商户管理。

（4）**查询统计**：贷款数据的查询与打印。

（5）**系统管理**：贷款参数、开办机构、汇总报表、商户管理等。

（6）**辅助管理**：理财咨询、凭证打印、利率调整等功能。

（7）**个人信用管理**：由信用卡部提供持卡人的数据（包括持卡人信息和消费历史数据），可以使贷款行在审批过程中了解该申请人的信用度，对是否同意贷款提供一定的参考。

（8）**贷款监控**：跟踪各贷款行的贷款申请、审批、发放的情况，进行内部监控。并能对逾期贷款进行分等级的报警。

（9）**电子文档资料**：可以运用光盘缩微的技术，在贷款申请、审批、发放的过程中全面记录申请人的合同资料，以备电子查询。

（10）其他功能：逾期还款催收通知单和扣款通知单的打印、还款利率变动后的还款变动通知单和变动清单、与会计系统的数据传送、手工账务的录入转换等。

2. 信用卡信用等级评分

国内某商业银行信用卡个人信用额度等级评判是采用模糊数学的方法，分因素权重和个别因素两层评判，计算出综合得分。评级包括 AAA、AA、A、BBB、BB、B 和 C 这 7 个信用等级，通过隶属函数计算出各因素分别隶属于 7 个等级的隶属程度，由这些隶属程度构成 14 行为列的矩阵，14 行指影响个人信用变化的 14 个因素：

（1）自然情况：年龄、性别、婚姻状况、文化程度、住宅性质；

（2）职业情况：职业、在现单位工作年限、职务、职称、年收入；

（3）与银行关系：在本行账户、贷款历史、持卡情况、月还款/月收入个人信用变动因素分布权重情况。

第一层：

| 序号 | 个人信用变化因素 | 权重 |
|---|---|---|
| 1 | 自然情况 | 0.33 |
| 2 | 职业情况 | 0.51 |
| 3 | 与银行关系 | 0.16 |

第二层：1. 自然情况：

| 序号 | 因素 | 权重 | 隶属函数大致描述 |
|---|---|---|---|
| 1 | 年龄 | 0.23 | 近似正态分布，连续；61 岁以上折射到第四档，45—60 岁折射到第一档至第四档因变量 = 2x5 - 自变量 |
| 2 | 性别 | 0.05 | 离散，单调上升；女 = 6；男 = 4 |
| 3 | 婚姻状况 | 0.23 | 离散，单调上升；已婚有子女 = 6；已婚无子女 = 3；未婚 = 2 |
| 4 | 文化程度 | 0.14 | 离散，单调上升；研究生以上 = 12；大学本科 = 11；高中、中专 = 6；初中 = 2；文盲 = 0 |
| 5 | 住宅性质 | 0.35 | 离散，单调上升；商业按揭购房 = 9；组合按揭购房 = 8；私有房 = 6；公积金按揭住房 = 4；租用 = 2；其他 = 1 |

2. 职业情况：

| 序号 | 因素 | 权重 | 隶属函数大致描述 |
|---|---|---|---|
| 1 | 职业 | 0.14 | 离散,单调上升；教师、医生＝18；律师、金融从业人员＝17；企业主、公务员＝14；军人、记者＝12；企业职员＝8；其他＝1 |
| 2 | 在现单位年限 | 0.14 | 近似正态分布连续 8—10 年折射到第二档（y＝2x8－x）,10 年以上折射到第三档 |
| 3 | 职务 | 0.24 | 离散,单调上升；机关事业单位：厅局级以上＝18；处级＝16；科级＝12；一般干部＝9；其他＝2；企业单位：总经理＝17；部门经理＝13；一般干部＝10；其他＝1 |
| 4 | 职称 | 0.20 | 离散,单调上升；高级＝12；中级＝9；初级＝6；其他＝1 |
| 5 | 年收入 | 0.28 | 近似正态分布,连续；最高 10 万元以上,其次是 75000 元,最低 10000 元以下 |

3. 与银行的关系

| 序号 | 因素 | 权重 | 隶属函数大致描述 |
|---|---|---|---|
| 1 | 在本行的账户 | 0.09 | 离散,单调上升；贷款＝6；储蓄＝5；无账户＝1 |
| 2 | 贷款历史 | 0.31 | 离散,单调上升；正常还款＝6；无贷款历史＝1,有拖欠记录＝0 |
| 3 | 持卡情况 | 0.41 | 离散,单调上升；有卡＝6；无卡＝1 |
| 4 | 月还款/月收入 | 0.19 | 近似正态分布,连续；50% 以上折射到第七档,10% 以下折射到第四档 |

根据各因素对个人信用影响的规律,构造因素的隶属函数,经矩阵运算,得出各人因素集的综合结果。由这些因素集的综合结果构成上一层的权重分配方案,采用同样的计算方法,得到最终的综合分数。如采用百分制,7 个信用等级的所对应的信用等级得分对应为：

| 100 | 90 | 80 | 70 | 60 | 45 | 35 |
|---|---|---|---|---|---|---|
| AAA | AA | A | BBB | BB | B | C |

如某客户的综合评判分数为 88 分,它的得分距 90 分的距离短,与 80 分的距

离长,因此,该客户的得分所对应的信用等级为 AA 级;若该客户的得分为 85 分,与 90 分和 80 分等距,则"舍大取小",此客户的信用等级为 A 级。如果一客户最后个人信用评分的结果为 AAA 级,那么,他本人可以一次性透支额度为 5 万元,而不需要他人担保和抵、质押,全年循环透支可达 60 万元。如果某人的个人信用评分的结果为 C 级,那么他的透支授信也可以达到 3000 元,而不要别人担保。

3. 个人消费信贷评分

国内商业银行个人消费信贷打分一般都借鉴国外商业银行的信用评分体系,并结合我国实际情况进行调整,采用万分制。个人消费信贷评分体系由保障支持、经济支持、稳定情况和个人背景四块内容组成。把具体分值按照我国的实际情况设定为:

(1)保障支持　最高得分为 15 分

a. 住房权利　最高得分为 8 分

无房　　　　　　　0 分
租房　　　　　　　2 分
单位福利房　　　　4 分
所有或购买　　　　8 分

b. 有无抵押　最高得分为 7 分

有抵押　　　　　　7 分
无抵押　　　　　　0 分

(2)经济支持　最高得分为 34 分

a. 个人收入　最高得分为 26 分

月收入 6000 元以上　　26 分
月收入 3000—6000 元　22 分
月收入 2000—3000 元　18 分
月收入 1000—2000 元　12 分
月收入 300—1000 元　　7 分

b. 月债务偿还情况　最高得分为 8 分

无债务偿还　　　　8 分
10—100 元　　　　 6 分
100—500 元　　　　4 分
500 元以上　　　　2 分

(3)个人稳定情况　最高得分为 27 分

a. 职业情况　最高得分为 16 分

| | |
|---|---|
| 公务员 | 16 分 |
| 事业单位 | 14 分 |
| 国有企业 | 12 分 |
| 股份制企业 | 10 分 |
| 其他 | 4 分 |
| 退休 | 16 分 |
| 失业有社会救济 | 10 分 |
| 失业且无社会救济 | 8 分 |

b. 在目前住址时间　最高得分为 7 分

| | |
|---|---|
| 6 年以上 | 7 分 |
| 2—6 年 | 5 分 |
| 2 年以下 | 2 分 |

c. 婚姻状况　最高得分为 4 分

| | |
|---|---|
| 已婚 | 2 分 |
| 已婚无子女 | 3 分 |
| 已婚且有子女 | 4 分 |

(4) 个人背景　最高得分为 24 分

a. 户籍情况　最高得分为 5 分

| | |
|---|---|
| 本地 | 5 分 |
| 外地 | 2 分 |

b. 文化程度　最高得分为 5 分

| | |
|---|---|
| 初中及以下 | 1 分 |
| 高中 | 2 分 |
| 中专 | 4 分 |
| 大学及以上 | 5 分 |

c. 年龄　最高得分为 5 分

| | |
|---|---|
| 女 30 岁以上 | 5 分 |
| 男 30 岁以上 | 4.5 分 |
| 女 30 岁以下 | 3 分 |
| 男 30 岁以下 | 2.5 分 |

d. 失信情况　最高得分为 9 分

| | |
|---|---|
| 未调查 | 0 分 |
| 无记录 | 0 分 |

| 一次失信 | 0 分 |
| 二次失信以上 | −9 分 |
| 无失信 | 9 分 |

但是,在实际工作中,我们既要重视银行的个人信用评分体系,又不能被个人评分体系所束缚。因为,个人评分体系所涉及的范围仅仅局限于银行自己掌握的情况,而实际情况却是千差万别的。

4. 中国建设银行首次推出具体的个人消费信用评定方法

建设银行借鉴外国的做法为我国公民量身定做了一个公民信用等级的具体评分标准。其分数高信用等级便高,其贷款额度也会相应地高些。例如,最高等级为 AAA 级,可享受 60 万元的额度;AA 级享受 10 万元的额度;若评为 C 级的话就意味着贷不到款了。

例如,某贷款人是某科研单位的女士,据银行称其是银行的老客户,她在建设银行的具体评分标准如下表所示:

信 用 评 分 表

| | 项　目 | 评分标准 | | | | 得分 |
|---|---|---|---|---|---|---|
| 自然情况 | 年龄 | 25 岁以下 | 26—35 岁 | 36—50 岁 | 50 岁以上 | 6 |
| | | 2 | 4 | 6 | 4 | |
| | 性别 | 男 | 女 | | | 2 |
| | | 1 | 2 | | | |
| | 婚姻状况 | 已婚有子女 | 已婚无子女 | 未婚 | 其他 | 5 |
| | | 5 | 4 | 3 | 2 | |
| | 健康状况 | 良好 | 一般 | 差 | | 5 |
| | | 5 | 3 | −1 | | |
| | 文化程度 | 研究生以上 | 大学本科 | 大专 | | 8 |
| | | 8 | 6 | 4 | | |
| | | 中专、高中 | 其他 | | | |
| | | 2 | 1 | | | |
| | 户口性质 | 常住户口 | 临时户口 | | | 2 |
| | | 2 | 1 | | | |

| 职业情况 | 单位类别 | 机关事业 6 | 国营企业 4 | 集体企业 3 | 军队 5 | 6 |
|---|---|---|---|---|---|---|
| | | 个人独资企业 2 | 个体经营企业 2 | 三资外企 5 | 其他 1 | |
| | 单位经济状况 | 良好 4 | 一般 2 | 较差 —1 | | 4 |
| | 从事行业发展前景 | 较好 4 | 一般 2 | 较差 —1 | | 4 |
| | 岗位性质 | 单位主管 6 | 部门主管 4 | 一般职员 2 | | 4 |
| | 岗位年限 | 2年以上 3 | 1—2年 2 | 1年以内 1 | | 3 |
| | 职称 | 高级 4 | 中级 2 | 初级 1 | 无职称 0 | 4 |
| | 月收入 | 10000以上 12 | 8000—10000元 10 | 5000—8000元 9 | 4000—5000元 8 | 12 |
| | | 3000—4000元 6 | 2000—3000元 4 | 1000—2000元 2 | 1000元以下 1 | |
| 家庭情况 | 家庭人均月收入 | 5000元以上 9 | 4000—5000元 6 | 3000—4000元 5 | 2000—3000元 4 | 9 |
| | | 1000—2000元 3 | 1000元以下 1 | | | |

## 5. 中国建设银行根据个人信用评分标准制定的个人信用贷款额度表

| 评分 | 信用等级 | 贷款额度(元)人民币 |
|---|---|---|
| 90分以上 | AAA | 60万 |
| 80—89分 | AA | 10万 |
| 70—79分 | A | 5万 |
| 60—69分 | BBB | 1万 |
| 50—59分 | BB | 5000 |
| 40—49分 | B | 3000 |
| 40分以下 | C | 0 |

### (四)个人消费贷款信用分析程序

消费贷款面广量大、形式多样,需要银行建立有效的消费贷款全程管理与控制。拥有大量消费贷款的银行借助消费信用自动分析系统,对借款人的收入、工作稳定性、房产、已有负债等项目打分加总，并逐项评价借款人的债务偿还能力和目前经济条件、特定贷款的抵质押等客观因素及借款人品行和性格、特定贷款的未来盈利能力等主观因素，明确维持或增加贷款的可行性，最大限度地减少消费贷款损失和未履行消费贷款。

1. 消费贷款信用分析过程

消费贷款信用分析过程一般有以下几个程序：

(1) 确定贷款用途及数量

(2) 信息搜集

a. 消费信用

b. 个人财务状况

c. 个人税后收入

d. 个体经营财务报表

(3) 信息调查与证实

(4) 分析

a. 财务报表

b. 现金流量

(5) 抵质押估计

(6) 定价和安排贷款

(7) 与消费贷款申请人协调

2. 消费贷款的主要方式

消费贷款的方式主要包括商业分期付款消费贷款和个人循环授信额度。

(1) 商业分期付款

(2) 信用卡

(3) 消费贷款

个人小额短期信用贷款是贷款人为解决借款人临时性的消费需要而发放的期限在 1 年以内、金额在 2 万元以下、无须提供担保的人民币信用贷款。

(4) 个人循环授信额度

3. 信息搜集

消费信用最有价值的信息同样来源于消费贷款申请人。银行要求所有消费贷款申请人填写标准化借款申请表，说明其工作、收入、资产、生活费用、婚姻状况、当前债务等。当消费贷款超过一定金额时，银行还要求有关申请人详细说明个人财产状况、税后收入和个体经营财务报表，如将税后收入划分为薪金、股利、个体经营、租金、无形资产等方面。

消费信用信息另一重要来源是信用机构的记录。信用信息机构从各类贷款机构收集消费者历史信用状况等数据,包括所欠债务清单、诉讼状况、到期债务偿还等,并分门别类地整理入档,供各类贷款机构查阅使用。银行从信用信息机构获得以及向信用信息机构提供消费者信用状况数据都必须符合相关法律的规定。

此外,对个人的消费信用分析,还可以审核个人的近3个月的工资账单、纳税证明、银行信用卡的对账单、银行的存款证明书等。

### 三、个人信用记录的维护和使用

在发达国家或地区,每一个参与信用交易活动的经济主体都会有一份对应的信用档案。该档案中记录了评价个人信用价值的信用信息,是各类信用记录的集合,通常以电子数据形式进行存储。个人的信用档案是由个人征信局一类的征信机构制作的。个人征信局主动替所服务的区域范围内的所有居民制作信用档案,当然,被记录者无须为此付费。个人征信局制作个人信用档案受到法律的限制,法律原则是既满足信用经济发展对信用信息的需要,又要维护个人隐私不受到侵犯。因此,法律严格规范制作个人信用档案的征信机构的业务操作,包括信息采集。如前所述,由于个人信用档案是个人的第二身份证,对其进行合理有效的维护和利用就显得非常重要。

(一)个人信用记录的建立

信用经济是一种契约经济,债权债务关系或所承担的责任非常清晰,付费账户的签约人需要履约承担法律和经济责任。因此,信用记录就是针对当事人名下所有的付费账户下的活动进行记录的。既然信用记录是建立在个人户上的,不论一个付费账户上的应付额度多少小,它都会要求账户的责任人按期且足额付费,当事人对每个付费账户上应付额度的按时付费行为,构造出当事人的信用记录。否则,除了个人识别信息外,当事人没有任何记录在案,其信用档案是空白的。所以,个人欲建立良好的信用记录,必须拥有可以识别其个人经济活动的账户。

所谓个人账户,指的是与消费者个人家庭生活有关的各种付费和信用消费账户,账户会具体表现出受益人和责任人。在形式上,付费账户是各式各样的,例如登记在户主名下的电话、住房租约合同的签约人、手机入网账户、非IC卡形式收费的水电和煤气费缴费账户、信用卡账户、购房按揭贷款账户等。其中,信用卡透支账户和消费信贷账户是更有价值的账户,消费信贷合同是否履约执行,有无信用卡恶性透支行为,更反映消费者个人的信用价值。

对于个人信用的建立,及时履约付费非常重要。当以使用信用卡为主要工具来建立个人信用时,切记要按照通知要求清偿上月的欠款余额或者按照最低付款额还款。即使是有借有还,也要注意按期准时。如果未能准时在规定的期限内按期偿还,同样也不会帮助持卡人建立起良好的信用记录。

此外,在建立和维护个人信用的过程中,还需要注意个人的公共记录。所谓个人的"公共记录",主要是指个人在社会上的违法违规记录,以及经济纠纷方面的记录。在个人征信局制作的消费者个人信用调查报告中,公共记录栏中所列出的记录几乎都是负面记录,至少是对当事人的授信会产生负面影响的记录。个人的公共记录是从法院、税务局和仲裁机构等政府部门采集的,个别情况还包括一些警察局的记录,所以这个栏目中的数据都是政府数据。公共记录主要包括政府对个人违法违规行为进行处理的结论,包括正在审理之中的纠纷或案件。关于经济纠纷,即使当事人最终是胜诉的一方,也会对其产生阶段性的影响,给授信机构的判断产生不确定性。公共记录之所以会对授信产生负责记录,因为它有可能对当事人产生严重后果,例如经济处罚会影响当事人的偿付能力;刑事处罚会使当事人丧失职位和收入。

由此可见,个人的经济行为和公共表现绝对影响个人信用记录,每个人都要学会维护个人信用。个人信用档案主要反映了当事人在每次信用交易活动中的表现行为,特别是承担责任和付款有关的记录。

(二)个人信用记录的维护

随着我国社会信用体系的建立,居民的信用档案将会被逐步建立起来,直至每个人都有自己的信用档案。利用个人征信机构提供的信用调查报告作为授信参考信息的工作方式,必将被包括金融机构在内的所有授信机构接受。因此,及时采取有效措施,对自己的信用记录进行有效的维护,就变得十分重要,因为它直接关系到自己的信用能力。

尽管每个人的信用档案是由个人征信局建立和记录的,当事人也不能对别人给自己建立的信用记录的情况不闻不问,应该对自己的信用档案进行定期查询。通过查询,可以做到对自己的信用状况心中有数。如果发现自己的信用状况不佳,千万不要贸然申请消费信贷、赊购物品或申请敏感性工作,因为一旦你的信用申请被拒绝,在个人信用记录中就会增加一条被拒绝的记录,也会增加一条被查询的记录。在一个比较短的时期内,如果你的信用记录上产生数次被拒绝的记录时,下一家接受你信用申请的授信机构或者雇主会认为你的近期的行为风险较大而拒绝为你授信。

另一种情况是,你的信用记录本来良好,但由于征信机构工作失误,或者金融机构或赊销商等授信机构的失误,误记了你的不良记录。如果这种情况能够及时被你本人发现,或者被你所雇佣的信用修复公司发现,可以立即通过正当手续将其纠正过来。

在个人信用档案中出现不良信用记录,包括不正常地被多次查询的记录,其问题都是相当严重的。此外,信用档案中有些符号和标志是对个人信用记录有害的,应该设法消除这些对个人信用有负面影响的记录。以美国各个人征信局的符号和标志为例,在个人信用档案中,如果"基本描述/评价"栏的记录中出现 Negative 和 Non-rated 字样,这是对个人信用评价绝对有负面影响的标记,通常表示当事人有违约现象或有少量"迟付"现象。在"个人信息"栏目下,如果出现诸如"Alert"或"Search"字样,这表明在近 60 天内,个人征信局收到了超过 4 次的查询请求,个人征信局在暗示授信机构,当事人在不正常地增加信用申请,也有可能说明当事人的地址不是家庭住址。总之,要维护个人信用记录,就要将不必要出现的符号、标记等通通去掉,才能保证你的信用档案是"干净"(Clear)的。

### (三)个人信用记录的修复

在个人的信用记录中,如果产生了不良记录,而这条记录是真实的,你不能要求个人征信局重新调查,或者要求抹掉这条真实的不良信用记录。在这种情况下,可以选择在这条不良信用记录下打上括号,对产生这种不良信用记录的客观理由进行注释性说明,或者用简洁的语言说明争议。

在美国,个人征信机构的工作程序是根据《公平信用报告法》的要求设计的,是允许产生不良信用记录的消费者做"有限字数"注释的。至于授信机构是否接受当事人的说明,重新考虑对当事人的授信,取决于授信机构的想法。但是,如果在一条不良信用记录后面没有解释,就完全失去让授信机构谅解的机会,不良信用记录肯定会对当事人产生负面影响。尽管各个人征信局制作的信用报告在主要内容方面是大同小异的,但在格式上都会有所区别。有的个人征信局会在报告中专门设立"个人声明"栏,就是对"特别信息"栏目中所记录的拖欠和欺诈类信息进行的申诉,及复查结论。"个人声明"栏中的内容通常是当事人要求对失信记录进行调查,经个人征信局书面调查授信机构仍然未能解决问题时,当事人要求复查的记录。如果经过两次调查还不能抹掉当事人失信记录,当事人有权对有争议的失信记录做出 100 字以内的书面解释,附在对应的失信记录后面,或者将解释刊在"个人声明"栏目中。对于专事信用修复服务的专业人员,他们会对一些不良信用记录做技巧性注释,使用近似法律专业人员经常使用的语言去做注释,效果会好一些。

有一些不良信用记录是"情有可原"的,当事人应该在这种不良记录下做出一个注释。例如由于一些外界不可抗因素所造成的违约而且事后得到了及时的补救。对于一些有争议的不良信用记录,当事人或者其委托的专业信用修复公司更是应该对记录进行解释。即使所产生的不良信用记录是真实的,消费者也承认是自己的过错,做一个类似认错性质的解释也有必要,至少会让查阅报告的授信机构认为你很在意自己的信用记录,或者表明消费者虽然做错事情,但有悔改之意。

在发达国家,随着个人征信机构服务的发展,社会上冒出了一些所谓的"信用修复公司",或者称为"信用诊所"(credit clinics)。这类公司的主要业务是针对已经在自己的信用报告上有不良记录的消费者,帮助他们消除不实的记录,或者对不良信用记录做一些技术处理,以降低不良信用记录对消费者造成伤害的负面影响程度。当然,信用修复类公司的服务还包括辅导没有信用记录的消费者个人及其家庭建立信用记录,以及帮助已经有不良信用记录的消费者重建个人信用。值得注意的是,这类机构都是一种咨询类的中介机构,其所谓的"修复"工作都是间接的,因为消费者个人在个人征信机构中的信用记录是不允许被随意更改的。

## 第五节　消费信用的发展现状与前景

消费信用是一种与个人相关的信用形式,相应地,消费信用记录也是形成个人信用记录的一个主要渠道。一个个体一方面是劳动者,另一方面是消费者,通过劳动获取收入,然后通过消费得到效用。因此,消费信用在发达国家往往具备十分重要的地位。我国消费信用的历史较短,但发展前景十分广阔。

**一、我国消费信用的发展现状**

中国的信用消费始于20世纪50年代,随后信用消费一度被取消。银行以住房为突破口开展的信用消费起步于80年代,但在当时短缺经济占主导地位、市场经济尚不发达的情况下,信用消费并不具备充分发展的经济基础和市场条件,因此信用消费品种单一、范围窄、规模小,仅处于萌芽和摸索阶段。

20世纪90年代以来,我国经济快速发展,居民生活水平不断提高,在住房、汽车等领域出现了比较旺盛的需求。同时,随着买方市场的形成,消费需求不足成为制约经济增长的主要因素,政府采取多种措施扩大内需,信用消费作为刺激消费需求的有效手段得到重视和推广,各项旨在鼓励个人信用消费的政策、法律、法规相继出台。截至2003年末,全国各商业银行人民币消费贷款余额15736亿元,较1997年末的172亿元增长90倍,其中个人住房贷款余额11780亿元,信用消费占各项贷款的比例也由不足0.13%上升到10%(见表8-2)。

表8-2 中国信用消费发展情况(单位:亿元)

| 年份 | 1997 | 1998 | 1999 | 2000 | 2001 | 2002 | 2003 |
|---|---|---|---|---|---|---|---|
| 消费信用余额 | 172 | 472 | 1397 | 4265 | 6990 | 10669 | 15736 |
| GDP | 73142 | 76967 | 80422 | 89404 | 95933 | 102398 | 116694 |
| 社会消费品零售总额 | 27299 | 29153 | 31135 | 34152 | 37595 | 40911 | 45842 |
| 金融机构贷款余额 | 74914 | 86524 | 93734 | 99371 | 112314 | 139803 | 169771 |

资料来源:《中国统计年鉴》各年数据。

从提供信用消费的机构看,目前国内所有商业银行及信用合作社都已不同程度地开办了消费信用业务,而工、农、中、建四大国有商业银行是消费信用市场的主体,其消费信用余额占全部金融机构提供的消费信用总额的88%。从信用消费的品种看,经过近几年的发展,形成包括个人住房与住房装修、汽车消费与信用卡消费、大额耐用消费品与教育助学、旅游与医疗贷款、个人综合消费与个人短期信用贷款及循环使用额度贷款等十几个大类、上百个品种的信用消费品种体系(见表2)。

## 二、我国消费信用的发展方向

从上面提供的数据可以看出,在银行发放的消费信贷中,个人住房贷款占据压倒性优势。这说明我国信用消费业务品种有很大的创新空间,一些很具有发展前景的信用消费品种在我国基本上还是空白。另外,一些信用消费品种在我国虽已开展,但开发的深度还远远不够。可以预期,在社会信用体系建立之后,以信用卡为主体的消费信用将会迎来高速发展的阶段。

从当前各金融机构的实践情况看,我国消费信用的发展应该会在以下几个方面取得显著进展:

(一)重点发展个人住房与汽车信用消费

个人住房贷款在我国当前信用消费发展中占有绝对比重,今后一段时期内,个人住房贷款仍是消费信贷发展的重点,应在切实降低住房贷款风险的基础上,扩大住房贷款范围及比例,重点开发中档住房贷款。另外,随着汽车普及程度的提高,汽车消费贷款的需求量还将显著增大,这将成为消费信用的一个主要增长点。

(二)大力开展信用卡业务与个人耐用消费品信用消费

美国信用卡业务的比重仅次于住房信贷,我国商业银行应在社会信用体系建立之后,抓住有利时机大力发展信用卡业务,鼓励消费者先消费,后还款,将信用卡办成真正的信用卡。另外,还应大力推广商业销售网点和消费网点进行信用卡支付。据统计,我国的耐用消费品贷款在我国信用消费业务中所占比重小,市场潜力巨大。为此,各商业银行应积极与商家合作,开展多种形式的耐用消费品贷款。

(三)大力发展助学与旅游信用消费

目前,我国助学贷款发放比重仍然较小,各商业银行还应采取多种形式大力推广。相对说来,助学贷款本质上是消费者用未来的收入为现在的教育融资,其贷款对象普遍具有较高的素质,如果能合理引导,应该能成为一个很好的信用品种。另外,随着"假日经济"的日益重要,居民在旅游方面的支出也日益增加,各商业银行及相关金融机构及旅游公司应积极响应国家有关政策,在国家法律允许范围内,大力推广旅游信用消费。

(四)借鉴美国信用消费的先进业务方式

各金融机构应与相关机构积极配合,结合中国实际,大力开拓信用消费新品种,探索这些信用消费品种在我国可行的发放模式和风险控制模式并积极完善和推行,以尽快完善我国的信用消费体系。如针对不同的消费群体制定不同的贷款品种,对个体工商户和运输业者提供经营性车辆贷款,对有创业意识的城乡家庭可提供小额家庭创业贷款等。同时,针对不同的信用消费品种和贷款对象,可在利率期限和还款方式方面为消费者提供多种选择。

### 三、消费信用发展的相关保障措施

消费信用的发展前景广阔,但发展的道路还很漫长,其进程受到信用体系建设、居民消费观念等许多方面因素的制约。为了促进消费信用健康快速地发展,我们应该在以下几个方面做好保障性工作。

(一)加强宣传,改变传统消费观念

在我国市场经济已步入买方市场的情况下,提倡适度负债消费显得十分重要。因此,必须加大宣传力度,引导居民转变"无债一身轻"的消费观念,实现从无债消费转变到适度负债消费,逐步提高居民的消费信用水平。我国居民信贷意识还比较薄弱,金融信贷知识还比较贫乏,所以增强消费者的信用观念、信贷知识和金融知识,是发展消费信贷和扩大内需的重要条件之一。

此外,对银行和其他金融机构来说,也要逐步增大对个人授信业务的比重,转变重工商信贷、轻消费信贷的观念,充分认识消费信贷对发展金融信贷、发展社会经济的作用,加大力度宣传发展消费信贷的政策导向、市场导向及其操作办法,加强业务咨询服务。

(二)调整收入分配政策,提高居民的实际收入水平

居民实际收入水平的高低,直接影响着消费信贷发展的程度。因此,国家在收入政策上应采取增加收入的措施,保证城乡居民收入有一个合理的增长幅度;在分配政策上要进一步缩小收入差距,加快建立、健全社会保障体系,从而改变居民的收入和消费预期,以刺激消费的合理增长。

(三)建立消费信贷的信用风险防范体系

信用风险防范的水平直接影响到消费信贷开展的成败。当前个人消费信贷发展不快,主要问题不在银行,而在于外部环境不完善、不配套。但银行在消费信贷发展中,应有超前意识,充分利用现有条件,通过金融手段推动个人消费健康发展。

1. 尽快建成个人信用制度。除了建立公民基础信息数据库之外,还应加快公民基础信息与银行信贷信息的整合,尽快建立和推广适合我国国情的个人信用风险评分模型和消费信贷电脑审批系统,组建地区性、全国性的个人资信调查评估事务所或个人信用调查公司,对被调查人的收入状况等进行持续的调查服务,建立借款人的信用数据模型,积累信息并定期进行分析,同时将银行与政府等其他部门联系起来,探询信息共享之路。针对中国目前的情况,一是要尽快出台有关法律,以明确其服务对象、市场准入与退出规范、经营范围、赔偿机制等;二是要培养一批高素质且具有专业知识的个人资信评估从业人员,以促进评估的成熟性与权威性;三是要制定统一的评估标准,增强各评估结果的可比性,防止评估机构间的不正当竞争;四是要建立行业协会,加强行业自律和评估的自身建设。

2. 完善担保制度。我们应借鉴发达国家的经验,逐步健全个人消费信贷担保体系,降低消费信贷风险。首先,应完善担保法,增加有关消费信贷的规定;其次,应培育规范的住房二级市场,使抵押的房产能够方便地变现;再次,银行应与保险公司紧密合作,将消费信贷与人寿保险、财产保险、履约保证保险结合起来,降低风险;最后,可研究由政府出面组建消费信贷担保公司,为消费信贷,尤其是长期消费信贷提供担保。

(四)完善社会保障制度

目前,社会保障制度的社会化程度远远不够,无法完全解除人们的后顾之忧,那么建立商业性和强制性相结合的社会保障统筹体系,就显得非常迫切。因此,

应当把建立完善覆盖城市全体居民的社会保障体系作为一项十分紧迫的任务抓紧抓好，对农村社会保障体系的建设也要有重点有步骤地进行。

(五)加强专业人员的培训

消费信贷业务的从业人员不仅需要熟悉现代专业知识，还必须具有银行储蓄、结算、融资、理财知识和市场调研及人际沟通的能力，即成为"全能型"的综合人才。由于我国的消费信贷才刚刚起步，业务人员来自各个部门，人员素质参差不齐，整体偏低，因此，加强从业人员的培训工作尤为迫切。

# 第九章

# 企业信用管理

## 第一节 企业信用管理的内容

**一、企业信用管理概述**

(一)企业信用管理的含义

企业信用管理是指企业通过制定信用政策,指导和协调与信用销售有关的部门,在信用销售各个环节中开展的客户信息收集和评估、信用额度的授予、债权保障、回收账款等一系列管理活动。

广义上说,企业为获得他人提供的信用或授予他人信用而进行的以筹资或投资为目的的管理活动都属于企业信用管理的范畴。

狭义的信用管理是指企业为提高竞争力,扩大市场占有率而进行的以信用销售为主要内容的管理活动。具体说,狭义的企业信用管理是指通过制定信用管理政策,指导和协调内部各部门的业务活动,对客户信息进行收集和评估,对信用额度的授予、债权保障、应收账款回收等各交易环节进行全面监督,以保障应收账款安全和及时收回的管理。本章所说的信用管理,主要是狭义的信用管理。

企业的信用销售也称赊销,所以信用管理又称为赊销管理。一些国外机构也把信用管理称为风险管理。这是由于在信用管理当中,企业要解决的主要问题是其如何规避风险,化解风险以及如何在风险条件下安全运作。

(二)企业信用管理的必要性

企业信用管理是企业管理的一个重要组成部分,是有效防范和控制信用风险发生及发生程度的一种管理机制。对许多企业来说,信用销售(赊销)是扩大销售,应对竞争的一种选择。当企业运用赊销方式后,企业管理中就要加入很多新的内容,如客户的选择,交易规模的控制和账款的追收等。同时,企业面临的交易风险也更大。怎样在扩大销售的同时降低风险,是企业必须予以有效解决的问题。这些工作仅仅靠企业原有销售或财务部门的力量和历史形成的管理思路是很难做好的。不确立信用管理思路,没有信用管理程序的设计和企业管理职能的重新分配,也就没有科学的企业管理,企业的赊销目标很可能会被与之俱来的更大风险给抵消,或者加大赊销成本,造成总体利润的降低。因此,在现代社会中,不论企业是普通制造业、商业和服务业,还是金融和外贸行业。只要企业采用赊销的交易方式,信用管理就是必不可少的。

(三)企业信用管理的三种模式及其比较

目前,我国企业的信用管理,大致有以下三种模式。

1. 由销售部门负责信用管理工作。这是目前我国最流行的信用管理模式,在进出口企业尤为突出。这种模式主要基于以下两个方面的考虑:

(1)信用管理贯穿于业务的始终,从资信调查、评估、债权保障,到应收账款的回收等,无不与销售业务密切相关。销售人员比任何人员都清楚业务进展情况和实际履行状况。

(2)销售人员处在经营活动的第一线,直接面对和接触客户,对于客户的品格、经营情况、资金状况、信誉等方面情况相对更加了解一些或掌握得更为全面。

但也正是这些原因,往往是成为产生大量坏账的根源。最为突出的一个问题是,如果把授予客户信用的权利和业务执行的权利集中在销售部门,就缺乏了应有的监督和控制机制。业务人员或业务部门为追求销售额和销售业绩考核指标,往往就会降低对客户的信用要求,甚至不考虑信用要求;在买方市场中,销售人员自始至终会受到来自客户信用销售的压力,在千方百计地谋求扩大业务量的心理驱使下,销售人员往往会降低客户信用的要求,或扩大信用限额,或改变付款条件,或延长放款期限。

2. 由财务部门负责信用管理工作。信用管理或赊销管理,其实就是对应收账款的管理。而应收账款管理是企业流动资产管理的主要内容。由于财务部门对流动资产管理起着举足轻重的作用,对企业信用政策的松紧程度极为敏感,作为流动资产组成部分的应收账款被"理所当然"地划归财务部门来管理。持这种观点的企业管理者还认为,信用额度的授予关系到企业资金的分配,在这种分配过程中,只有财务人员才能够更好地将企业有限的资金统筹安排。

然而,事实证明,财务部门的信用管理往往是失败的管理,这主要与财务部门的工作性质有关。一方面,他们对于信用管理的大多数知识知之甚少,不能够像业务人员一样与客户讨论销售合同条款的细节或起草正规的追讨信函。另一个突出的问题是保守。正是由于财务人员的"先天缺陷",当财务部门被委以信用管理的重任后,企业会逐步呈现出业务量下降、客户减少、利润降低的衰退现象,甚至走向保守销售的极端。

3. 建立独立的信用管理部门从事相关工作。企业信用管理是内部各部门之间的相互配合、相互促进和相互制约的统一体。不论是财务部门负责还是销售部门兼管,都不能够把开展信用管理作为主要的工作职责和范围,这些部门或多或少都会对从事的工作有所偏重,甚至会被利益驱动而不顾信用管理的工作责任。而建立独立的信用管理部门是平行于业务部门的独立部门,它才能保证信用管理人员客观、公正和独立,增强信用部门的制约力,充分发挥其应有的作用。信用部门的建立,既控制了销售部门只追求数量、不考虑风险的轻率和盲目,防止坏账的产生,又推动企业使用更灵活的贸易方式寻找商机,扩大业务。信用管理人员熟悉信用管理各个环节,他们可以在不同的情况下确定合适的成交条件,实行全程信用管理和监督。信用部门的建立,使企业真正有可能成为一个创造利润的有机体。

4. 三种模式的比较。上述三种信用管理的模式分别有显著的特点,在此做一归纳比较(表9-1)。

表9-1 企业信用管理三种模式的比较

| 模式 | 优势 | 缺点 |
| --- | --- | --- |
| 销售部门负责 | 1. 使销售部门的积极性最大限度地调动起来<br>2. 充分利用了销售部门的人力资源、信息资源和客户资源<br>3. 能够有效维持并进一步发展客户关系<br>4. 销售方式和手段灵活自主 | 1. 销售为主的职能将主要精力用于销售<br>2. 在销售利益和信用风险有矛盾时,会偏向销售利益<br>3. 兼管的功能难以保证信用管理真正实现<br>4. 信用管理的专业性较弱 |
| 财务部门负责 | 1. 信用管理职能分离出销售部门,可以起制约作用<br>2. 有效的财务分析能够控制和防范信用风险产生 | 1. 财务部门的过于保守会影响销售额<br>2. 与业务部门的矛盾增加了管理成本<br>3. 对客户情况和关系的不熟悉,难以把握相关尺度、维持良好的关系 |

续表

| 模式 | 优势 | 缺点 |
|---|---|---|
| 独立信用部门负责 | 1. 独立地运用信用管理手段能够客观分析风险<br>2. 信用分析和信用管理的专业性、技术性强<br>3. 对销售部门、财务部门有监控功能，制衡作用<br>4. 信用制度的建立，使信用管理部门有了一定的权威性 | 1. 运行初期会有较大的阻力和困难<br>2. 运行中与相关部门会发生较多矛盾和冲突<br>3. 增加管理和运行成本 |

对于企业管理信用工作的三种模式，我们不能够任意断定哪一种信用管理模式是绝对好的。每一个企业必须从自身实际出发，分析利弊，选择一种最适合自身企业特点的才是最好的。但必须控制和处理好其中存在的缺点。企业在信用管理中究竟如何选择怎样的信用管理模式，各企业的管理基础、各企业的规模各不相同，只要正确分析自身情况选择合适，就是最好的管理模式。

**二、企业信用管理的主要内容**

(一)制定信用管理政策

信用管理政策，又叫信用政策，是指企业为避免和减少信用销售(赊销)带来的损失而制定的一系列业务管理原则、标准和风险控制方法。

信用管理政策是信用管理部门的行动纲领，也是协调各个相关部门工作的规范和依据。企业制定信用管理政策，旨在为信用管理部门的日常管理工作提供统一的行动准则和指导方针，体现对企业信用管理工作要点的认同和理解，以保证企业的信用管理人员具有一致的理念和采取一致的行动。为实现企业政策的连续性，信用政策通常不会轻易变动。但是，为了保证信用管理政策能够适用企业发展，体现当前的经营理念，促进管理层和其他部门的配合，信用管理政策应该每年进行适当的修订。

在内容上，信用管理政策首先应该定义企业信用管理部门的使命，如选择合乎标准的优良客户进行交易，并定义客户群；使销售额增加，以及对市场份额的预测；企业能够承担的风险；要求信用管理达到的成功赊销效果。信用管理政策的这一部分内容要充分表达出企业信用管理工作的倾向性，例如有的企业倾向于宽松的授信，但其现金流量的维护依赖于非常严格的应收账款催收系统，即所谓的"销售型信用政策"。另一些企业则倾向于只与信用好的企业进行信用交易，而不建设强有力的催账系统,即所谓的"财务型信用政策"。

企业进行信用管理的目的并非是要企业为避免风险而丢掉生意和机会,而是给企业确定一个承担商业风险的范围,从而增加有效和有利可图的销售。然而企业要提高销售、降低风险的水平是要用相应的指标来具体描述的,同时要有具体的数字来衡量和考核。通常企业实施信用政策设定的目标是:

通过合理的信用销售支持企业的销售目标;

保持回款速度;

保持低坏账率;

确保高水平的客户服务。

信用管理政策内容必须制作成标准的书面文件,企业所有管理人员、业务人员、财务人员、信用管理人员和其他相关人员都需遵守政策,按照规定和要求执行。

一般来说,信用政策的制定需要考虑管理目标、组织结构、信用条款、资信调查、信用评估程序、债权保障措施、商账追收、信用管理报告等方面的内容。

(二)做好客户资信调查

1. 客户资信调查的含义。客户资信调查属于前期信用管理范畴,是企业防范风险的第一步。它的实质就是探求调查对象(客户)的事实和真相,借以判断其信用的优劣,并作为是否决定授予信用的重要依据。

资信调查有广义和狭义的两种解释。广义的资信调查是指除了调查或验证他人信用以外,还包括求取他人对自己的信任的含义,是对自身的信用调查,也称为内部资信调查。狭义的信用调查是指调查或验证客户信用,是被调查者以外的人所做的信用调查,也称为外部资信调查。

2. 客户资信调查的特点:真实性、综合性、前瞻性、合作性、机密性和差别性。

3. 客户资信调查的作用:一是避免及减少信用风险;二是提高社会道德水准;三是活跃金融市场;四是促进交易,协助市场经济发展。

(三)做好客户信用核查

企业在与一家客户有长期交易时,对客户的赊销额是不断变化的。企业要有相应的机制来监控这种赊销额的变化,即风险的变化,以决定与客户进行信用交易的策略。例如,对同一客户的所有新订单必须加到原有订单上,并比较客户账号上的总额是否超过其赊销额度。如果订货额超过赊销额度须申报主管经理,由主管经理决定采取什么方式解决,如通过先付部分货款或某种担保,否则要停止信用交易以控制总体的风险。待客户的应收账款额或交易条件有所改善,则还可以继续交易。信用核查是控制企业总体风险的主要手段。

### (四)做好客户信用评估

信用管理部门可以利用客户的付款记录、财务情况、内部信息、外部信息等进行综合加权平均来评估客户,评估结果用于确定客户的信用额度和信用条款。在客户信用评估中还可以规定以下内容:

客户如何进行信用申请;

客户赊销的标准;

怎样确定新客户的信用额度;

特殊交易条件下的信用安排;

增加或减少信用限额的方式;

增大信用额度和延长赊销时间的程序和要求;

信用担保条件规定。

### (五)设立客户信用额度

确定客户的信用额度通常采用的方法有:

1. 参考其他债权人所给予的信用额度。其特点是:企业必须了解他的竞争对手给客户的信用额度。这种方法的不利之处是其他企业允许的信用额度可能会超过客户的承受能力。

2. 低额启动,随经验增长。这种方法是从小金额开始供给,如果该客户按时付款则逐步增加信用额度;如果客户支付能力不足,信用部门将维持现有额度以限制客户的购买,甚至降低额度。但这种方法的缺点是将面临丧失商业机会或坏账的风险,不利于企业发展。

3. 按时间段确定购买数量。某些企业信用部门常是在一个特定的时期内限定某些购买的总金额。如:对于一个平均每月购买10万元货物的客户,可授予他30万元的信用额度,或3个月的信用期限。当然,实际的操作会根据不同的行业、不同的情况而变化,这种方法的优势在于简单统一,并同时强调销售额,因为销售额不断增加,信用限额也会不断增加。它的缺点是总金额难以准确确定。

4. 以信用调查机构的评级为基础。信用调查机构提供评级,可以表明客户财务能力和总体信誉水平。客户的信用度可以从两方面确定,即财务评估和信用评级。由调查机构提供欠账记录和其他数据的情况越来越普遍,而这些材料在企业未来的授信中将来会越来越重要。

5. 计算客户信用额度。一般要使用公式方法计算出信用额度。公式方法以某些财务数据为基础,如净资产、流动资产、净周转金以及库存。随着计算机的广泛应用,许多信用管理部门已经开发了相关的管理系统和模型,以帮助他们作出信用决策和设定信用额度。财务比率、经济状况、机构评级、边际利润和其他数据可以输入计算机模式以辅助决策,其优点在于可以消除偏见,不利的是缺乏灵活性。

(六)做好企业赊销管理

企业赊销管理的基本工作有:

1. 了解企业客户;

2. 计算允许的赊销额;

3. 稳妥签订赊销单;

4. 及时收取账款。

(七)做好应收账款管理

这一部分涉及内容较多,主要包括对企业债权的保障、管理和追收作出规定。在保障措施中,企业要针对不同业务的风险,对风险较大的业务采用信用保险、保理、信用证、动产和不动产抵押等债权保障措施,同时规定业务操作的规范。

在管理和追收过程中,企业要对如何管理应收账款进行详细规定。通常,企业将这一部分做成专门的收账手册。基本内容有:

定义与收账任务有关的各种权利和义务;

建立"未逾期账款询问"制度以及实施方式;

需要采用追收的警告和制裁手段(电话追讨、信函追讨和上门追讨等);

收账的时间安排;

收账每个时间段的确定;

最终追收方式的确定;

使用抵押品的时机及处理抵押品的方法;

转移到收账机构的时间和程序;

转移到律师事务所的时间和程序;

特殊情况下的选择。

(八)做好企业担保管理

担保是指保证人和债权人双方的约定。当债务人不履行债务时,保证人要按照约定履行债务或者承担责任。企业担保管理工作的任务就是防范担保风险的发生。为此应做到:

1. 要做好事先预防;

2. 要做到事中监督;

3. 对出现的问题,需事后及时补救。

(九)确立企业内部控制机制

企业的内部控制机制主要为三个方面:

1. 交易前期信用管理——客户信息审查机制。客户是企业交易的对象,通过交易能够满足企业利益最大化的需求。客户是企业的财富来源,也是信用风险产生的来源。企业要想规避风险产生,在交易之前就必须做好对客户信用信息的收集和风险评估工作。

2. 交易中期信用管理——控制保障机制。企业在交易过程中产生的风险主要根源在于企业内部的管理和控制,由于相关人员和相关部门在销售业务上缺乏规范和控制,对客户资料收集不全面、客户资料评审不认真、授信额度确定不严谨等任何一个环节的问题和不负责任都会导致风险发生。实践证明,信用管理人员良好的素质与负责的工作责任是防止风险发生的一个重要环节。为此,企业要严格控制程序,严格授信制度,使企业与客户建立直接的信用关系,保障信用交易的顺利进行。

3. 交易后期信用管理——账款回收机制。为保证账款及时收回,企业应制定和实施相关的管理制度:

(1)应收账款总量控制制度;

(2)销售分类账款管理制度;

(3)账款控制与货款回收管理制度;

(4)债权管理制度。

(十)做好信用风险管理

信用风险管理是指企业运用信用工具从事信用活动时,对所面临的各种风险的识别、衡量、控制与转移的科学管理方法。信用销售是潜在风险很大的销售方法,企业建立信用管理最主要目的是控制信用风险,提高赊销的成功率,所以,企业必须掌握风险控制和风险转移的方法。

信用风险分为可控风险和不可控风险。所谓可控风险,是指企业可以通过提高信用管理水平和借助信用管理服务来规避、控制、降低、转移的风险。应对这种风险,企业的风险控制策略是将建立完善的信用管理功能摆在头等重要的位置。采取的措施是完善其信用管理部门的功能。所谓不可控风险,是指那些因"不可抗力"引起的风险。对于企业的信用管理部门来说,不可控风险也是可以规避的。应对不可控风险,企业信用管理部门的工作重点应放在识别风险上,采取规避风险的策略是转移风险。

企业信用风险控制是系统化工作。企业可以通过各种信用工具和管理手段,识别出风险所在,筛选出合格的信用交易客户。使用各种控制和转移风险的商业化征信服务,将赊销或其他授信风险降低到可以接受的水平。

### 三、企业信用管理的功能

企业的客户大致可分为团体客户和个人客户,前者以企业为主,后者以消费者为主。对二者实施信用管理,虽然基本方法相同,但在技术操作层面上,仍有一些不同之处。下面分别予以介绍。

（一）对企业客户进行信用管理的基本功能

信用管理的最主要功能在于提高赊销或授信的成功率。对企业客户进行信用管理的基本功能包括:客户信用档案管理、客户授信、应收账款管理、商账追收和利用征信数据开拓市场(见图9-1)。

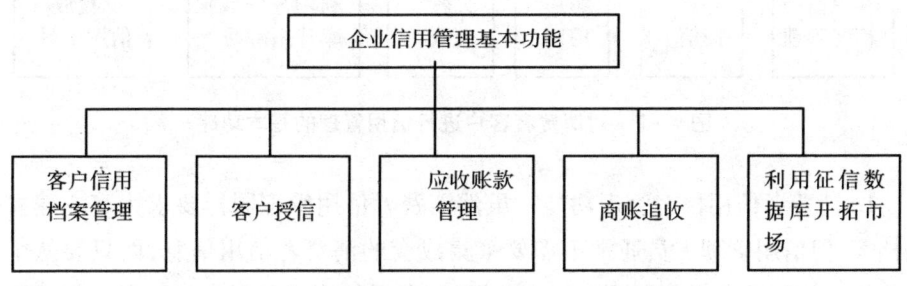

**图9-1 对企业客户进行信用管理的基本功能**

1. 客户信用档案管理功能。指导思想是以事前防范为主,其内容包括:在与客户签订赊销合同以前对客户进行资信调查,统一管理客户信用档案和利用客户信用档案为本企业服务等。

2. 客户授信功能。主要内容包括:接受客户的信用申请,客户信用分析,授信额度确定,给客户复信,受理客户投诉。客户授信工作的技术性和政策性非常强。

3. 应收账款管理功能。工作的重点在于:控制应收账款发生的总体和个体规模;抓住资信品质优良的客户;对合同期内的应收账款做技术处理;防范逾期应收账款的发生;转让债权等。

4. 商账追收功能。主要任务包括:执行催账程序;国内外商账追收;将失信客户付诸法律;逾期应收账款的转让;申报注销坏账等。

5. 利用征信数据库开拓市场功能。指信用管理人员利用征信机构的企业征信数据库资源,向本企业的销售和供应部门提供开拓市场的咨询服务。特别是开拓国际市场的服务,帮助销售部门开拓市场。使用这种方法,可以帮助企业快速全面地掌握目标市场的潜在客户信息,找到一定比例的代理商,大幅度节约开拓市场的成本。同时,还可以配合本企业的客户信用档案来挖掘老客户的潜力。

## (二)对消费者客户进行信用管理的基本功能

消费者信用管理工作的特点和侧重点,以及提供外部技术支持的征信机构种类均不同于对企业客户的信用管理。在商业企业,消费者信用管理部门应该具备6项功能,包括:消费者信用档案管理,客户授信,账户控制,欠款催收,利用征信数据库开拓市场和投放信用工具(见图9-2)。

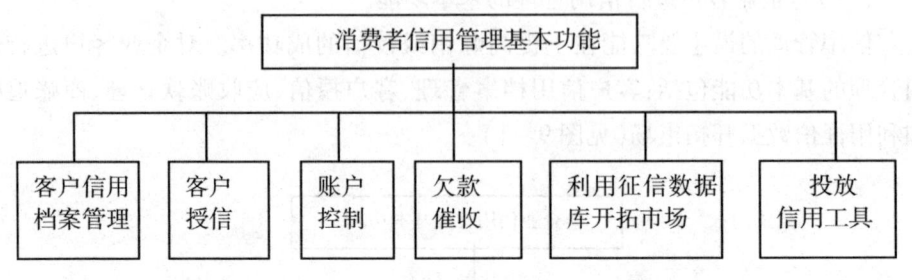

**图9-2 对消费者客户进行信用管理的基本功能**

1. 消费者信用档案管理功能。虽然消费者信用管理同样要求为客户建立信用档案,但信用管理人员通常不需要采集成套的消费者信用信息,而只要从个人征信机构订购消费者信用调查报告,或者消费者信用评分报告就可以。信用调查的重点在于将消费者使用本企业发行的信用工具的情况记录起来,作为对个人征信机构提供的消费者信用调查报告的补充。

2. 客户授信功能。主要内容包括:接受客户信用申请、客户信用分析、授信额度确定、给客户回信、受理客户投诉。有些商业企业设有窗口,接受客户信用申请。客户授信部门的工作是消费者信用管理的关键所在,技术性和政策性都非常强。

3. 账户控制功能。对账户进行控制的目标有两个:一是防止消费者因过度使用信用工具进行消费,导致债台高筑,产生拖欠付款或个人破产的风险;二是不断分析信用工具被使用的情况,来检查信用政策或信用销售的效果是否偏离预定目标,在发现执行偏差时立即纠正。

4. 欠款催收功能。催收部门的工作是非常程序化的,工作人员一般使用电话进行催账,定期向征信机构报送成批的失信客户信息。当然,信用管理部门也可以将欠款催收工作委托给专业催账机构,定期将批量的拖欠客户名单发送给催账机构,允许催账机构在讨回账款中取得一定比例的报酬。

5. 利用征信数据库开拓市场功能。企业可以从征信数据库中确认经济活跃且信用良好的潜在客户名单和简单记录。内容包括新旧地址,年龄,性别,收入,邮政编码、搬迁理由、搬迁日期、地址等。征信数据库应该可以按地区和贫富阶层来查询客户,帮助商家确定潜在客户群。

6. 投放信用工具功能。投放信用工具工作可以分为三个部分:一是设计信用工具;二是推销信用工具;三是大比例激活所发放的信用工具。在推销信用工具时,信用管理部门也可以利用个人征信机构的数据库服务,寻找合格的潜在客户。这一部分工作的性质也属于利用征信数据库开拓市场。

## 第二节 企业信用管理流程

### 一、企业信用管理流程的内容

所谓企业信用管理流程,是一个从调查了解客户开始、经过赊销决策、账款产生直至账款回收的全程信用管理监控流程,它是一个动态的过程,由明确的流程目标、完善的规章制度和相应的组织三部分机构构成。信用管理流程的设计,是从业务流程整体角度来全面分析信用管理工作,遵循业务流程操作的逻辑顺序,特别是对应三段管理:事前控制、事中控制和事后控制,专业化地完成从订单签订到账款回收全过程的风险控制。

企业信用管理通过流程化的方式解决能够达到比较好的效果。

第一,信用管理流程化有助于明确工作思路,给信用管理工作制定了比较明确的程序。流程化的前提是分析整个信用管理工作中所涉及的各个环节,明晰各个环节之间的关系,并按照时间先后或重要性进行程序化设计,据此确定可操作的执行步骤。

第二,信用管理流程化便于各部门分工协作。流程化的本身也是模块化的过程,它将各环节分解,并确认各环节的主要内容。依据这些模块就可以将信用管理工作责任分配到各有关部门,而各部门之间的协作就以各模块之间的关系为纽带。

第三,信用管理流程化最终目的是为了整个信用管理系统的集成化。流程化看似一个简单的模块化过程,但其实质正是一个集成化的过程。模块化和集成化是一对矛盾统一体,模块化正是为了更好地集成化,从整体的全局的角度高屋建瓴地把握信用管理全过程,充分发挥信用管理在企业中的作用。

企业信用管理的目标是为了控制信用风险,整合信用资源,确保信用销售流程通畅,创造更大的价值。企业风险控制不仅仅在于控制客户风险,还需要控制企业内部风险。企业信用管理流程可以实现对风险的全过程控制,它是用流程控制的方法,对交易风险可能出现的各个环节加以全面控制。该流程把信用风险分为签约前风险、签约风险和履约风险,用流程控制的方法,全过程地、全面的控制交易风险。风险控制和管理工作尽量向前移,注重把事前防范放在事后补救前面。

下面是一个典型的信用管理流程方案,从中可以了解信用管理流程的基本内容。它是一系列对信用风险控制和转移的单项任务的组合:

客户信用申请—信用审查—订单/合同—发放信用—发货开票制单—应收账款管理—按期收款—客户档案管理。

从中可以看出,信用管理具体工作流程描述,是细化各项任务,将其分解成为各个具体控制环节,有目标和任务要求,有操作责任人,有衡量的量和质的标准,规定各种情况的处理方式或选择方案,没有达到要求会转入需要进一步处理,或者重新返回上一环节继续完善后再度循环,直至完成本控制环节的任务要求后进入下一个控制环节。

## 二、企业信用管理流程的三个阶段

企业信用管理流程可以分为三段阶段的管理和控制。

（一）事前控制

事前控制侧重于客户选择。业务人员在开发客户和争取订单的过程中,往往基于开发业务的考虑,忽视对客户的全面考察,在缺乏对客户信用了解的情况下贸然签约,或迫于竞争压力和开拓市场的急切心情,与信用不良客户签约。这种由于客户选择不当造成的不良应收账款占了企业逾期应收账款的绝大部分,因此,事前预防是多数企业的控制重点。企业应做的具体工作包括:通过对客户的初步筛选,排除掉交易价值不大和风险明显较大的客户,选择有潜力客户和风险不确定客户进行资信调查,调查时广泛利用企业内外部渠道,以确保客户信息的完整和准确;有关客户信用信息的收集、使用和维护,应有统一的管理规定和制度,这些规定和制度要明确到具体业务流程中去,并有考核和激励措施;有条件的企业对客户信息管理要实现计算机化,即建立客户数据库,并配备信用管理软件或客户关系管理软件。

（二）事中控制

事中控制侧重于科学地发放信用和应收账款管理。现在,许多企业的信用销售决策往往是凭感觉或经验作出的,没有一个科学的决策程序和充分的决策依据,重要交易决策通常凭借高层决策者的一支笔。这样既没有发挥各级员工和经理人员的积极性和责任感,又使决策难度和风险加大,高层领导陷入具体的交易决策时间过多。或者,有的企业让业务人员完全承担交易风险,这样往往会出现失控的应收账款或业务人员无力承担风险。正确的方法是:基于业务人员收集到的信息与销售建议和外部渠道对客户的资信调查结论,由专门的部门或人员对客户信用进行分析,得出结论和信用销售决策意见,交给主管部门或经理审批,科学地发放信用。企业应有明确的客户信用审批程序,针对不同类型客户和不同情况的信用政策,外挂于计算机系统上的自动的信用评估模型,使评估分析和信用决策能够较快作出,并实现与客户数据库和日常监控工作的集成。另外,企业应不断完善自己的标准合同文本,使其漏洞和条款风险尽量减少,非标准合同文本要经过严格的评审,避免合同条款风险和履约风险。事中控制中最重要的工作是应收账款的跟踪和管理。

(三)事后控制

事后控制侧重于客户档案管理和逾期账款追收。好多企业的拖欠账款是由于履约纠纷造成的,有的是由于签约前对本企业履约能力认识不足或部门间信息沟通不畅,有的确实是未能履约,有的则是客户提出的借口或利用合同中的漏洞。再一方面,客户拖欠账款是由于企业对客户的监控和提醒付款工作做得不够好,因为客户总是先把账款付给管理严格的公司,公司不提醒和催收,客户当然是能拖一天算一天。因此,要控制履约风险应从两方面入手:一方面,加强对客户账款的监控,提醒客户付款的时间越早,提醒的方式越高明,越能及早收回账款,对于逾期账款则要尽早采取恰当的催收方式。另一方面,企业内部要协调好各部门的关系,做好合同履行工作,对于经常出现的履约问题应反馈到签约前,做到签约前就注意不再出现类似问题。对账款回收工作要制定考核指标体系,方便考核和改进工作,并很容易发现问题所在,及时纠正。

企业信用管理流程的过程里的每一步流程都要有具体的管理方法和控制措施,并形成企业管理制度体系以确保实现。当然,对于大型企业和管理水平比较好的企业,最好使用管理信息系统,以提高管理效率和效果。

### 三、企业信用管理流程的操作方法

由于企业信用管理流程其实就是一项赊销业务的全过程,其信用管理操作方法主要表现为下列工作过程中。

1. 当业务部与客户达成合作意向后,以赊销方式交易的业务应转向信用管理部。信用管理部负责通过各种渠道全面了解这家客户的信息。

2. 收集到的信息反馈给业务部,以确认是否与业务部门所掌握的情况一致。

3. 在第 2 步的同时，信用管理部利用掌握的信用资料对客户的信用状况进行审查，以确定使用的赊销条件是否合理。

4. 在信用管理部对该业务发放信用额度后，合同也就可以进入执行阶段。

5. 货物发出后，信用管理部要对发货单和发票等凭据的开出和寄给客户的时间做详细登记和跟踪，到货后要求客户出具书面的确认说明货物已到达并且符合要求，以保证客户不会因单据问题或货物质量问题而拖延或拒付货款。

6. 在信用期内，信用管理部要在适当的时候与客户进行联系。一方面提醒客户按时付款；另一方面可以对客户的经营状况做及时的了解。

7. 信用期过后，如果客户没有按时付款，信用管理部应将该业务置于收账流程之中。信用管理部利用各种可能的手段进行货款的回收，包括内部催收和外部的追讨。

8. 收到货款之后，作为一项业务已经结束了，但信用管理部的工作没有结束。信用管理部应对整个业务过程中有关客户的信用信息、付款习惯和拖欠的行为整理归档。管理良好的客户档案是企业宝贵的无形资产，一方面对现有客户可以随时作出信用审核；另一方面可以在现有客户的基础上找到良好客户的特征，作为今后业务拓展中的依据。

以上这些工作是对信用管理部门的基本要求，但它也不是一成不变的。当企业把控制信用风险与提高客户满意度看得同样重要时，信用管理部的工作变得更为专业，对工作人员技能的要求会更高。

## 第三节 企业信用管理部门

### 一、企业设立信用管理部门的必要性

据专家估计，中国企业平均坏账率高达 10%，远远高于欧美企业的 0.5%，信用风险成为中国企业面临最严重的挑战之一。但调查显示，在中国企业中，仅联想、华为、中石化等知名大公司设立专门信用管理部门，可谓凤毛麟角。而在国外公司的内部组织架构中，绝大多数都会出现"信用部"的字眼，它们专门负责企业信用的建立。很多大型企业信用部门还聘请信用顾问，定期对企业信用状况进行考察，对企业信用建设提出合理建议。业务部门只负责联系客户和发货，财务部门只负责登记账目和融通资金，至于客户的信用状况、采用何种交易形式、放账的时间、收账步骤等，都是信用部门的事，与业务部门和财务部门无关。这样做分工

详细、职责分明,每个部门只从事最熟悉的工作,相互监督和配合。以前设立信用部的多为参与出口贸易的企业,而现在则内贸外贸都有、各种行业都有。在他们看来,设立专门的信用管理部门完全是出于企业管理的现实需要。

一是实现企业信用管理功能的需要。企业信用管理的核心功能之一便是进行客户资信管理。在处理与客户的各类业务关系中,企业内部各部门往往是从自身的目标和利益出发的。因此,企业开展客户资信管理工作,如果简单地依赖于某一两个部门的兼职性和非专业性工作,往往达不到要求,甚至事与愿违。例如,以销售部门担负客户的资信评估工作,通常会过分强调客户的交易价值而忽视其风险性。另外,如果不是很专业性地对客户的各类信用信息进行深入的综合性分析,决策人员往往会对客户的信用风险作出经验性的或片面的判断,造成交易决策错误。

二是促进有效销售的需要。在市场竞争激烈并且存在大量资信水平不等的客户的情况下,有了专门的信用管理部门,就能从大量鱼龙混杂的客户中找出信用水平相对较高的客户,为其提供良好的信用条件,从而将信用水平高的客户吸引过来,扩大企业的信用销售规模。

三是发挥管理职能的综合控制作用的需要。目前,许多企业存在着某项业务处理的全过程由某一些业务人员包办的现象,这就使本来属于企业财富的客户和订单大量被个人所拥有。一旦这些业务人员恶性跳槽,不仅可能使企业的订单和客户流失,而且会严重影响由其经办但尚未了结的交易的正常进行,从而给企业带来巨大的信用风险。如果有了信用管理部门,就能在职务分离控制中发挥制约作用。比如:业务部门或人员所涉及的客户应由信用管理部门统一管理,建立统一的信用档案;未经信用管理部门的审查确认,业务部门不得对外签约;未经信用管理部门审查确认,企业不得采用 d/p、d/a、o/a 等结汇方式;对信用证项下的业务,未经信用管理部门对信用证的审查确认,业务部门不得备货、发货。

四是强化信用风险控制的需要。各企业的业务处理程序可以有所不同,但从信用风险管理的角度看,以下几个环节应有一个专门的机构负责:对客户资信情况及与客户相关的情况进行调查、分析;对交易的信用风险进行识别、分析、评估;对企业拟与客户签订的合同进行审查确认;高风险的交易事项、重大风险事项的处理方案;信用证项下的交易的审查;对应收账款情况进行跟踪、监控;对应收账款采用恰当的方式追讨。这个专门机构就是信用管理部门。

五是增强企业内部风险意识的需要。通常情况下,由于职能和目标的差异,企业内部各个部门对客户信用风险的理解和认识各不相同。信用管理部门通过不断地强化信用管理知识和技能的培训,能够使企业内部增强对客户信用风险的共同认识。

概括地说,企业通过设立专门的信用管理部门,可以对客户的资信管理,达到如下三个基本目标:通过职能化的信用管理人员独立地开展工作,有助于消除各部门间由于目标和利益不同而造成的对客户风险预测、评价的不良影响,保持风险预测的客观性;通过信用管理部门中专职信用分析人员的专业化工作,科学地测评每个客户的资信状况和信用风险,使企业的风险预测更加准确并符合现代企业信用管理的规范性要求;由专职部门或人员承担客户资信管理工作,将使企业对客户的管理更注重连续性和流程化,从交易的事前、事中和事后各个阶段、各个环节上,全方位地进行客户信息搜集、评估和监控。

## 二、企业信用管理部门的主要任务

企业信用管理部门是企业内部的一个职能部门,它的主要任务是建立科学的客户信用评估系统,从客户的选定、信用额度的确认、赊销政策的制定一直到商账的收回实行全过程的管理。从信用风险防范和商账管理的角度来看,信用管理部门远在交易达成之前就介入交易过程,并实现事前、事中和事后对客户的全程信用管理。

一般地说,企业信用管理部门从事以下工作:负责客户资信的调查、分析、评估,建立和管理客户信用档案;负责建立、管理企业的信用管理信息系统;制定企业的信用政策;审查业务部门与客户签订的合约;监督业务部门的操作流程;对应收账款进行跟踪监控和追收等。在发达国家中,企业已将信用管理部门作为一个非常重要的管理职能部门,而在经营管理中加以运用,信用管理部门像财务部门、销售部门一样,发挥着重要的作用。从国外成功企业的管理经验来看,增加独立的信用管理职能,由信用管理部门承担和协调整个企业的信用管理工作是一个有效的管理方式。

信用管理部门对企业经营管理全过程以及每一个关键的业务环节和部门进行综合性的风险控制,尤其重视正式签订合同之前对客户的资信调查评估,即"事前控制",对交易决策的审核,即"事中控制",以及应收账款的专业化管理,即"事后控制"。据有关权威统计,实施事前控制可以防止70%拖欠风险;实施事中控制可以避免35%的拖欠;实施事后控制可以挽回41%的拖欠损失;实施全面控制可以减少80%的坏账。

在企业的组织结构中,信用管理部门是按照一个中层级别的管理部门来设置的,与财会、销售、供销等部门是同一级别的部门。通常,负责财务或负责销售的副总经理是主管信用管理部门的高层领导。在企业里,只有极少数工作的职责大于职权,信用管理经理的岗位便是其中之一。在实际工作中,企业信用管理部门应该发挥什么样的功能,具有什么样的权限,完全由企业的信用政策来定义。企业信用管理部门是执行企业信用政策的专门工具,也是信用政策的最直接执行部门。

### 三、企业信用管理部门的职能

企业信用管理部门的职能,就是在企业信用政策允许的范围内做好赊销工作,规避由于使用赊销方式给企业带来的风险及造成企业其他经济损失的可能。在防范风险的基础上,信用部门帮助企业扩大销售、加速现金周转、减少企业的贷款使用、将企业坏账损失降到最低、合理控制企业的库存水平等。信用管理部门的职能可以具体细分和量化为:

1. 用计算机和网络化技术,建立合格的客户档案及各项管理制度。

2. 对客户档案数据进行动态管理,如果客户资信状况发生变化,要及时通报相关业务部门。

3. 在客户资信评级的基础上,按照标准程序做好客户授信工作,包括客户通知单的精确管理。

4. 设计良好的工作程序,包括接受客户信用申请和申诉、通知客户信用审批结果、及时有礼貌地回复客户的申诉等。

5. 建立科学的客户信用评级系统和预测程序,跟踪客户,定期对客户的信用进行统计分析。

6. 控制企业应收账款平均持有水平,将企业的 DSO 指标降低到同行竞争者平均水平之下。

7. 日常监督应收账款的账龄,随时将潜在的不良账款进行技术处理,防范逾期应收账款的发生。

8. 建立标准的催账程序和专业的账款催收机制,及时地制订出对逾期应收账款处理的方案,并组织有效追账,将追账成本降至最低。

9. 积极配合销售部门的工作,利用征信数据库的资源,帮助销售部门开拓市场。

10. 随时监视企业库存量,积极掌握信用政策的松紧程度。

11. 保持与专业信用管理咨询机构的联系,利用外部专业力量为企业资信调查和管理系统的建设做不同程度的支持。可以选择最合适的征信机构,随时备用,并随时了解最新信用管理手段、工具、征信产品和服务的发展动态。

12. 随时掌握客人来访信息,有选择性地了解其中潜客户和重要公关对象的资信情况,提供企业内部的信用信息服务。

**四、信用管理部门的工作内容**

(一)大型企业信用管理部门的工作内容

对于比较大型的企业来说,设立独立的信用管理部门,主要从事以下工作:

1. 提出年度信用管理政策、措施和目标方案。信用销售总的政策精神是对客户进一步放宽、还是适当从严。若是放宽,就需要调高对客户的信用额度系数,反之,就应调低信用额度系数;是把信用销售的重点放在稳定、扩大老客户的信用额度上,还是放在新开发的客户上;当年的工作重点是突出信用管理的哪一个环节,需要补充哪些工作措施;还需修订信用销售价格政策,制定信用管理的工作目标。

例如,信用销售比例从15%提高到18%,额度从200万元提高到250万元,平均回款期限从一个月零20天缩短至一个月零10天等。此外坏账率、销售未清账期、逾期账款率、赊销额增长率、信用销售目标成本等指针都需在年度工作方案中明确。

2. 建立客户数据库,全面地动态地收集客户信用信息。

3. 分析、评估客户的信用状况、信用能力,综合评定客户的信用级别。对客户信用状况和能力的评估要事先进行,不断修正,并且要走在客户前来订货之前。这对一些已有过赊销业务的客户是容易做到的。

比如,某个客户再来订货时,即可告知,鉴于你单位去年哪笔业务回款记录不佳,或者你单位去年效益下滑,我们研究评估了你单位的信用,已从 AAA 级调至 AA 级,所以对你单位的赊销额度从一次20万元降为10万元。这样做比较主动。

4. 及时调整具体客户以及每笔信用销售订单可授予的信用额度和信用期限,提出债权保障措施建议并与客户洽谈,落实信用销售方案。

5. 做好日常应收账款的管理。客户追踪,及时足额回收货款,采取各种措施追收逾期账款。信用管理部门应对信用销售的成本负责,尤其是对呆、坏账负责。同时,对信用销售额的缓慢下降或增长负责。还应该指出的是,信用管理工作既有独立性,又必须得到销售和财务等部门的理解、支持和密切配合,它们是互相促进又互相制约的关系。否则,容易把信用管理部门演变成一个单纯清欠部门,这就失去了信用管理的意义,是非常不可取的,甚至是危险的。

(二)中小企业信用管理部门的主要工作任务

对于中小企业来讲,设置庞大的信用管理部门和人员会加重企业的负担。因此,信用管理部门的人员需要身兼数职,做几项工作,但信用管理的职能却不能因为企业规模小而缩减。这时信用管理部门的主要工作任务为:

1. 核准或修订给各类客户的授信额度;
2. 核查订单,利用信用管理系统来确定哪些订单可以执行或停止执行等;
3. 对客户进行调查,建立客户资料档案,进行客户资料处理、评估及批准程序;
4. 维护信用资料系统,及时更新资料,处理信息资料的反馈;
5. 开展信用咨询,回复信用调查机构、债权人及银行咨询;
6. 收账,确定逾期账款,催讨欠款;
7. 客户服务,处理客户信件,解释信用决定;
8. 对客户进行追踪调查,仔细检查有可能出现问题的客户;
9. 信用汇款,审批给客户的汇款;
10. 邮寄账单,按月制作并寄出账单及催款通知书;
11. 核查账龄,考察不良账户的应收账款账龄,切实做好收账工作。

### 五、信用管理部门人员的素质要求

一般来讲,信用管理部门的人员应具有丰富的信用管理专业知识和技能。

信用管理部门人员的专业知识包括:企业信用管理学、经济学、财务会计学、统计学、各种支付惯例、支付手段和商业法律等;外贸企业的信用人员还应熟悉国际贸易知识、涉外经济合同法、各国商法、各国知识产权状况等情况、各国贸易情况和信用特点等方面知识。

信用管理部门人员的能力包括:应具备计算机使用、公共关系、管理能力、语言表达、事务协调等能力,外贸企业从业者还应具备英语读写听说的技能。信用管理人员还必须对本企业产品生产、品质、性能、特点、价格、销售等业务及相关流程等业务知识了解。在工作中,信用人员还应具有严谨、细心、热忱、诚恳、勤奋、镇静、机敏的作风。当然,任何一个出色的信用人员都是在积累了许多实际工作经验后才逐渐成长起来的,不能强求他们一夜之间就能够达到一定的高度,这里有一个培养和积累的过程。

## 第四节　信用管理部门的组织结构和岗位设置

### 一、信用管理部门的组织结构

不论多么大的企业,其信用管理部门都不应该是一个庞大的机构。大多数企业是依据信用管理的基本功能来设计信用管理部门的组织结构(见图9-3)。

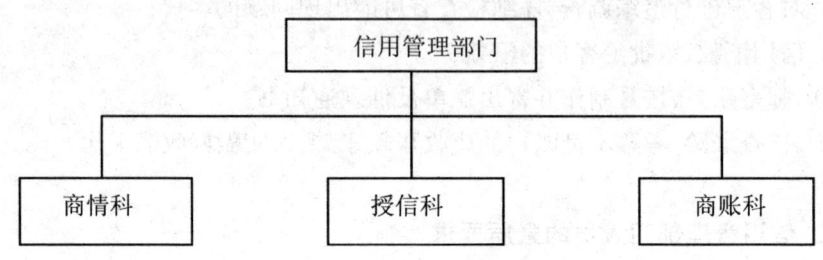

图9-3　企业信用管理部门的基本组织结构

(一)商情科

商情科负责客户档案管理与服务,并利用征信数据库开拓市场服务。商情科的工作一般被分成三个部分,即:征信数据库中的信息维护和使用、系统与网络的硬件维护、面对企业内部的客户信息和咨询服务。负责前两项工作的属于技术人员,负责企业内部客户信息传递和咨询服务的属于信用管理咨询或顾问人员。如果得到一些经核实的客户的变化信息,或者收到从征信机构订购的客户资信调查的后续报告以后,商情科需要尽快将改变了的数据输入客户档案,并自动经过统计处理分析客户经营状况变化的新趋势,尤其重要的是企业核心客户的变化情况。同时,要做好客户的跟踪、拜访和接待工作,随时解答业务部门有关信用的问题,参与企业信用销售合同的起草,向管理层提出建议性的分析。所以,商情科也被称为企业的情报部门。

(二)授信科

授信科的核心工作是科学地做好客户授信工作。在信用管理部门,授信工作十分重要,技术性强,也比较敏感。从操作角度看,客户授信工作包括资信评级、确定授信额度、信用审核、授信额度调整、授信通知、书面答复客户的申诉等。技术科的信用分析人员不仅要有商业统计工作经验,还要具有财务分析经验和信用管理有关法律的知识。

一个比较精干的企业信用管理部门可能不设置授信科,而将这一部分工作一分为二。其中涉及客户授信的资信评级或信用评分工作划分给商情科,客户投诉处理工作则划分给商账科。

(三)商账科

商账科主要负责应收账款管理和控制,涉及商账追收和坏账处理。通过对应收账款进行账龄分析,决定收账的措施。对于账龄比较长的逾期应收账款,应该在征信部门或征信机构的配合下进行诊断。商账催收工作分内外勤,以内勤工作为主。对于内勤工作,主要在执行标准的催账程序,保持与客户企业的财会部门和主管经理的联系。内勤工作以电话催收为主;外勤工作主要有两项,一是拜访一些拖欠账款的客户,实地收取付款;二是联系专业机构的商账追收服务。

在进行信用管理部门组织结构设计时,企业应该根据自身的特点,考虑若干影响因素,灵活设置信用管理部门的组织结构。企业所处的行业不同,其面对的市场就不同,客户群的特点也自然不相同,信用部门服务的内容以及服务的客户数量也就不同。在设置组织机构时,还应该考虑的一个重要因素就是企业的规模。不同规模的企业,对信用部门的信赖程度各不相同。大中型企业对信用管理的要求较高,信用部门的设置也很完善,而一个小型企业,就无须细化信用部门的内部分工。商业企业和制造业企业的客户群差别非常大,信用管理部门在组织结构上会有很大的不同。一般来说,商业企业同时面对消费者个人和企业法人两类客户,且客户数量巨大,必须具备客户窗口服务,其信用管理部门的组织结构会相对复杂。

**二、信用管理部门与其他部门的关系**

控制信用风险并不仅仅是信用管理部门的工作,还需要企业内部多个部门的配合,需要企业与外部有关机构的密切合作。因此,信用管理人员具备一定的公关能力是非常重要的。通常,与信用管理部门有密切联系的部门包括图9-4所示的若干部门。

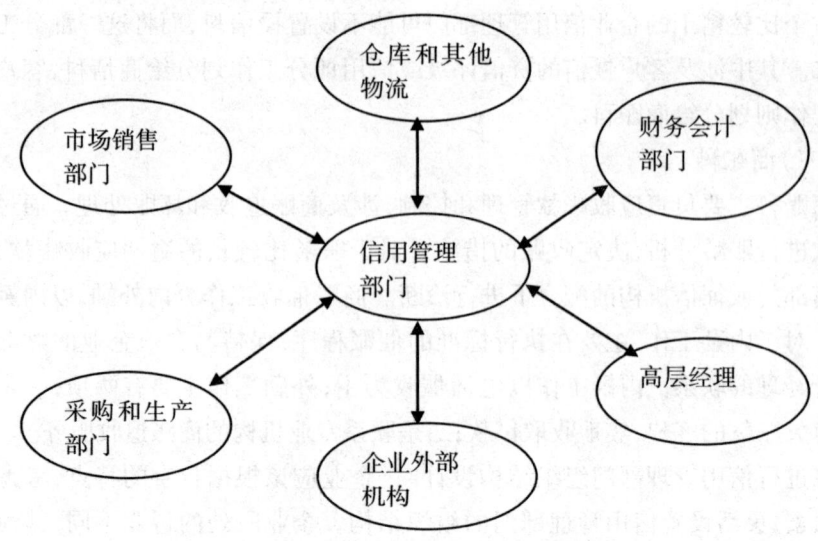

图9-4 信用管理部门与其他部门的关系

（一）与销售部门的关系

在企业新增信用管理职能的情况下,销售部和信用部之间可能会有冲突产生。因为信用管理部门的出现,削弱了销售部门原有的对交易的决策权,而且信用部门的工作对销售部门的工作形成了一种制约。因而,信用管理部门的工作有可能遭到销售业务部门的抵触。解决这类矛盾的办法,在于让两个部门清楚大家共同的目标——增加有效的销售,减少坏账损失,增加企业整体效益,信用管理部门有责任设立一套部门间协调工作的操作指南和培训机制,建立与销售人员经常联系的工作程序。

在市场开拓方面,信用管理部门可以利用本部门对全行业的了解,对老客户的深入了解,熟悉征信数据库等优势,展开培训,帮助销售部门认识当前的销售方向,挖掘老客户的潜力,开拓国际市场等。

销售人员比企业内部的任何部门都了解客户的外在变化情况,可以及时向信用管理部门提供动态信息。信用管理部门在调整企业信用政策时,应该与销售部门共同协商,根据实际情况做出有关条款的变更。

总之,企业要实现坏账损失最小情况下的高销量,需要销售部门和信用部门齐心协力的合作。

（二）与财务部门的关系

从企业管理的角度来看,信用与财务两个部门的目标有一致的地方。例如,控制应收账款的发生规模,消灭逾期应收账款,调节企业的现金流量等方面拥有共同的目标。所以,信用管理部门与财会部门的关系很密切,比较容易处理好关系。信用管理部门需要经常性地取得财务部门的记录,特别是应收账款、应付账款、客户还款记录等。如果企业内部可以联网,信用管理人员应有一定权限,可直接调看相关的会计账,如果信用管理部门要安装信用管理自动化软件,必须要与会计部门使用的财务管理软件兼容。而且,企业的信用管理部门经常由负责财务工作的副总经理监管,与财务部门的顶头上司相同。从财务部门来看,信用管理工作是帮助企业流入现金,控制销售部门将库存转移给客户。信用管理部门提供的应收账款发生预测,应收账款收款预测,供应商评价,坏账准备金预测等,对财务部门的预测工作非常有帮助。

然而,信用管理部门也有与财务部门产生冲突的时候,特别是在注销那些长期拖欠的逾期应收账款时,信用管理部门会主张被诊断为不可收回或收款成本过大的逾期应收账款,要作为坏账注销,但财务部门会因为报表上的资产被注销使企业的价值降低,甚至造成企业账面上的资不抵债,或者引起税务检查方面的麻烦,而不愿意如此操作。

(三)与采购部门的关系

信用管理部门向供应部门提供的服务是对供应商进行评价,帮助采购部门筛选合格的供应商。信用管理部门的服务项目有:每年向采购部门提供供应商的排序表。其次,对现有供应商进行审查和跟踪,特别是大宗原料的供应商,信用管理部门要随时向采购部门提供对重大供应商的动态跟踪报告。

从企业整体利益来讲,找到合适的供应商事关重大,它是企业产品的服务和价格的重要保障。特别是,一些必不可少的供应商的破产会给企业带来致命的影响。所以,评估供应商的信用等级变得越来越重要,对供应商的管理不可轻视。但是,采购部门往往是企业中最容易产生腐败的部门。如果企业信用管理部门根据对供应商的调查和评价,不能推荐供应部门业务员熟悉的供应商,可能会砸掉业务员的"外快"。因此,采购部门一些人会不喜欢对供应商实施信用管理。

(四)与生产部门的关系

生产部门的正常生产除了要求原材料能稳定供给以外,在一些情况下还希望找到一些可靠的分包商,来分担部分生产加工工作。分包商的工作体现在产品和服务中是代表了企业本身的形象,其生产能力与质量直接影响着企业的对外产品的好坏。这就需要企业对分包商的信用程度进行有效的考察,信用部门提供的认定分包商能力的信息对企业选择合适的合作伙伴至关重要。

企业信用管理部门可以为生产部门建立风险管理和控制的机制。对于企业的生产部门来说,要有可替代的原料供应商和分包商,仅依赖一个或特定的供应商和分包商是非常危险的。因此,信用管理部门有责任对替代者作相应的信用审查。

(五)与高层经理的关系

信用管理有责任向高层经理人员提供专业服务。高层经理人员经常接触有可能对企业有影响的客户和客人,其中不乏存在能够对企业造成潜在经济损失的客户。如果信用管理部门事先掌握一些客户的信息,就可以帮助高层经理分散一些质量不高的客户。

信用管理部门与高层经理的其他层面接触还包括:参与信用政策的制定和修改,提供企业总体信用销售额度审批的参考意见。

(六)与企业外部机构的联系

信用部门要提高赊销或授信的成功率,除了与企业内部的部门打交道以外,有相当一部分工作需要外部机构的技术服务支持。首先,征信机构的资信报告可以提供基础信息。在一些信用管理较为严格的企业,资信报告已经成为赊销业务审核的一项必备文件。其次,一些咨询公司可以解决一些深层次的问题。它们一般掌握先进的管理理念和技术,对企业的信用管理有很好的实施能力。而且,信用管理部门可以利用外部的咨询服务,在一定程度上化解内部矛盾,打破部门之间的利益得失,打破部门之间的封闭和垄断,从而推动企业的信用管理建设。

此外,信用管理还要与商账管理部门以及法律部门合作。在逾期账款的管理中,企业信用管理部门可以委托商账管理机构收回企业的逾期账款,利用他们的商账管理服务协助完成信用管理部门的一些职能,从而节省企业的人力和物力,提高工作效率。如果追讨商账要诉诸法律,还要借助法律部门的服务。

从上面分析可以看出,信用部门是企业组织中不可缺少的组成部分,它在支持其他部门的工作中体现自己的价值,同时它的作用也是与其他部门密切的配合才能得以顺利地实现。

### 三、信用管理岗位设置

(一)常见的信用管理工作岗位

1. 信用经理。信用经理负责信用管理部门的日常管理工作,是企业信用管理工作的核心。

(1)信用经理的岗位职责。信用经理岗位必须掌握企业信用管理6项基本功能的技术,包括:

随时对企业信用管理状况进行监控和诊断的能力,有能力作信用管理部门的预算;

聘用合格的信用管理人员组成一个工作效率高的团队,并领导这个团对实现企业信用管理的各项主要功能,实现包括高成功率信用销售在内的企业信用管理的最高目标;

要有比较强的公关能力,对内协调好与销售部门、财会部门、采购部门等多个部门的关系,提供优质的服务,对外熟练使用各种征信机构的产品和服务,掌握主要竞争对手的情况,处理好客户关系;

抓好员工的业务培训工作,正确评价本部门员工的工作业绩,执行奖惩制度,主持起草企业信用政策文本,并负责适时调整政策的松紧,依据企业信用政策设计一整套工作程序,以及实现各项工作程序的操作规程;

参与本企业信用管理软件的设计,特别是对本部门各项主要工作的监督管理程序;

定期向主管副总经理或董事会汇报企业的信用管理工作,包括应收账款控制情况、账龄和DSO分析报告、应收账款发生预测、应收账款收款预测、有争议货款处理意见、月度收款报告、与会计账对比的应收账款报告等。

(2)信用经理的知识和能力背景。信用经理可以单独任命,也可以由企业的主管副总经理兼任。可以从企业内部提拔,也可以从企业外部聘用。但是,不论采取什么方式,担任这个职位的是在这个领域中拥有各种专业知识和技能的人。一般来讲,候选人必须具备坚实的信用管理专业知识,有一定的会计和财务背景,有制作和分析资料报告的技能,有与企业各类人员和大小客户打交道的能力,熟悉信用销售业务,熟悉信用征信行业信用管理工作的实际操作经验和技能。同时,也是一位有经验的管理者。合适的人选最好具有比较娴熟的攻关技巧,以及说服能力强的特点。不仅如此,信用经理还必须熟悉本企业所处行业、本企业产品生产、品质、性能、价格、销售等业务情况。

一个企业中只有少数工作的职责大于职权,信用经理的岗位便是其中之一。从工作性质看,信用经理经常要插手其他同级部门的事。所以,该岗位的前提条件是信用经理的权力必须在信用政策中得到确立,并在实际工作中取得上层的广泛支持。淡化信用经理的职权,企业的信用政策就彻底失败了。

2. 信用监理/主办。信用监理或信用主办,是信用部门的骨干,当信用经理不在时,通常可以代理信用经理的一些职能。其主要职责是:参与销售合同中赊销条款的谈判,并跟踪合同的执行情况;分析应收账款的账龄;向客户催款;促进销售变现等。

在设有信用管理部门的企业中,在信用经理之下,经常会设立若干信用监理职位,每位信用监理分管一种系列产品的信用销售和管理工作。信用监理需要面对客户进行工作,需要直接联系起"管辖"范围内的大客户和长期客户。在客户比较多的情况下,信用监理之下还要设立客户信用管理专管员职位,他们分别负责联系一定数量的客户。

在不单独设立信用管理部门的企业中,一般会在财会部门设立一位信用监理/主办,协调本企业的信用管理事务。这个岗位经常以管好企业的应收账款为主。如果企业信用管理外包,该岗位的任务就变成代表企业委托外包服务,监督外包服务合同的执行情况。

信用监理/主办应该具备与信用管理经理类似的教育和工作经验背景。即:要有财务及相关的税法知识;具有良好的表达和公关能力;在时间压力下也能处理大量工作;有团队工作经验。应该说,信用监理/主办是一个初级水平的信用经理职位。

3. 客户档案管理人员。客户档案管理人员是技术人员,属于信用管理内勤人员的一种。他们负责建立和维护电子及文字版本的客户资料,使其成为标准版本的客户企业资信调查档案库。从其工作性质看,客户档案管理人员首先是信息收集、处理和检索专家,又非常熟悉各种征信报告的版式设计和符号系统。他们必须具备财务管理专业的知识,能够了解企业财务报表和其他经济指标的意义。这类相对技术比较全面的人员,在西方国家,其学历必然在硕士水平以上。但其他诸如经济情报、科技档案管理专业的大专以上水平的毕业生,经过信用管理专业培训,也可以胜任这项工作。

4. 信用分析人员。信用分析人员是信用管理部门的技术人员,其工作是信用管理部门技术性最强的岗位,属于信用管理内勤人员。它们一般不会直接面对客户。信用分析人员的任务是评审客户信用、处理客户申诉、设计信用评分数学模型等。从工作性质看,他们是数理分析师和统计师。在信用管理专业培训和工作经验方面,他们熟悉不同的征信市场上的客户资信评级系统,懂得如何组织编制信用评分软件,并熟悉使用相关统计软件。有时,他们要辅助信用管理经理,以技术手段处理企业信用政策松紧变化,为信用经理的各种报告提供数据和表格支持。

由于信用分析人员在技术上判断客户的授信水平,批准或否决客户信用申请,他们也因此负责处理客户申诉,答复客户有关信用标准、信用审批、信用升级方面的申诉。除了有一部分申诉必须由信用管理经理亲自处理以外,信用分析人员负责大部分客户申诉的处理工作。

除了授信工作以外,有时他们还负责参与设计购物卡一类企业发行的信用工具,需要承担一部分精算性质的工作。信用分析岗位的责任重大,这个岗位的人至少应该拥有商业统计、应用数学、计量经济学其中之一的学士以上的学位,并经过系统的信用管理知识培训。

5. 逾期账款催收的内勤和外勤人员。为了减少逾期应收账款,信用部门需要有专门的人员对客户进行货款到期前的提醒以及逾期后的催收。根据工作性质划分,这里需要内勤和外勤两个岗位。

(1) 内勤岗位。内勤的工作就是电话催账,是直接面对客户进行的,俗称电话收款员。在所有商账催收方法中,电话催收的方式是成本和效率比最小的收款方式,为了使每个催款电话都达到有力的效果,电话收款员的挑选和培训是很重要的,经理对他们取得业绩的奖励和日常鼓励也是很重要的。

关于内勤催账人员编制的设置,产品种类、接受的信用支付工具和客户数目是基本的参数。在实际招聘中,对于这个岗位候选人的学历要求不是很高,重要的是候选人的心理素质和应变能力。当然,候选人应该具备一定的法律和财会知识。在招聘时,候选人的口头表达能力和逻辑思维能力,是需要考察的另一个重要方面。

(2) 外勤岗位。如果内勤经过多次催账未能奏效,企业信用管理的催账人员就应该上门对欠款客户进行催账拜访,这就是催账外勤工作的主要工作之一。催账外勤人员往往需要与企业销售人员沟通,特别是对拖欠客户进行销售的销售业务员。对外地客户进行催账,企业信用管理部门还有一个选择,就是委托客户企业注册当地的征信机构来加以处理。所以,外勤人员还有与专业征信机构或者专业商账追收公司联系的任务,包括筛选追账机构,了解征信市场行情,及时了解追账机构的工作进度等。通常,外勤人员要亲自拜访本地的拖欠客户,做出书面分析和请求,然后才能将商账追收工作委托出去。一旦一笔逾期应收账款交给追账机构,外勤人员就成为收账追收工作的监督人员,他们应该负责向追账机构提供完整的客户交易证据副本。

商账催收外勤队伍应该由具备法律知识且客户服务经验丰富的人员组成,不见得要求这类人员具备高学历。外勤收账人员应该经过信用管理专业的培训,如果具有专业信用管理公司海外商账追收相关工作经验、律师事务所工作经验、公检法工作经验,对做好这个岗位的工作会很有帮助。素质高的收账队伍是企业收账政策和收账程序得到正确执行的保证,在按规定的商账催收阶段,收账人员选择得是否恰当,在相当大程度上决定着收账效果。经验表明,合格的商账催收外勤人员应该具备以下素质:

第一,熟悉国家的信用管理有关法律法规,具备财会和营销方面的基本知识。非商业企业的商账追收外勤人员,还应该了解企业所在行业及其专业基础知识。

还要具备心理学与行为学的知识。这些知识不一定精通,但要面面俱到。

第二,具有丰富的客户服务经验,能够了解客户企业的生产经营情况和特点,会使用公关技巧。

第三,心理素质好,具备适宜的气质、性格、姿态、自我控制能力。

第四,办事逻辑性强,包括概括能力、洞察能力、分析判断能力等,并能做好细致的商账催收活动记录,寻找催账有关的线索。

第五,必须具备很强的口头表达能力和反应能力。

### 四、信用管理部门人员的培训和考核

(一)制订员工在岗进修计划

信用经理在对部门的人员教育背景和经验能力状况、已经接受过的专业培训课程作了充分了解的基础上,应当根据企业所能提供的资源和培训计划,与每一位部门成员一道,根据员工的级别和水平,教育背景的特点,具体制订出每位员工在岗的进修计划。

员工的进修计划和课程内容有几个方面,应当有计划地、循序渐进地进行安排,使员工的业务素质、管理能力和职业生涯都不断得到提高:

1. 职业培训方面:

(1)初级:客户信用管理基本课程、应收账款追收技巧课程;

(2)中级:财务分析课程、非财会人员的财会和税务课程;

(3)高级:合同风险管理、项目风险管理、融资和投资风险评估。

这方面的培训课程要到外面寻求帮助。

2. 操作和技巧培训方面:

(1)EXCEL的应用、电子商务系统的应用课程、企业内部财务软件的应用课程;

(2)销售技巧、沟通技巧、演讲技巧、自我发现等课程。

3. 业务知识方面:参加企业给非技术人员安排的产品知识讲座或短期培训课程,其他如企业内部的商务政策介绍会、后勤部门或业务部门的交流会等。

4. 管理知识方面:商务管理、重点客户管理、时间管理、项目管理等课程。

(二)提供在岗培训的机会

上面所列出的课程,有的可以在企业内部安排,有的则需要外部寻找,除了制订计划做好预算外,还应当安排出恰当的时间,在不影响部门工作的前提下,向员工提供培训的机会,实现上述的培训计划。

有的企业为了培养人才,面向企业内部年轻有潜力且可塑性大的员工设立由

企业资助的在岗读研,可以获得管理硕士学位的课程,入选的员工在与企业签署相关的协议后,可以一边工作一边学习,获得新的学历和学位证书,而企业则通过投资,提供这样的在岗培训机会,将企业需要的人才保留在企业,为企业服务。

(三)做好新员工培训的工作

当有新的员工加入时,信用经理应当带领新员工到关系最为密切的相关部门去与大家见面,安排新员工介绍给大家认识,同时,也向新员工介绍所引见的部门和人员。信用经理一定要尽快作出新员工的安排和培训。首先要安排参加企业内部为新员工专门举办的培训班,内容主要是企业历史、业务分布、组织机构、市场地位、产品和生产单位、销售模式等综合介绍,包括企业对员工的基本要求,人事和财务纪律、常规流程、让员工尽快了解企业文化,使他们尽快融入企业的经营管理之中。

一般新员工有三个月的试用期,在安排新员工试用期内的工作时,要考虑到这段时间主要考察员工的基本工作态度、专业水平和学习能力,而且存在着员工可能不适应新的工作岗位而被辞退的风险,最好安排一些辅助性的工作,指定适合的专人传、帮、带,给予具体的指导。

过了试用期,就可以给新员工一些较为具体的工作任务,同时安排学习企业的商务操作系统,阅读内部的政策文件、程序文件,阅读客户资料档案,进一步熟悉企业的业务产品、销售模式。在三个月内,仍应由老员工带领新员工,指导新员工做好所学的内容,学习接听销售人员和客户的电话。在此期间内,必须注意的事项:不应许可新员工自作主张,独立操作系统,也不应让他们独立地处理具体问题和大小事项,特别是有可能对外造成影响的事项。

半年后,可以把新员工安排在某个具体的岗位开始进入专业管理,但在一年期间内,仍应继续指定专人给予必要的指导。如果有机会,应尽量安排新员工参加企业内部介绍业务程序或产品知识的培训课程,帮助新员工尽快熟悉企业的组织机构,有利于新员工了解其在企业的位置和职责。

(四)建立员工业务水平内部考核方法

企业内部一般都有对员工业务的工作表现的定期考核,如季度考评和年度考评。对信用管理部门员工的考核内容和标准,首先是在年度终结时,信用经理和员工要进行年终考评,由信用经理在上年底和本年初与员工做年度考评时,共同讨论指定出员工新年度所担任的工作任务,拟定出具体的业务事项、完成进度和时间规定,考核指标要求、每项工作所占的权重比例等。对员工的工作计划和任务目标制订得越量化、细化,后面的定期考核就越容易进行。

在每个季度结束时,信用经理要拿出工作计划和任务目标要求,逐条对照检查并评分。信用经理应当安排一定时间与每一个员工单独面谈一次,半小时到一个小时。对员工上一季度的工作和表现做一个小结,与员工交流感受与看法,对员工做得好的要表扬,对不足之处要进行批评,要求员工改进。信用经理还有注意了解员工完成任务有无困难,需要经理给予哪些支持,着重评估员工是否胜任其担当的工作,每项任务是否按时按预计目标完成,最后依据评判标准评分。

(五)安排员工参加从业执照更新考试

企业除了给信用管理部门的员工安排年度培训计划,也要鼓励员工利用业余时间进修,提高自己的专业水平,信用经理有责任指导和帮助员工参加从业执照的更新考试。而员工通过自身不断努力学习和进修获得相关资格从业证书(包括信用管理师、注册会计师)后,企业应当考虑安排更为适合他们发挥水平的岗位,充分利用和发挥其所学为企业服务、创造价值,鼓励他们在专业方面不断进取,不断成长和进步。

### 五、信用管理的职业化

信用管理岗位的工作专业性非常强,信用管理的日益专业化、职业化,使信用管理师成为一门新职业。2005年3月31日,由中国市场学会信用工作委员会申报设立、国家劳动和社会保障部批准的"信用管理师国家职业"在人民大会堂"2005年国家新职业发布会"向社会发布,标志着信用管理服务行业作为我国一个新的界别行业被正式确立,信用管理职业成为我国专业技术职务行列中新的一员,我国信用管理从业人员将会在依法规范的基础上健康成长,并在我国社会信用体系建设中发挥出应有的作用。

2006年1月国家劳动和社会保障部颁布的《信用管理师国家职业标准》对信用管理师的职业活动范围、工作内容、技能要求和知识水平做了明确规定,表明"信用管理师"作为国家新职业,开始真正步入实施职业资格证书制度的阶段。

信用管理师国家职业证书包括助理信用管理师(国家职业资格三级)资格证书,信用管理师(国家职业资格二级)资格证书,高级信用管理师(国家职业资格一级)资格证书。

信用管理职业资格证书还包括"企业信用风险管理""征信技术"等专项岗位技能证书。

随着我国社会信用体系建设的深入和信用管理行业及企业信用管理发展的实际需求,将在设立信用管理师职业的基础上,逐步申报设立信用调查、信用分析、商账追收以及信用担保、信用保险、保理、信用管理咨询等信用管理行业职业系列证书制度。

因此，信用管理职业证书将逐渐扩展到包括"岗位技能培训证书""专业技能培训证书""国家职业资格证书""职业注册服务证书"等一系列信用管理专业技术证书制度以及完善的培训教学、考试、鉴定评价、再教育等一整套信用管理专业技术人才培训制度。

该系列证书表明，持证者通过了国家职业资格全国统一考试鉴定和综合评审，具备了相应的知识水平和职业能力，是证书持有人从事职业活动和应聘的资格证明，也是用人单位录用和绩效考核的重要依据，可用为法律公正的有效证件，全国范围有效。

信用管理的日益专业化、职业化，要求信用管理专业教育和职业培训的同步发展。近几年，我国的信用管理专业教育已经起步并在稳步发展。2002年，我国的信用管理专业大学本科教育正式起步，教育部先后批准上海财经大学、中国人民大学和吉林大学开办信用管理专业的大学本科教育。首都经济贸易大学的财经金融学院也开设信用管理专业方向，并在2002年开始招生。湖南大学也在2003年招收了信用管理专业方向的信用管理本科生，并在2006年2月，与湖南省政府有关部门、部分中央驻湘单位联合创办了跨学科的研究机构——"湖南大学信用研究中心"，为湖南省地方信用体系建设提供智力支持和人才支持，建设有国际影响、国内顶尖的专业信用经济与信用管理研究机构，使其成为湖南乃至全国社会信用体系建设的思想库、人才库、培训基地和交流平台。

与此同时，作为全日制教育的补充，信用管理专业的在职培训也在发展，许多企业开展了内部培训。2006年7月，在湖南省社会信用体系建设领导小组办公室有关领导和省内一些专家学者的支持下，长沙克瑞迪信用管理咨询有限公司应运而生。该公司的主要业务是提供信用管理培训和企业信用管理咨询服务。目前，公司正在湖南省劳动厅职业技能鉴定中心的指导下，依据劳动部《信用管理师国家职业标准》，开展信用管理师培训工作。

## 第五节 信用管理从业人员职业道德建设

**一、信用管理职业道德建设的意义**

所谓信用管理职业道德，就是从事信用管理工作的人员在履行职责活动中应具备的道德品质。它是基本道德规范在信用管理工作中的具体体现。它既是信用管理工作要遵守的行为规范和行为准则，也是衡量一个信用管理工作者工作好坏的标准。加强信用管理职业道德建设,具有十分重要的意义。

(一)加强信用管理职业道德建设,能有效地提高信用管理人员的职业道德水平。信用管理人员必须遵守国家法律法规所规定的各项制度,这是强制的、无条件的,同时得自觉履行信用管理职业道德原则。信用管理人员要培养高尚的品德,不仅需要努力认真地学习现代信用管理知识,而且要自觉反省自己,以正确的信用管理职业道德观念开展各项工作。养成好的信用管理职业道德行为就能形成在信用管理管理工作中习惯性的行为方式,也就形成了良好的信用管理职业道德品质。

(二)加强信用管理职业道德建设,是培养高素质人才的重要措施。一个高素质的信用管理人员必须具备德、能、勤、公、廉、俭六个方面的素质。信用管理从业人员一方面要及时了解并熟悉国家制定的各项财务法规、方针、政策,严格贯彻执行和遵守经济法、合同法、证券法、税法、审计法等相关法律制度,强化法律意识,提高自身修养。另一方面,还应掌握时事政策知识、信用管理知识、财政税务知识、电脑操作知识等相关知识。高素质的信用管理人员应当具有实事求是的作风;严肃认真、一丝不苟的作风;行为端庄、生活严谨的作风;讲求实效、雷厉风行的作风;艰苦朴素、大公无私的作风;平易近人、以诚待人的作风。

(三)加强信用管理职业道德建设,有利于反腐倡廉,进而有助于形成全社会廉政之风。信用管理人员必须坚持原则,用法律法规来保护自己的正当权益;同时,必须用信用管理职业道德规范来武装自己的头脑,指导自己的行为,逐渐形成信用管理职业道德责任心和荣誉感,正确使用自己的信用管理权力和职责,忠实地履行自己的义务。

**二、加强信用管理职业道德建设的措施**

(一)加大职业道德建设力度,营造良好职业意识

1. 要对信用管理从业人员进行有效的职业道德教育,采用职业道德教育与典型案例分析相结合的方式,增加从业人员对职业道德规范的感性认识,增强教育的效果。要认真做好各项信用管理法规的宣传工作,使信用管理人员增强法制观念,并通过对各类典型案例公开曝光,使他们受到正反两方面的教育,增强遵纪守法的自觉性。同时,要加强执法力度,强化法律的威慑力,对那些有法不依、知法犯法的人员要做到执法必严、违法必究,为提高信用管理信息的真实性提供法律保障。

2. 要发挥社会舆论的监督教育作用,加强媒体宣传教育力度,广泛宣传诚信思想,披露失信违法典型,使全社会认识到信用管理职业的重要性,树立"诚信光

荣、失信可耻"的观念,营造尊崇诚信的良好社会环境。

3. 从一定意义上讲,信用管理人员职业道德建设是全社会职业道德建设的形象和窗口。信用管理人员需要加强思想道德建设,提高自身素质,不断追求崇高的职业道德观念,达到更高的职业道德境界,造就出高尚的信用管理职业道德品质。这样,将会使信用管理人员职业道德逐渐成为全社会职业道德的榜样,而信用管理人员自身的诚信度也会逐渐得到提高,成为全社会最受人尊敬的职业之一。

(二)建立内部控制制度,完善管理规章制度

1. 切实完善信用管理法人治理结构并且建立科学的管理模式,避免一人做多个岗位的工作,既可以减少信用管理人员因领导操纵而弄虚作假的可能性,也可以防止信用管理从业人员在监督缺位的情况下开展工作,从而优化信用管理环境。

2. 建立与现代信用管理制度相适应的内部控制制度。内部控制制度是现代信用管理的一项重要制度,也是信用管理的基本规范。一套完善规范的内控体系,能有效保证信用管理资料的真实、合法,使日常信用管理业务处理及信用管理档案管理每一环节的人员之间分工科学,职责明确,形成既能相互协作又能相互监督、相互制约的机制,这样就能减少违反职业道德行为的可能性。

(三)遵守国家法律法规,依法从事职业活动

1. 信用管理从业人员应热爱国家,热爱人民,国家与民族的利益高于一切,遵守国家法律、法规及其各项规章与管理制度,遵守社会公德。要结合我国实际情况,修改、完善相关法律和规章,对现有法律法规中一些责任和处罚不明确的条款加以修改,并增加对那些在现实中出现而法律法规中没有涉及的情况的规定。

2. 信用管理从业人员必须遵守所在国家与地区信用方面的法律和法规,这是从业的最基本的要求。这些相关的要求具体体现在法律、法规条款中。无论法律、法规条款怎样规定,都将遵从并围绕着如下几条原则与精神。

3. 信用管理从业人员应致力于快速、真实、完整、连续、合法、公开地取得信用信息。科学、客观地制作信用报告,实事求是地传播信用信息与信用评价。

4. 信用管理从业人员不得做任何有损于信用管理职业的事情,必须保持该职业的声誉与尊严,努力提高信用管理的整体社会信誉和地位。

5. 信用管理从业人员应当本着对本企业、投资者与客户高度负责的精神,尽可能全面、详尽、深入地收集整理信用信息,依据完整翔实的信用信息资料,在调查、核实、分析的基础上客观地描述、实事求是地工作,不得断章取义或删改有关信用信息与资料,不得出现重大遗漏与失误。

(四)服从国家政策要求,依据政府规章办事

1. 信用管理从业人员必须遵守政府行政管理部门的要求,按有关规章和规范性文件办事,服从政府行政管理部门的监督与管理。必须积极参加我国社会信用体系建设,支持与配合各级政府行政管理部门的工作。应当将分析、预测或建议中所使用和依据的原始信息资料进行适当保存,以备政府行政管理部门查证。保存期应由政府行政管理部门根据情况分门别类详细制订。

2. 信用管理从业人员应当正直、诚实,在执业过程中保持中立身份,独立作出判断和评价,不得利用自己的身份、地位和执业过程中所掌握的内幕信息为自己或他人谋求私利。同业人员应当相互尊重,团结协作,共同维护和增进本行业的职业道德和职业信誉。

3. 信用管理从业人员在提供和使用信用信息中出现问题,应与政府行政管理部门、行业组织、当事人充分交流与沟通,共同协商解决。

### 三、信用管理从业人员的执业道德

信用管理从业人员,既包括在专业征信机构从事信用信息收集、核实、加工、分析、报告的专业人员,还包括在资信调查机构、资信评级机构、信用管理咨询机构从业的专业人员。信用管理从业人员应当接受行业协会的监督,履行行业协会规定的义务,享有行业协会规定的权利。

信用管理从业人员在执业中必须遵守行业自律精神与具体规定,在指导思想上忠于事实、在业务技能上精益求精,努力为客户提供优质服务。致力于行业发展,热情引导社会各界了解、熟悉、使用征信产品;不侵害所属机构利益,切实履行对所属机构责任和义务,接受所属机构的管理。在执业活动中不影响客户的正常生活和工作,主动避免利益冲突,不能避免时,应向客户或所属机构作出说明,并确保客户和所属机构的利益不受损害。在执业活动中不得以任何理由挪用、侵占所属机构或客户的各项费用,不擅自超越权限执业。

信用管理从业人员在执业前应当经过专门教育和培训,具有相应的专业知识和经验,能够胜任所执行的业务,取得有关资格,在执业活动中必须加强业务学习,通过各种方式不断提高自己的业务能力和知识水平,充实和发展专业技能。应该积极参加信用监管部门、行业自律组织和所属机构组织的考试和持续教育,使自身能够不断适应信用管理活动的发展。

信用管理从业人员同业之间要相互尊重、团结协作,共同维护和增进本行业的职业道德和职业信誉,应加强同业人员的交流与合作,实现优势互补,共同进步,共同维护职业形象。不得做出任何可能损害职业形象的行为,不能直接或间

接损害其他同行的声誉。

信用管理从业人员应当依靠专业技能和服务质量展开竞争,竞争手段正当、合规、合法,不借助行政力量或其他非正当手段展开业务,不向客户给予或承诺给予不合理、不正当经济利益,不得以恶意降低服务费等不正当手段与其他从业人员争揽业务。不得对其执业能力和执业经验,对其服务活动的作用进行夸张,虚假和误导性宣传,应当如实向委托方申明其所具有的执业能力,不得承接不能胜任的业务,不得向委托方或有关当事方索取服务费之外的不正当利益,不得出具含有虚假,严重不实,有偏见或具有误导性的分析或结论的征信产品。

信用管理从业人员在执业中若遇与委托方或相关当事方存在利害关系时,应该予以回避,不得采用欺诈、利诱、强迫等手段招揽业务,不得利用执业过程中获得的相关资料为自己或他人谋取利益,不得以个人名义执业,也不得同时在两家或两家以上信用管理服务机构执业。

信用管理从业人员在业务操作时,应当形成工作底稿,并按有关规定管理和保存工作档案,不得独立进行专业判断,不得接受委托方或有关当事方对期望结果的任何暗示,不得以预先设定的期望结果作为正式结论,不得签署本人未参与项目的征信产品,也不得允许他人以本人名义签署征信产品。

信用管理从业人员在执业活动中对客户和所属机构应遵守保密原则,负有保密义务,未经法律、法规、行业协会允许或委托方书面许可,不得对外提供执业过程中获知的个人信用信息、商业秘密和信用管理相关业务资料。除非委托方面允许或国家法律、法规要求公布外,不得以任何方式提供或泄露给第三者。

信用管理人员在执业活动中应主动出示执业证件并将本人或所属机构与征信机构的关系如实告知客户,客观、全面地向客户介绍有关信用管理产品与服务的信息。应为客户提供热情、周到和优质的专业服务,不误导客户,向客户推荐的信用管理产品与服务应符合客户的需求,不强迫或诱骗客户购买信用管理产品与服务。当客户拟购买的信用管理产品有服务不适合客户需要时,企业信用管理人员应主动提示并给予适当的建议。

信用管理人员在执业活动中形成的信用管理成果,包括信用管理产品、服务形式、程序、方法等有形与无形的成果,应按法律、法规、行政管理规定、所属机构的规定、行业惯例等处理,若涉及未尽内容应以友好协商解决。

信用管理从业人员应当遵守客观、公正、公平原则,对投资人和委托单位一视同仁。

信用管理从业人员应当对所获得的信用信息采取审慎处理原则,注意保密,注意核实,注意合理与合规传播,不能违反操作规则,不能违反监管条例。

信用管理从业人员应当在分析、预测或建议的表述中将客观事实与主观判断严格区分,并对重要事实予以明示。

　　信用管理从业人员应当在执业过程中对所获得的未公开重要信息履行保密义务,不得泄露、传递、暗示他人或据以建议投资人或委托单位。

　　若有违反行业公约的,同业会有权要求其限期更正,必要时在全行业内部进行通报。

# 第十章

# 政府信用与政府信用建设

政府信用是指国家行政机关的公信力,也是政府行政行为所产生的影响和后果在社会组织和民众中所形成的一种心理和舆论反映。加强政府信用建设,对建立健全社会信用制度起着重要的作用。要以强化政府信用意识为基础,以转变政府职能、加强依法行政为重点,以建立和完善政府信用制度和工作机制为突破口,全面树立公正公平、公开透明、廉洁高效的政府信用形象。

## 第一节 政府信用的含义

政府是国家权力运行的执行机构,即国家的行政机构。政府信用与企业信用和个人信用相比,在内涵和外延上,都存在不同。目前学术界对信用问题的研究,主要集中在个人信用和企业信用问题上,对政府信用还缺乏深入系统的研究。因此,探讨政府信用在当代社会信用体系中的地位和作用非常必要。

一般说,政府信用是指国家行政机关的公信力,是社会组织、民众对政府行政能力和行政信誉的主观评价或价值判断。政府信用也是政府的行政行为所产生的影响和后果在社会组织和民众中所形成的一种心理和舆论反映。它既包括民众对政府整体形象的认识、情感、态度、情绪、兴趣、期望和信念等,也可以体现为民众是否自愿地配合政府行政行为,减少政府的公共管理成本,以提高公共行政效率。政府信用是整个社会信用的基石,对社会信用体系建设起着核心与支柱的作用。

### 一、政府信用在市场经济中的双重作用

政府信用在市场经济中具有双重作用。

一方面,政府是社会经济运行的管理者,充当着裁判的角色,担负着干预和调节经济运行过程的任务,因此,政府的信用状况如何对全社会的信用起着引导和

示范的作用。政府的作用主要表现为两个方面：第一，政府是经济活动秩序的制定者和维护者。政府信用对市场经济起着标杆的作用，在政府信用的影响下，各类行政管理和指导、监督机构，才能够有效地维护正常的经济秩序，规范各种市场主体的竞争行为。第二，政府是经济活动规则执行情况的仲裁者。在市场经济运行过程中，市场主体都应遵循既定的规则，如果有"违规"行为，政府有权给予违规者以惩罚。经济运行过程犹如体育比赛，政府不但制定赛程、比赛规则，而且它还是裁判，监督比赛的进行。政府的裁判地位，要求它自身必须守信、公正、严格，具有权威。

另一方面，政府是市场经济运行的主体之一，这就决定了政府不能违反市场经济的各种规则，而是要遵守市场信用，树立守信政府的形象。政府不仅要经常性地运用信用手段筹集各种建设和发展资金，为社会提供公共产品、服务和承担风险较大的投资项目，而且还通过引导和直接参与经济运行过程，对市场的供给和需求都产生重大影响和作用。政府的这些行为表明，政府作为市场主体，在经济运行全过程中同样必须遵循市场规则，树立诚信为本，服务社会的经营理念。政府跟企业和个人发生社会经济关系也要恪守信用，不能以权谋私，以权压人，倘若因此给企业和个人造成经济或物质损失，同样应承担经济和法律责任。

政府信用的这种双重作用，表明了政府信用在现代市场经济中具有重要地位。可以说，没有政府信用的建立，现代市场经济是不可能自行运转的。当然，由于各国的具体国情不同，不同国家的政府在社会经济活动中的身份和地位有所不同。但是，从总体上看，在现代市场经济条件下，它们都具有作为社会经济管理者和经济主体的双重身份，都在社会经济活动中处于至关重要的地位。

**二、政府信用的基本内涵**

政府信用就其实质来看，是要履行对人民的责任和义务，兑现承诺，尽职尽责，谋求人民利益的最大化。政府信用最核心的一点就是要求政府必须履约践诺，坚持把对人民的承诺——维护和实现人民的利益，作为行使权力的根本准则和目标。具体来说，政府信用主要包括以下两个层面的内涵。

（一）实事求是的行为品格和行为方式

实事求是是构建政府信用的基础要素和基本要求。政府是以行使国家权力为内容、以维护和实现人民利益为目的的社会组织。国家权力运行的权威性、对社会运行施加影响的广泛性等这些政府行为的特征，决定了政府信用作为行政管理的基础要素，因此，政府信用构建必然体现为实事求是的准则。

这种实事求是的行政管理准则，着重强调两个层次的要求：首先是行为品格要求,即政府及政府公务人员必须树立尊重事实、以事实为依据的道德观念,努力培养追求真理、维护正义的道德意志和道德情操,从而构建政府信用的最具基础性意义的道德要求。政府能否做到科学决策、公正无私,能否真正维护广大人民的根本利益,首先取决于这些道德意识的形成和实践。其次是行为方式要求,即政府及公务人员必须在形成上述道德意识的同时,进一步按照实事求是的原则规范自己的行为。既要贯彻一切从实际出发的原则,注重调查研究,使政府工作的开展真正建立在客观、真实、可靠、有据的基础之上;又要注重按客观规律办事,倡导严谨、务实、科学的工作作风和工作方式,使政府信用的开展真正成为规范各项政府工作的一项基本准则。

(二)言行一致的行为准则和行为能力

言行一致是关于承诺与践诺之间关系的一种道德规定,它主要强调两点:一是有承诺必须践诺;二是践诺之行必须符合承诺之言。所谓政府言行一致的行为准则和行为能力,就是以政府兑现对人民的承诺,肩负起维护广大人民群众根本利益的责任和使命为基本标志。要承担这样一种责任和使命,政府必须借助于具体的权力运行过程来完成。在这个过程中,要求各项旨在实施社会管理的法律、政策、方针、计划等必须真正反映人民的利益需求,必须得到始终如一的贯彻执行,制定和执行法规政策的政府机构及其公务人员必须忠于职守、尽职尽责。这对于政府完成它的使命来说,具有特别的意义和影响。从总体上讲,政府应该在执行政策和履行职责两个方面做到言行一致。

第一,政府在执行政策中要做到言行一致。政府管理社会,一般是通过对法规、政策、方针、计划等的制定与执行来完成的。政府政策的制定首先必须反映人民的利益要求。政策一旦形成,能否始终如一地被贯彻下去,不仅在根本上影响着人民利益的实现,也在直接意义上成为衡量政府是否言行一致、是否讲信用的一个关键因素。政府政策执行中的言行一致主要应强调时间和对象两个方面的要求。一方面,从时间上讲,政府政策必须保持相对稳定、执行的连续性及一致性,避免政策多变甚至朝令夕改。一般来说,法规、政策、方针、计划等,通常是根据一定时期内社会发展的要求而确立的,任何政策都不可能保持绝对稳定和持续不变。但政策同时又是基于一定的社会发展预测而制定的,政策一旦形成,对相应的社会主体就意味着某种利益预期和承诺,所以,保持政策的相对稳定性和执行上的前后一致性是十分必要的。只有这样,各类社会主体才能在实现自己预期利益的同时,建立起对政府的信任;政府也才能够从一以贯之的政策实施中,体现其言行一致,从而形成政府的信用形象。另一方面,从对象范围上讲,政策的执行必须做到一视同仁,必须克服因局部利益至上所造成的政策扭曲。对于不同的社会主体,政策本身就意味着某种机会和利益,在不同社会主体之间保持政策执行的一致性,既体现了政府的言行一致,也维护了执行中的公平和公正。只有基于这种公平和公正,人们才能形成对政府的信任,政府才有信用可言。这也是实现政府施政宗旨的一个基本要求。

第二,政府在履行职责中要做到言行一致。政府是基于人民的权力委托以履行责任为核心的权力运行机构。政府及其公务人员拥有某种权力和职位,同时也就意味着对承担相应责任的一种承诺。因此,政府履行职责的过程,实际上就是兑现承诺的过程,这一过程同样内含着言行一致的规定与要求。政府履行职责以及实施对社会的管理,实际上是一个过程的两个方面,其核心是政策是不是真正得到了实施与履行。政府履行责任有两点核心要求:一是政府机构、部门和公务人员,必须以维护人民的整体利益和国家的全局利益为根本职责,确保职责履行以大局为重、以人民的根本利益为重;二是政府机构、部门和公务人员,必须按照权能配置的要求,履行相应的责任和义务。因此,政府的任何职能行为都必须以人民的整体利益作为履行职责的根本出发点,它要求职能行为与大局利益的协调一致,强调政府及其公务人员必须以承担自己的岗位责任、实现自己的岗位目标为首要原则,要求在职能履行中忠于职守、尽职尽责、竭尽全力。相反,那些为了局部利益乃至个人私利而导致的行政职能缺位、职能越位或者在其位不谋其政的现象直接损害了政府部门、机关的信誉,从最终意义上讲,也是对政府信用的一种极大伤害。

### 三、政府信用的地位与作用

社会信用体系建设是一个事关中国社会发展、国家富强的重要问题,而这其中政府信用又是首要的问题。因为社会信用体系建设中,政府信用建设是主导,始终是一个地区最重要的信用。美国认证协会主席米洛·葛若说:"中国进入世界贸易组织后,人们对于中国经济的印象,首先是企业新产品的质量,其次是政府信用,然后是一个良好的法律的保障,综合起来的信用是我们作出判断的眼睛。"[①]

(一)政府信用是建立完善社会信用体系的必要前提和价值导向

社会信用可分为政府信用、企业信用、银行信用、个人信用或公民信用。但在社会体系中,政府是具有公共权力的组织,处于社会的中心地位,其行为直接影响政府的信誉。政府信用是政府有效发挥管理社会职能的一个重要前提条件,在整

---

① 龚勇:《诚信中国》,中国方正出版社,第315页。

个社会信用体系中居于主导地位,是整个信用体系的重心,对企业信用和个人信用有着突出的、不可替代的规范、引导和示范作用。可以说,企业信用建设和个人信用建设都依赖于政府信用建设,政府只有率先垂范,带头守信,打造起信用制度平台,做到行为公开、透明、公平、规范,避免无所作为和为所欲为,才能管理有效,更好地建立和完善社会的信用体系。

(二)政府信用是社会主义市场经济体制建立和完善的保证

市场经济本质上是一种信用经济。价值规律要求人们遵守等价交换、平等互利的原则,竞争法则要求人们树立平等的竞争观念,经济主体遵守契约和合同。只有市场这只"看不见的手"和政府这只"看得见的手"都充分发挥作用,才能建立起真正的市场经济体制。市场经济体制要得到有序有效的运行,就必须保证市场经济中公正原则和效率原则得到确立,保证市场竞争能够产生优胜劣汰的效果,就必须要有强有力的制度作保证,而这些就需要依赖于政府来解决,依赖于政府在市场经济中扮演的"裁判员"角色,归根到底依赖于政府的公众信用度和信任度。也就是说,政府要为市场的健康发育提供公平合理的制度和规则,并通过有效的执行与市场规则有关的公共政策来维护合理的市场交易规则,同时又依法充分尊重和保护市场主体的独立法人地位,严格规范市场主体行为,使他们自觉维护公平合理的市场交易秩序。

(三)政府信用是遵守 WTO 规则的基本要求

经过长时间的努力,我国已正式加入了世界贸易组织(WTO),并于 2006 年"毕业"。WTO 是以强制规则为基础的政府间的国际性组织,要求各成员国必须按国际惯例办事,及时改革不适应国际规则的管理制度和工作方法,建立符合国际规则的运行机制,增强政府管理的公开性和贸易政策的透明度。归根到底,WTO 规则是建立在信用基础上各国政府间长期的契约关系,体现的是国家之间的信用关系。一个国家有很强的信用意识和信用体系,其国际竞争力也强,一个国家若没有信用意识和完善的信用体系,其国际竞争力弱,轻则失去国际市场,重则会失去世界贸易组织中的发言权而成了 WTO 各成员国的投诉对象。

(四)政府信用是推进政治文明建设的根本需要

现代政治文明建设是中国共产党提出的全面建设小康社会的一个重要目标。政府信用既是建设现代政治文明的一个重要手段,也是现代政治文明建设的一个重要目标。要建立政府信用的关键是要依法治国,而依法治国的关键是政府要依法行政、依法管理、依法行事。政府有较大的自由裁量权、先行处置权、推定有效权等优先权。如果政府不依法行事,就易滥用权力,造成有法不依,难以维护法律的权威,也难以推动以法治国,建立社会主义法治国家。

（五）政府信用是塑造政府形象、凝聚社会力量的核心要素

政府信用是公众对政府的一种良好印象和评价。良好的政府信用反映的是广大公众对政府及其行为的充分认同和支持，必然对外产生积极的影响，有利于树立政府的良好形象，对内产生激励和约束作用，使广大官员服务于民、取信于民，从而形成社会的强大凝聚力、向心力。这种凝聚力和向心力使公众与政府情感容易沟通，关系容易协调，矛盾容易得到缓和，问题容易得到解决，否则会严重影响干群关系，造成政府的政令不通，社会管理无序和失效。

（六）良好的政府信用有利于公共责任的履行

政府之所以需要负责任，正是其执掌了社会公共权力的缘故。政府一旦产生，它就具有了权力，而且具有强制性力量。因此，要求政府负责任，是对其执掌权力所提出的重要规范。因为责任政府可以抑制政府权力的任性和任意扩张，而把权力的行使限制在合法的范围之内。所以，严格说来，责任政府必然同时又是法治政府。英国政治思想家斯图亚特·密尔在其名著《代议制政府》中，反复强调了权力与责任相统一的原理。他甚至认为，如果能够将权力和责任统一起来的话，那就完全可以放心地将权力交给任何一个人。① 曾经担任过美国副总统的蒙代尔在其所著《掌权者的责任》一书中也指出，当年美国制宪者所致力于解决的一个基本问题，正是想通过制度的设计，使各种权力的主体都能够切实地负起行使权力的责任，以避免不负责任的权力。②

（七）政府信用对社会具有凝聚和激励作用，有利于增进政府与公众的情感交流，便于政府与公众形成良好的互动关系

一个政府的良好信用表明公众对政府的支持与认可。古人云："得民心者得天下"。反之，失民心者即会处于孤独无援、孤掌难鸣的处境。古人又云："民以吏为师"。只有建立政府在公众心中的诚实守信的良好形象，才会给广大社会公众树立良好的榜样，增强政府与公众之间良好的互动关系，并在此基础上取得双赢的效果。

**四、政府信用与其他信用形式的显著区别**

政府是一个特殊的社会组织，一个特殊的社会行为主体，政府与公众之间的关系是一种特殊的委托代理关系，从政府信用与民间信用、商业信用之间关系来分析，政府信用具有显著的区别性。

---

① （英）斯图亚特·密尔：《代议制政府》，北京，商务印书馆，1982年版。
② 王邦佐：《论责任政府》，《解放日报》，2003-05-13。

第一,政府地位的特殊性与政府信用关系的不平等性。任何信用都是在社会交往关系中表现出来的。在一般的社会关系中,契约体现的是一种平等的关系。自然人以及商家信用缺失所造成的多半是私有利益的失衡,假如说受损方在追索利益时处在与施损人对等的地位,但在政府的实际运作过程中,与政府行为相关的社会行为主体同政府的关系却不是一种平等的契约关系,因为没有任何一个社会组织或个体能够以委托人自居。在这种关系中,政府拥有强制性的权力,拥有大量的公共资源,而社会组织和个体作为被管理者、权威的服从者,在与政府发生关系时,总是处于被动的弱势地位。政府的这种特殊的强势地位决定了当政府失信于行政委托人,侵害了社会组织或个人的权益时,后者实际上是很难有效地追究政府的责任的。因为作为受损方的百姓在追索利益时则往往处于不对等、不平等的地位。

第二,政府的非竞争性与政府信用关系的不可选择性。在重复博弈的条件下,自然人、商业伙伴一旦失信,人们在交往、商业合作中具有充分的可选择性,而对于社会组织或公众来说,政府作为交往对象是不可选择的,在此,政府是单边垄断的行为主体。政府哪怕多次失信,人们也不可能拒绝同政府打交道,或者选择替代的合作对象。百姓对政府几乎没有选择余地。

第三,政府信用关系中信息不对称现象的绝对性。民间信用关系双方不对称程度是无法同政府与公民之间的关系相比拟的。民间信用可以由当事双方签订契约,事先对失信行为进行限制,尽管契约总是不完全的,但毕竟还有一个明文契约存在。但政府与公众之间的所谓契约在很大程度上只有潜在或预设的意义,除了宪法以外,并没有一个明文的契约,也不可能对代理人的每一种行为都进行单独的约定。同时政府运作是一个复杂的过程,普通百姓无法掌握政府运作具体过程所包含的丰富信息。在商业信用中市场主体往往可以通过横向比较来搜索交易对象的信用信息(如消费者通过"货比三家"来选择合适的交易对象),而公共服务的垄断性和权威性决定了政府的信用很难通过这种横向比较获取。另外,民间信用可以借助中立的第三方干预,如政府提供、发布交易者的信用信息,强制制裁违约行为等,但对于市民社会和自由公共领域发育还很不成熟的转轨国家和发展中国家来说,公众与政府打交道时,由于新闻舆论、中介组织都受控制于政府,实际上并不存在独立的第三方介入的可能性。

第四,政府信用影响的广泛性。在社会普通的信用关系中,行为主体的守信与失信,只会影响到与之发生信用关系的组织或个人,或者其周边的组织和个人,但在政府信用关系中,一旦政府在某一行为中出现失信问题,不仅会损害这一行为的利益相关者,而且还会影响到其他许多社会行为主体。有时候政府发生大的失信行为,会引起整个社会对政府的不信任,由此产生的社会影响是极为广泛和深远的。

## 第二节　当前我国政府信用存在的问题

自新中国建立以来,尤其是党的十一届三中全会后,政府信用有了相当的改善。然而当国家在积极地推行各种改革,推进社会主义市场经济发展的过程中也出现了一些严重影响政府作用的现象。如一些政府及其工作人员服务态度差、办事效率低。我国行政管理作为社会主义国家的组织活动,本应是高效率的,但由于种种历史原因,我国政府行政机关中长期存在行政效率不高的现象。政府信用是通过政府的行为表现出来的,其缺失也是由于行为不当造成的,当前,我国确有某些政府部门在经济体制转轨时期职能转换严重滞后,没有为经济发展起到保驾护航的作用,反而在市场功能不完善的时候,做出了一些不是有利于经济发展,反而阻碍经济发展的行为。

政府信用与政府行为相关。政府信用的缺失,其表现形式是非常多的,迄今为止,学者们对政府信用的缺失的表现形态做了许多分析,由于观察角度不同,所做的分析范式和结论往往也有很大的不同。社会公众评价政府的信用状况,主要看一个政府行使公共权力以履行其职责的状况。政府的职责行为种类也很多,但主要是行使公共权力制度和实施公共政策,以便提供公共产品、维持社会秩序、促进社会公正、增进公共福利。社会公众评价政府的信用状况,往往以这几个方面为考虑基点,政府若在这几个方面没有很好地完成职责,就会使社会公众对政府的信用产生怀疑和动摇,政府信用稀缺就相应产生。

当前我国政府信用存在的问题,主要有以下表现。

### 一、随意行政现象影响政府信用

在我国,有些地方政府随意行政,出尔反尔,引发了一些政府失信现象。比如某地方政府批准在某处盖大楼,不多久又反悔说这个地方被征用了,结果引起行政纠纷。又比如某地方政府有关部门先是批准某房地产公司在某处建商品房,房子建好后因为破坏自然环境或其他严重问题而受到舆论批评,于是马上下令炸毁、清除这些商品房,造成严重的经济损失,等等。这就引出一个思考,政府对自己说过的话、做过的事要不要负责?

本来,政府应该是各类经济主体的保护伞,是市场"游戏规则"的制定者和执行者。政府维护和参与经济活动是为了减少交易成本和交易风险,维护市场秩序。但是,有些政府部门或官员凭借握有的实权,"给钱"才办事,对各类经济主体"卡""拿""索""要",趁机捞取钱财,滋生了一些腐败分子;有些政府部门或官员办事拖拉、推诿扯皮、不负责任;有些地方政府或官员强迫商业银行贷款给企业;有的地方政府或官员凭借权力给企业甚至个人做贷款担保;有的政府借债不还,等等。政府的信用如此令人无法接受,这样就使政府失信于经营者,失信于公众,并使政府信誉蒙受重大损失。

在我国,由于国情和社会心理的缘故,人们总是相信政府的信用是真金招牌。以前,人们总是寄希望于政府信用的"完美无缺",政府说一句顶老百姓一万句。但是,近年来,确实也有一些地方政府的所作所为存在失信于民的现象。如果政府也不讲信用了,那人们还能相信谁呢?政府的政策随机性越大,变化越大,老百姓对政府的信任度也就越低,政府都可以说话不算数,整个社会就会陷入信用危机的恶性循环中。

由此看来,当地方政府的某些既得利益与人民利益发生冲突时,政府有可能采取短期行为,以损害人民利益为代价满足自己的既得利益。所以,政府信用问题仅仅依靠自律是不够的,需要用法律来保证政府恪守信用。

**二、政府权力寻租活动导致信用下降**

我国原有的计划经济实际上是一种权力经济。现在实行市场经济,导致稀缺资源的国家价格和市场价格之间的价差必然形成租金。因此权力寻租活动在我国比较严重。权力寻租活动中的租金,是政府干预或行政管制市场竞争而形成的级差收入,是超过机会成本的收入。租金也属利润范畴,但它不是生产性利润,而是一种直接的非生产性利润。

转轨时期的租金主要体现在优惠政策、提价收入、低息贷款、税收减免上,体现在稀缺生产资料上。大量滋生的官倒、私倒和灰市交易,便是权力寻租的必然产物。

从权钱交易双方的关系上,寻租活动可以分为地方政府、企业和个人3个层次。其中地方政府既是上级政府寻租的对象,又是对下属企业寻租的主体。企业也有双重身份,因为它还可以对下属单位或承包经营者寻租。当然,寻租行为又是由官员、经理等各具权力身份的具体人进行的,这自然又使这种活动不得不蒙上一层灰暗的色彩。

寻租活动和灰色、黑色市场的存在,虽为国家严防的对象,但因其与经济体制、政治体制密切相关,所以在短期内难以杜绝。它对市场秩序的危害在经济政治体制改革完成之前不仅难以避免,甚至还有加剧的可能。

### 三、政府行为不规范是导致失信的根源

(一)转型时期存在制度缺陷

中国的市场化改革所走的是一条渐进式改革道路。所谓渐进式的改革道路是指在向市场经济过渡时,采取累积性的边际演进的转换模式。与"休克疗法"相比,渐进式改革一般对社会经济环境的要求不高,在推进过程中摩擦比较少,"休克疗法"的诸种弊端可以在一定程度上缓解,从而有利于向市场经济平滑过渡。中国按照渐进式改革道路稳步向市场经济推进,取得了举世瞩目的成就。

但是,中国选择渐进式改革也是要付出一定代价的,也面临着一些新的问题。这其中的一个重要问题就是,分阶段的渐进式改革及其新旧体制的摩擦和矛盾,为各种权钱交易、腐败之类的寻租活动留下了体制空间。其中,突出的问题包括:一是两种体制并存、持续的时间可能比较长,有可能拖延改革的进程;二是在渐进中,新旧两种体制的矛盾尚未解决,还会产生新的矛盾,从而增大改革的难度;三是由于市场化进程推进缓慢,给维护旧体制的力量以足够的时间来与新体制抗衡,甚至在摩擦和较量中有旧体制复归的可能性;四是在改革的过程中,可能会产生新的利益集团,他们竭力维护既得利益,成为改革的新阻力;五是出于对经济利益的追求,政府偏好与市场化要求可能出现不一致的情况。比如市场化要求开展平等竞争,而政府却可能为了加强自己在国内外舞台上的地位而强化政府作用,特别是一些地方政府为了地方经济的发展,采取一些反市场化的措施。由于政府有限理性的制约,即使非常愿意推进市场化,由于"认识、了解制度不均衡以及计划建立制度安排的复杂性,它仍然还是不能矫正制度安排的不足"。[①]

在新旧体制转型过程中,由于旧制度"拖泥带水",新制度残缺不全以及新旧制度错位摩擦,"上有政策、下有对策"的逆效应等,造成体制上"真空"地带和财政上的"漏出"效应。"搭便车"和"寻租行为"正是体制转型时期制度漏洞的产物。在新制度和规则尚未站稳脚跟、缺乏足够的自我调整能力,以及缺少其他配套政策而难以发挥正常的作用时,必然会从更大层面和规模上瓦解既有制度的功能,使在破旧立新时所形成的制度缺口进一步被人为地拉开,腐败的规模也随之进一步扩大,因而造成了一种恶性循环。不仅既有制度与规则会遭到严重破坏,而且在众多腐败行为的抵制下,新的制度体系也难以形成。

---

① 林毅夫:《关于制度变迁的经济学理论:诱致性变迁与强制性变迁》,载科斯等著《财产权利与制度变迁》,上海三联书店1991年版,第398页。

中国自改革开放以来的许多事实表明,计划经济时期形成的政策、法规的功能日趋降低,各种腐败行为却趁机步步升级。而每当各种新的政策出台后,各种"抗拒政策"也往往随之迅速出现。因此,政府的不规范行为就因制度缺陷而产生。

(二)政府官员充当经济人,追求自身的利益

所谓"经济人",是指"以利己为动机从事经济活动的人"。"经济人"的概念由来已久,但第一个对其给予系统论述的则是亚当·斯密。他认为,人天生具有利己心,即追求个人经济利润的动机。在他看来,这种动机是推动人类社会一切经济活动产生和发展的动力,具有必然性。对此国家不应干预,而应放任自由。其结果是个人在从事对自己有利的经济活动的同时,促进了整个社会的利益。在斯密看来,人是理性的经济人,人是追逐最大利益的,当一个经济人面对现实的选择时,他将选择获利较多而不是较少。经济人作为生产者,他追求市场份额或利润的最大化;作为消费者,他追求效用最大化。因此,经济人把利益最大化作为自己的行为目标。但是,经济理性最深厚的哲学底蕴是个人主义或自由个性,无论人们在条件许可时追求最大利益,还是在条件受限制时追求适度利益,都表明他们已经摆脱了传统的依赖关系的罗网,是作为独立的经济或社会人格而存在的。

那么,中国人是不是自利的经济人呢?当然是。改革开放20多年来,人们的"自我利益意识"已经觉醒。市场机制下理性的经济人动机,促使企业利润最大化和个人收入最大化。在从计划经济向社会主义市场经济转轨的过程中,原有的计划经济的理念逐步被市场经济的理念所取代。在企业改革、价格改革和分配体制改革的过程中,对经济主体(包括企业、居民、家庭)利益的追求急剧上升为社会追求的核心目标之一。

政府也不是一个超脱于现实社会经济利益关系的万能的神灵之手,它是由各个机构组成,而各个机构又是由各层官员组成的。无论是政府官员,还是政府机构,都有自己的行为目标,而这些行为目标并不是自然而然地与社会公共利益之间画等号的。"政府机关中的每一个官僚机构本身都是理性的个体。它的利益从来就没有与统治者完全吻合过。……官僚机构问题恶化了统治者的有限理性并增加了统治国家的交易费用。如果建立新制度安排所能带来的额外利润被官僚自利行为滥用掉的话,那么新制度安排就建立不起来。"[①]

在市场经济中,政府官员的行为也同经济主体在市场上的行为目标有某种类似的一面,在可能的条件下,他们都要追求自身利益的最大化,政府官员甚至比一

---

① 孔泾原:《经济理性与体制变迁》,《经济研究》,1989年第12期。

个经理更有条件谋求自身利益。因为,所有者和市场对经理的约束要比政府机构和社会对一个局长的约束严格得多,经理承担企业经营的结果,而局长行为的结果(决策失误)却只能由社会来承担,他所承担的仅仅是政治声誉,最多是辞职,而社会承担的则是重大损失。因此,政府官员更有可能,而且有条件无所顾忌地追求私利,而不管其结果是否符合社会利益。有些政府官员的非理性自利行为就会导致政府信用危机丛生。

(三)政府机构也追求自身利益

政府发挥经济功能有效性的一个隐含前提是,政府完全是一个大公无私的代表社会公共利益的组织,但实际上并非如此。政府机构有自己的利益,这种利益是政府机构工作人员,主要是政府官员的个人利益的内在化,或者说"集合"。政府在社会生活和经济生活中的特殊地位(作为社会经济管理者),又为政府机构借社会公共利益之名行政府机构私利之实,提供了有利的客观环境条件和可能性。政府若并不能完全代表社会公共利益的政府,它往往为一些有影响的特殊利益集团所左右。因此,政府的政策有可能受到利益集团的制约。

例如,随着政府机构的改革,许多行政和执法部门都成立了自己的中介服务组织。如工商部门下设的工商事务所、税务部门下设的税务师事务所、审计部门下设的审计师事务所、国资部门下设的会计师事务所、房管部门下设的房产评估事务所、土管部门下设的地价评估所。在当前行政机关职能与中介服务职能没有明确界限的情况下,这些行政部门把原来一部分行政职能转移到下属的中介服务组织,搞有偿服务。因此,这些中介服务组织大多是政府机构的外延,在人员、经费、职能方面依赖于政府主管部门,这就缺乏公信力,没有起到跨行业、跨系统、跨地区的沟通和监督作用。他们倚仗行政执法机关的权威,为所欲为。

这些中介组织一旦垄断了与此相关的所有中介服务,其他投资主体即使兴办了类似的中介组织,也没有业务,没有提供服务的空间和对象,也就不能生存与发展。同时,这些中介机构借主管机关的权力强拉客户。这既破坏了公平竞争的原则,又增加了企业的负担,使"服务"演变成了祸害。由于有主管机关的干预,这些中介组织往往无法独立、客观、公正地执业。有的甚至是两块牌子一套人马,既执行行政管理职能,又从事有偿服务,使行政权力渗透到中介机构内部,成为滋生腐败的土壤。

某些行政机关之所以热衷于把行政职能转移到下属中介组织,根子在于利用预算外资金和税收管理上的漏洞,通过权力与服务的结合,可以搞强行服务,强行收费。乱收可以乱支。许多政府执法机关都大力兴办中介服务组织,乐此不疲,原因就是受小集团利益驱动,有巨大的利益诱惑。近年来,中央和地方政府加大了乱收费治理力度,实行了预算外资金收支两条线的管理体制,断了一些部门的财路,这些部门利用培育发展中介组织之机搞"有偿办公",自收自支,既可逃避收支两条线管理,又得清闲,还可安排富余人员,比行政事业性收费还好。中介服务组织成为行政执法机关的附庸,成为挂靠单位改善福利待遇的财源。其服务收入,在很大程度上归上级主管部门支配,他们用这部分钱财可以为主管部门发奖金、搞福利、购汽车、买房子、吃喝、招待旅游……造成了部门之间的苦乐不均和新的腐败现象的产生。政府建立这样的中介组织,在一定程度上助长了不正之风的蔓延。

## 第三节 加强政府信用建设

### 一、政府信用建设的意义

信用不仅是规范人际关系的原则,也是调整社会经济、政治关系的重要准则。在改革开放和建设社会主义市场经济的过程中,社会信用体系的建设特别是政府信用的建设,变得越来越重要,越来越紧迫。

政府信用建设既包括政府面向全社会的信用形象和声誉建设,也包括不同行政机关相互之间的信用建设。政府作为社会活动的主要组织者和监督管理者,其自身信用形象和声誉对于其他社会主体行为起着重要的引导和示范作用。加强政府信用建设,对建立健全社会信用制度起着特殊、重要的作用,是弘扬信用文化、建设信用社会的重要基础。

(一)政府信用建设是我国改革开放和社会主义市场经济发展的客观要求

市场经济本身对社会信用有着内在的要求,市场经济愈发展就愈要求人们诚实守信。在经济全球化的信息时代,无论是政府、企业还是个人,都必须格外地诚实守信。不讲信用,就没有形象,没有效益,就不会发展。当前的经济全球化格局,对社会信用特别是政府信用提出了更高的要求。如果政府不能信守承诺,就会在整个全球贸易大家庭中失去信任,甚至还会面临被制裁的危险。

(二)政府信用建设是建立社会信用体系的内在需要

信用是由政府信用、企业信用以及个人信用等组成的一个"信用体系",而政府本身所担负的引导、监督、管理社会信用的职责,决定了它是一整套社会信用制度建立和维护的主体。处于这种特殊地位的政府信用,责无旁贷地担负着"龙头"、"示范"的作用。如果政府的信用缺失,整个社会信用体系发展的积极性就会丧失，整个社会将陷入信用危机的恶性循环中。从这个意义上说，政府信用是社会信用的核心，培植政府的公信度，是建立社会信用体系的关键。

(三)政府信用建设是社会主义市场经济健康发展的保证

在市场经济条件下，缺乏信用不仅造成经济关系的扭曲，社会交易成本的增加，而且败坏社会风气。市场经济是法制经济，也是信用经济，这就要求在规范的信用规则基础上，实现市场对资源的合理配置。政府是市场规则的主要提供者和监督执行者，因此，政府提供符合市场经济规律、稳定、值得信赖的规则，并使这种规则的制定过程公开化、透明化，防止"暗箱操作""规则变异"，是市场经济健康发展的必要前提。

(四)政府信用建设是政府取信于民的必然诉求

加强和维护政府权威，提高社会公众对政府行政决策的理解和支持，很重要的一点就是通过具体的政府守信事例，说明政府行政决策是以国家利益和社会公共利益而不是以少数个人或者团体的利益为出发点的。政府的行政决策充分考虑到了社会公众的承受能力，对社会公众的合法权益保护越好，则政府越具有公信力。

(五)政府信用建设是社会主义道德建设和发展的必然要求

恪守信用是人们的一种基本道德要求，也是政府各种制度建设中的重要环节。经济发展和道德建设之间应该是一种相互依存、相互促进、同生共长、共进共退的关系。在市场经济条件下，我们对政府信用建设的理解，要从经济、政治、文化、社会道德等全方位建设的层面上去考察。政府信用不仅是调整人际关系的规范，也是调整社会经济、政治关系的重要准则。我们所要建立的政府信用，必须有助于充分发挥社会主义市场经济体制和机制的积极作用，不断增加人们的自主意识、竞争意识、效率意识、民主法制意识和开拓创新精神，促进经济发展和社会进步。

## 二、政府信用建设的目标和基本原则

政府信用建设要以邓小平理论、"三个代表"重要思想和科学发展观为指导，深入贯彻依法治国基本方略，认真履行宪法和法律赋予的职责，严格按照法定职权和程序，依法管理国家事务、经济与文化事务和社会事务，自觉接受人大、政协和社会各界的监督，进一步推进政府各项工作依法、科学、民主决策和规范、有序、高效运作，致力于强化全社会的法治意识、信用意识、效率意识、廉政意识，切实转变职能，为社会主义市场经济持续快速协调健康发展提供良好的信用基础和法制保障。

(一)政府信用建设的目标

政府信用建设的目标是:各级政府机关牢固树立信用政府、依法行政的观念;公务员的信用意识、法律知识水平不断提高;政府职能转变成效显著,行政决策、行政管理、行政运作基本做到法制化、科学化、规范化;国家法律、法规、规章得到有效实施,行政执法工作做到严格、规范、文明;行政监督制度不断完善;行政执法监督工作得到大力加强。通过这些努力,使各级政府机关依法行政的能力与水平得到显著提高,做到依法行政,照章办事,政务公开,做到立言、立德、立信,建设信用、廉洁、勤政、务实、高效的政府,使政府行为的公信度显著提升。

(二)政府信用建设的基本原则

根据政府信用建设的目标,可以确立政府信用建设的基本原则如下。

一是诚实守信原则。政府必须切实转变行政理念,使全体公务员认识到政府的每项权力都是人民赋予的,他们必须在合法的范围以合理的方式行使权力,错误行使权力必须承担责任;必须建立信守承诺的自律意识,将每一项规定、政策看作是对社会的承诺,树立起诚实守信的观念。

二是依法行政原则。确立制度信用,是建设政府信用的必要条件。建立规范政府权力的完备法律体系,是解决政府守信问题的根本之举。政府必须依法行政、照章办事,在坚持法制统一的前提下,严格贯彻实施法律、法规,做到有法必依、执法必严、违法必究。同时要努力做到政府政策与法规的一致性和稳定性,确保政令统一、政策连贯。

三是信息公开原则。开放政府信息是提升政府信誉的有效途径。政府必须让公众了解政府机构的设置、人员安排、职责权限、权力的运行规则和方式,参与政府政策的制定和实施,进一步加大政务公开化、透明化的力度,实施阳光下的政府行为,确保政府真正取信于民。

### 三、政府信用建设应正确处理四大关系

在建立完善社会主义市场经济体制的过程中,政府信用建设要正确处理好以下四个关系:

一是政府与市场的关系。一方面,政府要充分发挥市场机制配置资源的基础性作用,实行公开、公平、公正竞争;另一方面,政府要担当起应负的行政管理责任,把职能真正转变到经济调节、市场监管、社会管理、公共服务上来,转变工作方式、工作作风,切实解决市场解决不了或者解决不好的问题,为经济、社会发展创造良好的宏观环境。

二是权力与权利的关系。一方面要对行政权力加以规范、制约和监督,实行

依法行政、依法治权,确保政府机关依照法定的权限和程序正确行使权力,防止滥用权力;另一方面要保护行政相对人应当享有的权利,不使用权力来干预权利的行使,并为保证其权利的实现制定相应的政策和措施。

三是效率与公平的关系。在市场经济条件下,政府一方面要保障企业依法享有经营自主权,为各种所有制经济实体平等地参与市场竞争创造条件,激发活力,提高效率。同时,要遵循"效率优先,兼顾公平"的原则,运用法律和行政手段调整社会利益关系,在效率的基础上实现社会公平,切实关心弱势群体的生活和福利。

四是事前监督与事后监督管理的关系。要继续深化行政审批制度改革,大力加强政府信用建设,尽可能地减少政府机关对经济事务的行政性审批,在明确管理标准、管理规则的前提下,更要重视发挥政府对经济事务的事后监督管理职能,力求保持和维护公共利益与企业权益之间的平衡。

## 第四节 政府信用建设应实现政府职能的三个转变

政府信用是社会信用体系的核心。打造社会信用,首先要存在一个讲信用的政府。因此,要改善一个城市、一个地区乃至一个国家的信用环境,政府的信用建设应该作为先导。建立信用政府,要努力在以下三个方面实现政府职能的转变。

### 一、从"无限"政府转变为"有限"政府

"无限"政府是指一个政府自身在规模、职能、权力和行为方式上具有无限扩张、不受有效法律社会制约的倾向。在现代社会,一个有着无限权力和无限责任的政府是无法想象的,同时也是危险的。在一个产权不能得到有效保护的社会,不可能产生良好的市场秩序。随着中国市场经济体制的不断发展与逐步完善,一个与计划经济相适应的无所不为的政府已成为阻碍市场经济发展和全面建设小康社会的主要因素,构建一个"有限"政府显得尤为关键和迫切。

"有限"政府就是要使政府依法行政,使其自身行为受到法律的制约与监督,以遏制权力的扩张和滥用。在处理政府与市场的关系时,必须是市场优于政府。中国构建"有限"政府的当务之急是完善行政立法,加快行政法治化进程,规范政府行为边界。同时要加快行政体制改革,积极转变政府职能。具体而言,政府应大规模退出微观经济资源配置领域,充分发挥市场在资源配置中的基础性作用;改革行政审批制度,进一步减少审批项目,简化审批程序;打破行政垄断,破除地方保护主义,建立一个统一、开放、竞争的市场环境。只有这样才能充分发挥市场

机制对企业信用的内驱力作用,使企业在公平、公开的市场竞争中依据产品质量和信誉优胜劣汰,让自由竞争创造经济繁荣。

## 二、从"管制型"政府转变为"服务型"政府

管制型与服务型是两种不同的政府行政理念,它们的本质区别,在于政府行政是以官本位,还是以民本位、社会本位为理念。在真正的市场经济下,政府与企业的关系应是服务与被服务而不是管制和被管制的关系。面对越来越多的市场主体的失信行为,政府误以为管得太少,以至管制不断强化,使得信用机制赖以形成的市场竞争无立足之地,企业信用更是岌岌可危。因此,随着经济全球化的到来,政府不应仅仅采取单纯的管制性行政,而是应实施满足社会和公众需求的服务性行政,主要是为企业经营提供应有的公共产品和良好的制度环境。

当前企业信用缺失的一个重要原因,就是缺乏一个能促使企业重复博弈的有效的制度环境。一系列制度的建立和完善都有待于政府有所作为:一是明晰企业产权。例如,企业之所以不敢加大投资,是对自己产权预期的不确定性造成的。产权明晰是企业信用的基础,保护和执行产权是政府的首要职责。二是维护法治。解决当前的企业信用问题,不仅要完善立法,更重要的是要加强执法力度,努力维护司法公正。企业信用建设需要一系列法律法规的建立和完善,更需要政府的公正执法,维护法律尊严,以切实提高失信成本,保护企业合法权利。三是完善企业征信制度。征信是解决企业交易中信息不对称的重要途径,政府应加快企业征信的立法工作,依法向社会开放企业信用数据,建立和完善企业资信数据库,并加强培育信用中介机构和征信体系建设。从而为企业的诚实合法经营创造有序、公开的市场环境。

## 三、从"暗箱"政府转变为"阳光"政府

在西方市场经济中,市场主体面临的不确定性主要来自市场本身。而处于市场经济初级阶段的中国,不确定性更多的是来自政府。

这个区别导致的结果是,西方国家企业"有问题找市场",根据市场的预测作决策。而在我国,企业则往往是根据政府的预测作决策。这说明我国政府很多政策、行政程序都不公开,缺乏透明度,存在"暗箱"操作现象。这必然导致政府与企业之间的信息不对称,企业要获取与自身密切相关的信息,就必须付出大量的信息成本。同时也造成了企业市场竞争环境的不平等,使得一些企业对未来失去信心,最终导致企业的短期行为。

实现政府职能和行为的三个转变,要求政府增大透明度,实行阳光政策。首

先要按照民主政府建设的要求,实行公共产品和公共服务的公开竞标,从源头上杜绝暗箱操作和幕后交易等权力腐败现象。其次要通过网络等现代科技手段,开设"政府公报""政府信息""政府法规"等窗口栏目,加大政务公开的力度。与此同时,确保社会组织和公众个人的信息获取权,使之能参与公共决策过程,使公共权力能最大限度地得到整个社会的普遍监督和制约。

## 第五节 政府信用体系的构建

根据对政府信用体系内容的分析,借鉴社会信用体系建设的相关概念,可以对政府信用体系作出如下界定:政府信用体系是指以完善的信用管理法律、法规为基础,以政府的服务信用体系为核心,以统一的社会信用评估体系和对政府行为的信用监督系统为保障所形成的有机统一体。

### 一、政府信用体系的构成因素

评价一个政府是否是信用政府,主要看它的政府信用管理体系是否健全和完善。一个健全的政府信用管理体系起码应该包括三个方面:政府实施管理的信用,政府进行服务的信用以及对政府信用的监督和测评机构的建立完善。

(一)政府实施管理的信用

主要指政府在对行政机关自身及对社会、企业和公民个人实施管理时所具备的信用。包括政府的法规、规章,行政命令和政策、措施,行政程序和行政手段,具体的行政行为。为此,政府在行使管理职权时应注意如下原则:合法性,政府的政策和法规应该做到目标正确、程序合法,不与法律、法规相违背,更不能凌驾于法律之上;合理性,要符合广大人民群众的根本利益,既有短期目标,又有长远打算;可操作性,行政工作人员能够有法可依,操作简便,减少寻租机会,有利于依法行政、公正执法;平等性,在政府的行政过程中,要对企业和个人,尤其是外资企业和私营企业一视同仁,实行非歧视原则;透明性,政府的政策、法规应及时向企业和个人公布,以利于企业和个人及时掌握政策信息,促进经济发展,此外,政府应该在一个透明的环境中工作,强化社会监督,真正为人民服务;延续性,政府制定的法规、政策应长远考虑,朝令夕改只会使公众怀疑政府的能力。

(二)政府开展服务的信用

政府的最终任务是为社会、企业和公民大众服务,政府服务的信用主要包括两方面内容:一是政府在行使行政管理职能的同时还要加强对市场主体的服务,二是政府要对整个国家的产业发展起引导作用。做到这两个方面,政府应遵循如下原则:重信守诺,在经济发展的过程中,政府是否信守承诺,将成为招商引资的支点;高效行政,在当今信息传递迅速、市场瞬息万变的环境中,政府的服务效率能够帮助企业抓住商机,实现自身发展;配套服务,政府在制定和实施某项具体政策时要考虑到多方面的因素,出台相应的配套措施,以实现服务内容的可操作性,实现服务的目的;政务公开,使群众对权力主体的监督有的放矢,保证群众的参政权利。

(三)对政府的信用监督和测评

完善的政府信用体系必须包括健全的监督体系,使政府即使有不守信用的意图,却没有不守信用的途径。对政府部门的信用监督和测评一般包括:法律、制度和舆论三重监督体系。首先,要完善政治监督的法制建设,制定和完善"控告检举法""罢免法"等相关法律,依照法律来为群众监督提供制度支持和物质支持,并严格依法办事,保证公民的政治监督权力真正落到实处。其次,要有以权力制约权力的监督体制,人大必须在立法以及监督政府工作方面发挥应有的作用,真正体现公民的要求和意愿;政协也要在参政议政、影响政府决策方面发挥作用;而各基层自治组织,如村委会、居委会、职代会要真正成为体现民众诉求的重要组织形式,必须切实按照民主、公正的原则发挥职能。最后,要有规范的社会舆论监督制度,充分发挥现代舆论工具在表达公众意愿上的积极作用,公众传媒可以通过舆论监督来引导人们正确运用自己的知情权、言论自由权,参与政府活动并监督公共权力的运作。

**二、政府信用体系的构建**

政府信用体系构建的具体措施可以归纳为以下几个方面。

(一)政府信用的法制化管理

美国法学家福勒认为:"法治的实质必定是:在对公众发生作用时,政府应忠实地运用预先宣布的应由公众遵守并决定其权利义务的规则,如果法治不是这个意思,它就毫无意义。"哈耶克也认为:"法治意味着政府的全部活动应受预先确定并加以宣布的规则的制约。""行政权的行使,应受法律的限制;行政机关的组织及作为,都应该以宪法或法律为依据,不得任意扩张组织,或擅断越权。这就是'依法行政'。"因而,完善相关的法律法规是社会信用建设的关键。市场经济需要公平的竞争规则,这些规则需要以法律的形式加以约束,成为规范人们的行为准则。

政府不但要加强自身的信用建设,而且要对全社会的信用建设承担责任,要塑造良好的社会信用环境,为此,必须加快社会信用体系建设的相关立法工作,加强社会信用建设的法制化管理：

1. 修订金融信贷、知识产权保护、中介机构执业规范等方面法律法规，完善我国民法及相关法律中债权保护的法律规定，以确保信用关系中债权人的利益不受侵犯，并强制债务人履行其偿还义务。

2. 制定并组织实施贯彻信用原则的法律法规（如"社会信用法""公正信用报告法"等），规范企业、个人的行为，引导市场主体诚信交易、守法经营、有序竞争。

3. 在正确划分政务公开和国家秘密的界限、政府行政和个人行为的界限、政府工作人员的行政事务和个人事务的界限的基础上，分清轻重缓急，制定"政府信用管理法"，对政府信用资料的采集、程序、范围，信用机构、法人、个人的权利和义务、信用保密的法律规定等作出全面、系统的界定。

4. 强化失信惩戒机制，对失信者追究其民事责任乃至刑事责任，使受害人得到补偿，形成守信者受益、失信者受罚的良好社会氛围；对严重失信于民的地方政府及部门，应改组其领导班子；对信用缺失的政府官员和公务员，依据情节严重的程度分别予以降职、降薪、辞退以及经济处罚和司法处理，并将其失信状况记录在案；政府机关及其工作人员违法行使职权侵害公民、法人和其他组织的合法权益造成损害的，受害人有依据"行政诉讼法"、"国家赔偿法"的规定取得国家赔偿的权利。

5. 政府有必要大力扶持和监督信用中介服务行业的发展，引导他们加强行业自律，同时也要推动企业内部的信用管理制度建设以及完善个人信用制度。

加强社会信用的法制化管理的关键，就是加大执法力度，真正做到"有法可依、有法必依、执法必严、违法必究"。只有让守信的政府及其工作人员得到褒扬，失信的行为受到应有的惩罚，使其付出沉重代价，身无立足之地，才能增强其他政府和工作人员以及广大群众诚实守信的积极性。

（二）加快地方政府职能的转变

改革开放20多年来，我国政府的职能已经发生了很大的变化，政府管理社会和经济的方式正向宏观调控转变，以间接手段为主的调控体系初步形成。政府在促进和社会协调发展的职能有所加强，在自身改革中取得了一定的进展等，为取得广大民众的信任提供了有利的条件。但从总体上看，在计划经济体制下形成的全能型政府职能仍在社会经济生活中发挥着主导作用，政府职能转变明显滞后于社会和经济发展。政府职能转变相对滞后，造成了政府职能的越位、缺位和错位，已引发了一系列负面效应。政府包揽一切、管制一切、指挥一切的现象不断发生，政府管了太多不该管、管不了、也管不好的事。由于政府承担了太多本不属于政府的职能，使政府成了全能型政府，结果使政府执行自身职能的能力（诸如宏观调控、维护公民基本权利、提供良好的公共产品等)受到明显削弱,造成应当由政府完成的基础设施、社会保障、公用服务等"公共物品"短缺,应对突发事件的预警、组织协调和危机处理等方面的机制很不健全,政府不能充分履行建立和维护市场秩序的职责,难以满足社会的有效需求,造成了政府信用度的下降。

在新旧体制转型时期,一方面由于政府职能转变滞后造成政府信用缺失;另一方面政府信用缺失又加大了政府职能转变的难度,阻碍政府改革的步伐。政府信用缺失,政府职能的实现就必然遇到阻碍,政府信用度低,其法令、决策就不可能得到很好的贯彻落实,就必然出现"有令不行""有禁不止"的现象。失信于民,政府行为就得不到社会和民众的支持与配合,甚至还会引起民众与政府的对抗。通过深入开展政府信用建设,取信于民,就能为政府职能转变铺平道路,有利于推动和促进政府改革的深入。因此,加快政府职能转变既是当前我国政府改革的重要内容,也是大力提升政府信用的客观要求。通过加快政府职能转变,使全能政府转变为有限政府和责任政府,使政府及其行政人对公众负责,切实履行应尽的职责和义务,妥善地行使其权力并承担相应的责任,提高政府取得公众信任的责任感,增强公众对政府的信任感。在政府与公众之间形成一种良性互动关系,进而有效地提升政府信用。

(三)建立科学的地方政府绩效评价体系

党的十一届三中全会以来,我国各级政府确立了以经济建设为中心的战略方针。层层的经济目标责任制逐渐成为各级政府推动经济发展的主要手段。在地方利益和官员追求"政绩"的共同驱使下,GDP 及 GDP 增长率等经济指标实际上成为衡量地方政府绩效的主要甚至是唯一的刚性指标。GDP 指标简单直观,但不全面,没有深刻揭示政府绩效的内涵,很难满足政府绩效评价的需要。实践表明,以 GDP 至上的政府绩效评价办法对地方政府行为的误导作用十分明显,其负面效应日趋凸显:一是助长了地方政府过多、过细地参与或干预微观经济活动,淡化了企业的市场竞争意识和市场竞争能力,延滞了现代企业制度和市场经济体制的建立;二是助长了一些地方政府官员"只对上负责、不对下负责和不对人民负责"的从政理念,忽视了政府的公共服务能力建设,降低了政府的服务意识和服务质量;三是助长了一些地方政府官员弄虚作假和浮夸风,滋生了很多"形象工程"和"政绩工程",损害了人民的根本利益和政府的威信;四是助长了地方政府官员不计代价追求短期利益、局部利益和个人利益,加快了自然资源的枯竭,加剧生态环境的破坏,影响了经济、社会与环境的可持续发展。上述四方面的结果极大地破坏了党在人民心目中的威信,损害了政府在人民心目中的形象,严重地影响了中国政府的国际信誉。

政府绩效评价体系是一面旗帜,具有多方面的功能:一是评价功能。政府工作怎么样,公务员的德能勤绩是否符合要求,通过绩效评价就可以看得见,摸得着,有比较,有鉴别。二是导向功能。它能够有力地引导地方政府干部按照一定的方向和目标前进。绩效评估考核搞得好,有利于实现政府管理的目标,有利于改进政府的工作作风,有利于树立政府"为民、务实、清廉"的形象,也有利于公务员树立正确的政绩观。三是激励功能。评价之后必有相应的奖惩,因而可以为政府和公务员改进工作提供内在动力。随着市场经济体制的日臻完善,地方政府的绩效高低已成为检验一个地方、一个区域核心竞争力强弱的重要标志。与之相适应,构建科学完善的地方政府绩效评估体系,对地方政府的业绩、成就和实际工作做出尽可能准确的评价,是我们面临的一个重大的理论和实践问题。因此,必须尽快建立健全一套科学的地方政府绩效评价体系,引导地方政府树立正确的绩效观,推动科学发展观的实施,促进我国经济和社会的可持续发展。

(四)完善对地方政府的行政监督机制

随着行政职权的日益扩张,我国对地方政府的行政监督方面也相应地出现了一些弱化的趋势。首先,专职监督机构缺乏应有的独立性。行政监督权的专门机构如监察部门,大都设置在政府机关内部,在领导体制上,这些部门受双重领导,既受同级行政机关的领导,又受上级业务部门的领导。在双重领导体制下,专职监督机构受到的控制比较多,严重影响了监督主体的独立性,难以独立行使监督权,监督力度很小。其次,行政监督法制化程度低,监督弹性大。我国目前行政监督的有关法律比较少,有些领域甚至还是空白。立法的滞后给行政监督带来了消极影响,如,是与非、罪与非罪、合法与不合法的界限,有的没有法律规定,有的规定不清,这在监督上易引起混乱。同时,又使得监督机构对腐败现象的监督或惩处缺乏法律依据和法制手段,这大大影响监督工作的严肃性、公正性。最后,多元化的监督力量缺乏有力度的整合,监督的合力较弱。我国的行政监督是一个多元化的体制,行政监督主体不仅是行政组织自身,还有政党、权力机关、司法机关、社会团体、公民及社会舆论。从实际情况看,各种监督之间的关系还没有理顺,虽然各类监督主体都有监督权,谁都可以管,但又谁都不管,结果造成"漏监",这严重影响了行政监督的实效性。

不受监督的权力必然成为腐败的权力,不受监督的政府必然成为不负责任的政府。在行政监督方面,除了进一步加强司法监督和新闻舆论监督外,还要加强国家权力机关对政府的监督,增设必要的监督部门;要把行政监督和对政府行政人员的任免结合起来,使监督真正取得实效;尽快制定"公民监督法",用法律的形式把群众对政府的监督固定下来。在内部行政监督方面,要赋予专门的行政监察机关和审计机关的独立地位,提高其监督效力。

(五)健全行政责任追究制度

行政权力的公共性决定了政府信用的核心是公共责任。代理理论认为,权利与责任必须对称。公共责任履行的充分程度也就成为政府信用的实质标准。现实中政府官员的政治人和社会人双重品格的冲突,致使他们在履行公共责任上总困扰于自我利益和公众利益之间,而在客观存在的信息不对称情况下,委托－代理关系中就不可避免地存在道德风险。如,官员行政目标的异化和"经济人"行为的泛滥,必然有悖于政治委托人的利益,导致政治委托人的风险成本增加或实际权益的损失,从而引发信任危机,导致政府信用问题。

不受监督的权力必然成为腐败的权力,不受监督的政府必然成为不负责任的政府。基于政府与公众间权力的非对等关系,需要一种精心设计的责任结构以确保以公民名义行事的人为公民的利益付出最大的努力,这就是建立起清晰的代理人激励与约束机制,为政府信用确立起坚实的法治和制度基础。在政府的权力必须受到立法权和司法权的监督与制约的基础上,必须承担与权力对等的行政责任。责任应包括由行政所产生的一切后果,既包括法律责任,也包括政治责任以及道义责任。行政的责任形式既包括行政处分、刑事制裁与赔偿责任,也包括对人民和权力机关承担的政治责任、道义责任。行政违反行政法律、法规的应当承担行政责任,接受行政处分,触犯刑律的必须接受刑事审判,受到刑事制裁。行政决策失误必须承担政治责任和道义责任,应当引咎辞职,或者被依法罢免、免职。责任落实是行政责任的逻辑结果,追究行政责任的形式必须是通过看得见的方式进行,必须公开、透明,行政职责原因、程序及结果应公之于众。看得见的责任形式有利于提高民众对法律的信心,提高民众对政府的信任。

(六)实施政务公开和阳光行政

公众与政府间的委托－代理关系与企业中的委托－代理关系一样,委托方与代理方同样存在信息不对称的问题。政府所提供的公共产品或公共服务在质量、性能等方面享有充分的信息优势,而公众作为消费者处于明显的信息不对称状态。由于公众本身所拥有的知识、信息相当有限,加之虚假失真信息泛滥,这样就会怀疑政府所提供公共产品或公共服务的真实性。特别是在一些比较复杂的领域,比如金融保险、公共工程、基础设施、公共安全、公共秩序等,存在严重的信息鸿沟和知识差距。行政权力运行过程中人为的暗箱操作,更加重了业已存在的信息不对称的程度,使得公众不得不保持"理性的无知",最终导致信用危机的出现,致使社会交易成本增高和交易链的中断。

根据信息不对称理论,只有政府与企业、个人在信息对称的情况下,才会维护制度的制定与执行的公正性，不以牺牲一部分人的利益来换取另一部分人的利益，在透明的制度下实现个人利益、集体利益、国家利益的统一协调，有利于消除行政"失范行为"。计算机技术和网络为此提供了必要的手段，电子政务使政府行为可以更加公开，从而为建立透明政府和实施阳光行政创造了条件。实施政务公开，提高信息透明度，既是民主政府下的公民和消费者有信息获知权的具体体现，也是消除行政信息不对称，杜绝行政"失范行为"的根本途径之一。

**三、加强政府信用建设的主要措施**

政府信用建设涉及面广，建设政府信用首先要依法设立行政体制、运行规则，依法规定公开权力范围、办事程序，包括政府法定职责的履行和政府对社会、企业、个人等各方面承诺事项的履行和兑现。其次，从政府制定政策措施的抽象行政行为到实施行政管理的具体行政行为，都要诚实守信，依法办事，并以公开、公平、公正作为行为准则。

（一）进一步规范和完善政府行政工作程序

各级政府机关要树立规则意识，严格按规则办事，按程序办事，切实做到依法行政。一是要坚持一切从实际出发，实事求是，以法律、法规为依据，按照法定程序，依法、科学地作出决策，完善决策制度，规范决策程序，推进行政决策的科学化、民主化和法制化，逐步形成深入了解民情、充分反映民意、广泛集中民智的行政决策机制。二是要继续深化行政审批制度改革，进一步规范并公开审批事项和程序，凡涉及政府资金、国有资产和公益性、基础性项目的实施，都必须严格把关，实行全过程监管；对民营企业的设立，除了关系群众生命和生产安全的消防、安全、环保等必须实行前置审批外，其他在项目立项、工程招投标等各项审批中要严格按照有关程序实行备案制，努力营造开放、平等的市场环境。三是切实转变行政方式，进一步规范政府的经济社会管理行为，逐步建立起职责明确、办事高效、运转协调、行为规范的行政管理体制和工作机制。

（二）进一步明确政府机关的职责

强化政府机关的责任意识、服务意识和法律意识，明确岗位职责，做到"四不"：一不越位，决不把那些属于不该管、管不了，实际上也管不好的事情揽在手里；二不缺位，该由自己管的事情就把它管住、管好；三不错位，在同一个事情的处理上，政府机关不能既当"裁判员"，又当"运动员"，而是要根据自身的位置做合适的事情；四不扰民，该由自己管的事情，只要能把它管住、管好，应做到办事手续越简便、越透明越好，以方便广大基层人民群众。

(三)进一步推行和完善政务公开制度

一是要做到公开办事,给群众以知情权,避免和克服政府办事的随意性,强化对行政权力的监督和制约。二是要做到简政便民,有效地解决社会关注的一些热点问题,要简化程序,公开办事,设立办事窗口,一条龙服务。三是要做到规范行政,提高办事效率和服务水平,克服有章不循或者无章可循的现象,取消人为地设置办事关卡和烦琐的办事程序,理顺、简化办事程序和办事环节,公开各项办事规范,提高办事效率和服务质量。四是要增强公仆意识、服务意识,树立把权力当作责任和义务的观念,明确公仆与主人的位置,真正意识到公仆的职责是服务,手中的权力是责任和义务。

(四)进一步加强对政府行为的监督

一是要加强对行政执法的层级监督。各级政府要接受同级党委的领导和监督;接受同级人大及其常委会的监督;接受政协及民主党派、工商联的民主监督;接受司法机关依据行政诉讼法实施的监督。二是要加强行政系统内部的执法监督。不断强化上级政府对下级政府,政府对所属部门执行法律、法规和规章情况的监督。监察机关要依法检查政府机关在遵守和执行法律、法规、规章和政府的决定、命令中的问题,调查和处理政府机关及其公务员违反行政纪律的行为。审计机关应当在本级政府行政首长和上一级审计机关的领导下,依法开展审计监督,严肃处理违反法律、法规、规章和财经纪律的行为。三是要接受人民群众和舆论的监督。畅通群众监督渠道,完善举报投诉制度,充分发挥群众监督和舆论监督的作用,调动人民群众参政的积极性。要在提高行政执法的公开性、透明度上下功夫,真正把行政执法置于人民群众和舆论的监督之下。

(五)建立健全政府信用档案,完善记录、评级、公示制度

一是要积极探索建立政府机关及其公务员的信用记录制度,定期对政府机关的政策制定与执行情况进行制度性的评估与检讨,对政府机关及其公务员的行政行为建立信用档案。二是要在政府机关及其公务员中逐步推行信用评级制度,根据其信用状况,制定相应的警示、处罚办法和机制,对信用等级低的政府机关及其公务员进行相应的教育、警示和处罚,加强对政府机关及其公务员失信行为的监督管理。三是要建立政府信用公示制度,对政府机关及其公务员的信用信息要通过一定形式予以公布。要把政府机关及其公务员的信用档案作为选拔任用干部的重要依据之一。

(六)建立行政行为失信惩戒机制、责任追究和赔偿制度

要深化完善行政执法责任制,进一步健全行政机构考核评议制、错案责任追究制,建立权责相当、职责统一的工作机制。同时,要完善政府领导干部的政绩考

核机制,从根本上阻断地方政绩考核的利益驱动因素。各级行政执法机关要深入推行行政执法责任制和评议考核制,依法建立对行政执法机关及其执法人员发生行政执法过错的责任追究制度,明确相关的法律责任,建立和完善行政执法评议考核制。同时按照赔偿法的规定,对政府机关及其公务员违法行使职权侵犯公民、法人和其他组织的合法权益造成损害的,依法予以行政赔偿。

(七)建设一支高素质的公务员队伍

为此,必须大力加强公务员队伍建设,完善公务员准入机制、退出机制和培训、学习、考核、奖惩、淘汰机制,全面提高公务员尤其是各级领导干部的整体素质。要积极加强法律知识培训和信用教育,提高公务员的守信行政、依法行政的意识和水平。要严厉惩治公务员的腐败行为,以提高其腐败行为的成本,减少直至杜绝腐败行为的滋生。要大力加强政治思想教育,提高公务员为人民服务、做人民公仆的角色意识。

总之,加强政府信用建设,维护政府的信用形象,就是要按照全心全意为人民服务的宗旨,以强化政府信用意识为基础,以转变政府职能、改进工作作风、加强依法行政为重点,以建立和完善政府信用制度和工作机制为突破口,全面提高政府的决策信用、法治信用、服务信用和管理信用,逐步树立依法行政、公正公平、公开透明、廉洁高效的信用政府形象。以此促进社会信用体系建设的全面深入开展,提升全社会整体的文明程度。

# 主要参考文献

[1] 邹建平:《诚信论》,天津人民出版社,2005年。
[2] 玛格里特·米勒编:《征信体系和国际经济》,中国金融出版社,2005年。
[3] 赵晓菊、柳永明主编:《信用管理概论》,上海财经大学出版社,2005年。
[4] 布赖恩·科伊尔编著:《信用风险管理》,中信出版社,2003年。
[5] 李振宇等:《资信评级原理》,中国方正出版社,2003年。
[6] 徐宪平主编:《社会信用体系知识读本》,湖南人民出版社,2006年。
[7] 迪迪埃·科森 等著:《高级信用风险分析》,机械工业出版社,2005年。
[8] 刘戚骄编著:《个人信用管理》,对外经贸易大学出版社,2003年。
[9] 王淑芹等著:《信用伦理研究》,中央编译出版社,2005年。
[10] 林钧跃著:《社会信用体系原理》,中国方正出版社,2003年。
[11] 中国市场学会信用工作委员会编:《公务员信用知识读本》,中央文献出版社,2004年。
[12] 何显明著:《政府信用的逻辑》,学林出版社,2007年。
[13] 阮德信著:《区域信用制度研究》,江西人民出版社,2008年。
[14] 林钧跃等:《城市信用体系设计》,中国方正出版社,2007年。
[15] 李新庚著:《中国信用制度建设干部培训读本》,中共中央党校出版社,2002年。
[16] 李新庚著:《信用论纲》,中国方正出版社,2004年。
[17] 陈春霞著:《我国信用制度变迁中的企业融资方式选择》,经济管理出版社,2004年。
[18] 胡维熊著:《企业信用管理理论与实践》,上海财经大学出版社,2008年。
[19] 王曼怡著:《金融企业信用风险管理》,中国经济出版社,2002年。

[20]银通投资咨询公司:《中国企业信用评级指南》,中国经济出版社,2005年。

[21]谢庆奎著:《当代中国政府与政治》,高等教育出版社,2003年。

[22]欧祝平等:《环境行政管理学》,中国林业出版社,2004年。

[23]张亦春等:《中国社会信用问题研究》,中国金融出版社,2004年。

[24]陈新汉等:《当代中国市场经济的哲学审视》,上海财经大学出版社,1998年。

[25]林其屏著:《找回缺失的信用》,江西出版集团,2007年。

[26]孙智英著:《信用问题的经济学分析》,中国城市出版社,2002年。

[27]李亚著:《民营科技企业产权运营》,中国方正出版社,2002年。

[28]萧朝庆著:《出口信用保险》,中国商务出版社,2004年。

[29]马丁·迈耶著:《大银行家》,海南出版社,2000年。

[30]赛西尔·邦德著:《信用管理手册》,中国人民大学出版社,2004年。

[31]林钧跃著:《消费者信用管理》,中国方正出版社,2002年。

[32]唐若昕等:《出口信用保险实务》,中国商务出版社,2004年。

[33]安哥拉·阿晓涅提斯等:《信用产品全面指南》,南开大学出版社,2004年。

[34]马林·S.谢弗著:《信用、收款和应收账款精要》,中国人民大学出版社,2004年。

[35]李凌燕著:《消费信用法律研究》,法律出版社,2000年。

[36]阎庆民著:《中国银行业风险评估及预警系统研究》,中国金融出版社,2005年。

[37]钟楚男著:《个人信用征信制度》,中国金融出版社,2002年。

[38]沈凯著:《中小企业信用担保制度研究》,知识产权出版社,2008年。

[39]詹向阳编:《千金难买的信用》,中国金融出版社,2004年。

[40]国家外汇管理局:《外汇管理与社会信用体系建设》,中国财政经济出版社,2006年。

[41]周旺生主编:《中关村立法研究》,法律出版社,2001年。

[42]林汉川等:《企业信用评级理论与实务》,对外经济贸易大学出版社,2003年。

[43]玛格丽特·米勒:《征信体系和国际经济》,中国金融出版社,2004年。

[44]王淑芹著:《企业信用伦理研究》,中央编译出版社,2005年。
[45]谢旭主编:《全程信用管理实务与案例》,中国发展出版社,2007年。
[46]姚明龙著:《信用成长环境研究》,浙江大学出版社,2005年。
[47]巴塞尔银行监管委员会:《外部信用评级与内部信用评级体系》,中国金融出版社,2004年。
[48]郭敏华著:《信用评级》,中国人民大学出版社,2004年。
[49]《2004中国担保论坛》,经济科学出版社,2005年。
[50]王怡等:《信用城市》,中国计划出版社,2005年。
[51]龙西安著:《个人信用、征信与法》,中国金融出版社,2004年。
[52]朱毅峰等:《信用管理学》,中国人民大学出版社,2005年。
[53]张俊杰著:《催款讨债36计》,大众文艺出版社,2009年。
[54]尹灼著:《信用衍生工具与信用风险》,社会科学文献出版社,2005年。
[55]郑也夫著:《信任:合作关系的建立于破坏》,中国城市出版社,2003年。
[56]王术君著:《出口信用论》,中国金融出版社,2006年。
[57]白春阳著:《现代社会信任问题研究》,中国社会出版社,2009年。
[58]孙国志等:《信用经济》,企业管理出版社,2005年。
[59]中国出口信用保险公司:《出口信用保险》,中国海关出版社,2008年。
[60]吴晶妹著:《信用管理概论》,上海财经大学出版社,2005年。
[61]章延杰著:《政府信用论》,上海人民出版社,2007年。
[62]中华征信所著:《征信手册》,中信出版社,2003年。
[63]宋惠昌:《诚信——商道之本》,民主与建设出版社,2002年。
[64]储贺军:《市场秩序论》,经济管理出版社,1999年。
[65]谢名家主编:《信用:现代化的生命线》,人民出版社,2002年。
[66]钟起瑞主编:《市场经济中的信用》,人民出版社,1993年。
[67]林钧跃编著:《企业赊销与信用管理》(上册),中国经济出版社,1999年。
[68]喻敬明等:《国家信用管理体系》,社会科学文献出版社,2000年。
[69]郑强著:《合同法诚实信用原则研究》,法律出版社,2000年。
[70]张维迎著:《产权、政府与信誉》,生活、读书、新知三联书店,2001年。
[71]骆玉鼎著:《信用经济中的金融控制》,上海财经大学出版社,2000年。